「国民国家」日本と移民の軌跡

沖縄・フィリピン移民教育史

小林茂子

学文社

まえがき

　沖縄県金武町は，米国海兵隊基地キャンプ・ハンセンがある基地の町である。基地は町の総面積の約60％（22.45km²）を占め，現在も騒音公害や環境破壊，軍人軍属による事件事故等さまざまな問題を町全体に投げかけている。いっぽう，金武町にはもう1つ別の顔がある。それは，沖縄移民の父・當山久三を生み，ハワイをはじめ北米，フィリピン，中・南米への海外移民のさきがけとなり，現在まで約30万人を越える県系人の海外移住者を送り出してきた移民の町でもあるのだ。

　本書の舞台の1つになる金武町は沖縄の移民送出では先駆的な役割を果たしており，戦前は特にフィリピンへ数多くの海外渡航者を出した。1920年代後半フィリピン移民のピーク時，村の人たちは（戦前の行政区域は金武村），フィリピンに渡航することをあたかも裏山にでも出かけるごとく「麻山へ行く」と称し，また，若い未婚の女性たちにとって，白いワイシャツとカーキ色のズボンをはいたフィリピン帰りの男性は羨望の的であったという。しかし，現地フィリピンでは沖縄移民に対し差別的な見方があり，ダバオ分館副領事は沖縄移民について「他県人に比し，文化の程度劣等なり」「婦人の教養最も劣等なり」などといった報告をしている。

　こうした事情の背景には，沖縄が日本という国民国家のなかにおかれていた独自の位置づけがあり，そこには教育の果たした役割も無視できない。実は，この点に沖縄移民のもつ固有の文化的社会的状況があり，渡航先での生活において，他者からのまなざしと独自のつながりのなかで複雑なアイデンティティの軌跡を呈することになる。さらには，戦争などにより日本という国家と渡航先のフィリピンあるいはその宗主国アメリカとの国家間の狭間に揺れる移民たちの姿も浮かび上がってくる。

　本書のテーマはまさにこの部分にある。沖縄からフィリピンに渡った移民の

生活と自己意識の軌跡を、とくに教育という側面からとらえること、これによりこうした問題に接近していきたい。

ところで、近年、移民という現象に対し、多くの関心がもたれ、再評価を行おうとする動きがでている。もともと移民とは特殊な人間の動きと考えられ、歴史学や社会学など既存の学問研究においては周辺部におかれ、ほとんど注目を払われることはなかった。しかし、移民を国境を越える人の移動としてとらえると、移民が国家間を移動・交流することによって複数の地域との関係性が生まれ、そこから文化の変容や、ときには民族間の摩擦や対立などといった新たな現象が生じることがわかる。

たとえば日本人の移民について考えてみても、1868（明治元）年にハワイの甘蔗プランテーション労働者として約150人がはじめて渡航して以来、戦前期には約74万人強が海を渡っている（ここには植民地移住者数は含まれていない）。また、戦後においても1960年代まで主に中・南米への海外移住が政府の海外移住政策として進められてきた。そこには戦後のドミニカ移民のように[1]、不毛の土地に追いやられ国家から「棄民」的扱いを受けた悲劇もあったが、日本人の国境を越えた動きは戦前から戦後にかけて連綿と続いてきたのである。今や日系人は世界各地に約270万人おり、またここ数十年約30万人の日系人やその家族が来日するようになり、外国人の就労問題やその子弟の教育問題など新たな対策が必要とされる課題も提起されている。

このように移民という人の移動は国家とかかわりながら、常に異文化との交わりをもたらすことになり、従来の国民国家を中心とした認識の枠組みを越え、トランスナショナルな歴史研究や世界システム論的アプローチなどといった、より広範で多様な分析と評価の視点を見いだす契機となっている。

いっぽう、移民個人に目を向ければそこには海外渡航の動機から現地での生活の様子など、波乱にとんだ一人ひとりの人生のドラマが伏在しており、それはまさに生きた歴史資料として歴史の細部を私たちに明らかにしてくれる。

このようにみると、移民研究はいわばマクロ的視点からミクロ的視点までさまざまな角度からのアプローチが可能であり、多くの発展的萌芽が含まれてい

る研究領域といえるのではないだろうか。

それでは，教育学の研究分野において移民はどう考えられてきたのだろうか。

研究動向などをみると，移民についてはまだほとんど関心を払われていないというのが現状ではなかろうか。その理由を教育史の分野について沖田行司は，「近代日本教育史研究では，「国家としての日本」が研究の重要な基軸とされていることもあって，日本国家から切り離されていった移民教育は文字どおり「棄民教育」として忘れ去られてしまったのである」[2]と指摘する。しかし，最近ではそうした「日本国家から切り離されていった」移民の歴史的事実を取り上げ，「移民学習」として実際の教育実践に活かそうとする試みも見られるようになってきた[3]。しかしながら，そうした実践で取り上げられている対象はまだまだ限定的であり，ハワイや北米へ渡った人たちが主たる中心である。また，「植民地教育史研究」の動向をみても東アジア地域が中心であるといえる。

戦前期，移民の数からすると多くはないが日本人は東南アジア地域にも移民として渡航していた。しかし，移民研究の動向をみても，日本人の東南アジアへの渡航に対する関心は低いといわざるをえない。たとえば，アジア・太平洋戦争は，1941年12月8日真珠湾の攻撃から始まるが，その約一時間前，日本軍はマレー半島東岸のコタバルに上陸し，作戦を開始していたことにはあまり関心が払われていない。ましてや，そのときフィリピンをはじめ東南アジア各地にいた日本人移民の動向について注意を向ける人は，ほとんどいないといっていいくらいなのである。

こうした東南アジアへの関心の低さは，戦前・戦後の日本人の東南アジア観に根ざしているといえるのではないか。林博史は戦前の日本には，「東南アジアの人々を「土人」「土民」と蔑みながら，その資源を利用して日本の近代化を進め，欧米並みの帝国主義にのし上がっていこうとする発想」があり，戦後も「東南アジア諸国に対して賠償あるいは賠償に準ずる経済協力がなされたが，侵略戦争の責任はあいまいにしたまま，もっぱら経済進出をはかるためでしかなかった」[4]と述べ，日本人本位の貧弱なイメージしかもっていない点を指

摘する。

　戦前期，東南アジア地域には（戦前は東南アジアという呼称は一般的ではなく，"外南洋"といういい方が普通であった。これに対し南洋諸島を"内南洋"といっていた），約8万人以上の渡航者があった。そのなかでも，とくにフィリピン・ダバオには約1万人以上の日本移民が居住し日本人社会を形成していた。その半数近くが沖縄移民であった。フィリピンに限らず沖縄からは戦前期約7万人以上のものが移民としてハワイ，北米，中・南米，東南アジア等に渡航している。この数字は，南洋諸島および植民地各地への渡航者を加えると，さらに大きなものとなる。いったい沖縄移民はどのような状況のもと，沖縄から海外へと渡航していったのか。

　琉球処分以来，日本という国民国家は沖縄に対して，日本国家に包摂するために「他府県並」というかけ声とともに，政治的，経済的，文化的統合を強力に推し進めてきた。しかし，日本という国家に統合されても，実際は前近代的な旧い制度を温存したまま，農民に対する納税の負担は重くのしかかった。農民たちは不安定な糖業に頼るほか収入の道はなく，旱魃など自然災害も作用し，農村は次第に窮乏化していった。こうした状況のなか，移民会社の過大な宣伝による移民勧誘にとびついたとしても不思議ではない。そこには貧しい農民を食いものにして私腹を肥やす悪徳業者が後を絶たなかったが，十分な保護も救済もないなか移民を希望する者は続いていった。大正期にはいり「ソテツ地獄」と呼ばれる慢性的な不況に陥ると，飢餓と生活苦のなか，ますます多くの者が生きる活路を求めて海外へと渡航をしていった。フィリピンへの移民も状況は同様であり，多くの者が「一攫千金」を夢見て海外出稼ぎ者として渡比したのである。

　では，フィリピンへ渡った沖縄移民の状況はどのようなものだったのか。沖縄移民は渡航の際，沖縄固有の言語・文化・生活習慣を捨て「日本人」移民として渡航することを強く求められた。とくに渡航先フィリピン・ダバオでは，沖縄移民は他の日本人移民から差別をうけながらも，独自のつながりのなかで沖縄文化を保持しつつ，麻栽培に従事してきた。

しかし戦争が勃発すると,「日本人」としての忠誠を示すため戦争協力も進んで行ったが,結局アメリカ軍の再上陸により激しい攻撃にさらされ,長年の移民生活によって築き上げたすべての財産を捨て,戦火のなかを逃げまどい,ついには着の身着のままで日本に強制送還されるといった悲惨な体験を蒙った。つまり,フィリピンへ渡航した沖縄移民は,当初自らの力で金を稼ぐために渡航したのであったが,いつの間にか国家間の対立に巻き込まれ,戦争をとおして否応なく加害・被害の両方の立場に立たされることになったのである。

このようにみると,沖縄移民にとって日本という国家における国民統合は,国家の都合に応じて「包摂」し,事実上は「排除」していく機能として存在したといえるのではないか。フィリピンの沖縄移民は,まさにそうした国民国家のもつ矛盾を一身に体現した存在であった。

本書では,こうしたフィリピンでの移民たちの具体的な軌跡を描きたいと思う。そこから移民と現地人との接触の様子や当時のフィリピンのおかれた現状,現地での戦争体験などを深くとらえることができ,今までの日本人の東南アジア観を克服する1つの契機を提供することになるのではないかと考えるからである。

今日教育の分野において,国際社会を生きる人材の育成をめざす際,よく「地球市民」という言葉が使われる。日本人が「地球市民」としてグローバルな世界で生きようとするとき,移民研究の成果をとおして日本人移民が多文化,多言語の状況のなかで,どのように他者との共生を果たしたかを学ぶことは大きな意味がある。

とくに,日本が過去に直接関与した東アジア,東南アジア,太平洋諸島の地域での日本人移民の姿を知ることは,アジアと日本との関係をより具体的に考えられ,そこからアジアを視野に入れた異文化理解や多文化共生といった今日的テーマにつなげて考えていくことができる。中村水名子は,国際理解において,アジアの人々の生活や文化,習慣を理解することの重要さを述べたあと,「そこ(アジア地域-引用者注)に生きる人びととの連帯なしに日本が国際社会に生きていくことはできないし,信頼される日本にはならない」[5]と指摘す

る。われわれ日本人が「地球市民」として世界の人々と交わるとき，過去にアジアの人々と格闘した日本人移民の姿は私たちに多くの重要な認識を与えてくれるのではないだろうか。そこからアジア諸国との新たな関係も生じる可能性もあるのではないかと考える。本書は，そうした教育的営為の一端に少しでも寄与しようとするものであり，そのことをとおして，移民研究の1つの可能性を追究してみたいと思う。

注
（1） ドミニカ移民については，若槻泰雄・鈴木譲二『海外移住政策史論』福村出版，1975年。今野敏彦・藤崎康夫編著『移民史Ⅲ　アジア・オセアニア編』新泉社，1996年などを参照。なお，ドミニカ共和国への移住者訴訟については，小泉純一郎首相（当時）の移住者への謝罪談話と50万～200万円の見舞金を支払うなどとした政府の救済案を受け入れ，原告側は控訴を取り下げた（朝日新聞「ドミニカ問題　首相，移住者に「謝罪」」2006年7月22日付）。
（2） 沖田行司『ハワイ日系移民の教育史－日米文化，その出会いと相剋－』ミネルヴァ書房，1997年，p.2
（3） たとえば，森茂岳雄・中山京子編著『日系移民学習の理論と実践－グローバル教育と多文化教育をつなぐ－』赤石書店，2008年など。
（4） 林博史「日本人の戦前戦後の東南アジア観」『歴史地理教育』No.511，1993年12月，pp.33-35
（5） 中村水名子『多民族・多文化共生の明日を拓く社会科授業』三一書房，2002年，p.74

目　次

まえがき　i
凡　例　xi
地図，資料，グラフ，表，図，写真　一覧　xii
地　図　xiv
序　章 ……………………………………………………………………… 1
　はじめに－沖縄移民の全体像　1
　第1節　研究の課題　4
　第2節　研究の視角　11
　　(1)沖縄の移民教育にみる「必要的同化」と「文化的異化」
　　(2)フィリピン・ダバオの沖縄移民にみる「日本人意識」と「沖縄人としての
　　　アイデンティティ」の形成の分析
　第3節　研究の方法と構成－仮説としての分析枠組み　21
　第4節　資料収集と活用方法　25

第一部　　沖縄における移民教育の展開

第1章　1910年代までの地域にみる「風俗改良」の態様 ……………… 49
　　　　－移民教育の地域的普及を中心に－
　はじめに　49
　第1節　沖縄移民のブラジル渡航禁止の意味－政府の移民政策との関係から　50
　第2節　地域における「風俗改良」の展開　54
　　(1)「風俗改良」の必要性とその実情
　　(2)学校と地域での「風俗改良」の取り組み
　　(3)青年団体の統制の動き
　　(4)地域での教師の役割
　第3節　「移民母村」・金武村における移民のための教育　67
　おわりに　70

第2章　1920年代における海外沖縄移民の実態と移民教育の組織的展開 …… 76
　はじめに　76

第1節　『南鵬』にみる沖縄移民の実態　77
　第2節　海外各地での領事たちの沖縄移民の見方　81
　第3節　ダバオ副領事の報告書をめぐる事件と沖縄移民の他民族観　84
　第4節　沖縄県海外協会の設立（1924年）と移民教育論　86
　第5節　社会教育活動－移民教育としての取り組み　90
　　(1)地域での移民教育活動
　　(2)移民教育からみた実業補習学校の働き
　おわりに　94

第3章　沖縄の移民教育としての『島の教育』（1928年）の再評価 ………… 102
　　　　－とくに「大正自由教育」の影響による多面性に注目して－
　はじめに　102
　第1節　沖縄移民の風俗習慣の「改良」－同化と近代化　105
　　(1)同化の理念と現実的対応
　　(2)同化＝近代化の側面
　第2節　『島の教育』における「文化的異化」の析出　111
　　(1)「日本人意識」の形成
　　(2)沖縄人としての「長所」の喚起
　第3節　沖縄移民の海外発展思想－「国際性」への契機　114
　第4節　『島の教育』にみる基本的な志向性－まとめとして　117

第4章　開洋会館（1934年）の機能変化と村の移民送出状況の背景 ……… 123
　　　　－1920年代後半から1930年代半ばまでの移民教育事情－
　はじめに　123
　第1節　開洋会館の設立とその役割　125
　　(1)設立に至るまでの経緯
　　(2)移民教育機能
　第2節　沖縄における国民更生運動と人口の流出　132
　　(1)沖縄の国民更生運動
　　(2)「生活改善指導字」の選定と取り組み状況
　　(3)「生活改善指導字」の労働力流出
　第3節　金武村の移民送出状況　139
　　(1)フィリピン移民情報の伝播と村の変化
　　(2)移民の教育事情
　おわりに　147

第5章　「南進」政策による移民教育の変容 …………………………… 157
　　　　－移民教育から植民教育への変質－
　はじめに　157
　第1節　沖縄にみる1930年代後半以降の社会教育の動き　159
　　(1)国民精神総動員下での社会教育活動
　　(2)青年学校，青年団における実践
　第2節　「南進」政策と沖縄側の対応　166
　　(1)「南進」政策の進展
　　(2)沖縄での南方移民の推奨
　第3節　南方への「国策」移民と植民教育　171
　　(1)沖縄における南方への「国策」移民
　　(2)南方への植民教育－拓南訓練所の教育を中心に
　おわりに　177

第二部　フィリピンにおける沖縄移民の自己意識の形成

第6章　フィリピン・ダバオにおける沖縄移民の自己意識の形成過程 …… 187
　はじめに　187
　第1節　沖縄移民の定着への経緯－1910年代から1920年前半まで　188
　　(1)ダバオ沖縄人社会での大城孝蔵の影響
　　(2)ダバオ沖縄県人会の結成
　第2節　沖縄移民の「永住意識」化－1920年代後半から1930年代まで　198
　　(1)女性沖縄移民の動向
　　(2)「第4次土地問題」に対する沖縄移民の対応
　第3節　沖縄移民の「日本人意識」－戦争勃発から軍政期(1942～45年)まで　212
　　(1)日本軍部のみた沖縄人観
　　(2)沖縄移民の戦争協力
　おわりに　219

第7章　沖縄移民の生活実態と郷友会的社会による「沖縄人としての
　　　　アイデンティティ」形成 ……………………………………………… 234
　　　　－「仲間喜太郎日記」(1937年)を中心に－
　はじめに　234
　第1節　仲間喜太郎という人物　235
　第2節　麻栽培の労働　239
　　(1)労働形態
　　(2)労働内容

(3)麻栽培労働者の生活実態
　　(4)入耕地ドムイの状況
　第3節　沖縄文化の伝承　　247
　　(1)母村文化との結びつき
　　(2)相互扶助
　　(3)字人会, 村人会, 県人会
　　(4)寄付活動
　第4節　移民二世の家庭教育環境　　255
　第5節　異民族との接触　　258
　おわりに　　261

第8章　フィリピン・ダバオの日本人学校における沖縄移民二世の自己意識…272
　はじめに　　272
　第1節　ダバオの日本人学校の概要と教員募集の方法　　273
　　　　　－とくに長野県出身者の例を中心に
　　(1)ダバオの日本人学校の概要と長野県の海外発展教育
　　(2)長野県出身教員・内山寛治郎の渡航動機
　第2節　ダバオの日本人学校の教育活動と沖縄移民二世の自己意識の形成　　282
　　(1)フィリピンにおける移民二世教育への注目
　　(2)日本人学校の教員らの教育活動
　　(3)沖縄移民二世の自己意識
　第3節　軍政下におけるダバオの日本人学校の教育　　289
　　(1)外地・外国への教員派遣の一元化
　　(2)戦時体制下の在外子弟教育構想
　　(3)軍政下のダバオの日本人学校と沖縄移民二世
　おわりに　　296

終　章　……………………………………………………………………307
　第1節　本研究のまとめと論点の補足　　307
　第2節　移民研究の教育学における意義と今後の課題　　316

あとがき－謝辞にかえて　……………………………………………323
参考文献　…………………………………………………………………327
索　引　……………………………………………………………………355

凡　例

1．資料の引用に際しては，次のような基準に従った。
　①本文中の引用は，可能な限り当該部分で出典を明記した。
　②引用中の旧仮名遣いは，人名を含めて一部新字体になおして表記した。
　③読みやすさを考慮して，適宜句読点を加えた。その際［, ］［。］のように表記した。
　④仮名の清濁，平仮名，片仮名の表記については，原文どおりとした。
　⑤引用途中の省略は，「……」あるいは（中略）のように表記した。

2．聞き取り調査では，被調査者の発言すべてを記したわけではなく，会話の流れのなかで，必要と思われる発言のみを記した。

3．年号の記載については，文書資料のほとんどが元号を用いて記されているが，時間的経過の把握を利便に進めるため，原則として西暦年で記し，元号を付すことはしなかった。

4．図，表，グラフ，写真等を引用する際，それらに付せられた題字（資料名）は，出典のまま表記した。

地図，資料，グラフ，表，図，写真　一覧

地図・1　沖縄県市町村地図
地図・2　戦前期の東アジア・東南アジア図
地図・3　フィリピン全図
地図・4　ダバオ在留邦人耕地名

資料・序－1　フィリピン・ダバオにおける沖縄移民の自己意識の構造《時間的過程》
資料・序－2　フィリピン・ダバオにおける沖縄移民の自己意識の構造《形成過程》
グラフ・序－1　戦前の海外移住者統計（時代別，地域別，邦人移住者数）
グラフ・序－2　渡航地別本邦海外移住者数　南方方面ノ部（一部）の割合
グラフ・序－3　海外移民数の推移（沖縄県，1899~1938年）
グラフ・序－4　フィリピン在留日本人人口
グラフ・序－5　ダバオ在留日本人人口
表・序－1　戦前の海外移住者統計（時代別，地域別，邦人移住者数）
表・序－2　渡航地別本邦海外移住者数　南方方面ノ部（一部）の割合
表・序－3　日本における府県別海外在留者数（1940年）
表・序－4　日本における府県別出移民率（1940年）
表・序－5　沖縄県からフィリピンへの年次別出移民数および全国比
表・序－6　海外移民数の推移（沖縄県，1899～1938年）
表・序－7　海外在留者数（沖縄県市町村別，1935年）
表・序－8　金武村における年次別渡航地域別海外旅券下付数
表・序－9　フィリピン在留日本人人口
図・序－1　海外移民数の分布図（沖縄県，1938年累計）

表・2－1　各国領事による沖縄移民に関する報告内容

表・3－1　琉球外交史を取り入れた教授細目の例

表・4－1　神戸移住教養所・第12回（入所：1934年1月13日，退所：1月20日）の例
表・4－2　開洋会館・第一回（入所・退所）の例（1934年）
表・4－3　開洋会館の収容人員数の推移
表・4－4　金武村における耕地面積についての広狭反別農家戸数及び構成比

表・4－5　「指導字」「模範字」の婦人団体状況（1936年4月末現在）
表・4－6　沖縄県における年次別海外移民送金額
表・4－7　沖縄県における海外在留者送金額と県歳入歳出額（決算）
表・4－8(1)(2)　沖縄県における郡市別町村別外国・殖民地・日本本土在住者数及び比率（1935年12月末現在）

表・5－1　南方方面の沖縄県出身移民の国別年次別の推移（1930～1939年）

表・6－1　フィリピン・マニラ麻の生産高（1915～1923年）
表・6－2　男女別ダバオにおける沖縄出身者数の推移（1920～1943年）
表・6－3　男女別渡航年次別フィリピンへの沖縄移民体験者100人の状況
表・6－4　ダバオへの男性沖縄移民の渡航費用の調達内容
表・6－5　ダバオへの女性沖縄移民の渡航動機
表・6－6　『市町村史』の聞き取り調査から抽出した31人のダバオへの女性沖縄移民の状況
表・6－7　年別ダバオ在留邦人増減数（1930～1936年）
表・6－8　年別ダバオ在留邦人農業労働状況（1930～1936年）
表・6－9　男性沖縄移民の戦争体験状況
表・6－10　女性沖縄移民の戦争体験状況
資料・6－1　ダバオ邦人開拓史年代表

表・7－1　外人耕地と日本人会社の所有株数と自営者数（1935年）
表・7－2　沖縄県人のドムイ入耕者（1927年）
表・7－3　金武村からフィリピンへの年次別字別海外旅券下付数
写真・7－1　仲間喜太郎
写真・7－2　在ダバオ漢那字創立10周年記念（1937年）
写真・7－3　在ダバオ金武村人会（1935年頃）
写真・7－4　ダバオでの麻山開墾　栽培・収穫・出荷まで

表・8－1　ダバオ地域における日本人学校
表・8－2　ダバオの日本人学校の教員出身校の道府県別内訳（1939年）
表・8－3　ダバオにおける学校別混血児童就学状況（1939年6月1日現在）

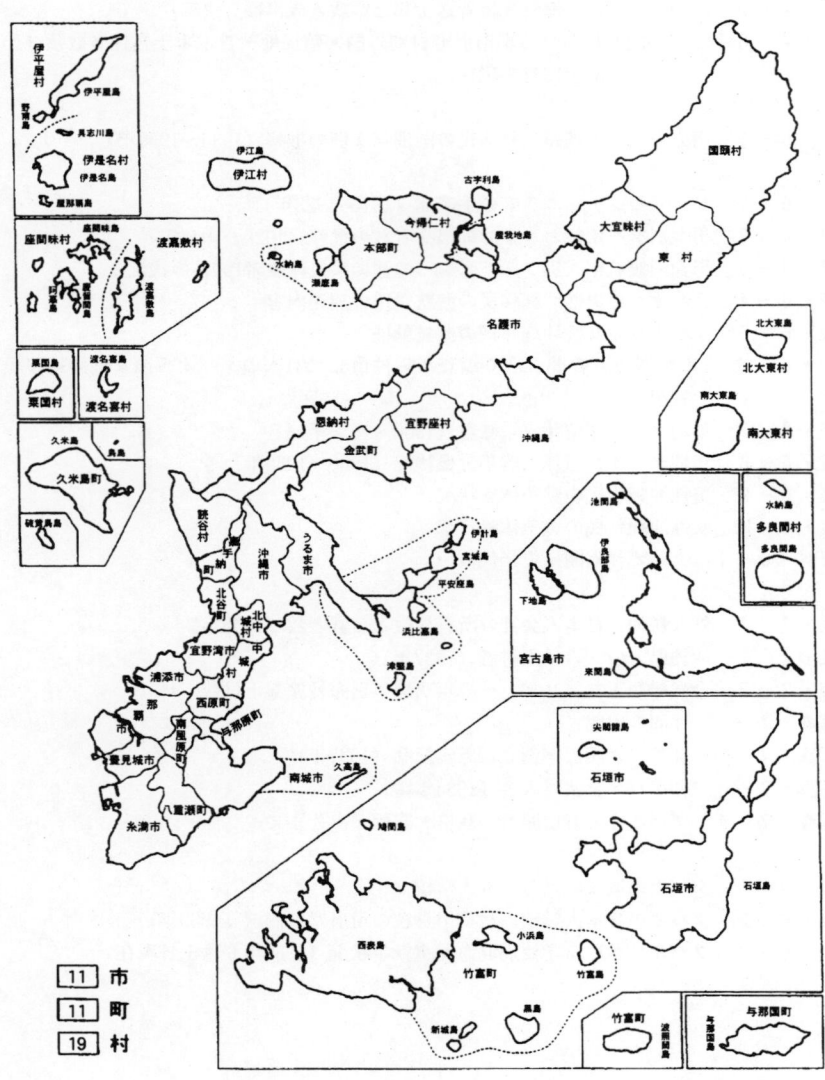

地図・1　沖縄県市町村地図

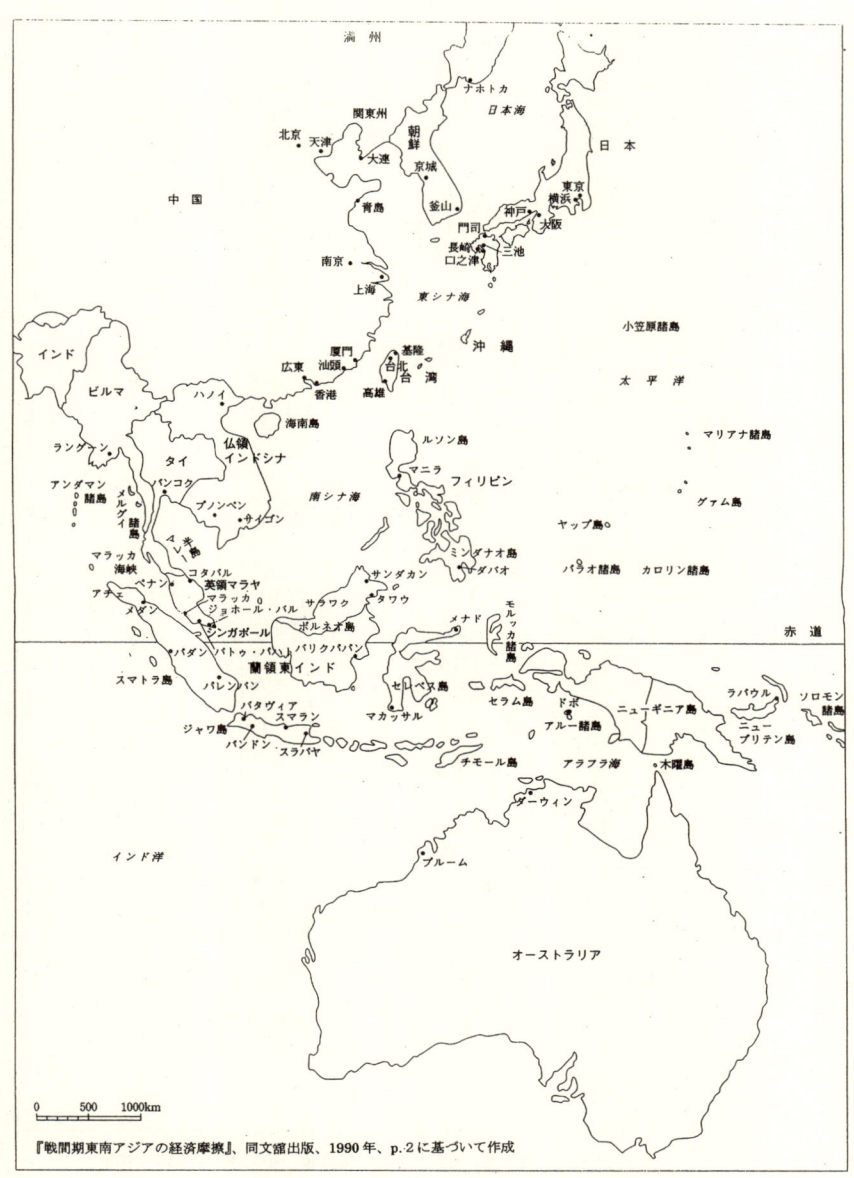

地図・2　戦前期の東アジア・東南アジア図

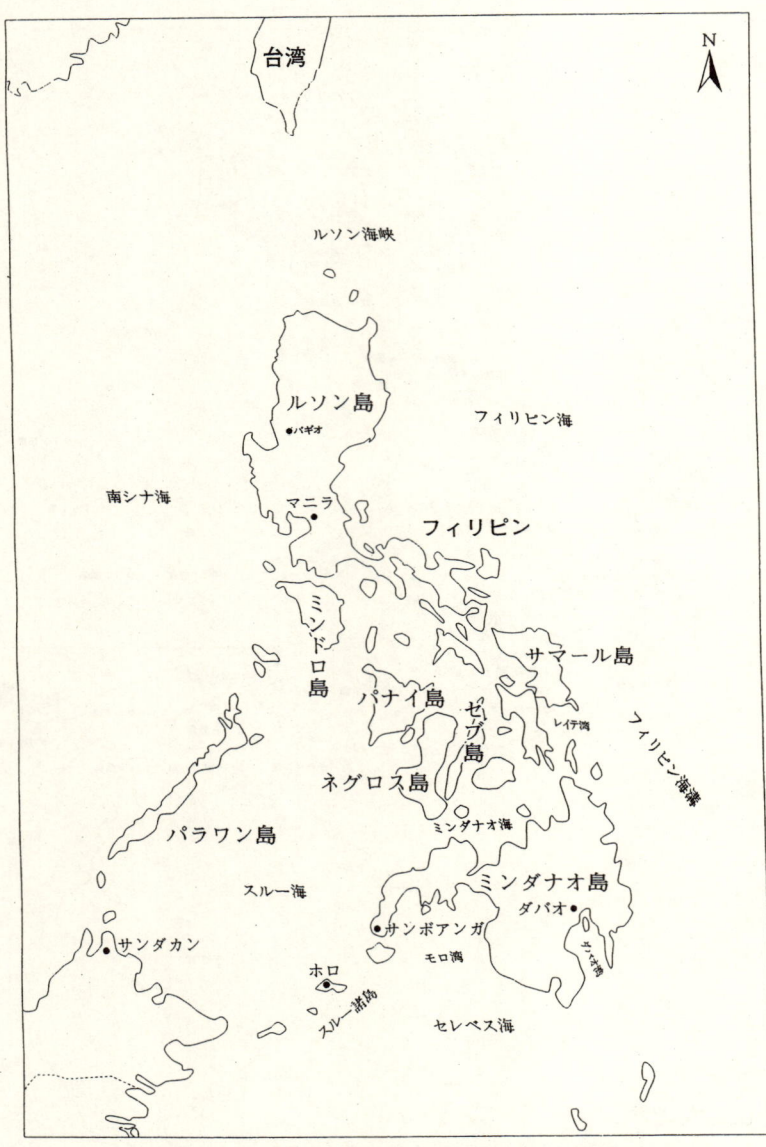

『具志川市史』第4巻、移民・出稼ぎ論考編、2002年、p.752に加筆

地図・3　フィリピン全図

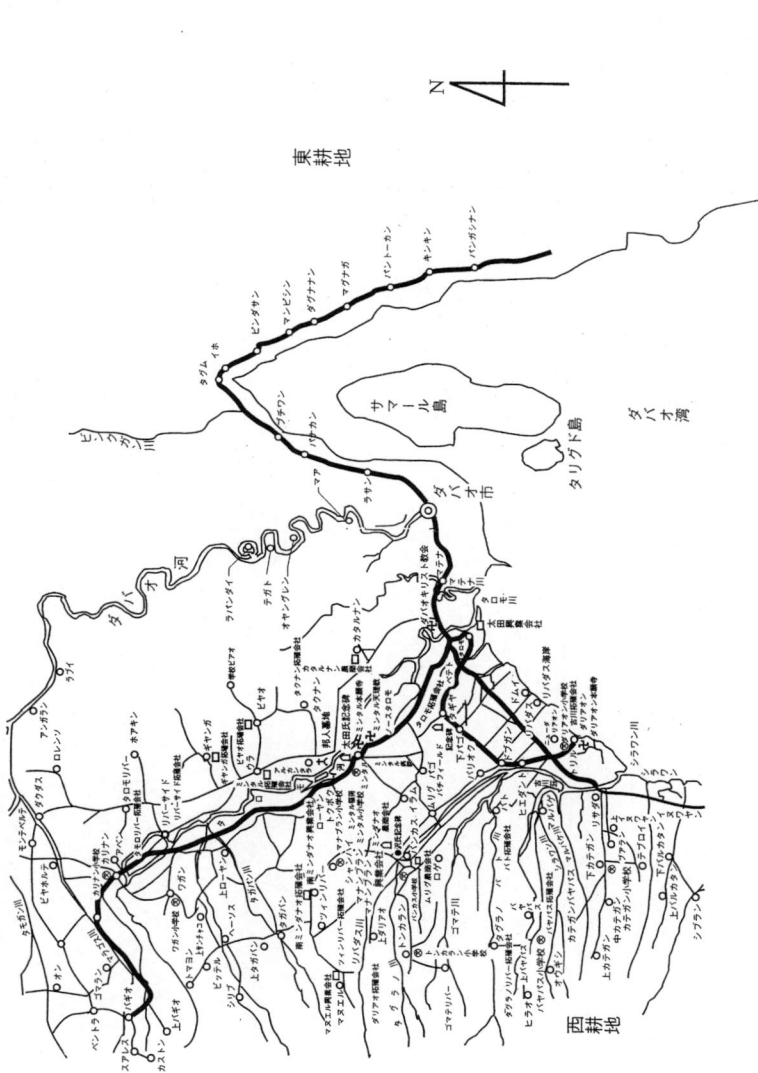

地図・4　ダバオ在留邦人耕地名

序　章

はじめに　―沖縄移民の全体像

　まずはじめに，日本人海外移民の全体像を簡単に概観し，そのなかにおける沖縄人海外移民の位置を確認しておきたい（文中で示した表，グラフ等は章末を参照）。

　日本人が海外へ移民として出たのは，1868年，サイオト号で153人（うち女性6人）が横浜港を出帆し，ハワイの甘藷プランテーションへ契約移民として上陸したことに始まる。いわゆる，「元年者」といわれている人たちである（同年，グアム島へも移民42人が出発している）。その後，1945年までの戦前における日本人の海外移住者数は，74万3759人（植民地在留者を除く）である。内訳は，北米等が41万1409人（56％），中南米が24万4172人（33％），東南アジアが8万8178人（11％）と算出されている［表・序－1，グラフ・序－1　戦前の海外移住者統計］。このうち東南アジア方面では，1899～1941年までのあいだで，「フィリピン群島及グアム島」への日本人移住者数が5万3124人にのぼり，東南アジア方面の渡航地での68.7％を占めている［表・序－2，グラフ・序－2　渡航地別本邦海外移住者数］。

　つぎに，全国における沖縄県の移民送出状況をみると，1940年の府県別海外在留者数上位3県は，広島県が7万2484人，熊本県が6万5378人，沖縄県が5万7283人であった。さらに人口比に対する移民率をみると，沖縄県が9.97％，熊本県が4.78％，広島県が3.88％となっている［表・序－3　日本における府県別海外在留者数，表・序－4　出移民率］。沖縄県が「移民県」と称される所以がここにある。1899年から1938年までの沖縄県の海外移民数は，7万2789人である。

そのうちフィリピンへは，1万6426人が出ており，沖縄県全移民数の22.6%にあたる［表・序－6　海外移民数の推移（沖縄県）］。戦前期沖縄県からは，世界各地へ移住者が出ているが［図・序－1　海外移民数の分布図（沖縄県）］，移民数，渡航先は時代によってはっきりした違いがみられる［グラフ・序－3　海外移民数の推移（沖縄県）］。これらの急激な変化は，いずれも戦争後の景気の変動や，政治的・政策的な事情などと関連している。

　沖縄県の移民は，1899年に當山久三が送り出したハワイ移民27人が始まりであった。明治期の主要渡航地は，ハワイが中心であったが，北米での排日気運が激しくなるにつれ，1908年の「日米紳士協約」による労働移民の「自粛」，1918年の日本政府による写真結婚の禁止，そして，1924年の排日移民法の実施にいたり，沖縄移民の主要な渡航地はハワイから南米ブラジル，ペルーへと移っていった。なかでもブラジルは，再三の渡航制限，禁止にあいながらも沖縄移民の主流をなしてきた。フィリピンへの移民は，大正中期以降，増加しはじめ，昭和期，とくに昭和10年代に入ると急増していく。この時期は図表には含まれていないが，南洋群島への移住も急増し，「南方への関心」が反映した動きととらえることができる（上記に提示した統計は，外務省による旅券下付数をベースに算出したものが多いが，「旅券」を必要としなくなった朝鮮半島，中国大陸，樺太，南洋群島などへの渡航者は含まれていない）。

　1904～1938年までにフィリピンへ渡った沖縄移民1万6426人は［表・序－5　沖縄県からフィリピンへの年次別出移民数および全国比］，沖縄県のなかでどの地域からの出身者が多いのだろうか。表・序－7　海外在留者数（沖縄県市町村別）をみればわかるように，1935年においてフィリピンでの在留者は，ほぼ沖縄全域から出ているが，人数的には特定の地域的傾向がみられる。フィリピン移民が多く出ている地域は，1935年では金武694人，小禄491人，中城479人，宜野湾355人，本部343人などの各村があげられる。

　沖縄県からフィリピンへの初回移民は，金武村出身の當山久三と大城孝蔵の努力により，1904年に360人がマニラに渡っている（『琉球新報』によれば，1904年4月に帝国移民会社・移民取扱業務代理人當山久三が募集したマニラ移民111人が球

陽丸で出発しており，同年2月にはすでに大城孝蔵が移民を率いて，神戸発の便船でマニラに向け出航していた。このときの移民が何人であったのかは明記されていないが，推定249人ということになる)。表・序－8 金武村における年次別渡航地域別海外旅券下付数をみるとわかるとおり，1904年に金武村からは185人のフィリピンへの旅券が下付されている。初回マニラ移民の半数は，金武村出身だったといえる。

また一方，渡航先フィリピンにおけるマニラ，ダバオでの在留日本人人口数の変化は，表・序－9，グラフ・序－4 フィリピン在留日本人人口のとおりである。フィリピン・ミンダナオ島東南部，ダバオ地方に日本人移民が本格的に居住しダバオ日本人社会の基礎を築いたのは，ベンゲット（ルソン島北部山岳地帯）での道路工事に従事していた日本人労働者（推定約1000〜5000人）であった[1]。1904年に沖縄県からフィリピンへ渡った最初の移民360人も，これらの多くがベンゲット道路工事に従事したものと推測される。その後，この道路工事の終了間近い1904年から終了後の1905年にかけて，太田恭三郎（後の太田興業株式会社社長）が送り出した約350人の日本人移民がダバオに渡りアバカ（マニラ麻）農園に入った。このなかに数は特定できないが，沖縄移民も含まれていた。以後，1913年頃までダバオでの日本人人口は微増状態が続いたが，第一次世界大戦の好景気により一気に膨れ上がり，一時6000人以上にのぼった。その後，麻相場の好，不況により増減しつつも，次第に増加傾向をたどっていく。この傾向は，女性人口の場合，とくに顕著で着実な増加が確認できる。［グラフ・序－5 ダバオ在留日本人］をみてもわかるように，ダバオの日本人女性は1920年代後半1000〜2000人だったものが，1930年代末から40年代には6000〜7000人以上に増加している。1940年の時点で，ダバオ付近には1万9267人の在留日本人が集住していた。これは，当時フィリピンにいた在留日本人2万8731人の67％に相当する。ダバオにおける沖縄出身者数のはっきりとした数字はつかめないが，1943年1月23日付の『マニラ新聞』によれば，ダバオ在留の日本人人口の総数は1万9089人であった。そのうち男子が1万1758人，女子が7331人であり，沖縄県出身者は1万166人，総人口の約半数であったことがわかっている。

1904年にマニラに渡った360人の沖縄移民は，約40年後にはダバオの約2万人の日本人社会のなかで，約半数を占める存在へと増大していった。この40年間の変化をどう捉えたらいいのか。これは，本研究の中心的な主題に結びつくものであり，それゆえ沖縄の移民をめぐるさまざまな実態を，移民を送り出す沖縄側と渡航先フィリピン・ダバオでのそれぞれの状況に焦点をあて，解明を試みる。以下ではまず，本研究の課題から述べることにする。

第1節　研究の課題

　沖縄からメキシコへ移民に出た長男と残された家族の生きざまを，屋部村の貧しい一家である眉屋一門の人々を中心に描いた，上野英信著『眉屋私記』の冒頭部分に次のような琉歌がある。

　　　かれいよしの渡波屋白黒の煙
　　　幾春になても名残のこち

　渡波屋とは，本部半島に突き出た双頭の岩座であり，その根の部分から頂上まで，まわりはすべて，切り立った断崖絶壁であるという。「白黒の煙」というのは，渡波屋の巌頭で見送人の焚く青松葉の白い煙と，見送られる沖の汽船の黒い煙をさす。つまり，この言葉はつきぬ惜別の情の象徴なのである[2]。移民とは，見送る者も見送られる者も別離の果てに，将来への希望と不安を一身に負い続けた行為といえようか。

　本研究は，沖縄での移民教育を受けた移民らが，沖縄人ゆえの差別に対して「追従」し，あるいは「対抗」しつつ現地での適応をめざす過程を，沖縄の移民教育の実践と渡航地フィリピン・ダバオでの移民としての自己意識の形成という2つの局面から，とらえようとするものである。

　このような主題（テーマ）を掲げた背景には，沖縄の人たちが常に意識する日本「本土」との「差」，あるいは「差意識」なるものをどのようにとらえ考えたらいいのか，といった関心がベースにある。そうした「差」ゆえに，沖縄

人は異民族かといった議論さえ見受けられる。たしかに，沖縄は日本「本土」とは異なる固有の言語，文化，歴史，地理を有しているが，その「差」が「本土」の人からは，差別的認識を生んだり，沖縄の人たちにとっては，自己確認の根拠となったり，あるいは差別に対し，自己防衛の機能となったりする。この「差」は，単なる「違い」としてあるのではなく，そこには何かしらの意味が必ず付与されており，それがさまざまな歴史的な過程で変容しあるいは強調され，そのなかでまた，新たな独自な「差」がつくられていく，といった繰り返しが沖縄の歴史形成の流れといえるものではないだろうか。こうした沖縄の人たちのもつ「差意識」は，異文化のなかでどのように発現し，作用するのだろうか。沖縄移民のもつ意識の形成を追究するというテーマ設定は，こうした初発に抱いた関心をより鮮明なかたちで見据えることができるのではないかと思われる。

では，まず，こうしたテーマの前提として，戦前の沖縄において，移民に対する教育がなぜ必要とされたのかを説明することから始めたい。前述したように沖縄県は「移民県」と称されていたが，こうした移民の動機は主に経済的なものであった（そのほかの要因として，移民先駆者の出現，共同体規制の崩壊，徴兵検査からの忌避などがあげられている）[3]。とくに第一次世界大戦後，糖価の暴落により，県経済はいわゆる「ソテツ地獄」といわれる深刻な疲弊状況に陥り，そのため移民渡航は経済的困窮から逃れる1つの方策であった。ところが，このような沖縄移民に対して，海外の渡航先各地から非難，排斥の声があがるようになってくる。たとえば，在ブラジル領事は，「沖縄語を以て用を弁ずる同県人の大多数は十分日本語に通ぜざるのみならず，他県人より（中略）一般劣等視さるの傾向今尚存する」[4]という報告をしている。そして，こうした非難により，外務省は沖縄県に対し2度にわたるブラジル渡航募集禁止という措置をとるのである。したがって，沖縄から多くの移民を送出するためには，琉球語（方言）をはじめとする沖縄特有の風俗習慣を改め，「立派な日本人移民」として渡航させることが緊要であり，沖縄における移民教育はその役割を担っていたのである。つまり，沖縄の移民教育は必要性として日本への「同化」の

問題が内在していたといえる。

　こうした沖縄での移民教育を受けた移民は，渡航先フィリピン・ダバオでは，どのように定着していったのか。前述のごとく，ダバオ日本人社会は，ベンゲット道路工事終了後，太田恭三郎に率いられた日本人移民の入植によって本格的に始まった[5]。ダバオでの日本人人口は，麻相場の好，不況により増減しつつも，次第に増加傾向をたどっていく。そして，女性人口の増加に伴い，移民の定着形態も移民自身の意識も，出稼ぎから永住へと変化していった。また，こうした変化とともに，子弟教育への関心も強まり，日本人学校が相次いで創設された。1924年にダバオ日本人尋常小学校が設立されて以来，第二次世界大戦終戦までに，フィリピン・ダバオでは計13校が設立されている。一地域にこれだけの日本人学校が設立されたのは，「満洲国」に次ぐものであった。1943年には，日本人人口は約1万9000人を数え，その半数が沖縄移民であった。このようにフィリピン・ダバオは沖縄移民の影響が濃厚な渡航地であり，日本人移民社会における沖縄移民の動向が反映しやすい渡航地であったといえる。ところで，類似の人口構成が南洋群島にもみられる。南洋群島では1939年時点で約4万5000人以上の日本人がおり，その約6割が沖縄移民であった[6]。しかし，南洋群島は7年余りの軍政後，委任統治領となり，実質としては「帝国」日本の植民地の一部として国際連盟脱退後も統治は継続され，移民募集や統治方法に国家権力が顕在的潜在的に介在していた。これに対し，フィリピン・ダバオでは軍政が始まるまで，日本の移民政策の影響は低かったといえる。移民の動機も多くが個人の発意に基づくものであり，また，ダバオでの労働形態もそこでの移民の意識も軍政期前と後では異なってくる。したがって，フィリピン・ダバオでの沖縄移民を取り上げることで，移民送出地域にかかわる諸要因や移民の意識の形成に投影された歴史的社会的変化をより鮮明にあぶり出すことができるのではないかとの判断がある。

　さて，本研究における研究対象をこのように定めたうえで，では，こうしたテーマを教育学研究のなかで，どう位置づけることができるだろうか。そして，これまでの諸研究からどのような解明すべき点を導き出そうとするのか。それ

らを明らかにするために先行研究の状況を概観することにしよう。

本研究は，テーマの内容・対象からみて，その研究関心に近接性を有する，次の3つの研究領域に交錯するものと考える。すなわち，近代沖縄教育史研究，植民地教育史研究，そして沖縄移民（史）研究である。これらそれぞれの領域には膨大な研究蓄積があるが，ここではとくに，本研究テーマを深めるのに欠かせない関連性のある研究を取り上げ，その研究成果をみていくこととする。

まず近代沖縄教育史研究についてである。この領域について，たとえば「これまでの研究を牽引してきた人物としては，安里彦紀，森田俊男，上沼八郎，阿波根直誠，浅野誠等を挙げることができる」[7]との指摘がある。たしかにこれらの人たちは，近代沖縄教育史における代表的研究者であり，通史的研究，初等教育制度や師範学校制度に関する研究，国民教育論からの立場からの研究などに実証的に取り組んできた。しかし，移民教育に関してはこうした代表的研究をみても言及している箇所は部分的にわずかである。たとえば，『沖縄県の教育史』（浅野誠）では，「徴兵教育と夜学校」について述べた部分で，「さらに徴兵対象者だけでなく，未就学者の夜学校も開かれるようになる」といい，その例の1つに「海外移民者のための夜学校」をあげている[8]。このように移民の教育については，ほかの関連項目とともに述べられているにすぎない場合がほとんどである。また，移民教育は成人を対象とした場合が多いが，田港朝昭，長浜功，儀間（玉木）園子などの数少ない戦前の沖縄社会教育活動に関する論文をみても，移民に対する活動についての言及はわずかなものである[9]。一例をあげると，『沖縄県史』（第4巻教育）所収の論文「社会教育」（田港朝昭）では，「青年学校の設立」のところで，島尻郡など各地域の動きを紹介したあと，沖縄県の移民教育の特色の1つとして，「1941（昭和16）年に，青少年の訓練施設として，拓南訓練所（県営）が金武村（糸満に支所）に開所した」[10]事実を指摘する。しかし，それに関しては簡単な内容紹介にとどまっている。このように近代沖縄教育史においては，移民教育については独自に主題化されて記述されることはほとんどなかったといってもいいのではないかと思う[11]。上述のごとく，沖縄の移民教育には現実的な必要性として日本への「同化」の

問題が内在されているが、沖縄では教育全般のなかで言語風俗習慣の「同化」教育が実施されているため、とくに移民のための教育を意識することは少なく、沖縄近代教育史の一部分として扱われたものと考えられる。こうした動向に対して本研究は、近代沖縄教育史における沖縄の移民教育のもつ特殊性重要性に着目し、移民政策との関連から沖縄移民にかかわる教育を取り上げ、その性格、変遷をとらえようとする。

つぎに、植民地教育史研究についてであるが、研究動向として1980年代以降、数量的な拡大が非常に顕著であるといえる。その主な特徴としては、従来の台湾、朝鮮の限定的視野から南洋群島、東南アジア占領地域、満洲国等へと研究視野が大きく拡大したことがあげられよう[12]。そしてこうした地域的拡大とともに、また研究対象も拡大してきている。植民地(や移民渡航地)には多くの日本人が移住しており、日本人(語)学校を中心に移住者の子どもを対象にした教育も行われていた。植民地教育史では現地の他民族に対する教育を扱ったものが中心であったが、植民地(や移民渡航地)での日本人子弟を対象とした教育いわゆる「在外子弟教育」を研究対象にあげることもできる。本研究は、テーマからみて「在外子弟教育」の研究分野により接近しているので、この分野に絞って論及する。

戦前における在外子弟のための教育は、植民地、移民渡航地両方にまたがって展開されているため、植民地に関するものは植民地教育史で、移民渡航地に関するものは移民(教育)史研究でという具合に別々に研究が進められてきた。こうした傾向に対して小島勝の一連の研究は、世界各地で行われている在外子弟教育の比較とその全体像の分析を試みている。小島は、戦前の在外子弟教育を分析する柱として「(1)国民・臣民教育の遂行と制限、(2)移民・移植民政策、(3)「文化程度」の高低観、(4)戦時体制と日本軍の侵攻」[13]をあげている。これら4点はフィリピン・ダバオの日本人学校を分析する際にも有効な視点であるが、さらに沖縄移民(とその子弟)にとっては、家庭での沖縄文化の伝承という側面は、渡航先での移民の自己意識形成を考えるうえで重要な視点である。家庭での生活が自分たちの文化を守り、独自性を形成する場としての機能を有

しているからである。したがって，本研究ではこの点を重視し，小島のあげた4点に加え，移民子弟の家庭における教育の側面にも注目していきたいと思っている。

最後に沖縄移民（史）研究についてであるが，沖縄からのフィリピン移民に関する基礎的な研究として，『沖縄県史』（第7巻 移民）のなかに収められている「フィリピン移民」の論文があげられる。この論文の執筆者である石川友紀は，フィリピン以外にも世界各地に渡った沖縄移民に関する多くの論文を残しており[14]，地理学の立場から沖縄全域での海外移民送出の地理的特徴や階層的状況を明らかにしている。しかし，沖縄における移民研究の全体的な動向は，ハワイ，北米，南米への移民に関する研究は豊富であるが，南洋移民（南洋群島，東南アジア地域）に関するものは概して少ないといえる。そうしたなか近年沖縄では，「市町村（字）史」が相次いで出版されており，移民を多く送出している地域では，そのなかに移民体験者からの聞き取り調査による数多くの証言を掲載している。フィリピン・ダバオへ渡った元移民らの体験を，そうしたなかからうかがうことができる。また，フィリピン・ダバオをめぐる国際的な政治経済的な状況については軍政期も含め，フィリピン史研究の領域で広く進められてきている。代表的なものとして早瀬晋三，橋谷弘，吉川洋子らの研究があげられるが[15]，とくに早瀬の研究のなかには，原住民の実態やマニラ麻の世界的動向など移民の生活にかかわる分析が含まれている。本研究は，これらの成果を活用しつつ，フィリピン・ダバオの沖縄移民の意識の形成を個人の生活の側面と，広く国際的情勢に関する点からもとらえたいと思う。

このように本研究は，いくつかの研究領域に交錯するものであるといえる。それでは，こうした研究領域の成果と補足点をとおして，本研究の中心的な主題にかかわる移民教育をどのようにとらえようとするのか。その点について説明したい。

沖田行司は，日本人移民に関する教育史研究について，「一，移民先で創設された日本人学校と日系人社会に関する研究，二，受入先の国家の教育政策および移民政策と日本人学校の変容に関する研究，三，移民を送りだす日本にお

いて展開された移民教育論の研究」[16] が考えられるとしている。しかし，この分類のとくに「三」については，日本国内には移民教育論の研究だけでなく，たとえば，実際の学校現場や地域に展開された移民教育に関する実践活動についての研究も含まれるのではないだろうか。この点について渡部宗助はより明確な定義を行っている。すなわち，渡部は「「移民教育」という場合，移民政策を推進するための国内での教育（(1)不特定多数を対象とした学校での教育，(2)奨励・宣伝を意味する成人対象の教育，(3)具体的に出移民が決まって，移民教養所（神戸・長崎）での速成教育）と入移民国での教育に大別される」[17] と説明する。本研究は，渡部の定義に学びながら国内での移民教育の各側面について，とくに沖縄県において展開された移民のための教育実践に着目し，その実態を戦前期全体を通して変遷を追いつつとらえたいと思う。さらに，これまでの移民教育の認識は，国内での移民教育と渡航先で行われた移民のための教育を個別にとらえており，双方を視野に入れて両者のかかわりのもとに移民教育を把握するという視点は弱かったといえるのではないか。そこで本研究は対象を一地域に限定せず，移民送出地の沖縄での移民教育と渡航先のフィリピン・ダバオでの移民の生活実態や二世の教育などともかかわらせながら，全体関連的に移民教育をとらえ，その歴史的な実態と意味を検討することを試みる。

　以上の点から，本研究の課題を設定すると次の2点となる。すなわち，第1は，戦前期沖縄において展開された移民教育を，国・県の移民政策との関連性をふまえつつ学校教育，社会教育双方から把握し，その実践を歴史的総体的にとらえるということである。そのために後節で詳述するごとく，戦前期沖縄の移民教育に関する時期区分を試み，それぞれの時期の特質を明らかにしていく。これが第1の課題である。

　第2は，フィリピン・ダバオの沖縄移民の意識構造を，移民個人の生活世界から描き出すとともに，フィリピン・ダバオがおかれた政治的経済的な外部状況とを関連させて明らかにするということである。とくに，移民二世の意識形成を考える場合，日本人学校での「臣民教育」の影響は大きいといえるが，同時に家庭における沖縄文化の伝承という側面にも着目しつつ，それと外部世界

との関係を考えたい。これが第2の課題である。
　つまり，沖縄における移民教育の実践の歴史的事実の把握（第1の課題）という作業から，移民に対し沖縄での教育がいかなる役割を担ったのかを問い，また，渡航地フィリピン・ダバオでの移民の自己意識の形成（第2の課題）という内面の問題について，それが移民にとってどのような意味があったのか，これらの諸点を移民送出地域と渡航先双方を視野にいれて，沖縄の移民教育を総体的に解明することにある。本研究が先行研究に対し多少とも補う点があるとすれば，こうした視座の設定により従来の固定的な学問区分を越え，多領域にまたがる学際的な視点からのアプローチであり，ここに本研究のもつ教育学における独自の位置と意義が存するものと思われる。

第2節　研究の視角

(1)　沖縄の移民教育にみる「必要的同化」と「文化的異化」

　さて，このような研究課題に対して，どのような視角からのアプローチが有効だろうか。
　沖縄における移民教育は，体系的な実践が最初からあったわけではない。多くの場合，沖縄移民に対するなんらかの非難あるいは不都合な現象に対して，その改善策として教育的営為が叫ばれ施されてきた，というのが実情である。たとえば，外務省から沖縄県に対し最初のブラジル渡航者募集禁止の措置があったとき，新聞紙上に「移民教育の要」と題された次のような記事が掲載された。

　　「……移民教育は，単に移民奨励の意味に於いてのみ為さず。海外渡航の希望を有する者に対しても亦，其の品性の陶冶上必要欠く可らざるを思ふ。殊に本県の如きは，風俗習慣其他言語等に於ても，他府県と大いに其の趣きを異にするものあるが故に海外渡航者にとりては，特に此の点に多大の注意を払はざる可らず。」（『琉球新報』1917年2月10日付）

　したがって，移民教育の多くは，移民に対して断片的な教育事実が「存在」したということにすぎない。そうした事実をいかに構造的にとらえ，そこにどのような意味を見いだしうるのか。本研究の課題を解明するうえで，その方法

が重要なものとなってくる。

その1つの手がかりとして,中島智子の「朝鮮人教育実践の方法と構造」をあげることができるのではないか。中島は,従来の在日朝鮮人社会では,「同化」は無前提に「悪」とみなされ,しばしば文化的精神的問題として,倫理上から同化一般を排斥してきた点を指摘する。そして,アメリカの社会学者ゴードン(Gordon, Milton M.)が用いた「文化的同化」と「構造的同化」という概念を用いて,日本社会における在日朝鮮人の位置を次のように説明する。

　　「ここでは文化的同化とはマイノリティが支配的文化を受容して固有の文化を喪失すること,構造的同化とは支配集団の社会内のさまざまな集団や組織へマイノリティの参加が認められることとしておこう。この枠組からいえば,日本社会は在日朝鮮人の文化的同化を要求しながら,構造的同化については拒絶してきたといえる。」[18]

そして,朝鮮人教育実践のめざすべき方向性を「文化的異化と構造的同化の結合作業の試み」(傍点は中島)と名づけ,この作業は,「文化的同化を前提としない市民的権利としての構造的同化の要求であり,むしろ文化的には奪われてきた朝鮮人性の回復(=文化的異化)を伴いつつ日本社会への構造的参加をはかる」[19](傍点は中島)ものであるという。

この分類によれば,第1節で述べた沖縄の移民教育に内在する「同化」とは,日本への「文化的同化」をさしていることがわかる。この点をより具体的に示し広く沖縄移民の「素質改善」を促したものに,沖縄県庁が出した「海外へ行く人々の為に」(1926年)というパンフレットがある。これには,沖縄移民が「日本人移民」として恥ずかしくない行動をとるための,細かな日常生活上の注意点が記されている。たとえば,次のようである。

　　「履物は必ず履かねばなりませぬ」

　　「着物を着る時には必ず帯を締めなさい」

　　「肌や足をむき出しにしてはなりませぬ」

　　「普通語と行先地の言葉を早く覚えて沖縄の人同志でも必ず普通語又は其の国の言葉で話しなさい」[20]

ここには，常識的な生活態度としてのマナーを身につけることを奨励すると同時に，沖縄独自の言葉や文化を否定し，「日本人移民」としての自覚を促している点に注意を要しよう。このパンフレットは移民予定者に配布されただけでなく，社会教育的な活動や後に述べる開洋会館（沖縄県の移民訓練所）でも使用された形跡がうかがえる。もとより，日本語の文字が十分読めない移民予定者も少なくはなかったので，その効果が十分であったとは必ずしもいえないが，沖縄の言語文化を否定し「日本人移民」へ「文化的同化」をさせることをめざしたものであることは確かであろう。そして，このことは沖縄移民にとっても，異文化社会で生き抜き経済力をつけ成功するためには，何より必要なことであった。それがひいては，現地社会で社会的に認められることにもつながるであろうことを，自明のこととしていたのである。

　このようにみると，沖縄の移民教育においては，「構造的同化」は二次的なもので強い志向性は出てこず，本研究では視点とはなりえない。むしろ中心的な視点は，差別や非難を軽減し多くの移民を送り出すために，日本への「文化的同化」をめざしたものであるといえる。移民側もこれを移民成功に導く社会的誘因として必要上受け入れたのである。つまり，ここでいう「同化」概念は，植民地教育史の領域で使う「帝国主義的な異民族支配」[21]といううえからの支配装置としての含意だけでなく，それを受容する側からもとらえる視点を留保する余地があり，異民族に対する植民地教育史研究などとは異なる「同化」概念を有しているといえる。すなわち，沖縄の移民教育においては，強制力や抑圧など外圧的な意味合いが強い，従来の「同化」概念では説明しきれない面が含まれており，したがって本研究では，沖縄移民が必要にかられて自ら求めた内発的な側面を含んだ「文化的同化」をあえて「必要的同化」として抽出してとらえることにする。

　ところで，このように沖縄の移民教育は圧倒的な日本への「文化的同化」教育を行うなかで，差別に抵抗するかたちで沖縄の歴史や文化の固有性，あるいはそれに根ざす沖縄移民としての誇りといったものを伝えることはなかったのだろうか。つまり，中島のいう「文化的異化」の側面が，沖縄の移民教育のな

かには見られなかったのかどうか。

　沖縄の移民教育がそもそも沖縄移民への差別・非難という現象に追従するかたちで，行われたものである以上，その教育的諸事象は，大部分が日本への「文化的同化」をめざしたものであったのは当然であろう。しかしながら，仔細に検討するとわずかではあるが沖縄移民の差別や非難に対抗し，沖縄移民としての誇り＝人間性の回復といった志向性を有する事象を，移民教育のなかに見いだすことができる。たとえばそれは，沖縄県初等教育研究会編『島の教育』（1928年）という研究原案のなかの一側面に認めることができるのではないかと思われる。『島の教育』のなかの「国史」に関する章に，次のように記された部分がある。

　　「私たちの祖先は…退嬰的，消極的な民族ではなかつた。一千年の昔に於て大和地方に往来したほどの発展的，進取的な海外思想に富む民族であった。それが慶長の役後の両属政策のためにしばらくおさへつけられてゐたまでである。」[22]

　ここには，「沖縄人の進取性」といったものに目を向けさせようとしていることが読み取れる。さらに，「沖縄人としての長所」を喚起するために，正規の「国史」授業のなかに「琉球外交史」の内容を組み込み，文部省の厳しい統制のなか独自のカリキュラムを工夫作成し，生徒たちに伝えようと努力したことがうかがわれる。

　たしかに，こうした例示はわずかなものであり，しかも，まもなく満洲事変が起こり国家主義的な趨勢が強まるなかで，『島の教育』が実際どのくらい実践されたのかを確認することは現状ではほとんどできない[23]。しかし，こうした志向性をもった教育内容の記述があったことは確かであり，注目に値することである。沖縄移民としての独自な存在ひいては誇りといったものを育成しようとする契機が，沖縄の移民教育のなかに可能性として内包されていたとみることができよう。こうした思想のもつ潜在的可能性について丸山眞男は，「思想のアンビヴァレントな可能性に着目すれば，ある可能性は，結果からみるとついに伸びなかったけれども，発端においては現実の結果とはちがった，

別の方向への可能性があった」といい,「そういう可能性の探求によるのでなければ, 日本における思想的な「伝統」の発掘ということはできない」[24] と指摘する。このような視点に立てば, 沖縄移民の独自性を喚起し育成した「伝統」を沖縄移民教育史のなかに探り当てることができるのではないだろうか。

さらに, 沖縄移民の渡航先フィリピンでの生活に目を転ずれば, 移民生活を綴った「仲間喜太郎日記」には, 正月にみなで豚をつぶして食べたことや, 郷里の節句である清明祭（旧暦の三月, 清明の節に行なわれる祖先供養の行事）や畦払い（アブシバレー。4月15日, 田畑の害虫を除去し稲の成長を祈る行事）にはご馳走を作ったこと, 沖縄移民同士よく集まっては三線を弾き, 酒を飲んで楽しんだり, 干支祝である「トシビーの祝」（13歳から始まり, 25, 39…85, 97歳と続き, 生まれ年の正月の初干支の日に祝う）を行ったことなどが繰り返し記されている。ここからは, 渡航先の生活にも沖縄の伝統文化が伝承されていたことがわかり[25], そのことが次節で述べるように, 沖縄移民としての独自性＝固有性を形成する重要な基盤となってくるのである。つまりこのことは, 沖縄の移民教育における「文化的異化」の志向性が, 確かな実証そのものはいまだないが, 実際の海外現地の生活になかに引きつがれ, それが具体的に発現されたものととらえることができるであろう。

このように沖縄における移民教育のなかには, 沖縄移民の独自性を促す事象を指摘することができ, そうした側面を「文化的異化」の現象として析出することが可能であると考えている。これらの点が「必要的同化」に対し,「文化的異化」を重要な分析視点として措定しようとする根拠にほかならない。

(2) フィリピン・ダバオの沖縄移民にみる「日本人意識」と「沖縄人としてのアイデンティティ」の形成の分析

1927年, 在マニラ帝国領事館ダバオ分館副領事・斎藤彬は, 外務大臣宛にダバオにおける「沖縄県移民の短所欠点」について, とくに次のように報告している。

「粗衣粗食に甘んずるの長所は, 同時に其最大なる短所にして, 労働に没

入するの結果は，土地の風俗習慣を軽視するの結果となり，比律賓人より軽蔑され，「オキナワ」又は「オートロ・ハポン」（特種な日本人）と称して，内地人と異なるもの丶如く，感想を懐かしめつ丶あるは，目下の実状なり。」

そして，具体的内容として12項目をあげている。たとえばそれは，次のような内容である。

「一，他県人に比し，文化の程度劣等なり

二，ローカル，カラー濃厚なり

三，豚小屋式を群居し，蛮族と毫も選ぶ所なきもの多きは，比人の軽侮を招くの因をなす（以下略）」[26]

ここからは，沖縄移民を日本人移民と区別して差別的にとらえる認識が看取できる。沖縄移民に対するこうした見方は他の渡航地でもみられるのだが[27]，沖縄移民は海外に出ても，日本人とは違うという差意識とそこから派生する差別感にさらされており，こうした状況を解消するには「必要的同化」にそって，「日本人意識」を強烈にもつことが何より必要なはずであった。

しかし，実際の現地での移民の生活をみてみると，前述のごとく，沖縄文化が色濃く反映されており，また，沖縄人同士とりわけ同村同字出身者同士の絆は強く，仲間同士密に連絡をとりあい，郷友会的つながりのもと互いに助け合いながら，渡航地での生活を生き抜いていった。前述の「仲間喜太郎日記」には，「伊芸松三君が帰郷する事になり，本夕は餞別会あり。七時頃より一同連れ松三宅へ参集し，夜もすがら祝う」「幸文氏死亡の報あり。（中略）字民一同及びタランラン耕地一同外，友人参集す」といったような，同郷者に対する出産祝い，葬式，病気見舞い，上陸祝い，帰郷者への餞別会（送別会）の記述が数多くみられる。

ここには沖縄人としての生活態度がはっきりと出ており，沖縄的な文化，生活慣習を伝承しつつ，沖縄人としての意識を自然と醸成させていったと考えられる。これは外部の者から，日本人とは違った沖縄人としてとらえられ認識された「沖縄人」ではない。文化人類学者・前山隆がいうように「自己を分類・

定義する認識プロセス」と「外部から分類するレッテル張りの「カテゴリー」」とは明確に区別されうるものであり[28]，自ら「沖縄人」と自覚する契機が自分たちの沖縄的な生活のなかにあったのである。つまり，渡航先の日々の生活のなかの「文化的異化」の現象から，「「沖縄人」としての自己意識が再生産され続けている」[29] ということができる。

　それでは，ここで問題としている「文化的異化」の志向性から意識される自己意識をアイデンティティととらえるには，アイデンティティ概念をどのように解釈すればいいのだろうか。アイデンティティという語は，今日幅広い学問領域で使われており，しかも西平直が指摘するように，アイデンティティという言葉自体，状況いかんによって理解が左右され，読み手がその意味を変えたり，付与したりする可能性があるといわれている[30]。つまり，状況によって，意味の解読が可能であり，いかに読み解くかが重要だということである。先述の前山は，アイデンティティについて次のように述べている。アイデンティティは意識のレベルにおいて，この世界から自己と世界とのかかわり合いをいかに切り取り，掴みとるかの作業であり，そこに意味づけと解釈を与えることで，自己と他者との関係を規定することであるという[31]。そして，その規定には3つのレベルが考えられるとしている。前山はブラジルの「日本人」の例をあげながら，3つのレベルを「(1)カテゴリーとしての日本人，(2)アイデンティティーとしての日本人，(3)社会組織（集団）としての日本人」[32] に分類する。(1)，(2)は認識レベル，(3)は行動レベルのものであり，(1)は他人に与えるもの，(2)は自ら自己を規定するものである。この分類について，「これら3つの次元は相互に深く関わり合っているが，峻別されるべきものでもあるし，かつその間にいろいろなギャップも存在する」[33] と説明する。

　こうしたアイデンティティ概念のとらえ方は，「文化的異化」の志向性から「沖縄人としてのアイデンティティ」がいかに認識されるかを考えるとき示唆的なものを提示しているように思われる。つまり，渡航先での「沖縄人」の認識レベルには，他人が沖縄人に与えた，差別的なまなざしを含んだ「沖縄人」があり，互いに集団内で確認される「沖縄人」があり，それと深くかかわり自

らを規定する「沖縄人」があると考えられる。他人に与えられた「沖縄人」は，差別を解消するために容易に「日本人意識」に転化されよう。こうした世界とのかかわりで規定されるアイデンティティは，「必ず相克葛藤するというものでもないし，また或る時点で調和が保たれていたからといって別の時点でも同様であるということにはならない」[34] という。個人が直面する社会状況を判断し，選択し，アイデンティティに変更をもたらしながら，その状況に自らを適応させていくととらえる。沖縄移民の場合，差別に対抗するために，自らのアイデンティティ形成に郷友会的社会での沖縄人相互のつながりが重要であったと考えられる。つまりここから，「文化的異化」の志向性をもった，沖縄的生活を伝承した郷友会的社会での行動が，「沖縄人としてのアイデンティティ」形成に深く影響を与える基盤としてあったと解釈することができよう。

このように移民自身のアイデンティティが，自分の属する伝統文化に根ざしたところから意識され，自己のアイデンティティ形成の重要な源泉となっているという例は，ほかの地域の移民の場合にもみられる。

たとえば，アメリカ合衆国へ渡ったアイルランド系移民の意識を，残された手紙や日記類などから分析したミラー（Miller, Kerby A.）は，アイルランド系移民のもつ意識をアイルランド文化の文脈のなかでとらえている。ミラーの研究については，アイルランド系移民の心情を，英国による征服以前のゲール語や，古来からの詩歌やことわざの分析から論じており，カトリック教徒に顕著だったゲール的意識が，合衆国でのアイルランド系としてのアイデンティティの保持につながり，合衆国でのアイルランド民族運動の隆盛の背景となったと，解説されている[35]。ミラーは，その著書のなかで，移民たちの思いを表現したものとして，たとえば移民に出る前に行われる儀式である"American wakes"を取り上げている（wakeはアイルランドでは通常，通夜のことをいう）。そこで演じられた歌や音楽や踊りが地方性豊かなアイルランド民俗に深く根ざしたものであり，そのなかに込められた移民の悲しみや野心的な気持ち，祖国への忠誠心などを膨大に残された文書類から詳しく分析している[36]。そこで交わされた残された者たちとの思いや感情は，たとえ故郷に帰ることはないとしても，

移民にとってアイルランド系アメリカ人としての意識を長く維持することにつながっていったと指摘する[37]。

いっぽう，フィリピン・ダバオでの沖縄移民の生活において，現地の日本人社会では，この節の冒頭でも述べたように，差別的見方が存在しており，「沖縄人としてのアイデンティティ」を人前ではっきりと表明して生きることはむずかしかった。そうした葛藤した意識が端的に表れているのが標準語（日本語）と沖縄方言との使い分けであった。移民体験者の証言のなかに，麻山では沖縄人同士は方言で話すが，周囲に日本人がいるときは，「たいていは戸を閉めきって部屋の中で話す」[38] という具合にたえず，日本人との差異が意識され，「日本人意識」をもつことが要求された。そうしなければ，沖縄移民は生きていけなかったからである。つまり，渡航地では生活上より現実的な問題として「日本人意識」をもたざるをえず，「必要的同化」はいっそう切実なものとして，考えられたのである。

以上の点から次のようなことが考察できよう。現地での沖縄移民の意識はたえず日本人との差異を意識し，そこから派生する差別感にさらされていたが，それへの対抗として基層部分には，沖縄的生活（「文化的異化」）とそこから創出される「沖縄人としてのアイデンティティ」を，強い絆のもと継続的にもち続けていた。しかし他方では，差別に追従しつつ現実的な必要性（「必要的同化」）として，表層部分において「日本人意識」を受容し表明してきたのである。現地の生活実態からみて，このように沖縄移民のもつ二層の意識構造を説明することができるのではなかろうか。

また，現地社会とのかかわりについても言及すべき点がある。冨山一郎は，南洋群島における沖縄人の位置は，「一つは支配される「南洋人」としての「沖縄人」であり，いま一つは支配する「日本人」としての「沖縄人」である」[39]とし，沖縄人自身が植民地では他者を排除する面をもっていたことを指摘する。フィリピン・ダバオの沖縄人も大局的にはこうした立場にあったといえよう。しかし，ダバオの場合，原住民との接触交流は一様ではなく，時間の経過によっても関係は微妙に異なる。たとえば，原住民との結婚による現地への同化の現

象が指摘できる。1939年の統計では、日本人とフィリピン人との間の混血児の数はダバオでは約700人いたといわれているが[40]、実際はもっと多かったであろう。また、日常の麻労働や日本人学校においても原住民や混血児と接触する機会もあった。そこでの沖縄移民との交流関係は、移民体験者の証言を聞いても、概して良好な面が多かったといえるが、反面、原住民を蔑視する見方もあった。このように原住民に対してはいくつかの動きや認識が存在していたが、それが軍政期に入り、支配者＝「日本人」としての側面を強めていったといえる。冨山は植民地における沖縄移民の支配者としての側面について、「生活改善のなかでは一つのアンビバレントなアイデンティティとして存在していた」[41]といい、日常生活のなかで非支配者と支配者の面が共存していたことを指摘する。原住民との関係はダバオ日本人社会においても、沖縄移民の意識形成をみるうえでは見落とせない視点が含まれていると考える。

　最後に、本研究のもつ限界について述べておきたい。上述した沖縄移民の二層の意識構造や現地での同化の動きは、戦後におけるフィリピン移民体験者の意識にも大きく影響してくる。フィリピン移民やその家族は、敗戦により日本へ強制送還されたため、ほとんどの者が引き揚げを余儀なくされたが、残留した者がわずかだがいた。その多くが混血児やその母親であり、彼らは「残留日系フィリピン人」であるがゆえに、反日感情の強い戦後のフィリピン社会でも、長い間、山中深く隠れて住まなければならなかった[42]。またいっぽう、沖縄移民も引き揚げの過程でフィリピン民衆からの激しい憎悪に接し、そして日本の港に着き沖縄へ戻るまでの間に、日本国内でまたさまざまの辛酸な体験をこうむった。このような体験は、移民体験者のもつアジア認識や戦争責任感に影響を与え、戦後の沖縄民衆の思想形成へとつながる重要な契機ともなったのである。それらは、移民のもつ二層の意識構造にも大きな変化を与えたはずである。しかし、本研究は敗戦までの戦前の歴史に限定されている。これらについては、今後の課題として後日に残されることになるのだが、戦前における沖縄移民の意識を、教育や現地での行動、あるいは国家とのかかわりを通じて分析することは、戦後の沖縄をとりまく日本そしてアメリカとの複雑な国家関係の

なかで，沖縄人自身の主体性の問題を考える際の，1つの観点を提起することになるのではないかと考える。研究の視野に限定はあるが，研究関心の範囲としてその射程は長くとりたいと思っている。

第3節　研究の方法と構成 ― 仮説としての分析枠組み

　以上，本研究は沖縄の移民教育とフィリピン・ダバオの沖縄移民の自己意識の形成という課題をどのような角度から考察するのかを述べてきた。

　つぎに本研究の課題と視角に即して，その具体的な構成を以下のように設定するが，その分析枠組みとして，第一部での戦前期沖縄における移民教育の時期区分と，第二部のフィリピン・ダバオにおける沖縄移民の意識形成の変遷過程についてまず説明しておきたい。

　戦前期沖縄の移民教育についての時期区分は，移民教育の実施に重要な契機を与えた，外務省による沖縄県に対するブラジル移民渡航施策に注目する[43]。沖縄県は外務省により1913年に鹿児島県とともにブラジル渡航募集が禁止され，これは1917年に解禁されたものの，1920年には再び募集禁止措置が出された。1924年には内務省は移民奨励対策としてブラジル渡航者に対し，渡航費を支給する「内務省社会局補助移民」を開始するが（サントスまでの船賃12歳以上200円），沖縄県だけはこの「補助移民」の対象外におかれていたのである。その後，県民やブラジル在住沖縄移民の努力により，1926年6月にこの措置は解除されるが，厳格な制限条件が付されており[44]，さらにこの制限条件が完全に撤廃されるのが1936年であった。こうした長期間にわたる移民施策の変化により，沖縄の教育関係者は移民のための教育の必要性を強く認識し，ブラジルだけでなくすべての移民予定者に対して，沖縄独自の言語風俗習慣の改良を主要な取り組みとした移民教育を実施するのである。このような状況から，外務省の沖縄県に対するブラジル移民渡航施策の変遷が，沖縄における移民教育の重要な転換点をなしているものと考え，時期区分の指標とする。しかし，こうした時期区分は戦前期沖縄教育史に関するものではあるが，もとより，近代沖縄教育史全般にあてはまるものではない。沖縄における移民教育に焦点をあて，移民政

策とのかかわりにおいて教育対象を選択的に取り上げ，個々の特質を明らかにすることで，全体の流れを構造的に把握しようとしたものである。本時期区分を示すと次のようになる。

　　　第一期（萌芽期）　　　1901～1919年
　　　第二期（推進期）前期　1920～1925年
　　　　　　　　　　後期　1926～1935年
　　　第三期（変質期）　　　1936～1945年

　まず，移民教育の嚆矢を「移民の父」當山久三が始めた1901年の救貧夜学校の設立とし[45]，1919年までの時期を移民教育の萌芽段階とした。この時期は，第一回目の沖縄からのブラジル移民渡航禁止施策が含まれており，新聞記事や知事の談話などに，移民教育の必要性を訴える内容は認められるものの，県の具体的な動きはまだみられない。

　1919年にブラジル募集制限，1920年に再び募集禁止が出されるようになると，県は積極的に移民教育対策に乗り出すようになる。中心的な施策を取り上げてみると，沖縄県海外協会の設立（1924年）は第二期前期に，条件付解除後の第二期後期は，沖縄県初等教育研究会による『島の教育』の作成（1928年），開洋会館の建設（1934年）などがそれぞれ位置づけられる。この第二期後期は，1931年の満洲事変以後の国の植民政策により，国家主義的思想が沖縄にも急速に広まってくるが，沖縄の移民教育が国の植民政策から直接影響をうけ変容するのは，「国策ノ基準」（1936年）が採択されてからである。

　外務省から沖縄人に対する渡航解禁を1936年に獲得したものの，1934年にブラジル本国では「移民制限法」が制定されており，日本人の入国は厳しく制限されていた。植民政策として満洲開拓が推進されるいっぽう，いわゆる「南進」政策として南方地域への開拓が検討されるようになると，沖縄からの南方開拓移民送出が強調され，奨励されるようになる。第三期は，沖縄の移民教育が国の植民政策に吸収される時期に相当する。変質期としたのはこのためである。

　つぎに，フィリピン・ダバオでの沖縄移民の意識形成の変遷過程について述べておく。

フィリピン・ダバオへの本格的な日本人移民の入植は，上述のとおり1904年から1905年にかけてのベンゲット道路工事に従事していた人たちであった。その後，1910年代後半から1920年代前半くらいまで，麻相場の好・不況により人口は増減し，多くの者が「出稼ぎ意識」をもった男性単身者であり，定住者は少なかった。1920年代後半から1930年代になると，麻相場の変動や麻の生産性向上など国際情勢や経済的要因のもと定住化が進行し，女性人口の増加により家族をもつ者が増えていった。こうしてダバオ移民の「出稼ぎ意識」は「永住意識」へと変化していったといえる。

　このような動向を背景に，沖縄移民のもつ意識構造を，基層部分では差別に対抗するものとして「沖縄人としてのアイデンティティ」を保持しつつ，表層部分では「自営者」として成功するために差別に追従し，現実的な「必要的同化」から「日本人意識」を受容するという二層の意識構造として把握する。そして，この二層の関係は状況によって異なった生起の仕方を示す。まず，「出稼ぎ意識」の時期は，早く金を稼いで早く帰郷しようとする男性単身者が多かったため，「日本人意識」を強くもつ必要性は低かった。また，沖縄移民の数も少なかったため，沖縄人相互の結びつきも弱く「沖縄人としてのアイデンティティ」を醸成する土壌は脆弱なものだった。それが定住化傾向が進み「永住意識」をもつようになると，日本人移民社会のなかで，「自営者」として成功するために「日本人意識」をもつ必要性がでてきた。いっぽう，字人会を中心とした沖縄人同士の結びつきは堅固なものとなり，「沖縄人としてのアイデンティティ」形成の基盤となる郷友会的社会がつくられるようになった。こうした状況において，「日本人意識」と「沖縄人としてのアイデンティティ」は調和的に共存していたといえる。しかし，アジア・太平洋戦争勃発後は日本の軍事占領政策によって誰もが戦争協力に駆り出されると，もはや郷友会的社会は崩壊し，「沖縄人としてのアイデンティティ」は表明されなくなる。沖縄移民らは強力に「日本人意識」をもち，日本軍に進んで協力し，戦争遂行の担い手となっていった。つまり「積極的同化」によって「日本人意識」を顕在化させた。そして，敗戦によりアメリカによる強制送還というかたちで，沖縄のフィリピン

移民は終焉するのである。
　このような把握のもとに，沖縄での移民教育の実践と渡航地での沖縄移民のもつ自己意識の形成・変化を歴史的状況に即して丹念に実証していくことが，本研究の主要な作業となる。以上のような分析枠組みを図示すると，資料・序－1，資料・序－2のようになろう。
　本研究ではこのような分析枠組みを前提として，次のような章構成をとる。具体的な構成としては，まず第一部では，沖縄の移民教育の実践を上述した時期区分に沿って考察する。すなわち，第1章は，1910年代までの沖縄県の移民状況を背景にして，各地域では社会教育活動の一部として，どのような移民教育としての取り組みがあったのかを論じる。第2章は，沖縄県海外協会（1924年）の活動を中心に，同協会が移民予定者にどのような移民教育を行っていったのか，また，移民教育からみて実業補習学校の役割をどのように考えていたのかを明らかにする。第3章では，学校教育において移民教育をどう考え，実践しようとしていたのか，『島の教育』（1928年）を中心に分析する。第4章は，移民教養所としての開洋会館（1934年）について，神戸移民教養所と比較しつつ設立の経緯から活動内容，その後の変化について論じる。第5章では，国の「南進」政策により，沖縄は南方への植民送出にどのような役割を担わされていたのか，それにより移民教育はどう変容していったのか。金武村の社会教育活動を中心に明らかにする。
　第二部では，上述したフィリピン・ダバオでの沖縄移民の意識形成の変遷過程に即して考察する。まず第6章では，ダバオの沖縄移民の意識を各時代の特質を追いながら，全体的な変遷過程をみていく。すなわち，「出稼ぎ意識」から「永住意識」へ，そして軍政期の植民意識への変遷を，麻栽培事業に関わる重要な歴史的事実，たとえば「自営者」の経営方法の変化や土地問題などを取り上げ，それぞれの時期の沖縄移民の意識形成の特徴について究明する。第7章は，「仲間喜太郎日記」（1937年）を中心に，沖縄移民の具体的な日常生活を分析する。特に沖縄文化の継承と，それが家庭での移民二世教育に与えた影響などについて明らかにする。そして，第8章では，フィリピン・ダバオの日本

人学校での教育活動について，教師はどのような実践を行おうとしたのか，そしてそれが沖縄移民二世にどんな影響を与えたのかを分析する。また，それが軍政期にどう変化したのかについても論じる予定である。

第4節　資料収集と活用方法

本研究は，上述したとおりその全体構成として，沖縄における移民教育の実態（第一部）とフィリピン・ダバオにおける沖縄移民の意識形成（第二部）という，両側面からのアプローチを試みようとする。しかし，それを可能とする資料収集は，沖縄に関するものも，フィリピンに関するものも困難な点が多い。なぜなら，両地はともにアジア・太平洋戦争時，戦場と化した地域だからである。したがって，残された資料を最大限に活用するとともに，文献資料以外のオーラル資料の活用や，他地域に保存されている可能性も視野にいれて収集，検討する必要がある。

沖縄の戦前期における文献資料は，戦災によりその多くが消失してしまっているのが実情である。教育関係のものも例外ではなく，たとえば，各学校現場の実態がわかる「学校日誌」「学籍簿」等の類はそのほとんどが現存していない。また，各地域の青年活動等の様子を伝える記録もほとんど残されていない[46]。

では，そうしたなか，移民教育関係の実態をつかめる資料をどこに求めたらいいのか。まず，活用できるものとして，各「新聞」（『琉球日報』『沖縄朝日』『大阪朝日』『大阪毎日』『海南時報』など）や，それらに基づいて編集された「新聞集成」の移民関係，教育関係の記事が基本的な資料として考えられる。また，「教育雑誌」として，『琉球教育』『沖縄教育』は見のがせない資料である。とくに『沖縄教育』は散在しており，欠号が非常に多いため活用がしにくいが，貴重な資料源である。さらに，地域の実情を把握できるものとして，『沖縄県史』，各「郡史」はもちろんのこと，各「市町村史」「字史」の移民関係，教育関係の記述や，各「小学校百周年記念誌」などにみられる「沿革」や「回想的証言」などは，可能な限り収集し分析すべき資料である。

こうした教育事実に関する資料を収集・検討する一方，その背景となる国・県の出した公的文書が必要となる。しかし，上述のとおり，戦前のものは戦災によりほとんど保存されていないが，そのなかで，『沖縄県議会史』（全10巻）は多くの関係者の尽力により復元された貴重な文献の１つである。また，たまたま偶然により戦災をまぬがれて保存され，その所在が発見されたものとして『知事事務引継文書』（1933年，1943年）があげられる。そのほか『社会事業要覧』(1935年)，『社会教育概要』（1926年，1936年），『島の教育』(1928年) などは戦前期の移民教育に関係する貴重な資料である。さらに，外務省外交史料館にも，「本邦移民関係雑件」「海外移植民団体関係雑件」「在外本邦学校関係雑件」「帝国移民政策関係雑件」などのファイルのなかに，沖縄の移民関係の資料が含まれている。

このように厳しい資料保存状況ではあるが，個々の教育実態をその背景にある移民施策とを関連づけながら，そこからどのような意味を読み取ることができるのかを，できる限り全体的な流れのなかで問題としていくことにしたい。

つぎに，フィリピン・ダバオにおける沖縄移民に関する資料であるが，本研究の中心課題の１つである現地移民の行動や意識を知ることができる資料として，『金武町誌』『金武町史』『北中城史』『宜野座村誌』『具志川市史』『金武区誌』『並里区誌』などの各「市町村史」「字史」に収録された聞き取り調査での証言を貴重な一次史料として活用する。それらのなかには，「仲間喜太郎日記」のような沖縄移民の当時の日常生活がわかる資料も含まれている。さらに，全国の元ダバオ移民らで結成されたダバオ会（2001年に解散）から出された写真集，証言集，会報などからも当時の移民の生活を知る手がかりを得ることができる。数名ではあるが，日本人学校の教師による手記も出されている。これらを通じて，移民個人の生活や行動を把握することがまず重要な作業となってくる。いっぽう，移民のおかれた外的状況やそこから受ける影響について考察するには，政府関係資料，会社関連資料，フィリピンにかかわる各種団体が発行した資料や，現地で発行された新聞などにより，多方面からとらえる必要がある。

政府関係資料は，外務省から出ている領事の報告書をはじめ，拓務省や大蔵省，台湾総督府から出された調査報告書等がある。軍政期には軍関係のものも含まれる。ここからは南洋とくに外南洋という地域をどのようにとらえていたかがうかがわれる。また会社関連ものとしては，太田興業株式会社，古川拓殖株式会社の関係者が残した記録や，海外興業株式会社も現地レポートを定期的に発行しており，企業として麻栽培事業をいかに経営していこうとしたのかがわかるものである。また，フィリピンに関連する各種団体，たとえば比律賓協会，南洋協会，東亜経済調査局などが発行した雑誌や刊行物などがかなり多く残っている。外務省外交史料館では，「在外日本人学校教育関係雑件　在亜南ノ部」「外国ニ於ケル排日関係雑件」「本邦移民関係雑件　比島ノ部」「移民情報雑纂　比島ノ部」などのファイルのなかに活用できる資料が含まれている。そのほか軍政期に発行された新聞として『マニラ新聞』(復刻版)，『ダバオ新聞』が残されている。当然批判的に読む必要があるが，当時の日本の占領政策を具体的に知ることができる資料である。さらにアメリカ側の動きがわかる資料として，"National Archives and Records Administration"，"Michigan Historical Collecion"のファイルのなかにある日本人移民関係の資料は，当時のフィリピンのおかれた国際的状況を把握するうえで，重要な情報をもたらすものである。

　以上，本研究の課題を解明するうえで，必要と思われる資料の活用について概略した。保存状況には大きな制約がありつつも，教育実践という具体的な活動内容や移民生活の個人レベルの現象と，政策や国際的情勢といった外的状況レベルの現象との相互関連性を追究しつつ，設定された課題の解明に迫るというのが本研究の分析手法であるといえる。

　最後にいくつかの用語の意味・内容についてふれておきたい。まず「沖縄人」という語句であるが，上記の記述のなかでも頻繁に使用してきたが，これはもとより，人類学や民族学上の分類の用語ではない。沖縄県出身者が日本「本土」に対して，言語や文化，歴史的な独自性を有しているということを含意し，他府県の日本人とは明瞭に区別する意味において使用している。同様の意味で，

「沖縄移民」という語句も他府県出身の日本人移民との区別において使用する。

また，沖縄方言に対し本土で使われている日本語の名称については，「普通語」「標準語」「大和語」「ヤマトグチ」などさまざまあり，各々の資料をみると書き手や使われた時期などにより異なる。本文ではとくに統一的な使用の仕方はとらず，文脈に応じて使い分けることとする。

さらに，「移民」「植（殖）民」という，一見自明そうで案外規定しづらい使い分けについてであるが，一般的には渡航先の勢力圏によって，「移民」を非勢力圏への渡航者，「植（殖）民」を勢力圏への渡航者ととらえることが多い。『日本史大事典』では，「移民」は「労働の目的をもって自国の国境を越え他国に移り住む人」とあり[47]，「移民保護規則」(1894年)の「労働を目的として外国に渡航する者」という規定に準拠している。しかし，木村健二は日本政府による移民規定は何度も変化しており，また，研究者間の議論も時期によって「移民」「植民」のとらえ方が異なっていると指摘する[48]。こうした点をふまえて今泉裕美子は，「『移民』『植民』の概念については，……使い手による意味内容の違いを明らかにし，移民政策や移民の実態とつき合わせること」[49]の重要性を強調している。本研究では，これらの指摘を考慮しつつ，「移民」「植民」を分類上のカテゴリーとして固定的にとらえるのではなく，できうる限り対象とすべき実態に即してとらえ，「移民」を生活のための渡航者としての意識が強い者として，また，「植民」を植民政策の担い手としての意識が強い者として把握することにする。

なお市町村合併により，現在の市町村名と本文中のものとは異なるものがある。

注
(1) 早瀬晋三『「ベンゲット移民」の虚像と実像　近代日本・東南アジアの関係史の一考察』同文舘，1989年，pp.100-102
(2) 上野英信『眉屋私記』潮出版社，1984年，pp.20-21
(3) 石川友紀「沖縄出移民の歴史とその要因の考察」広島史学研究会『史学研究』第103号，1968年5月，pp.48-53

（4）　沖縄県海外協会編『南鵬』第1巻第1号，1925年12月，p.44
（5）　太田恭三郎らが入植する以前，「ダバオ地方に日本人が居住し始めたのは，1903年4月のことである。当時，アメリカ人退役軍人を中心に，アバカ（マニラ麻）やココナツ・プランテーション（農園）が開かれ，労働者不足に悩む農園主は，約30人の日本人農業労働者を1年契約で雇い入れた。しかし，これらの日本人は劣悪な労働環境に耐え切れず，契約切れを待ってことごとくダバオを去った」ということである（『フィリピンの事典』同朋舎出版，1992年，p.220）。
（6）　具志川市史編さん委員会編『具志川市史』第4巻，「移民・出稼ぎ論考編」2002年，p.112
（7）　藤澤健一『近代沖縄教育史の視角　問題史的再構成の試み』社会評論社，2000年，p.71。本研究に関連する代表者たちの主な著作をあげると，安里彦紀『沖縄の近代教育』（亜紀書房，1973年），同『沖縄教育講話』（沖縄時事出版，1978年），同『近代沖縄の教育』（三一書房，1983年）など。森田俊男『沖縄問題と国民教育の創造』（明治図書，1967年），同『国民教育の課題－民族の民主的形成と変革－』（明治図書，1969年）など。上沼八郎「沖縄教育史の研究（その1）－教育「近代化」の遅進現象－」『東京女子体育大学紀要』（第2号，1967年3月），同「沖縄教育史－独自性の確認過程－」世界教育史研究会編『世界教育史体系3　日本教育史Ⅲ』（講談社，1976年）など。阿波根直誠「沖縄県小学校教育の変遷（Ⅱ）－大正期を中心とする「新教育運動」の動向－」『琉球大学教育学部紀要』（第15集，1972年3月），同「沖縄における教育意識の変遷についての試論的研究－1870年代から1890年代における教育意識の史的分析－」『琉球大学教育学部紀要』（第23集第一部，1979年12月），同編「沖縄県の戦前における師範学校を中心とする教員養成についての実証的研究」（昭和54年度科学研究費補助金（一般研究B）研究成果報告書），（1980年3月），同「沖縄の師範学校における「郷土室」について（Ⅰ）－沖縄県師範学校（男子）の『郷土資料目録』に関連して－」『琉球大学教育学部紀要』（第28集第一部，1985年2月）など。浅野誠「明治中期における小学校の就学実態の一例の検討－沖縄県西表校にみる－」『琉球大学教育学部紀要』（第26集第一部，1983年1月），同「沖縄教育通史研究の視野」『琉球大学法文学部紀要』（社会学篇第31号，1989年3月），同『沖縄県の教育史』（思文閣，1991年）など。
（8）　浅野，同上書『沖縄県の教育史』pp.230-231
（9）　本研究に関連する主な著作として，田港朝昭「明治十二年前後の教育政策」『沖縄歴史研究』（創刊号，1965年10月），同「「沖縄県日誌」にみる学務委員について」『沖縄歴史研究』（第2号，1966年5月），同「沖縄県社会教育史上の2・3の問題－県政の推移と徴兵適齢者教育－」『琉球大学教育学部紀要』（第9集，1966年6月），同「社会教育」琉球政府編『沖縄県史』（第4巻教育，1966年6月）など。長浜功「戦争と教育－戦時下沖縄

の社会教育」小林文人・平良研一編著『民衆と社会教育－戦後沖縄社会教育史研究－』（エイデル研究所，1988年）。儀間（玉木）園子「明治中期の沖縄教育界－本土出身教師と沖縄出身教師－」『史海』（No.1，1984年1月)，同「明治三〇年代の風俗改良運動について」『史海』(No.2，1985年12月)，同「沖縄の地方改良運動」『史海』(No.7，1989年8月)，同「沖縄の青年会－夜学会から沖縄県青年会まで－」㈶沖縄県文化振興会公文書管理部史料編集室『史料編集室紀要』（第26号，2001年）など。

(10) 田港，同上論文「社会教育」p.661
(11) 『島の教育』に関しては，次の論文がある。石川友紀「第二次世界大戦前の沖縄県における海外移民教育について」沖縄県高等学校海外教育研究協議会会誌『海外教育』（第6号，1977年6月）。近藤健一郎「沖縄における移民・出稼ぎ者教育－沖縄県初等教育研究会『島の教育』（1928年）を中心に－」『教育学研究』（第62巻第2号，1995年6月）。
(12) 藤澤，前掲書『近代沖縄教育史の視角』pp.82-83
(13) 小島勝編著『在外子弟教育の研究』玉川大学出版部，2003年，p.11
(14) 石川は，多数の沖縄移民に関する論文を著しているが，沖縄からフィリピンへの移民に関するものは，次のものがあげられる。「沖縄県から東南アジアへの移民の歴史」比嘉良充，島袋邦編『地域からの国際交流 アジア太平洋と沖縄』（研文出版，1986年）。「移民と国際交流－東南アジアへの沖縄県出身移民を例として－」『新沖縄文学』(72号，1987年6月)。「第二次世界大戦前における沖縄県からフィリピン群島への移民の歴史と実態」『神・村・人－琉球弧論叢－』（第一書房，1991年）。
(15) 日本におけるフィリピンや日比関係に関する近年の研究動向については，早瀬晋三「日本におけるフィリピン歴史学研究－回顧と展望－」『歴史学研究』(No.635，1992年8月)，橋谷弘「日本・東南アジア関係史研究の成果と現代的意義－日本における研究を中心として－」『アジア経済』(Vol.34，No.9，1993年9月)，倉沢愛子「東南アジア史の中の日本占領－評価と位置づけ－」『アジア経済』(Vol.37，No.7-8，1996年7，8月)，などからほぼ把握することができる。そのなかで，とくに本研究に関連が深い著作を提示する。早瀬の著作については，前掲のほかに；"Tribes, settlers, and administrators on a frontier: Economic development and social change in Davao, southeastern Mindanao, the Philippines, 1899-1941" (Ph.D. Dissertation, Murdoch University, 1984), 同「ダバオ・フロンティアにおけるバゴボ族の社会変容」『アジア・アフリカ言語文化研究』(No.31，1986年)，同「植民地統治下のフィリピンにおけるマニラ麻産業」『東南アジア－歴史と文化』(15，1986年5月)，同「アメリカ植民地統治下初期（明治期）フィリピンの日本人労働」『世紀転換期における日本・フィリピン関係』（東京外国語大学アジア・アフリカ言語文化研究所，1989年)，同「南方「移民」と「南進」－フィリピンにおける「移民」，外交官，軍事工作－」『岩波講座　近代日本と植民地』⑤膨張する帝国の人流（1993年）など。

橋谷弘「戦前期東南アジア在留邦人人口の動向－他地域との比較－」、同「戦前期フィリピンにおける邦人経済進出の形態－職業別人口調査を中心にして－」『アジア経済』（第26巻第3号，1985年3月），同「1930年代前半期フィリピンに対する日本の経済進出－アメリカ・フィリピンの対日政策との関連において－」清水元編『両大戦期日本・東南アジア関係の諸相』（アジア経済研究所，1986年3月）など。吉川洋子「フィリピンへの日本人進出の歴史的検討」後藤乾吉編『日本をめぐる文化摩擦』（弘文堂，1980年），同「米領下マニラの初期日本人商業，1898～1920－田川森太郎の南方関与－」『東南アジア研究』（第18巻第3号，1980年12月），同「戦前期フィリピンにおける邦人の「官民接近」の構造」矢野暢編『講座　東南アジア学　第10巻　東南アジアと日本』（弘文堂，1991年）など。

(16)　沖田行司『ハワイ日系移民の教育史－日米文化，その出会いと相剋』ミネルヴァ書房，1997年，p.3

(17)　渡部宗助「日本における「移植民教育・拓殖」教育の展開－1930年代～1945年－」『日中教育の回顧と展望』平成12年度文部省科学研究費・基盤研究(B)　日本占領・植民地化の中国教育史に関する日中共同研究，p.58。また，これに関する同氏の談話より。

(18)　中島智子「日本の学校における在日朝鮮人教育」江淵一公・小林哲也編『多文化教育の比較研究　教育における文化的同化と多様化』九州大学出版会，1985年，pp.330-331

(19)　中島，同上論文，p.331

(20)　「海外へ行く人々の為に」（沖縄県）1926年7月22日付『外務省記録（昭和戦前篇）本邦移民関係雑件』外務省外交史料館所蔵。

(21)　駒込武『植民地帝国日本の文化統合』岩波書店，1996年，p.5

(22)　第17回沖縄県初等教育研究会編「国史」『島の教育』1928年，pp.4-5

(23)　石川は『島の教育』が実践された可能性について，「海外移民教育の実践としては，学校教育において，大部分の学校では特別に移民教育と銘うって取り上げられたことはなかったと考えられる。しかし，教科によって，たとえば，地理の郷土教育では取り上げたであろう。筆者が当時の県小学校教員経験者に問い合わせたところでは，大多数の者が特別に移民教育は行われなかったが，授業中に身近な移民の話はしたという」と記している（那覇女性史編集委員会編『那覇女性史（近代編）なは・女のあしあと』ドメス出版，1998年，p.214)。

(24)　丸山眞男『忠誠と反逆　転形期日本の精神史的位相』筑摩書房，1992年，p.388

(25)　こうした沖縄的な生活態度は，フィリピンの沖縄移民だけでなく，ほかの地域にもまた認められる。安達義弘はペルーやアルゼンチン，ハワイの沖縄系移民の日常生活を紹介しつつ，「沖縄出身者は，いわば「沖縄人社会」を形成する傾向が強く，そこには「沖縄人としての生き方Okinawan way of life」が持ち込まれる」と述べている（『沖縄の祖先崇拝と自己アイデンティティ』九州大学出版会，2002年，p.5)。

(26) 村山明徳『比律賓概要と沖縄県人』文明社，1929年8月，p.16
(27) たとえば，沖縄移民の呼び方も各地域で似かよっており，ペルーでは沖縄移民を差別した，「オートルハポネース」という言葉があったことを元移民体験者は証言している（野村浩也「ある沖縄人の生活史におけるアイデンティティーの変容」『上智大学社会学論集』15，1990年，p.169）。また，南洋群島では沖縄の人々に対し，先住民のカナカ族と同列という意味合いで「ジャパン・カナカ」という蔑称が使われていたという（冨山一郎『戦場の記憶』日本経済評論社，1995年，p.54）。
(28) 前山隆『異文化接触とアイデンティティ』御茶の水書房，2002年，p.73
(29) 安達，前掲書，p.11
(30) 西平直『エリクソンの人間学』東京大学出版会，1993年，p.190。
(31) 前山隆「ブラジルの日系人におけるアイデンティティーの変遷—特にストラテジーとの関連において—」筑波大学ラテンアメリカ特別プロジェクト研究組織『ラテンアメリカ研究』4，1982年7月，p.183
(32) 前山，同上論文，p.184
(33) 前山，同上論文，p.184
(34) 前山，同上論文，p.213
(35) 黒岩千恵「アイルランド系米国移民研究史」『エール』第16号，1996年12月，p.119
(36) Kerby A. Miller, "Emigrants and Exiles *Ireland and the Irish Exiles to North America*", New York, Oxford: Oxford University Press, 1985, p.556.
(37) ibid., p.568.
(38) 金武町史編纂委員会『金武町史』第1巻（移民・証言編），1996年，p.510
(39) 冨山一郎「ナショナリズム・モダニズム・コロニアリズム—沖縄からの視点—」駒井洋監修・講座外国人定住問題 伊豫谷登士翁・杉原達編著『日本社会と移民』第一巻，明石書店，1996年，p.155
(40) 1939年のフィリピンの国勢調査によると，日本人男性と結婚したフィリピン女性は，フィリピン全土では874人，ダバオでは269人，その混血児がフィリピン全土で2358人，ダバオで754人，そのうち日本国籍をもったものがフィリピン全土で740人，ダバオで267人，であったという（早瀬，前掲論文「「ダバオ国」の在留邦人」，p.296）。
(41) 冨山，前掲論文，p.155
(42) こうした戦前から戦後にかけての日本とフィリピンとのかかわりについて，高校英語教科書『Royal English 1』（旺文社，1994年）では，フィリピン・ダバオからの留学生を取材して書かれた新聞記事（'Japan and me', "Mainichi Daily News", 1989.6.5）をもとに，戦前のダバオでの日本人移民の様子を紹介している（pp.28-34）。なお，戦後のフィリピン日系人を扱ったものとして，天野洋一『ダバオ国の末裔たち フィリピン日系

棄民』(風媒社, 1990年), 大野俊『ハポン―フィリピン日系人の長い戦後』(第三書館, 1991年), 鈴木賢士『母と子でみる33 フィリピン残留日本人』(草の根出版会, 1997年)などがあげられる。

(43) 沖縄県に対するブラジル移民渡航施策の変遷については, 原口邦紘「沖縄県における内務省社会局補助移民と移民奨励施策の展開」南島史学会『南島史学』(第14号, 1979年9月)による。

(44) 付せられた制限条件とは,「一, 十五歳以上ノ者ハ義務教育ヲ終リ内地語ヲ解スルコト。 二, 年齢ハ四十歳以下ニ限リ女子ハ手ノ甲ニ文身ナキコト。 三, 家長夫婦ハ三年以上同棲スルコト。 四, 家族ハ家長夫婦何レカノ血縁ニ当リ養子ニ非ザルコト。 五, 借財ナキコト」という内容であった。

(45) 一般には, 當山久三が金武村で始めた救貧夜学校は, 1901年8月設立とされているが, 神田精輝は「当山氏はまた, 明治三十七年(1904年)居村に救貧夜学会を設立して, その教育指導を金武小学校教員に委嘱し, 各人の教育程度に応じた移民教育を施した」と記している(『沖縄郷土歴史読本』琉球文教図書, 1968年, p.521)。

(46) 明治期のものが国頭, 宮古, 八重山などの地域の若干の学校で保存されているという。浅野誠は, 西表小学校に卒業証書台帳, 学籍簿等生徒の動向がわかる貴重な史料が保管されているのを発見し, 前掲論文「明治中期における小学校の就学実態の一例の検討―沖縄県西表校にみる―」を著している。また, 社会教育活動については, 従来から所在が確認されている『社会教育概要』(1926年, 琉球大学図書館所蔵)のほか, 1936年のものが北海道大学図書館に所蔵されていることがわかった。

(47) 『日本史大事典』第一巻, 平凡社, 1992年, p.595

(48) 木村健二「近代日本の移植民研究における諸論点」『歴史評論 特集 近代日本の「移民」を問いなおす』No.513, 校倉書房, 1993年1月, pp.8-11。ここで木村は, 戦前戦後の各時期における移民と植民に関する議論を整理したうえで, 一般的定義は諸説があって当然であり, どれがもっとも妥当かという判定はできないだろうといい,「つまりその論者が何を対象として議論を進めているかが明瞭であれば, 移民であろうと植民であろうと, 出稼ぎであろうと定住であろうと, さらには労働移民であろうと農業経営者であろうと, あるいは土着化する商工移民であろうと問題はないのである」(同上論文, p.10)と結論的に述べている。

(49) 今泉裕美子「日本統治下ミクロネシアへの移民研究―近年の研究動向から―」(財)沖縄県文化振興会公文書管理部史料編集室『史料編集室紀要』第27号, 2002年, p.12

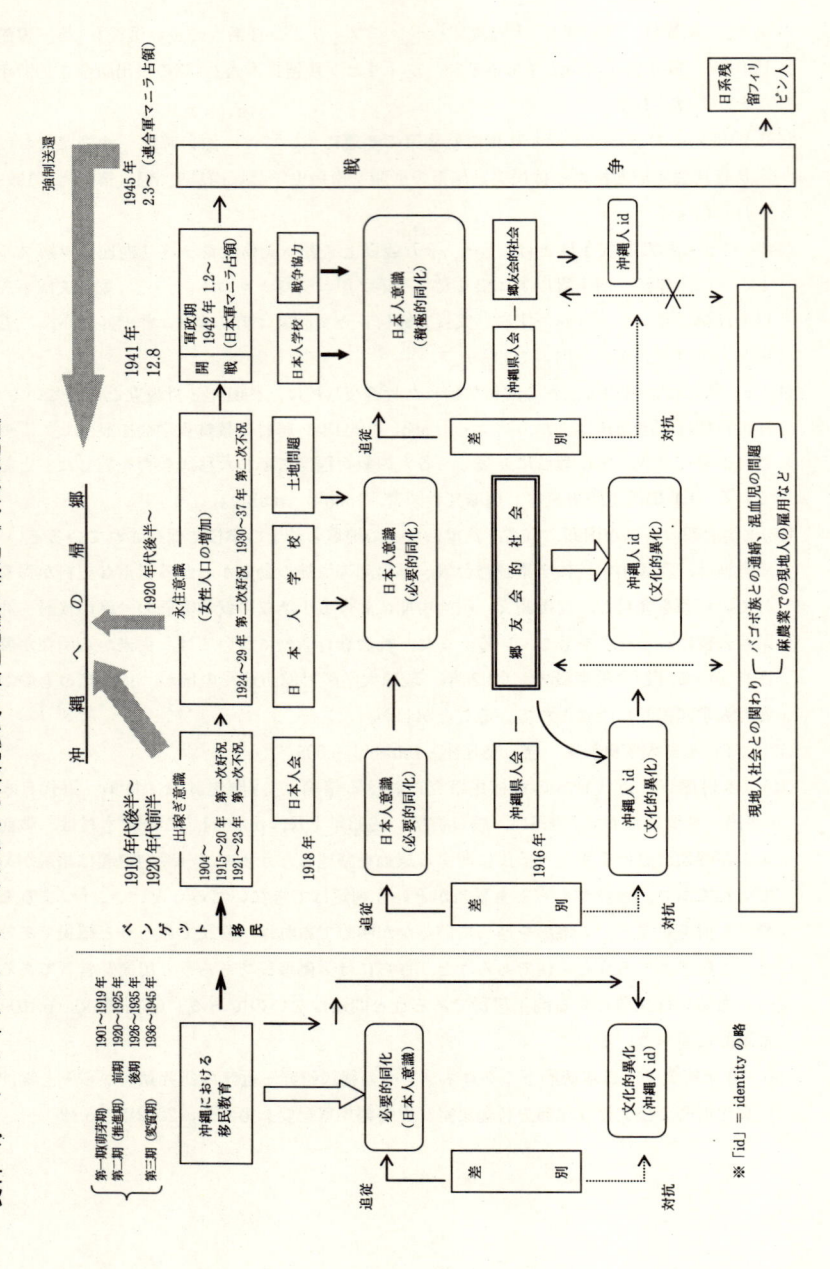

資料・序−1 フィリピン・ダバオにおける沖縄移民の自己意識の構造《時間的過程》

資料・序－2　フィリピン・ダバオにおける沖縄移民の自己意識の構造《形成過程》

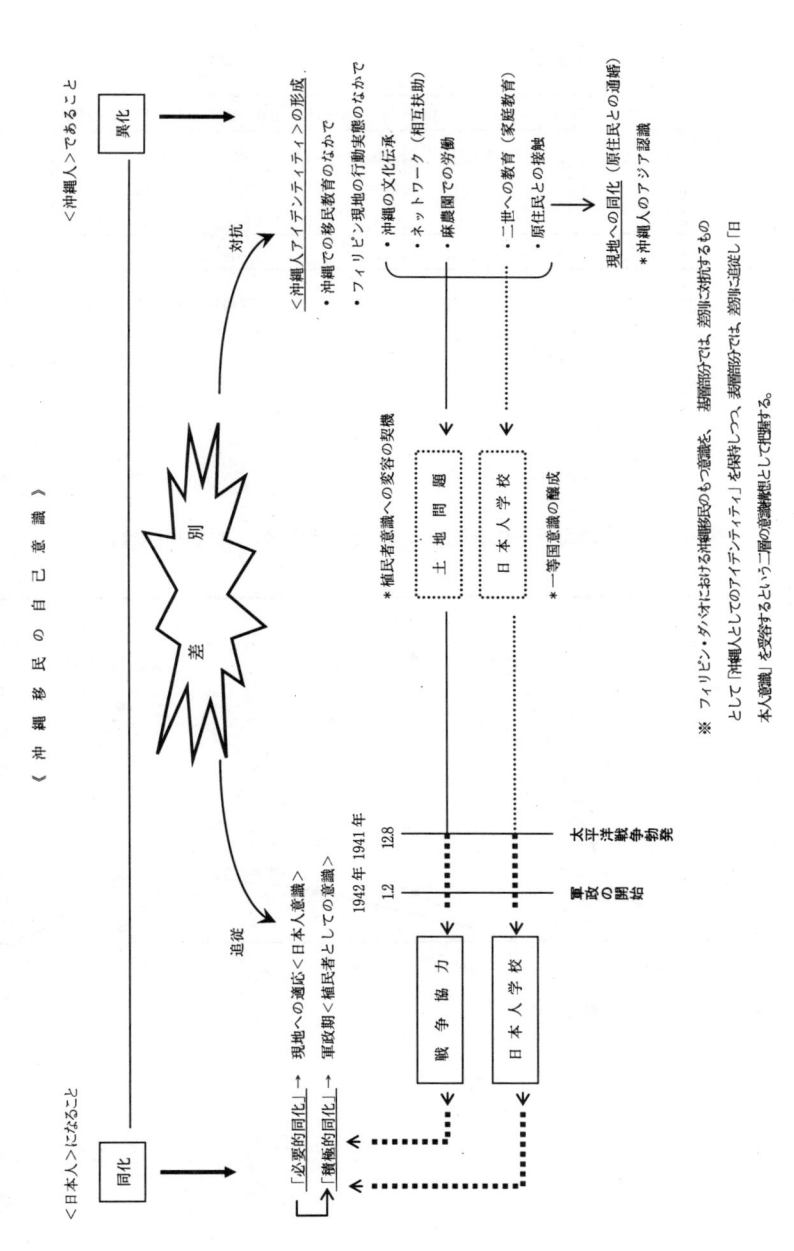

《沖縄移民の自己意識》

<日本人>になること　　　　　　　　　　　　　　　　　　　　　　　　　　　　　　　　　<沖縄人>であること

同化　　　　　　　　　　　　　　　　　　　　　　　　　　　　　　　　　異化

↓　　　　　　　　　　　　　　　　　　　　　　　　　　　　　　　　　　　↓

　　　　　　　　　　　　　　　　　　　　対抗

　　　　　　　　　　　　　　　　　　　　　　　　　　　　　<沖縄人アイデンティティ>の形成
　　　　　　　　　　　　　　　　　　　　　　　　　　　　　・沖縄での移民教育のなかで
　　　　　　　　　　　　　　　　　　　　　　　　　　　　　・フィリピン現地の行動実態のなかで
　　　　　　　　　　　　　　　　　　　　　　　　　　　　　　・沖縄の文化伝承
　　　　　　　　　　　　　差　　別　　　　　　　　　　　　　・ネットワーク（相互扶助）
　　　　　　　　　　　　　　　　　　　　　　　　　　　　　　・麻農園での労働
　　　　　　　　　　　　　　　　　　　　　　　　　　　　　　・二世への教育（家庭教育）
　　　　　　　　　　　　　　　　　　　　　　　　　　　　　　・原住民との接触

　　　　　　　　　　　　　　　　　　　　　　　　　　　　　現地への同化（原住民との通婚）
追従　　　　　　　　　　　　　　　　　　　　　　　　　　　＊沖縄人のアジア認識

↓　　　　　　　　　　　　　　　　　　　↓
　　　　　　　　　　　　　　　　　＊植民者意識への変容の契機
　　　　　　　　　　　　　　　　　┌─────────┐
　　　　　　　　　　　　　　　　　│　土　地　問　題　│
　　　　　　　　　　　　　　　　　└─────────┘
<現地への適応<日本人意識>　　　　　┌─────────┐
<軍政期＜植民者としての意識>　　　　│　日　本　人　学　校　│
　　　　　　　　　　　　　　　　　└─────────┘
1942年　1941年　　　　　　　　　　＊一等国意識の醸成
1.2　　12.8
─┬─────┬─　　　　　　　太
　│　　　　│　　　　　　　　平
　│　　　　│　　　　　　　　洋
┌────┐│　　　　　　　　戦
│戦争協力││　　　　　　　　争
└────┘│　　　　　　　　勃
　　　　　│　　　　　　　　発
┌────┐│
│日本人学校││　　　　　　　　軍
└────┘　　　　　　　　　　政
軍政の開始

「必要的同化」→
「積極的同化」→

※フィリピン・ダバオにおける沖縄移民のもつ意識を、都市部では、差別に対抗するものとして「沖縄人」としてのアイデンティティを保持しつつ、辺境部では、差別に追従し「日本人意識」を受容するという二層の意識構造として把握する。

表・序-1　戦前の海外移住者統計（時代別，地域別，邦人移住者数）

（単位：人）

地域＼時代	1868~1880	1881~1890	1891~1900	1901~1910	1911~1920	1921~1930	1931~1940	1941~1945	合　計
北　米　等	901	20,450	114,617	116,159	105,302	48,371	5,609	—	411,409
中　南　米	—	—	792	19,597	40,774	85,329	96,129	1,551	244,172
東南アジア	—	—	1,314	11,173	21,199	26,336	27,636	520	88,178
計	901	20,450	116,723	146,929	167,275	160,036	129,374	2,071	743,759

出所）外務省領事移住部『わが国民の海外発展』移住百年の歩み（資料編）1971年, p.137より（ただし，「満州開拓」部分を省き合計し，一部，数字の誤りを訂正した）

グラフ・序-1　戦前の海外移住者統計（時代別，地域別，邦人移住者数）

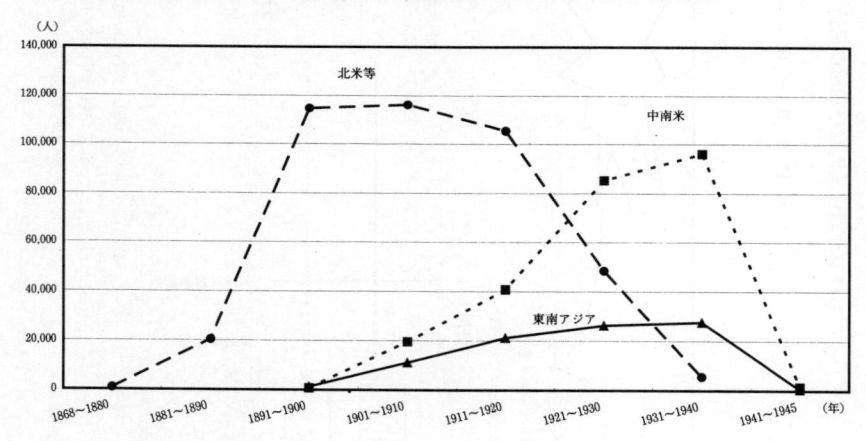

出所）表・序-1より作成

表・序-2　渡航地別本邦海外移住者数　南洋方面ノ部（一部）の割合

(単位：人)

年別 \ 渡航地	英領香港及葡領マカオ	英領マレイ及海峡植民地	蘭領東印度	英領北ボルネオ及サラワク	フィリピン群島及グアム島	仏領印度支那	シャム	英領印度	計
1899（明治32）	50	32	36	—	12	16	—	6	152
1900（明治33）	36	48	30	—	5	10	—	10	139
1901（明治34）	48	28	26	—	8	8	—	4	122
1902（明治35）	54	21	72	3	77	9	4	—	240
1903（明治36）	33	36	22	—	2,215	16	6	24	2,352
1904（明治37）	21	57	12	—	2,923	4	3	1	3,021
1905（明治38）	11	35	26	—	427	10	3	1	513
1906（明治39）	19	39	41	6	71	14	1	4	195
1907（明治40）	24	59	35	1	176	19	4	8	326
1908（明治41）	18	76	53	2	143	13	—	—	305
1909（明治42）	33	58	39	5	170	19	3	2	329
1910（明治43）	30	82	49	—	396	26	1	2	586
1911（明治44）	—	16	76	—	596	26	—	—	714
1912（明治45）	34	386	91	18	689	21	—	25	1,264
1913（大正2）	2	338	192	—	930	10	2	23	1,497
1914（大正3）	7	250	175	—	782	12	1	11	1,238
1915（大正4）	26	235	115	8	468	16	2	16	886
1916（大正5）	28	334	185	15	1,029	12	7	26	1,636
1917（大正6）	36	560	210	36	3,170	3	2	46	4,063
1918（大正7）	19	412	146	78	3,046	27	5	42	3,775
1919（大正8）	90	343	128	8	938	10	5	45	1,567
1920（大正9）	105	240	186	10	411	10	3	33	998
1921（大正10）	46	224	130	18	415	14	4	24	875
1922（大正11）	35	171	90	11	189	6	—	10	512
1923（大正12）	15	57	81	13	449	17	—	26	658
1924（大正13）	21	152	75	6	548	5	1	17	825
1925（大正14）	19	437	169	5	1,635	4	4	36	2,309
1926（大正15）	37	402	226	83	2,197	6	5	27	2,983
1927（昭和2）	19	475	248	34	2,660	4	11	39	3,490
1928（昭和3）	36	420	191	106	2,077	6	4	16	2,856
1929（昭和4）	49	513	507	30	4,539	22	3	52	5,715
1930（昭和5）	100	835	558	97	2,685	18	7	71	4,371
1931（昭和6）	62	549	447	58	1,109	15	10	106	2,356
1932（昭和7）	46	356	533	64	747	7	5	83	1,841
1933（昭和8）	73	322	468	133	941	25	11	47	2,020
1934（昭和9）	117	598	356	174	1,544	22	25	45	2,881
1935（昭和10）	234	383	389	230	1,802	18	24	40	3,120
1936（昭和11）	—	512	144	—	2,809	—	—	—	3,465
1937（昭和12）	50	440	131	178	3,881	6	21	12	4,719
1938（昭和13）	25	101	120	542	2,388	10	13	—	3,199
1939（昭和14）	66	75	115	430	854	—	—	—	1,540
1940（昭和15）	26	63	121	293	626	10	12	6	1,157
1941（昭和16）	3	20	51	10	347	56	31	—	518
合計	1,803	10,790	7,095	2,705	53,124	582	243	986	77,328
	(2.3%)	(14.0%)	(9.2%)	(3.5%)	(68.7%)	(0.8%)	(0.3%)	(1.3%)	(100.0%)

備考）「旅券下付数及移民統計」「海外渡航及在留邦人統計」ならびに「移民渡航許可員数種別表」による

出所）外務省領事移住部『わが国民の海外発展』移住百年の歩み（資料編）1971. pp.142-143（ただし，「満州開拓」「オーストラリア」「ニュージーランド」「仏領ニューカレドニア」「英領フィージー島」「其他南洋群島」部分を省き合計し，一部，数字の誤りを訂正した）

グラフ・序−2 渡航地別本邦海外移住者数　南洋方面ノ部（一部）の割合

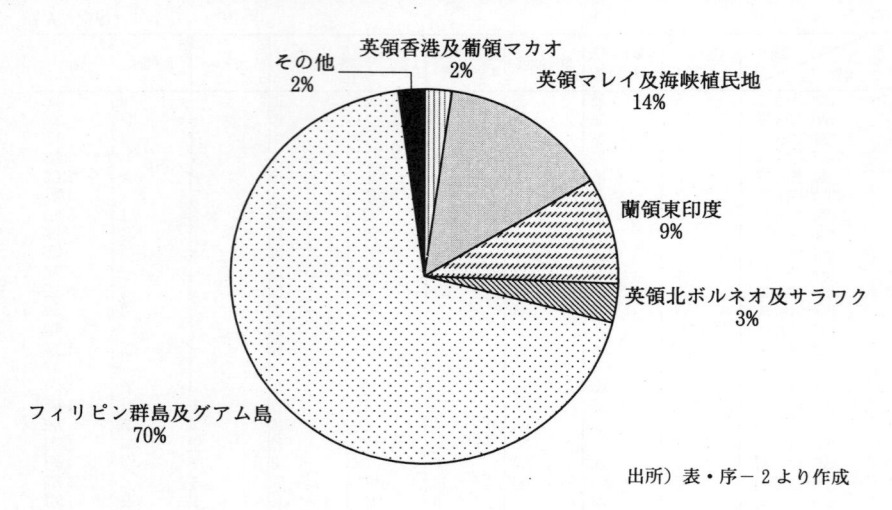

- その他 2%
- 英領香港及葡領マカオ 2%
- 英領マレイ及海峡植民地 14%
- 蘭領東印度 9%
- 英領北ボルネオ及サラワク 3%
- フィリピン群島及グアム島 70%

出所）表・序−2より作成

表・序−3 日本における府県別海外在留者数（1940年）

順位	府県名	海外在留者数（人）	順位	府県名	海外在留者数（人）
1	広島県	72,484	26	香川 〃	8,218
2	熊本 〃	65,378	27	山形 〃	8,161
3	沖縄県	57,283	28	三重 〃	8,096
4	福岡 〃	55,492	29	京都府	7,237
5	山口 〃	41,788	30	茨城県	7,035
6	福島 〃	26,729	31	鳥取 〃	6,722
7	長崎 〃	26,323	32	宮崎 〃	6,211
8	鹿児島 〃	25,712	33	山梨 〃	6,160
9	東京府	23,347	34	岐阜 〃	6,088
10	和歌山県	22,268	35	島根県	6,009
11	北海道	21,928	36	石川 〃	5,938
12	岡山県	20,041	37	福井 〃	5,746
13	佐賀県	14,592	38	富山 〃	5,676
14	静岡 〃	14,223	39	秋田 〃	5,600
15	大阪府	14,108	40	群馬 〃	5,443
16	新潟県	13,786	41	千葉 〃	5,390
17	兵庫 〃	13,559	42	岩手 〃	5,179
18	長野 〃	13,397	43	栃木 〃	5,099
19	愛媛 〃	13,382	44	徳島 〃	4,853
20	愛知 〃	12,435	45	埼玉 〃	3,892
21	大分 〃	11,726	46	青森 〃	3,355
22	宮城 〃	10,993	47	奈良 〃	3,317
23	高知 〃	10,078		樺太	598
24	滋賀 〃	9,584		不詳	3,738
25	神奈川 〃	8,708		全国	753,105

注）資料の出所：外務省調査局『昭和15年海外在留本邦人調査結果表』（1943年）
出所）石川友紀「沖縄県における出移民の特色」『琉球大学法文学部紀要』第21号，1978年，p.58より

表・序−4 日本における府県別出移民率（1940年）

順位	府県名	出移民率（%）	順位	府県名	出移民率（%）
1	沖縄県	9.97	26	静岡 〃	0.70
2	熊本 〃	4.78	27	富山 〃	0.69
3	広島 〃	3.88	28	三重 〃	0.68
4	山口 〃	3.23	29	徳島 〃	0.68
5	和歌山 〃	2.57	30	北海道	0.67
6	佐賀 〃	2.08	31	新潟県	0.67
7	長崎 〃	1.92	32	秋田 〃	0.53
8	福岡 〃	1.79	33	奈良 〃	0.53
9	福島 〃	1.64	34	岐阜 〃	0.48
10	鹿児島 〃	1.62	35	岩手 〃	0.47
11	岡山 〃	1.51	36	茨城 〃	0.43
12	高知 〃	1.42	37	栃木 〃	0.42
13	鳥取 〃	1.39	38	群馬 〃	0.42
14	滋賀 〃	1.36	39	京都府	0.42
15	大分 〃	1.21	40	兵庫県	0.42
16	愛媛 〃	1.14	41	神奈川 〃	0.40
17	香川 〃	1.13	42	愛知 〃	0.39
18	山梨 〃	0.93	43	青森 〃	0.34
19	福井 〃	0.89	44	千葉 〃	0.34
20	宮城 〃	0.86	45	東京府	0.32
21	島根 〃	0.81	46	大阪府	0.29
22	石川 〃	0.78	47	埼玉県	0.24
23	長野 〃	0.78		樺太	
24	宮崎 〃	0.74		不詳	
25	山形 〃	0.73		全国	1.03

注）出移民率＝海外在留者数／現在人口×100（少数点以下第3位を四捨五入し，第2位まで求めた）
出所）表・序−3と同じ

表・序-5 沖縄県からフィリピンへの年次別出移民数および全国比

年次	出移民数 全国	出移民数 沖縄県	全国比
	人	人	%
1899（明治32）	12	-	-
1900（ 〃 33）	5	-	-
1901（ 〃 34）	8	-	-
1902（ 〃 35）	77	-	-
1903（ 〃 36）	2,215	-	-
1904（ 〃 37）	2,923	360	12.3
1905（ 〃 38）	427	-	-
1906（ 〃 39）	71	-	-
1907（ 〃 40）	176	58	33.0
1908（ 〃 41）	143	68	47.6
1909（ 〃 42）	170	2	1.2
1910（ 〃 43）	387	-	-
1911（ 〃 44）	584	16	2.7
1912（ 〃 45／大正元）	689	182	26.4
1913（大正2）	927	87	9.4
1914（ 〃 3）	782	26	3.3
1915（ 〃 4）	468	26	5.6
1916（ 〃 5）	1,029	18	1.7
1917（ 〃 6）	3,170	177	5.6
1918（ 〃 7）	3,046	244	8.0
1919（ 〃 8）	938	176	18.8
1920（ 〃 9）	411	55	13.4
1921（ 〃 10）	415	64	15.4
1922（ 〃 11）	189	60	31.7
1923（ 〃 12）	449	300	66.8
1924（ 〃 13）	548	368	67.2
1925（ 〃 14）	1,635	971	59.4
1926（ 〃 15／昭和元）	2,197	1,062	48.3
1927（ 〃 2）	2,660	1,415	53.2
1928（ 〃 3）	2,077	842	40.5
1929（ 〃 4）	4,535	1,693	37.3
1930（ 〃 5）	2,685	1,028	38.3
1931（ 〃 6）	1,109	227	20.5
1932（ 〃 7）	747	113	15.1
1933（ 〃 8）	941	187	19.9
1934（ 〃 9）	1,544	564	36.5
1935（ 〃 10）	1,802	724	40.2
1936（ 〃 11）	2,809	1,414	50.3
1937（ 〃 12）	3,876	2,584	66.7
1938（ 〃 13）	2,388	1,315	55.1
1939（ 〃 14）	854	?	?
1940（ 〃 15）	626	?	?
1941（ 〃 16）	347	?	?
総計	53,091	16,426	30.9

出所）『沖縄県史』第7巻移民，1974年，pp.350-351より（総計を加筆）

注）
1. 第二次世界大戦前まで比律賓（フィリピン）群島と称すが，1901年（明治34）までは統計上ルソン・マニラの名称である。
2. 1921（大正10）年以降は，フィリッピン群島及びグアム島となっているが，出移民の大部分はフィリッピン群島とみなしてよい。なお，同年以前はグアム島と区別しているが，グアム島への出移民は，1910年に9人，1911年に12人，1913年に3人のみであった。
3. 沖縄の出移民は，1939（昭和14）年以降不明であるが，多数の移民があったと考えられる。

表・序-6 海外移民数の推移（沖縄県、1899〜1938年）

		北・中米						南米				アジア			オセアニア			
		ハワイ	米国	カナダ	メキシコ	キューバ	ブラジル	アルゼンチン	ペルー	ボリビア・チリ	フィリピン	シンガポール、ペナン	ボルネオ、ジャバ、スマトラ、セレベス	ニューギニア、ア、木曜島	ニューカレドニア、フィジー	その他	計
1899 (明治32)		27															27
1900 (33)																	
1901 (34)																	
1902 (35)																	
1903 (36)		45		51													96
1904 (37)		262			223					360							845
1905 (38)		1,233	92													387	1,620
1906 (39)		4,467		152	250												4,670
1907 (40)		2,525	1				355		111		58						2,985
1908 (41)		678									68					252	1,354
1909 (42)		176							54		2						232
1910 (43)		241			15				39		16					250	600
1911 (44)		596	6	3	5				75		182	25				210	906
1912 (大正1)		1,678	15	7	19	4	421	14	23		87		5			1	2,351
1913 (2)		935	37	13	8			3	92		26						1,185
1914 (3)		533	24	9	10		41		302								940
1915 (4)		403	27	3	43		25	5	124		26		3			2	616
1916 (5)		559	25	9	58		24	8	121		18					3	774
1917 (6)		676	42	25	38		2,138	35	534		177					3	3,633
1918 (7)		655	90	27	20	4	2,204	76	882		244		8			2	4,187
1919 (8)		661	80	30	9	1	319	50	925	1	176		5			9	2,251
1920 (9)		520	35		19		179	21	388		55	24				1	1,233
1921 (10)		482	25		12	4	82	28	404		64	70	8	1			1,140
1922 (11)		402	38		5		52	28	92	1	60	60	6			6	798
1923 (12)		494	61		19		51	52	250		300	13	11	12			1,256
1924 (13)		390	59		8		99	71	356		368	55	17	5			1,442
1925 (14)		100	4		11	62	388	95	550		971	303	8	1	2		2,606
1926 (昭和1)		117	9		9	16	669	130	891		1,062	113	90	6			3,155
1927 (2)			11		11		432	160	858		1,415	188	52	2	3		3,286
1928 (3)		120	7		7	4	432	183	780		842	220	64	1		9	2,636
1929 (4)		50	9		2	9	793	245	894	11	1,693	182	142	1	22	1	4,004
1930 (5)					18	7	592	310	442	3	1,028	327	120	1	27	8	2,883
1931 (6)		36	2		3	2	469	225	110	1	227	210	39	1	6		1,333
1932 (7)		6	4		15		810	130	202	1	113	43	140	2	3	3	1,480
1933 (8)		10	2		8	1	1,077	62	314		187	64	64	1			1,797
1934 (9)					4	2	1,870	83	331	3	564	213	28		2		3,099
1935 (10)		311	16		2	3	72	149	494		724	214	37	1	4	3	1,699
1936 (11)		275	21	2	6	1	559	231	471	13	1,414	246	44	3			3,316
1937 (12)		451	38		4		405	171	112		2,584	236	79				3,893
1938 (13)		813	61		1		281	189	90	38	1,315	20	68		5		2,461
計		20,118	813	403	764	113	14,830	2,754	11,311	38	16,426	2,766	1,120	38	941	354	72,789
構成比 (%)		27.6	1.1	0.6	1.1	0.2	20.4	3.8	15.5	0.0	22.6	3.8	1.5	0.1	1.3	0.5	100.0

資料）「沖縄海洋発展史」（安里延、1941）「外国渡航旅券下附数調」より
出所）「名護・山原の移民および出稼ぎ関係資料」編集・発行 名護市史編さん室、1989年 pp.4-5 より（一部訂正）

41

図・序－1 海外移民数の分布図（沖縄県、1938年累計）
出所：『名護・山原の移民および出稼ぎ関係資料』 編集・発行 名護市史編さん室、1989年 p.6より
注：（ ）内は人数

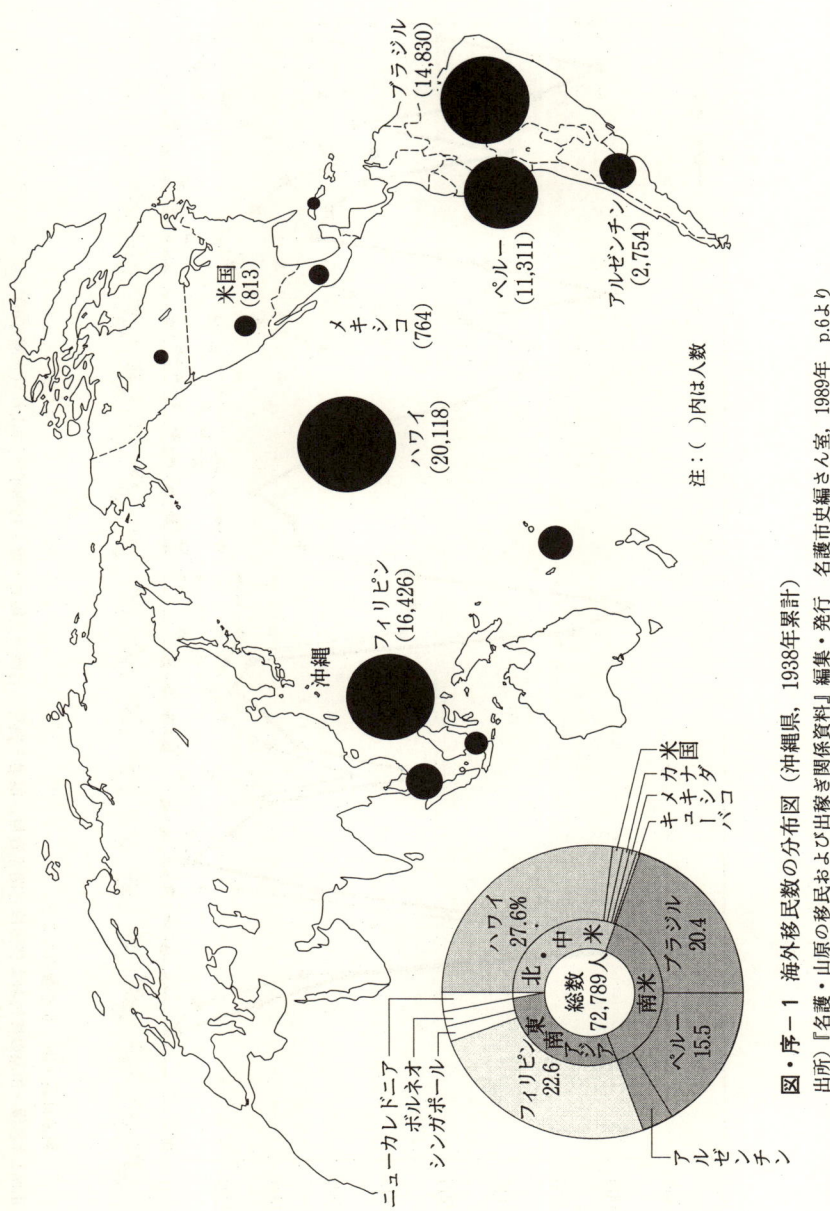

ブラジル (14,830)
アルゼンチン (2,754)
ペルー (11,311)
メキシコ (764)
米国 (813)
ハワイ (20,118)
フィリピン (16,426)
沖縄

総数 72,789人

北米
ハワイ 27.6%
米国
カナダ
メキシコ
キューバ
ブラジル 20.4
南米
ペルー 15.5
アルゼンチン
東南アジア
フィリピン 22.6
シンガポール
ボルネオ
ニューカレドニア

42　序章

グラフ・序－3　海外移民数の推移（沖縄県、1899〜1938年）

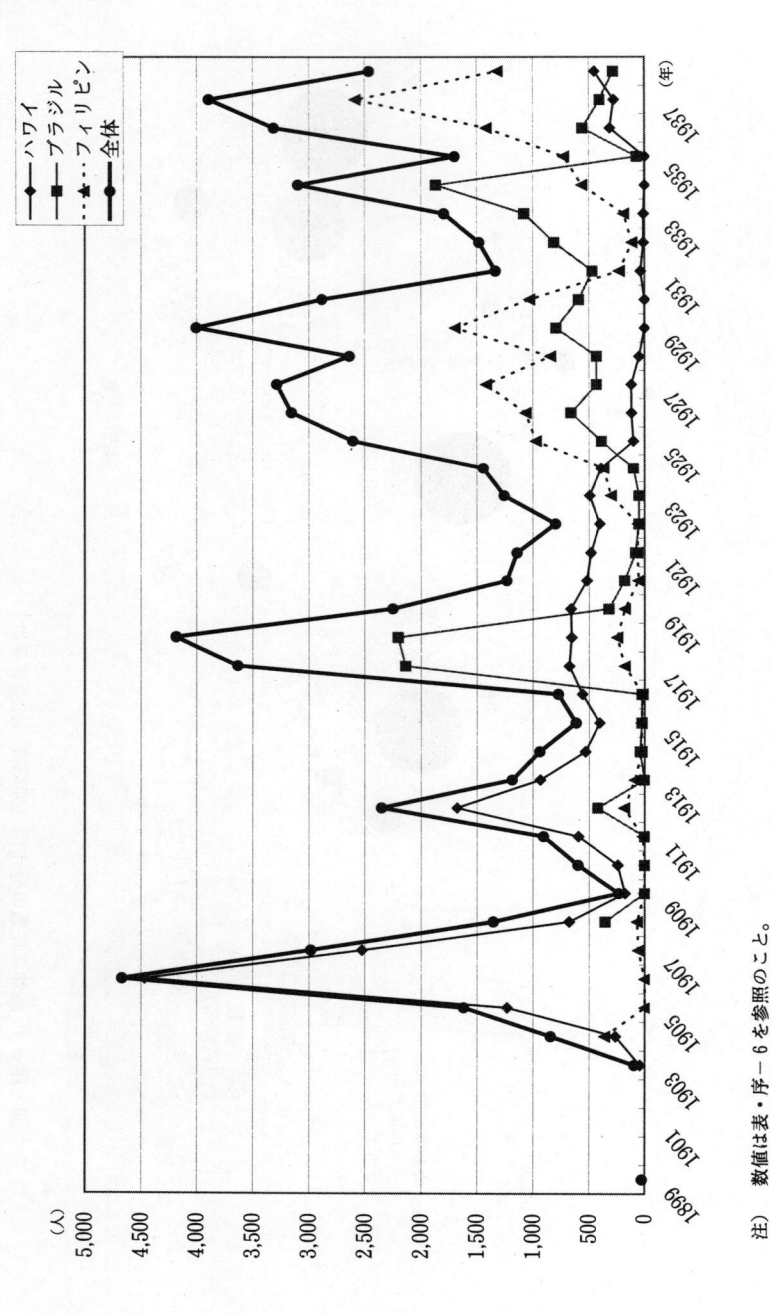

凡例：ハワイ／ブラジル／フィリピン／全体

注）　数値は表・序－6を参照のこと。
出所）『名護・山原の移民および出稼ぎ関係資料』編集・発行　名護市史編さん室、1989年　p.6より（一部訂正）

表・序－7　海外在留者数（沖縄県市町村別，1935年）

(単位：人)

		北中米				南米			アジア		其の他	海外在留者率 人口1000人当りの割合	計
		ハワイ	米国	カナダ	メキシコ	ブラジル	アルゼンチン	ペルー	フィリピン	満州国			
	県計	12,820	1,057	290	208	10,668	1,841	7,647	6,229	129	1,780	72	42,669
	那覇	*	*	*	*	*	*	*	*	*	*	*	*
郡区計	首里	88	13	5	2	67	8	35	100	7	8	17	333
	国頭	2,087	476	69	127	3,762	517	2,142	1,619	26	401	105	11,226
	中頭	6,137	480	125	40	3,407	1,052	3,445	2,202	10	316	117	17,214
	島尻	4,493	88	91	39	3,395	264	2,025	2,289	64	1,045	89	13,793
	宮古	9	-	-	-	32	-	-	18	11	1	1	71
	八重山	6	-	-	-	5	-	-	1	11	9	1	32
国頭郡	名護	205	66	12	37	147	126	257	208	-	75	81	1,133
	羽地	713	78	12	7	1,775	86	465	76	9	30	289	3,251
	久志	16	42	2	2	133	3	86	2	-	1	64	287
	東	13	1	-	-	148	26	18	3	-	1	65	210
	国頭	1	-	-	3	76	4	48	12	3	40	18	187
	大宜味	5	38	28	28	105	21	222	47	6	31	66	531
	今帰仁	44	38	-	1	763	95	192	111	8	1	99	1,253
	本部	77	86	10	34	403	103	747	343	-	161	89	1,964
	恩納	130	7	-	15	95	1	34	90	-	10	64	382
	金武	881	120	5	-	114	50	73	694	-	-	238	1,937
	伊江	2	-	-	-	3	2	-	33	-	51	14	91
中頭郡	与那城	222	16	17	9	220	132	164	156	3	70	89	1,009
	勝連	423	324	60	-	358	245	158	91	-	19	206	1,678
	具志川	801	16	6	2	355	48	601	139	-	-	115	1,968
	美里	758	-	-	8	179	44	393	186	-	189	106	1,757
	越来	98	-	-	3	48	15	56	77	-	-	35	297
	読谷山	380	-	10	-	31	18	33	170	-	3	39	645
	北谷	304	5	10	1	161	10	272	331	-	26	72	1,120
	中城	1,574	71	19	4	718	386	844	479	-	-	230	4,095
	宜野湾	289	1	1	1	192	56	114	355	5	5	76	1,019
	浦添	454	11	2	1	293	1	167	189	2	4	91	1,124
	西原	834	36	-	11	852	97	643	29	-	-	240	2,502
島尻郡	糸満	84	5	-	6	72	3	7	389	2	510	143	1,078
	真和志	13	-	-	-	-	-	8	8	-	-	2	29
	小禄	632	15	90	2	279	-	22	491	43	39	149	1,613
	豊見城	401	6	1	3	241	2	87	306	-	37	112	1,084
	東風平	370	5	-	-	367	4	174	74	-	50	119	1,044
	兼城	442	5	-	6	249	4	129	73	1	8	170	917
	高嶺	245	3	-	2	65	28	139	182	-	25	177	689
	真壁	132	-	-	1	134	-	70	121	4	4	104	466
	喜屋武	15	-	-	2	10	2	52	11	-	3	42	95
	摩文仁	36	-	-	-	35	-	24	28	-	5	53	128
	具志頭	269	7	-	-	295	1	137	137	-	48	134	894
	玉城	454	20	-	11	240	21	181	56	-	4	126	987
	知念	55	-	-	-	70	-	134	6	-	4	52	269
	佐敷	436	-	-	-	445	14	110	45	-	16	158	1,066
	大里	441	6	-	6	481	164	459	225	4	42	134	1,828
	南風原	462	12	-	-	282	21	52	70	1	-	99	900
	仲里	-	-	-	-	15	-	20	-	1	-	5	36
	具志川	6	3	-	-	60	-	76	11	3	8	28	167
	渡嘉敷	-	1	-	-	3	-	-	2	-	19	16	25
	座間味	-	-	-	-	-	-	-	2	4	3	5	9
	粟国	-	-	-	-	5	-	-	-	-	27	12	32
	渡名喜	-	-	-	-	3	-	6	3	-	13	22	25
	伊平屋	-	-	-	-	44	-	138	49	1	180	63	412
宮古郡	平良	-	-	-	-	32	-	-	18	10	-	2	60
	砂川	9	-	-	-	-	-	-	-	1	1	1	11
	下地	-	-	-	-	-	-	-	-	-	-	-	-
	伊良部	-	-	-	-	-	-	-	-	-	-	-	-
	多良間	-	-	-	-	-	-	-	-	-	-	-	-
八重山郡	大浜	6	-	-	-	3	-	-	-	-	2	2	11
	石垣	-	-	-	-	2	-	-	-	4	5	1	11
	竹富	-	-	-	-	-	-	-	1	5	2	1	8
	与那国	-	-	-	-	-	-	-	-	2	-	0	2

資料）「沖縄県・外国在住者調」（赤嶺康成氏所蔵『沖縄県史』第7巻所収）より
注）　那覇市は資料欠
出所）『名護・山原の移民および出稼ぎ関係資料』編集・発行　名護市史編さん室，1989年　p.8より（一部訂正）

44　序　章

表・序－8　金武村における年次別渡航地域別海外旅券下付数

(単位：人)

年次 \ 渡航地域	ハワイ	フィリピン	マレー半島	北米合衆国	ブラジル	カナダ	ペルー	アルゼンチン	キューバ	シンガポール	セレベス	メキシコ	ボルネオ(北)	海外植民地	総数
1903 (明治36)年	1	-	-	-	-	-	-	-	-	-	-	-	-	-	1
1904 (〃37)	33	185	-	-	-	-	-	-	-	-	-	-	-	-	218
1905 (〃38)	102	-	-	-	-	-	-	-	-	-	-	-	-	-	102
1906 (〃39)	350	-	-	-	-	-	-	-	-	-	-	-	-	-	350
1907 (〃40)	49	-	-	-	-	-	-	-	-	-	-	-	-	-	49
1908 (〃41)	40	-	-	-	-	-	-	-	-	-	-	-	-	-	40
1909 (〃42)	-	-	-	-	-	-	-	-	-	-	-	-	-	-	-
1910 (〃43)	4	-	-	-	-	-	-	-	-	-	-	-	-	-	4
1911 (〃44)	14	-	-	-	-	-	-	-	-	-	-	-	-	-	14
1912 (〃45)	98	9	4	-	-	-	-	-	-	-	-	-	-	-	111
1913 (大正2)	72	24	-	1	-	-	-	-	-	-	-	-	-	-	97
1914 (〃3)	74	9	-	6	19	-	-	-	-	-	-	-	-	-	108
1915 (〃4)	28	16	-	7	-	-	-	-	-	-	-	-	-	-	51
1916 (〃5)	38	7	-	6	-	2	-	-	-	-	-	-	-	-	53
1917 (〃6)	47	14	-	6	-	-	3	-	-	-	-	-	-	-	70
1918 (〃7)	40	43	-	2	8	1	3	-	-	-	-	-	-	-	97
1919 (〃8)	46	33	-	5	-	-	14	3	-	-	-	-	-	-	102
1920 (〃9)	25	8	-	5	7	-	14	-	-	-	-	-	-	-	59
1921 (〃10)	21	18	-	4	1	-	18	-	-	-	-	-	-	-	52
1922 (〃11)	43	57	-	3	1	-	-	1	-	-	-	-	-	-	65
1923 (〃12)	38	61	-	6	1	-	1	-	-	-	-	-	-	-	103
1924 (〃13)	45	116	-	12	2	2	6	2	3	-	-	-	-	-	134
1925 (〃14)	6	127	-	-	8	-	7	-	-	2	1	-	1	-	138
1926 (〃15)	17	76	-	2	14	-	13	5	-	2	-	2	-	-	174
1927 (昭和2)	1	54	-	2	5	-	8	3	-	3	-	-	-	-	100
1928 (〃3)	20	107	-	1	-	-	18	9	-	-	-	-	-	-	106
1929 (〃4)	2	87	-	-	2	-	13	3	-	1	-	-	1	-	126
1930 (〃5)	3	11	-	1	-	-	2	5	-	3	-	-	-	-	100
1931 (〃6)	2	17	-	-	-	-	1	5	-	-	-	-	-	-	22
1932 (〃7)	-	-	-	2	1	-	2	1	-	-	-	-	-	-	21
1933 (〃8)	-	30	-	-	-	-	-	1	-	-	-	-	-	-	31
1934 (〃9)	1	49	-	1	-	-	4	1	-	6	-	-	1	2	62
1935 (〃10)	-	80	-	-	8	-	5	5	-	-	-	-	-	-	94
1936 (〃11)	1	96	-	-	3	-	3	-	-	4	-	-	-	-	104
1937 (〃12)	-	116	-	-	-	-	-	4	-	-	-	-	-	-	121
1938 (〃13)	3	64	-	-	2	-	1	1	-	-	-	-	-	-	68
1939 (〃14)	-	29	-	-	-	-	1	-	-	-	-	2	2	-	33
1940 (〃15)	-	19	-	-	-	-	-	-	-	-	-	-	-	-	19
1941 (〃16)	-	17	-	-	-	-	-	-	-	-	-	-	-	-	17
合　計	1,265	1,588	4	65	70	5	139	45	4	23	1	2	3	2	3,216

注：資料の出所は外務省「海外（外国）旅券下付表」分類番号：3・8・5・8ほか（明治32年2月～昭和19年6月　外務省外交史料館所蔵）
出所：宜野座村誌編集委員会『宜野座村誌』第一巻通史編、1991年、pp. 146-147より（一部修正）

表・序-9　フィリピン在留日本人人口

(単位：人)

年	日本人人口全体 計	マニラ及びその付近 計	ダバオ及びその付近 男	女	計	ダバオの沖縄出身者数 計
1889 (明治22)	2	2	-	-	-	-
1897 (30)	16	15	-	-	-	-
1902 (35)	900	-	-	-	-	-
1903 (36)	1,215	991	22	0	22	-
1905 (38)	2,435	-	-	-	-	-
1907 (40)	1,892	627	311	1	312	-
1908 (41)	1,919	721	319	6	325	-
1909 (42)	2,158	779	330	12	342	-
1910 (43)	2,555	793	348	13	361	-
1911 (44)	2,951	1,078	290	14	304	-
1912 (大正1)	3,654	1,318	415	14	429	-
1913 (2)	4,775	1,692	573	31	604	-
1914 (3)	5,179	1,772	675	35	710	-
1915 (4)	5,631	1,820	984	43	1,027	-
1916 (5)	6,203	1,976	1,383	59	1,442	-
1917 (6)	7,301	2,186	2,746	112	2,858	-
1918 (7)	10,881	2,336	6,149	219	6,368	-
1919 (8)	9,643	2,068	5,413	208	5,621	-
1920 (9)	9,207	2,021	5,168	384	5,552	＊1,260
1921 (10)	8,391	2,328	3,856	408	4,264	-
1922 (11)	7,339	2,275	2,847	349	3,196	-
1923 (12)	6,791	2,168	2,436	248	2,684	-
1924 (13)	8,067	2,317	3,253	480	3,733	-
1925 (14)	8,622	2,177	3,917	598	4,515	-
1926 (15)	9,607	2,341	4,585	822	5,407	☆3,134
1927 (昭和2)	10,987	2,219	5,806	1,141	6,947	△4,381
1928 (3)	13,938	2,729	7,141	1,771	8,912	＊4,447
1929 (4)	15,487	3,231	7,885	2,140	10,025	-
1930 (5)	19,628	3,984	9,716	2,821	12,537	-
1931 (6)	19,411	4,182	9,599	3,157	12,756	-
1932 (7)	19,993	4,179	9,557	3,435	12,992	-
1933 (8)	20,049	4,397	9,129	3,601	12,730	-
1934 (9)	20,558	4,076	9,128	3,930	13,058	-
1935 (10)	21,468	4,137	9,249	4,279	13,528	-
1936 (11)	21,087	3,846	9,270	4,759	14,029	□6,738
1937 (12)	23,934	4,474	9,879	5,271	15,150	-
1938 (13)	25,776	4,534	10,770	5,985	16,755	-
1939 (14)	25,269	3,413	11,118	6,549	17,667	-
1940 (15)	28,731	4,610	12,088	7,179	19,267	-
1943 (18)	-	-	11,758	7,331	19,089	※10,166

資料）早瀬晋三『フィリピン行き渡航者調査（1901-39年）－外務省外交資料館文書「海外渡航者名簿」より－』（総合的地域研究成果報告書シリーズ8、1995年）より抄録。なお＊は、『ダバオ邦人開拓史』、※は『マニラ新聞』からのデータである。

出所）具志川市史編さん委員会『具志川市史』第四巻移民・出稼ぎ論考編　2002年　p.775より
なお☆△□のデータは引用者が加筆した。出所は、☆は、Lydian N." Japan veiws the Phippines"(1992), p.88
△は、村山明徳『比律濱概要と沖縄県人』(1929), p.109（人物紹介）
□は蒲原廣二『ダバオ邦人開拓史』(1938), p.750 である。

グラフ・序－4　フィリピン在留日本人人口

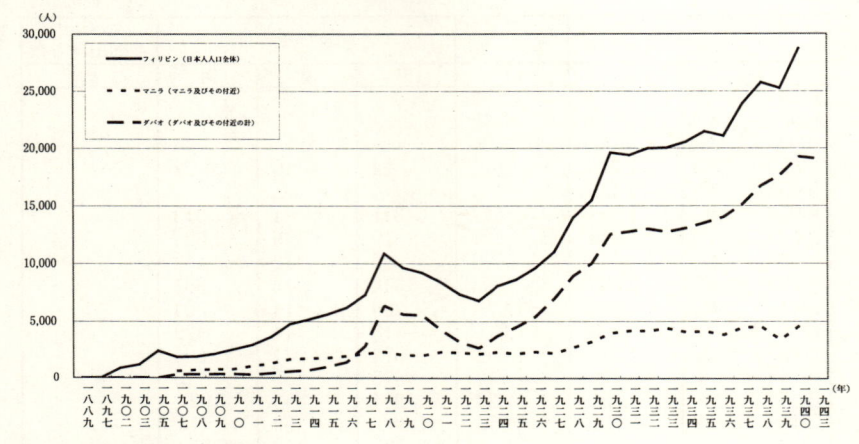

出所）表・序－9より作成

グラフ・序－5　ダバオ在留日本人人口

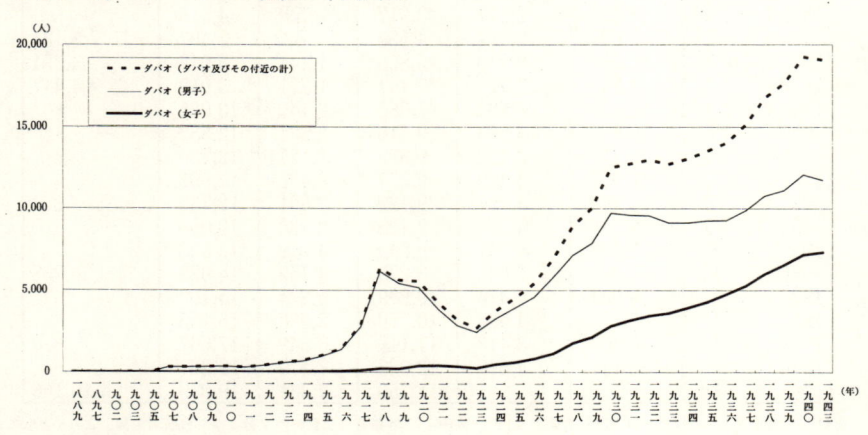

出所）表・序－9より作成

第一部

沖縄における移民教育の展開

第一部

民法の考え方について

第 1 章
1910年代までの地域にみる「風俗改良」の態様
―移民教育の地域的普及を中心に―

はじめに

　本章は，1910年代までにおいて，沖縄県では移民のための教育がどのように行われていったのか，主に地域での教育活動を中心に，「風俗改良」という点から明らかにしようとするものである。序章での時期区分でいうと，第一期（萌芽期；1901〜1919年）に相当する。

　序章でも述べたように，沖縄県からは多数の移民が送出されているが，沖縄移民はその独特の言語風俗習慣ゆえに，移民先各地で非難，排斥され，そのために種々の問題を惹起するようになる。この事態に対し後に外務省は，沖縄移民のブラジル渡航を禁止するという政策を打ち出すのである。こうした移民問題を解決するために，沖縄では移民のための教育が重要視されることになる。それはとくに移民の「素質改善」，すなわち，沖縄独自の言語風俗習慣を「改良」し，日本人に「同化」させることが重要な取り組みであった。しかし，1910年代までは，その必要性が唱えられつつも，まだ県としての実際的な対策が打ち出されることはなく，移民の「素質改善」の取り組みは，地域の教育活動の一環としてなされていた。社会教育的活動に注目するのはそのためである。

　こうした問題意識との関連で先行研究をあげると，『沖縄県史』（第7巻）所収の田港朝昭の論文「社会教育」[1]や，儀間（玉木）園子の「明治三〇年代の風俗改良運動について」[2]，「明治中期の沖縄教育界－本土出身教師と沖縄県出身教師－」[3]，「沖縄の青年会－夜学会から沖縄県青年会まで－」[4]などの論文がある。これらは新聞，教育雑誌等を駆使して，地域の青年団，夜学会（校），社会教育（通俗教育）などに関する多くの事実を明らかにしているが，

移民教育についての言及は少ない。本章ではこれらの成果に学びつつも、さらに、地域での教育活動を移民教育としての側面からとらえ、活動の実践的把握とともに、生徒（移民予定者）の現実的「要請」や、それに対する教師の心情についても考察を加えたいと考えている。

構成としては、まず、日本の移民政策が国際関係とのかかわりでどのように展開し、それが沖縄の移民施策にどのような影響を与えたのか、移民教育の背景にある国際的な動きを検討する。つぎに、そうした背景のもとに、沖縄各地で展開された「風俗改良」の実態や、統制化の動き、そこでの教師の役割について考察し、さらに、「移民母村」である金武村では、移民の教育についてどのように取り組んだのか、具体的実践をとらえつつ検討していくことにする。

第1節　沖縄移民のブラジル渡航禁止の意味 ― 政府の移民政策との関係から

1913年5月、日本人が集住するカリフォルニア州において第一次排日土地法が成立した。これは排日運動が法律となった最初のものであり、この法律が制定された背景には、東アジアにおける国際情報の変化が影響していると考えられている。すなわち、日露戦争後、日本は韓国を保護国化し、1910年併合した。また、南満洲におけるロシアの権益を得、さらに南満洲鉄道の割譲や樺太南部の領有権を獲得し、東アジアにおける支配力を増強していった。このように、日露戦争後日本が東アジアの強国として台頭してくると、アメリカは日本に対する警戒心を次第に強めてくるのである[5]。

こうした国際情勢のもと、その緊迫度が増大するにつれ、アメリカでの日本人移民排斥の気運が高まっていった。まさに、「海外在留者の命運が本国の対外戦略に強く影響される存在であったことを知る」[6]局面であった。

これに対し日本政府は、日米間の感情摩擦や人種摩擦を緩和することが重要との認識から「対米啓発運動」に乗り出し、その有力な手段の1つとして1914年2月に、官民共同による日本移民協会が設立された[7]。同協会の設立経緯と活動内容については、間宮國夫の論文[8]から詳しい内容を知ることができる。このなかで看過できない点として、移民協会設立の意見書が、対米向きの

「啓発運動」とブラジル移民に対する移民振興の「移民方針」の2つの部分から作成されていた，ということがあげられる。つまり，この「対米啓発運動」とその一環である日本移民協会の設立は，単にアメリカの排日対策としてだけでなく，今後の移民送出の主流と目されるブラジルについての対策も射程に入っていたのである[9]。このことはまた，アメリカ全土に対する排日関係法案の通過は必至であるとの，関係者の見方が含まれていたとも読むことができる。したがって，アメリカ合衆国への日本人渡航が禁止されたときのことを考え，「啓発運動」と同時に次なる移民有力地である南米（とくにブラジル）についてもその対策が講じられたのである。

　結局，1924年5月，アメリカ議会で排日移民法案が通過・制定され，7月1日施行された。隣国カナダも同様な動きをみせ，以後北米への日本人の渡航は事実上不可能となった。

　このアメリカ排日移民法が制定される直前，1924年4月から5月にかけて首相官邸で，帝国経済会議が開かれている。この会議は議員，各省庁，民間代表等約150名が参集したもので，金融・貿易・農業など七分科会が設けられた。このなかで，社会部拓殖部聯合部会は「移植民ノ保護奨励ノ方策如何」に関する諮問に対し，その答申案を首相清浦奎吾に提出している。それによると，「移植民ノ問題カ刻下最重要ニシテ且速ニ根本的解決ヲ要スル」[10]との認識のもと，海外移植民に関する具体的方策を述べている。そこには，「ブラジル國ニ於ケル排日的傾向ヲ防止シ併セテ彼我ノ親善ヲ講スルノ件」の項目が含まれている。とくにブラジルにおける排日的傾向を予防することは，「最緊要ナルコトニ属ス」と述べ，「排他的傾向ハ細心ノ注意ヲ以テ之ヲ萌芽ノ内ニ剪除スルコトニ努メサル可カラス」[11]との記述があり，ブラジルの排日傾向に対する警戒心をはっきりと示している。実際ブラジルにも排日の兆しが1923年頃より現われており[12]，なんとしてもブラジルへの排日の波及を食い止めたいとする，官民関係者の苦慮がここには感じられる。

　同会議では，さらに移植民の保護奨励に関する必要事項として，9項目があげられており，そのなかには「移民ホームノ設置其ノ他海外移住者ノ訓育及出發

到着等ノ取扱ニ關スル施設ノ改良ヲ爲スヘシ」[13]の一項目が含まれている。

いっぽう，政府内でも内務省社会局による「海外移植民保護奨励計画」が1922年に提唱された。これは一言でいうと，移民会社（海外興業株式会社）を補助強化し，移民の負担軽減のためにブラジル渡航費を国庫負担し，さらに，移住地における保護・育成も図るというものであった。この案は外務省の反対もあり，大幅修正を余儀なくされこの時点では実現しなかったが[14]，上述の帝国経済会議の答申の影響やその直後のアメリカ排日移民法の制定，さらに関係省庁代表による移民委員会決議もなされ，1924年10月，ブラジルまでの渡航費（サントスまでの船賃12歳以上1人200円）を支給する，内務省社会局補助移民が開始されたのである。

こうした1910年代から続く，一連の移民政策を背景に沖縄移民のブラジル渡航禁止策の意味を考えてみよう。

1919年沖縄県でのブラジル移民募集数は，前年度の10分の1に削減され，翌20年には沖縄県での募集禁止が外務省より通達された。その理由について在サンパウロ総領事代理野田良治は沖縄移民の逃亡数などの統計表を付してこう報告している。

「近來渡航する沖縄県移民は概して其素質劣悪なるか上に偽名渡航者及偽造家族多く且つ耕地を逃亡するもの頻出し（中略）本邦移民全体の聲価に悪影響を及ぼしつゝあるを以て此際一層取締を厳重にして優良なる家族の外渡航を絶体に許可せさる様措置せられんことを希望に堪えず。」[15]

耕地逃亡の問題は，当時ブラジルの日本人移民に広くみられた現象であり，沖縄移民だけに限られたことでないことを，原口邦紘は明瞭に指摘している[16]が，外交官には，沖縄移民に対するある種の偏見あるいは差別感が確かに存在していたといえる（この点については次章で詳述する）。

この沖縄移民のブラジル渡航禁止措置を先の一連の移民政策と重ね合わせてみた場合，単に差別や偏見以上に，沖縄移民の存在それ自体を外交上危険なものとしてとらえていたことがうかがえる。すなわち，野田総領事代理は「移民取扱側にても是等特殊移民とも目すべき同県（沖縄県－引用者注）移民には特別

の注意を拂」っており，また，「一般他県人は兎角彼等を劣等視し所謂支那人扱にする傾向」があるとし，沖縄移民は「本邦移民一般の聲価を空しく失墜し償ふべからさる國家の損失を招くに至らんとする観を呈せり」[17]との見解を示している。1919〜20年頃には上述したようにアメリカでの排日制限法成立は必至であると考えられており，その対策として「対米啓発運動」や移民協会設立などに力を注いでいた時期であった。その一方，アメリカでの排日制限法成立に備えて，次期移民送出地としてブラジルへの対策も取り組まれていた。そのブラジルにおいて，沖縄移民は風俗言語も異なり，他県人からも劣等視されており，排日問題を起こしかねない危険な要素をもった存在だったのである。禁止して取り締まるしかないと考えられた[18]。沖縄移民は当初からブラジル渡航費補助移民の対象外だったのである。

　1926年，沖縄県のブラジル移民募集が解禁となるが，それは「此際試験的ニ優良ナル沖縄県移民ヲ選択シ，一定制限数ノ下ニ伯国渡航ヲ許可」[19]するというものであり，依然厳しい制限条件が付されていた[20]。1923年頃からブラジルでも排日気運がでてきており，外務省は慎重にならざるをえなかったと思われる。沖縄移民のブラジル渡航の制限条件が完全撤廃されるのは1936年であった。この2年前1934年に，ブラジルでは移民制限法（二分制限法）が成立しており，日本人全体のブラジル渡航に制限が加えられることになった。したがって，この時点で沖縄移民を危険視する必要はほとんどなくなっていたのである。またいっぽう，海外膨張政策として1931年の満洲事変の勃発により，翌年には満洲国が成立し，それにより日本人を大量に送出できる植民地を確保できたことになった。移民政策上，アメリカやブラジルに日本人移民の禁止・制限が加えられても，もはや困ることはなかったのである[21]。

　このように1936年の沖縄移民のブラジル渡航が全面解除された背景には，国際的動向からみて日本の移民政策，植民政策が大きく影響していたといえる。しかしながら，渡航解禁に至るまでの，沖縄の移民関係者の取り組みや県内外の移民，とくにブラジル移民の努力はけっして小さいものではなかった[22]。以上のような国際情勢を背景として，沖縄において移民施策が展開されるので

あり、移民のための教育はその一環として取り組まれることになる。次節以下では、1910年代までの地域での具体的な動きについて、主に「風俗改良」の動きを中心にみていくことにする。

第2節　地域における「風俗改良」の展開

(1) 「風俗改良」の必要性とその実情

1894年、内務書記官一木喜徳郎は沖縄の教育政策、とくに言語の問題について、「学校ニ在校スル間ハ…大和語ハ大抵之ヲ解スルニ至ルト云ウ然レドモ一旦退校スルトキハ其共ニ交ハルモノハ皆大和語ヲ解セザル者ナルガ故ニ僅カニ記シタル大和語モ大半之ヲ忘失スルニ至ル故ニ教育ヲ以テ沖縄人ヲ同化セントスルノ目的ハ少クトモ一代ヲ経過スルニ非ザレバ之ヲ達スルコト能ハザルベシ」[23]と述べ、「同化」教育の方法として「大和語」（普通語）の奨励を主張するが、いっぽうでその実現が困難であることも指摘している。

また、他府県人の沖縄観について、当時の沖縄教育界の代表的な論客である新田義尊は、「凡そ他府県人、本県即ち沖縄に来れば、皆云ふ、沖縄教育に従事せむか為なりと。而して其初に當りて、其人未だ沖縄人種の何物たるかを理會せず。其結髻從跣のある者見るや、以て蕃族異類と為す。其黥手垢面のある者見るや、以て蕃族異類と為す。特に其尤も甚しきに至りては、其人沖縄の方言土俗、他府県現今の言語風俗と、多少今古の異同あるを見て、以て蕃族異類と為す」[24]といい、沖縄独特の風俗習慣言語が沖縄を「異民族視」する観念を生むと指摘する。

こうした面を改善するため、風俗改良を進めるのだが、それは当然ながら、「本県において何よりも先ず国民的同化即ち沖縄県民も同じく日本帝国の臣民であるという自覚を促す必要がある」（傍点は本文のまま）[25]と指摘するごとく、皇民化の側面もあった。

これらの発言から沖縄が独自の文化を保持するがゆえに、「風俗改良」を推進すべき要因があったといえるのだが、もう1つ別の側面からも、「風俗改良」に取り組む必要性があった。それは、徴兵令施行後における徴兵教育との関連

であり、また1910年代以降、海外移民者増加に伴う移民教育との関連であった。

まず徴兵教育との関連でみてみると、「徴兵令施行当時、男子就学率はやっと50％をこしたばかりであり、徴兵対象となる20歳のものは非就学者が多数であった。壮丁検査でみても「全ク読書算術ノ出来サル者」が、「1899年（明治32年）では76％、1903年（明治36年）では65％」[26]という状況であった。県も1898年9月15日には「現役兵員教育課程」を定め、各小学校長等に対し、「軍人に下し賜ひたる勅諭の大意」「平仮名片仮名を覚江しむる事」「住所番地族籍生年月日数字を漢字にて書き得せしむる事」「書状発送等の手続を教ふる事」「普通語」[27]などを教授するよう通牒を発している。また、『琉球新報』（1899年4月19日付）では、「本県徴兵適齢者に注意すへき要件」という記事を載せている。そのなかで「一、断髪して出場すへし」「一、普通語を解せされは入営後学課受業上大いに進歩を妨くる憂ひあるを以て、今より之を研究して其の準備をなすへし」との規定がある。これは徴兵忌避者が続出しているという背景があり[28]、そのために断髪は「沖縄人の忠君愛国の精神をはかる一つの指標」[29]とみなすべき事柄であった。

いっぽう、沖縄県は前述のごとく1899年にはじめて移民を開始して以来、1938年までの39年間に約7万人以上の移民を海外に送出している［表・序-6］。このような沖縄県における移民の動機、要因については諸点が指摘されているが[30]、移民送出の主な原因はやはり生活の窮乏、とくに農村社会の窮乏であり、経済的な要因に帰しているといえよう[31]。つまり、端的にいえばそれは、「沖縄からの移民は、郷里における窮乏からの脱出であり、彼等の夢は錦衣帰郷することであった。人々にとって多くの場合、移民は金を得る一つの手段であった」[32]ということである。では、主に経済的動機で海外へ渡航した多くの沖縄移民は、渡航先の現地でどのような行動をとり、どのようにみられていたのか。

1916年7月22日付の『琉球新報』は「入墨女」の記事を報じている。入れ墨をした3人の沖縄女性がフィリピンへ渡航すると、たちまち現地の耳目を引き、嘲笑の眼を以て見られるようになり、将来の沖縄県移民のためにと、3人は送

還させられたのである。これに対し，翌日の『琉球新報』は，「懇切なる指導を与へ以て県民の風俗をして全然本土の夫に同しからしめ彼等の発展に障害する悪風汚俗は漸次之を芟除せんことに努力せんこと」を要望すると報じた。

海外移民者の教育への要望は，1917年2月10日付の『琉球新報』にもみられる。「移民教育の要」と題した記事では，「而して移民教育は，単に移民奨励の意味に於いてのみ為さず。海外渡航の希望を有する者に対しても亦，其の品性の陶冶上必要欠ぐ可らざるを思ふ。殊に本県の如くは，風俗習慣其他言語等に於ても，他府県と大いに其の趣きを異にするものあるが故に海外渡航者にとりては，特に此の点に多大の注意を払はざる可からず」と述べている。

このように移民先で，沖縄独特の風俗習慣言語が問題視されるようになり，その対策として，本土の人たちと同じような風俗に「改良」することをみな一様に強調している。それが沖縄人の「素質向上」であり，「日本人」に近づく手段であると考えた。そして，そのための重要な方策が学校教育や地域での教育活動を利用した「風俗改良」だったのである。それでは実際の「風俗改良」の状況はどのようなものだったのか。

断髪の動きは学校現場にも徐々に浸透し，たとえば名護小学校の親が頑固党（親清派）であったある子どもは，「皆が髪を切って学校に行くようになったので，私もいきたくなり，すぐに二年に入り，じきに四年になった。…髪を切られる時には逃げもしないで東江の比嘉倉長さんに切ってもらった。（略）その後，…続々と断髪をして明治31, 2年頃には，結髪生が全く姿を消していき，就学生も多くなってきた」[33]と当時を語っている。

「風俗改良」の問題は，徴兵令とのかかわりで進められた側面があったが，1900年代初めには，それまでの中心的な取り組みであった断髪がほぼ完了し，かわって，琉装から和装に，さらに年中行事の「改良」へと取り組みの重点が変わっていく。儀間園子は論文「明治三〇年代の風俗改良運動について」のなかで，この時期の「風俗改良」について，新聞，雑誌を丹念に追いつつ，分析をしている。

それによると，まず「改良」すべき風俗として針突(はじち)を取り上げている。針突

とは手の甲に入れ墨をする風習で,「沖縄独特の事物の中でも, 野蛮な風習の最たるものとして, その禁止が叫ばれていた」が,「現実には, その改善はなかなか進まなかった」(34)。そうしたなかで, 1898年に首里小学校女子部の教師久場鶴子とその生徒が率先して針突を取りのぞくという勇気ある行動をとった。この影響により女子生徒の間に針突除去への動きが起こり, さらに1899年には法律(「入墨禁止令」)で禁止された。しかし, 儀間は「法律による禁止や, 識者らの針突禁止キャンペーンにもかかわらず, 昭和のはじめ頃まで, 針突の施術をする者はあとを断たなかった」(35)いう。針突に対する女性たちの内面には「子どもの頃, ハジチは「美しい」もの,「あこがれ」のものと捉えていた」(36) という思いがあったのである。

　女子の琉装から和装への改革が, 新聞, 雑誌に叫ばれはじめるのは1898年である。これは, 女子の就学率の変化とも関係があるようであるが, いずれもただ主張をくり返すのみであった。その主張に応じ実践に初めて踏み切ったのは, やはり久場鶴子であった。和装の久場は, 親戚近所の人たちから酷評や非難, 好奇の目に晒されたというが, 久場のこうした勇断に対し, 沖縄県私立教育会は後に表彰状を送っている(37)。しかし, 女子服装改革は,「あくまで学校関係などに限られた範囲でのことであり, 一般の民衆はその後も長く琉装を続けている」(38) という点に注意したい。「風俗改良」の運動が学校教育だけではなく, 地域のなかで取り組む必要がここにみられる。

　普通語の普及については,「風俗改良」問題であると同時に,「同化」教育の中心的課題であり, 近代国家統一のため普通語教育は一貫した重要な問題であった。教授法については読み書きよりも, 日常会話を中心に教えるべきとの主張が多くみられるようになるが,「明治30年代には共通語の普及は思うように進んでおらず, 学校での効果的教授もなされていない。「普通語普及すべし」のかけ声のみが先行していたようだ」(39) というのが現実であった。その後, 普通語教育は方言禁止, 普通語強制へと展開していき, 方言を使用した者に札をつけ, 方言を取り締まるという「方言札」が教授法として現われてくるのは, 1900年代末であり, 1910年代になるとかなり普及していくという(40)。

しかし、その結果、普通語が十分浸透したかといえば、先の壮丁検査をみてもわかるとおり、それは不十分なものであり、(41) 他府県人と接触する場ではとくに、普通語に習熟していないことが、他の沖縄独自の風俗習慣とも重なり、沖縄人に対する差別感を醸成することになった。そうした場面がもっとも顕著にみられるのが、徴兵による軍隊と海外現地での移民の行動であった。徴兵と移民が「風俗改良」の大きな契機となったのは、こうした理由によるものであった。

(2) 学校と地域での「風俗改良」の取り組み

堀尾輝久は、大正末期から昭和初期にかけて、大衆国家段階における教育の再編成過程は、「学校教育と社会教育は最早、個別的に独立しているのではなく、両者が密接に関連づけられ」て進められていったと指摘している(42)。沖縄において「風俗改良」という視点からこうした動きをみたとき、それはより顕著なものとしてとらえることができ、さらに沖縄固有の問題ともかかわりながら進められていった。以下、沖縄における学校と地域のかかわりを具体的にみていきたい。

1898年に徴兵令が施行されることによって、「帝国の一地方民としての教化」のための徴兵教育はさらに重視されるようになった。いっぽう、徴兵教育の面とは別に、「風俗改良」を目的とする団体が各地でつくられてくる。1898～1900年頃の動きについて、『沖縄県史』(第4巻)にでている『琉球新報』から採取した部分を引用してみる。

「1898年7月27日　中城間切風俗改良会
　1899年1月11日　風俗改良会　1月19日　喜如嘉の風俗改良
　　　　3月20日　中城間切の改良
　　　　7月27日　名護の青年会
　　　　8月1日　名護の青年会　8月3日　名護の青年会
　　　　10月1日　風俗改良一束
　1900年1月15日　矯風会記事」(43)

このなかにある喜如嘉の「風俗改良」について，1899年1月19日付の『琉球新報』は次のように書いている。「風俗改良策を講したるに其の協議の結果は一，村内道路に放歌をなす事。二，路頭に於て三味線を弾き男女打集ひて夜遊ひをなす事。三，刺文を施す事の右三点を厳禁し悪風改良しては如何と衆議に訪ひしに挙村の人々皆々大賛成に就き」と報じられており，ここからは村全体で風俗を「改良」しようとする動きがみられる。

また，上記『琉球新報』の名護青年会について，『琉球教育』ではそこでの「議決事項」を掲載している。これをみると「男女混合の夜遊を禁ずる事及び方法」「路上放歌を禁ずる事」「女子に帯を用ゐしむる事」[44]などがあり，青年会の活動は主に「風俗改良」の取り組みであったといえよう。そのなかには「名護間切各村に生徒復習会を設くる事」などの事項もあり，補習教育的な動きも含めて行われていたことがわかる（引用箇所の傍点は本文のまま）。

このように名称はさまざまだが，「風俗改良」を目的とした団体が各地で設立されてくるのである。日露戦争後こうした活動のなかの補習教育的な取り組みに，徐々に力が入れられるようになる。新聞紙上にも各地の夜学校（会）等の動きが頻繁にみられるようになってくる。そのなかの代表的な例として，1905年の『琉球新報』にでている「県下五郡　社会的教育一班」（一）～（四）（10月21，23日，11月19，25日）の記事がある。これは「島尻，中頭，国頭，宮古，八重山の五郡に於ける学齢経過の者又は半途退学の者に対する社会的教育を施すの機関」として夜学校（会），奨励会，青年会，青年倶楽部会，読書会，子守教育，婦女学会などの28の補習教育的な活動内容をまとめて紹介したものである。浅野誠は，当時の地域の補習教育的な動きについて次のように簡潔にまとめている。

　　　「設立発起者は，主として教員や役場吏員であったが，ときには巡査や郵便局長などの場合もあり，また住民協議というケースもみられるが，主に上からの勧奨にもとづいて設立された。場所は小学校を使用するものが多いが，民家を借りる例もしばしばみられる。教員は，小学校教員が担当するのが通例であるが，久米島のいくつかのようにとくには置か

ず，小学校長に時々の巡視を依頼する例もある。…回数は週二，三回が標準であるが毎日の所もみられる。科目は，読方・綴方・算術（主に珠算）が中心で，修身・普通語・実業科目（農業など）を加える所もあった。欠席者に違約金を，また相当の理由なく退会するものにも違約金を課すというような厳しい規則を制定する所もあった（小録）。」[45]

以上のように，1910年代頃までは青年会など「風俗改良」を目的とした団体は，夜学校（会）等とほぼ同義の活動を擁していたと考えられ[46]，地域での「風俗改良」や補習教育の活動は，学校とのかかわりを密に展開されていたといえよう。

こうした活動のなかに，移民予定者が夜学校等で学ぶ例も含まれていた。たとえば，次のものが見いだされる。

「中頭郡屋良尋常小学校にては全校学区内の三ケ村に青年團を組織して教育の普及に務め孰れも相當の會員あり［。］目下製糖の時期にて欠席勝ちの人もあれど布哇出稼の希望を有する者は毎日出席して皆熱心に聴講しつゝありと云ふ」（『琉球新報』1907年2月15日付）

「東江村夜学校は去月二十五日より開けり［。］生徒は学齢経過のものにして其数三十一名，…（略）（海外渡航者からの）書面には『金は如何程なりとも送る只我子の教育だけは宜しく頼む』云々［。］又た『我等は学問なき為め他人より多き労働を少き賃金と軽蔑とを受け居れり』云々の文句などあり［。］（生徒は）遂に奮然学に志すに至りたる…」（『琉球新報』1907年3月5日付）

1910年代，県当局の小学校補習教育に関する方針は，「教育上特に一言すへきは小学校補習教育と海外移住者に対する特殊なる予備教育の二件なり」というもので，とくに海外移住者に対しては，「予備教育を施すは本県の現在及将来に稽へ極めて緊切の措置なりと認む」との見解を示している[47]。しかし，実際は青年会や夜学校などがその任を担っていた，というのが実情であった。

また，国頭郡教育部会は，1911年に「通俗教育普及ニ関スル規定」を設け校長会毎に指示と監督を行い，それぞれの町村で各事業が行われていた。一例を

示すと「一，通俗講演会及講談会ノ開催　二，通俗講習会ノ開催　三，幻燈会及活動写真会ノ開催　四，音楽会其他通俗教育上適切ト認ムル事項」[48]などであり，各学校区の通俗教育は小学校の校長以下教職員が担当したという。とくに，実業教育については，産業界からの教育要求と政府の実業教育振興策が背景にあったが，その必要性が強調されはじめるのは，だいたい1890年代後半からである。この頃から教育界でも，実業教育の振興を唱える人が目立ってくる。たとえば，沖縄私立教育会会員の平良保一は「実業教育ニ就キテ」という論文で，沖縄県が他府県より実業教育が必要である理由を10項目列挙している。その項目の1つに，人口稠密な沖縄県では，「実業教育ヲ施シ遠征思想ヲ養成スルノ必要ヲ認ムル」[49]と論じており，実業教育と移民との関連を述べている。のちには，実業補習学校において「移民科」の設置をのぞむ声がでてくる。実業教育に対する要求は，大正期に入ると実業補習学校設立の要望へとつながり，実際急速にその数が増加していく。

(3) 青年団体の統制の動き

『日本近代教育百年史』によると，明治末期から大正期に及び「地域青年団体は，青年夜学会など若者組から脱皮した新しい機能を中心として発展したものであった」[50]。とくに日露戦争後，「内務省・中央報徳会の強力な指導・誘掖の下に，全国各郡・町村に夥しい数の青年団が設立された。いわゆる官製青年団の誕生」[51]という経過をたどる。こうして組織化された青年団は，その上部機関に郡青年団を新設し，その長に各地方公共団体の長や有力者をあてることが特徴的であった[52]。さらに昭和期に入り，これら青年団は内務省・文部省訓令により一層強化されるのである。

こうした全国的な青年団体組織化の動きに対し，沖縄の場合はどうであったろうか。

沖縄県では，1910年7月25日に県訓令乙第65号「道徳上ノ信念及兵役納税ノ義務衛生思想風俗改善ニ関スル件」が出された。そこでは「児童就学ノ義務」を尽くし，あらゆる機会に「我国固有ノ道徳思想ヲ鼓吹」することや，「兵役

納税ノ二大義務」を果すべきことなどが説かれている。また，同日には県訓令乙第66号「兵役義務励行規定」も出され，兵役義務のための方策をより具体的に述べている。これらにより，青年会は各字の青年たちを把握し，徴兵のための機関として位置づけられたとされる[53]。そして，両訓令がでた翌日の26日に県訓令甲第31号「青年会，婦女会設置標準」が制定された。これは「風俗改良」の徹底を図り，青年会，婦女会を官製化するための指針とすべきものであった。

その内容は，次のとおりである。

「第1条　青年会ハ各区町村ニ設置シ十五歳以上ノ男子ヲ以テ組織スヘシ
第2条　婦女会ハ各区町村ニ設置シ十三歳以上ノ女子ヲ以テ組織スヘシ
第3条　青年会，婦女会ハ更ニ字青年会，字婦女会を設置スヘシ
第4条　青年会，婦女会ハ便宜部門ヲ設クルコトヲ得
第5条　青年会，婦女会設置ニ関シテハ専ラ区町村，小学校長，教員，警察官，神官，僧侶，在郷軍人等其主動者トナルヘシ
第6条　青年会，婦女会ニハ国民義務ノ敢行風紀矯正，実業発展，学事奨励，学力補習等ニ関スル事業ヲ主眼トスヘシ
　　…
第11条　青年会，婦女会ハ各町村聯合シテ郡青年会，郡婦女会ヲ設クルコトヲ得」[54]

このように政府の統制策のもと沖縄県の青年団体もまた，全国にみられるのと同じような改編強化の道筋をたどることになる。田港論文「社会教育」では，こうした例の1つとして「国頭郡青年会会則」を取り上げている。この「会則」の「第一章　組織」は次のような条項から始まる。「第一条　本会ハ教育勅語戊申詔書ノ聖書ヲ奉載シ，国頭郡各村青年会ヲ統轄指導シ国民義務ノ敢行，風紀矯正，公徳心ノ発達，勤倹貯蓄，実業ノ発展，学事奨励，学力補習ヲ実行シ又実行セシムルヲ以テ目的トス」[55]。このように「整然とした規約の最初に，「教育勅語」や「国民義務の敢行」がおしだされ，青年会は国策のワクからはみださない団体に変えられた」[56]のである。さらに下部の国頭郡宜野座村の

様子から統制の実態をみてみよう。「1910年12月までに郡内各村に青年会が設立された。金武村の初代青年会長の与那嶺三郎氏が兼務し，副会長は金武小学校長の前田幸太郎氏が選任された。青年会の活動単位は字青年会で，指導は学校職員と役場吏員が担当した」[57]。このように上部から下部へと動きをおっていくと，中央政府の方針が，沖縄の末端の村まで浸透し，郡青年会→町村青年会→字青年会の系統的組織化が進行していた様子がよくわかる。

その後，1917年7月には青年会を青年団と改称し，あくまで修養団体としての性格となるべきことが確認された。このようにして地域の青年団体は官製の傘下に着実に組み込まれていったのである。そして，1925年4月，政府は大日本連合青年団を結成し，青年団活動統制の一本化を果した。いっぽう，社会教育行政機関についても各府県に対して，「文部省は，1920年に，社会教育事務担当職員の設置を奨励し，沖縄県でも同年社会教育主事がおかれ，また別に民力涵養主事がおかれることとなった」[58]。

ところで，地域での「風俗改良」は共同体内での取り組みであったので，沖縄の各村において封建時代からある村内法との関連をみておくことは必要なことであろう。1910年代においては村内法による村での規制は，まだ根強く残っていたようである。先にみた大宜味間切喜如嘉村の「風俗改良」は，「「村中ヨリ歌ヲ謳ヒ通行候モノ」や「平日家内ニ於テ男女相集リ猥リ歌三味線ヲ致」すことを村内法で禁じている村が多く，それが喜如嘉の風俗改良運動の「村内道路に放歌なす事，路頭に於て三味線を弾き男女集ひて夜遊をなす事」の禁止項目へひきつがれている」[59]との指摘があり，村内法と「風俗改良」運動のつながりを示す一例としてあげられている。この規約違反者には村内法を以って罰金を科すことも定めているという。

このようにみると「風俗改良」は，共同体の伝統的な規制を利用して進めていったであろうと考えられるが，いっぽう，「沖縄のなかで歴史的に育まれてきた共同体文化と同化教育・皇民化教育とがせめぎあう関係」[60]も生み出されていったことが推察される。この共同体と「風俗改良」の関係について，浅野誠は「共同体を利用して推進され，変容しつつあった共同体を支配体制のな

かで再構築していく性格をもっていた」[61]と重要な指摘をしている。

青年団体は，修養団体と規定され，指導者を有力者にして，系統的な統制化を図るといった改編をして村々まで国家統制を浸透させていった。沖縄の場合，それらを浸透させるために村内法を利用しつつも，国家統制が進むにつれ伝統的な村内法との関係性が薄れ，国家による青年指導が入りやすくなったといえるのではないだろうか。その結果「共同体を支配体制のなかで再構築」できる基盤がつくられていったものと考えられる。こうした国家からの統制が進むなか，教師たちはどのような考えでそれにかかわっていったのか，次項でみていきたい。

(4) 地域での教師の役割

地域社会における教師の役割について，「彼らは啓蒙教化の尖兵として，断髪，衛生観念，普通語の普及のプロモーターの役割を果たし」，徴兵教育や青年会などを指導し，また「国民国家の緊張を支えるリーダーとして」，戦時中は愛国婦人会への加入の呼びかけなどをしていった，との指摘がある[62]。こうした教師の働きについて，以下具体的にみていくことにしたい。その際，まず沖縄において，本土出身教師と沖縄県出身教師がどのくらいの割合であったのかを知ることは，重要な視点であると考える。

近代沖縄教育の人的組織構成に関する藤澤健一の研究によると，初等教育の場合，遅くとも1895～98年においては沖縄人教師が教員の大半を占めるようになってきたのに対し，師範教育の場合は，1899～1906年に至っても沖縄人教師の比率は一割を占める程度にしか達していない，ということである[63]。この結論から敷衍すれば，青年会や実業補習学校に関わった教師の大部分は小学校教師であるので，彼らの大半は沖縄県出身教師であると考えていいであろう。

さて，地域の活動や「風俗改良」に対する教師たちの取り組みについてみていこう。

沖縄独自の風俗習慣を率先して変えていった教師に，先にみた首里小学校女子部の久場鶴子がいた。久場は，針突の習慣をやめたり，琉装から和装への改

革を実践してみせたりして，まさに風俗改良の「プロモーター」的役割を演じたといえよう。しかし，夜学校などに働く教師たちには，さらに別の面も見られた。1906年12月12日付の『琉球新報』に載った「津堅夜学校の状況」という記事には，配置された小学校教師の様子を次のように報じている。「主として片仮名の読み書き普通語の練習簡易なる珠算の計法等凡て無教育者に対する実地須要の知識を与ふるに務め居り会員は四十七名にして二名の教員を以て目下の所は無報酬にて毎日午後七時より九時迄二時間宛の授業を為し居る由なる」。

あるいは当時の新聞には，地域の青年の学力にあった夜学用の独自の教科書を編纂した例として，『佐敷村夜学読本』『島尻郡夜学読本』『久米島雑誌』などがあげられている。佐敷村にはほかに『修身講話』『佐敷村雑歌集』『佐敷村俗歌集』などの編纂もみられ，教師たちが教材づくりにも積極的に取り組んでいる様子がうかがわれる。『修身講話』ではその編纂の目的を，「夜学会は…若しも小供(ママ)が飽いたならば欠席をするやら退会をするやらで手の附け様がない，それで夜学会は小供(ママ)を飽かせぬ様にするが第一である…夜学会には修身科に講談を加味した教材即ち純粋な修身でもなし又純粋な講談でもない教材を用ふることにしたら小供(ママ)に愉快を与へながら修身科の目的を達することができて至極結構ではあるまいかと平素思って居た其の目的で起稿したのが即ち此の修身講話である」(「佐敷村社会教育誌」㈤『沖縄毎日』1911年1月10日付)といい，夜学校ならではの工夫の一端を記している。また『佐敷村俗歌集』には，「…生徒の眠気を覚まし活気を帯ばしむる上に於て修身講話以上の効果あるを認む」(「佐敷村社会教育誌」㈥『沖縄毎日』1911年1月11日付)と，その工夫の効果を示している。

このように地域活動での小学校教師の果たす役割は小さいものではなかったが[64]，それに対する給料は概して低く，上記の例のように「無給」であったり，「若干」あるいは「一円」といった記述が目につく。さらに大正期に入ると，教育財政の圧迫から小学校教師の棒給不払いの状況が激増し[65]，生活不安を訴える記事が教育雑誌にも登場する[66]。

こうした状況下で教師たちはいかなる心情をもって教育実践にあたっていたのか。儀間論文「明治中期の沖縄教育界」は，本土出身教師と沖縄出身教師の

意識の相違を分析している。それによると，本土出身教師は，「小権力者としてふるまうだけの教師」や，「挫折感に苛まれて何事をなすこともなく沖縄を去った教師」も含まれるが，主流は「沖縄人に日本人としての自覚をうえつけて立派な国民に育て上げようという国家主義教育者のタイプ」であるという[67]。いっぽう，沖縄出身教師については，彼らが愛国教育を訴えるときは，日本国民として認めてもらうための主張であり，県民の気力に乏しいことを主張するときは，沖縄に奮起を求めるものではなかったかといい，つまり「(沖縄出身)教師らには，手段としての皇民化，同化という意識があったのではないか」[68]（傍点は引用者）との解釈を示している。

　生徒に対しても夜学校等にかかわった多くの沖縄出身教師たちは，統制化が進み厳しい労働条件のなか，普通語の読み書きを教え，本土の風俗習慣を身につけさせるのに熱心だったろう。とくに移民予定者に対しては，海外渡航地から報告される沖縄移民の非難の実態を知るにつけ，渡航先で移民らが生き延びるため，差別されないため，とり残されないための必要性としての「同化」教育を行ったといえよう。生徒もそれを必要なものとして受け入れていったと思われる。しかし，沖縄出身教師たちは，沖縄の「風俗改良」は必要なことだとの認識をもちつつも，本土出身教師とは異なり，沖縄人としての「自覚」（＝独自性）は根本において完全に払拭してはいなかったのではないか。多くの沖縄移民は渡航先で生活上「日本人」として生きつつも，一方で沖縄的な生活や文化をなんらかのかたちで伝承しながら生活していた。沖縄県出身の教師はそのことを知っていたから，ある種葛藤をもちつつ，生徒，特に移民予定者には海外で生き延びる方策を授けていたのではなかろうか。それは結果として「日本人」になることであり，移民にとっても，成功のための１つの手段として必要なものであった。この沖縄移民の渡航先での「日本人意識」と「沖縄人としてのアイデンティティ」の形成については，第二部でさらに考察する。

第3節　「移民母村」・金武村における移民のための教育

　金武村は，1935年の時点で人口1000人当たりに海外移住者238人を出しており，これは羽地村の289人に次いで，沖縄で2番目に多い［表・序－7］。とくに，フィリピンへは最も多くの移民を送出している。この「移民母村」としての金武村において，どのような移民に対する教育が取り組まれていたのか，主に明治，大正期を中心に具体的にみていくことにする。

　金武村における教育機関は，1882年の金武小学校が設置されたことに始まる。当時，沖縄では「士族と平民」といった階級意識が強く，学問は士族だけでよいという考え方や，男尊女卑の封建的思想の影響で，女性には学問は無用だ，との考え方が根強く残っていた。したがって，開校当初，学校ができても入学希望者はほとんど皆無といった状態であった。こうした就学状況を打開するために，県・郡ではさまざまな督励方法が考え出され，また日清戦争の大勝が刺激となって就学率は段々と向上してきた。1898～1900年頃まで，金武村の一般男女の教育程度は，尋常四年卒業生が半数程度というものであった。特に女子は，「普通衣服の仕立や礼儀作法についても無知なものが多く，海外移民の多い金武村として随分困っていた」[69]といわれている。

　このような時期，夏休みを利用して裁縫専科の教師新里カマドが裁縫と礼儀作法の講習会を開いたところ，大変な人気で100余名が集まったという。こうした講習会をきっかけに，他村に先んじて，1911年に修業年限2年の女子実業補習科が金武小学校に付設された。科目は裁縫，機織，染色，作法，家事，その他簡単な教養科目というものだった。「毎年三十数人の卒業生を世に送り，家庭訪問簿を作成して各家庭を訪問し実務教育による教育の必要性を住民に認識させたので就学の向上はますます高まりをみせた」[70]という。この「教育の必要性」には移民としての必要性も含まれていたであろう。1917年頃には，ほとんどの者が尋常科を卒業するまでになった。女子実業補習科は，女子実業補習学校となり，青年学校が設置される1935年まで継続された[71]。

　「風俗改良」については，当時の生徒は，皆結髪で前帯（琉装）であった。

金武小学校の初代校長は，他県出身の西騏一郎であったから，断髪に洋服姿か，袴をつけた和服姿であった。他県から来た教師も洋服が多かったというが，沖縄出身教師は結髪で，広袖の衣に大帯をしめて学校に通っていた。1897年に断髪令が発布されても，断髪は斬首と同様だという風潮があり，断髪に対する根強い反対の感情が残っていた。断髪をめぐって當山久三と教え子の大城孝蔵の進取性を垣間見るエピソードが残っている。

「ある日，校長當山久三（教員・大城徳次郎，伊芸孝六が同行）引率のもとに全校生徒福花港（ふっかみなと）に遠足に行った。生徒を一年生より順にテンマ船に乗せ，最上級生の大城孝蔵が先生の手伝いをしてはさみで生徒の髪を切り取ったことがあったが，下級生は喜んでこれに応じたのに，四年生の銀原の屋比久真助は逃げ去り，そのまま学校に出なくなった」[72] という話である。断髪に対する生徒の反応はさまざまであった。

言語については，金武村では昭和初期に至るまで，一年生の授業は普通語と沖縄方言を使用していた。それは各家庭ではこの頃まだ沖縄方言を使っていたということであり，新入生は普通語を理解しないまま入学したからである。学校では「普通語励行」という標語をつくり，方言使用者には「方言札」をわたして罰則をあたえ，これを取り締まるという教育方法は他村と変わりなかった[73]。地域での教育活動についてみてみると，古くからあった二才組，若者組に代わって，1880年代頃から村（字）に新しい青年組織として青年会や夜学校（会）が生まれた。これらの活動内容は先述した沖縄各地の村とほぼ似たようなものである。夜学会での様子の一端を惣慶区に残された新里善助の手記にはこう記されている。「勉強所が各字とも，一ヶ所づつ共同の勉強室を字に造っていただき（学校を）退散後皆集まって復習して，夜はトゥブシ（琉球松の老根）または石油をともして勉強し，皆そこらでごろ寝していたものである」[74]。こうした勉強所に対し字から筆墨代として毎月七銭の補助があったという。また1901年8月，當山久三は金武村に救貧夜学校を設立した。百十余人の青年を集めて，隔日2〜3時間国語，英語などの教養とともに植民論を論じ，海外事情を紹介した。この夜学校の教育指導は，金武小学校教員に委嘱し，参加者は熱心に勉

学指導を受けたので，渡航後は精神的に物質的に非常な成績をあげたということである(75)。この夜学校がいつ頃まで続いたのかは不明だが，移民のための教育という明瞭な目的をもって実施された夜学校であり，移民教育の嚆矢として捉えられるものと思われる。

こうした青年会，夜学校（会）は，移民としての必要性からみても，まさに村民の学習要求に応じたものであり，女子の場合と同様，後にこの一部が実業補習学校として定着していく。しかし，前節でみたように，青年会は官製青年団へと統制され，昭和に入り実業補習学校も青年学校へと変わり，国の統制化へ入っていく。また，徴兵制が施行された頃になると（1898年，先島地域を除く），県教育会は各小学校で徴兵教育を行った。地域の教育活動は，このように社会教化を浸透させ，国家権力の統制・支配のなかに次第に組み込まれていくことになるのだが，そうした流れに組みしない別の動きもみられた。時代は少し先に進むのだが，明治期の勉強所の取り組みが昭和期（昭和5，6年頃）になって，各字「勉強堂」として定着していった例がある。その様子を『宜野座村誌』では次のように記している。

「字宜野座には，古島，村，大久保の三ヶ所に勉強室（堂）が合って最寄りの生徒が毎晩部落担当の先生と勉強していた。」

「三つの勉強堂は各地域の親たちの労力の賦役と寄付金によって作られた。床板と角材以外の資材はほとんど部落の山から伐採してきた。親たちの汗の結晶である。黒板もなく，机はソーメン箱を床の上に並べ薄暗いランプを灯しての所謂，蛍雪の下での勉強であった。しかしそのお陰で中学校への進学者も増え，兵隊に応召されても，海外に出稼ぎに行っても，その躾や学力が大いに役にたったのである。これらの勉強堂は地域の集会，品評会，親睦会等にも利用され，今の公民館的役割も果たしていた。」(76)

金武村からでた移民らのなかには，こうした教育を受けて海外へと渡航した者も多かったであろう。また，海外からの情報を得たり，交換したりした場としての機能も果したであろうと思われる。

おわりに

　以上，1910年代までにおける沖縄の移民教育の諸相について，国際情勢をめぐる国の移民政策から，沖縄各地での地域教育活動の実態，そして，「移民母村」としての金武村での移民のための教育の取り組みへと，いわばマクロ的な視点からミクロ的な視点へと，焦点を移動させつつ，その全体像に迫るべく考察を進めてきた。ここで明らかになった点を確認しておく。

　第1に，沖縄へのブラジル移民渡航禁止政策を，アメリカやブラジルの排日気運に対する移民政策上からみた場合，沖縄移民を，排日問題を引き起こしかねない危険な存在とみなすとらえ方が背景にあった。そのため，沖縄に対するブラジル移民の制限条件が完全撤廃されたのは，ブラジルに移民制限法が成立した後の1936年であり長期にわたるものとなった。

　第2に，このような背景のもと，沖縄県にとってとくに移民の「風俗改良」は重要な課題であった。しかし，1910年代ころまでの移民の教育は，「風俗改良」や補習的な教育など地域の夜学校や青年会の活動をとおして取り組まれていた。そうした活動は，やがて全国的な統制化の動きと歩調をあわせることになる。また，これらの活動に関わった小学校教師は，「風俗改良」の尖兵的役割を担い「同化」教育を推進していったが，とくに沖縄出身教師が移民の教育にあたるとき，必要性としての発露が考えられた。

　第3に，「移民母村」としての金武村における「風俗改良」の動きは，他村同様，学校や地域の教育活動のなかにみられたが，とくに，女子の実業教育や勉強所の存在など，官製化の動きとは別の，村民（移民予定者）の学習要求にそった取り組みもみられた。また，同村出身の當山久三が建てた救貧夜学校は，移民教育の嚆矢ととらえられるものであった。

　1910年代までの沖縄県からの移民送出状況は，1910年代前半までのハワイへの大量の送出から，1910年代後半は，南米とくにブラジル，ペルーへの送出へと渡航先が大きく変化していくが，新聞などには，それぞれの渡航先での沖縄移民の様子が，かなり頻繁に伝えられている。たとえば一例として『琉球新報』

には，1906年3月に「在布哇沖縄移民の状態」（上）（中）（下），「島尻郡移民」「布哇行移民の注意」といった記事が連続してのり，同年4月にはまた「島尻郡移民の状況」という記事が掲載される。1913年4月には「本県移民の冷遇」，8月に「布哇在留県人の実情」「本県移民送金額」，1914年4月に「海外移民の送金高」「南洋と本県移民」，1917年7月には「中頭郡の移民」，同年12月に「国頭郡移民数」などがみられ，あげるときりがないほどである。

とくに1913年10月11日付の「伯国移民応募禁止事情」には沖縄移民の欠点として，「内地移民と人情風俗を異にし且つ言語不通の廉あり［。］耕地主及び通訳者と意思疎通せず困難を覚えて逃亡す」といったブラジル公使館報告からの具体的事例をあげたあと，沖縄移民は「自己の行為が一県及び一国の移民政策に如何なる結果を及ぼすかを知らず単に目前の少利に迷ひて逃亡を企てゝ転々し」と厳しい語調で注意，警告を発している。この第1回ブラジル渡航募集禁止は1917年には解禁されるが，1920年に再びブラジルへの渡航禁止措置が出される。このような状況のなかで，1924年沖縄県海外協会が設立され，移民のための教育が県の施策として取り組まれることになる。次章では，沖縄県海外協会の活動を中心に1920年代の移民教育の実態を検討する。

注
（1） 田港朝昭「社会教育」琉球政府編『沖縄県史』第4巻，1996年
（2） 儀間（玉木）園子「明治三〇年代の風俗改良運動」『史海』No.2，1984年1月
（3） 同上「明治中期の沖縄教育界－本土出身教師と沖縄出身教師－」『史海』No.1，1984年1月
（4） 同上「沖縄の青年会－夜学会から沖縄県青年会まで－」㈶沖縄県文化振興会公文書館公文書史料編集室『史料編集室紀要』第26号，2001年
（5） 間宮國夫「「対米啓発運動」と日本移民協会の設立」『黎明期アジア太平洋地域の国際関係：太平洋問題調査会（I.P.R.）の研究』早稲田大学社会科学研究所（日米関係部会），1994年3月，p.156
（6） 木村健二「移民戦前期日本移民学の軌跡」『移住研究』第26号，1989年3月，p.16
（7） 日本移民協会設立趣旨には，「我海外ニ在ル移民ヲシテ規律徳義ヲ重ンジ母國ノ體面ヲ辱シメサルト同時ニ在留國人ノ指摘ヲ招カサラシムヘキ方法ヲ講スルモ亦目下ノ急務ニ

屬ス」と記されている（『全國移殖民協議會報告』1918年2月10日，p.52）
(8) 間宮，前掲論文「「対米啓発運動」と日本移民協会の設立」
(9) 間宮は，「移民方針」には南米関係の移民業者が多くかかわっていたことを指摘している（同上論文，p.177）
(10) 「別冊帝國経済會議 移殖民奨勵問題」（1924年5月）『外務省記録（明治大正篇）帝國移民政策関係雑件』外務省外交史料館所蔵
(11) 同上資料
(12) ブラジルの「排日の動きは1923年頃より現出していた。それは，同年および24年の連邦議会への排日案提出，28年の「人種問題の立場から東洋人を無制限に入国せしむることは，ブラジルの将来にとって何よりも考慮を要する」という意見書，1931年の同様の趣旨のパンフレットに認められるという」（木村，前掲論文「移民戦前期日本移民学の軌跡」，p.16）
(13) 前掲 (10) 資料
(14) 「移殖民保護奨励計画」のその後の経過については，原口邦紘「第一次大戦後の移民政策」（『外交史料館報』第2号，1989年3月）に詳しい。
(15) 長嶺将快「移民問題の悲しい現実」『南鵬』沖縄県海外協会，第1巻第1号，1925年12月，p.46
(16) 原口邦紘「沖縄県における内務省社会局補助移民と移民奨励策の展開」『南島史学』第14号，南島史学会，1979年9月，p.30
(17) 長嶺，前掲 (15) 論文，pp.45-46
(18) 内田康哉外務大臣は，高橋是清大蔵大臣宛に「伯剌西爾国ニ於テモ現今ノ如ク何等教養ナキ移民ヲ多数送出スルニ於テハ北米同様遠カラス我移民ヲ排斥スルニ至ルヘキハ必然ニシテ現ニ昨年来教育程度ニ於テ内地人ニ劣レル沖縄県人ニ対シテハ非難ノ聲高キヲ以テ爾来當省ニ於テハ同國行沖縄移民数ニ一代制限ヲ加ヘ居ル様ノ次第ニ有之」（「移民検査及教養所設置費ニ関スル件」1919年10月27日付『外務省記録（明治大正篇）海外渡航移民検査所及講習所ニ関スル件』）と報告しており，いっぽう，他県の移民に対しては教養高める必要性から，検査所や訓練所の設置を訴えている。
(19) 原口，前掲 (16) 論文，p.35
(20) 1926年の沖縄移民のブラジル渡航に対する制限条件について，在リベロン・プレト分館副領事は沖縄移民を高く評価し，全面解禁は「至極妥当」と主張する意見もあったが，最終的にはサンパウロ総領事赤松祐乏の意見により，厳格な制限条件が付せられた（原口，前掲 (16) 論文，p.36）。
(21) 沖縄移民の渡航先は，1930年代後半からフィリピン，南洋群島方面が増えていく。［表・序－6］。

(22) 帝国議会において，沖縄県出身の議員漢那憲和が沖縄移民のブラジル渡航制限撤廃を外務大臣に対して再三にわたり陳情しており，その際ブラジルの沖縄県人会「球陽協会」の活動や開洋会館（沖縄県の移民訓練所）での取り組みを報告している（『沖縄県議会史』第十巻・資料編 7，1988年 3月，pp.599-615)。

(23) 琉球政府編『沖縄県史』第14巻，1965年，p.508

(24) 新田義尊「沖縄教育と沖縄人種との関係」『琉球教育』第51号，1900年 3月，p.7

(25) 太田朝敷『沖縄県政五十年』おきなわ社（再版），1957年，p.191

(26) 浅野誠『沖縄県の教育』思文閣出版，1991年，p.228

(27) 琉球政府編『沖縄県史』第 4 巻，1966年，p.593

(28) たとえば『琉球新報』には，「徴兵適齢者の代理受験」(1898.5.27)，「徴兵忌避者の刑の言渡」(1898.6.5)，「徴兵忌避者の処分」(1900.7.1)，「徴兵忌避者の逮捕」(1902.7.27)，「徴兵忌避者の処刑」(1902.11.21)，「徴兵忌避者指を切断す」(1907.11.21)，「徴兵忌避者告発数」(1916.4.8)などの記事が多数みられる。

(29) 近藤健一郎「沖縄における徴兵令施行と教育」『北海道大学教育学部紀要』第64号，1994年，p.16

(30) 原口，前掲 (16) 論文，石川友紀「沖縄出移民の歴史とその要因の考察」『史学研究』第103号，1968年，金城功「沖縄移民の社会経済的背景」沖縄移民沖縄県教育委員会編『沖縄県史』第 7 巻，1974年などがある。

(31) そのほかの要因として，石川は「移民啓蒙及び先駆者の出現，共同体規制の崩壊，社会組織・徴兵検査から忌避」をあげている（「日本移民研究のための基礎試論」『汎』1，1986年 1月，p.43)。

(32) 金城，前掲 (30) 論文，p.165

(33) 名護市立名護小学校編『名護小学校創立百周年記念誌』1980年，p.155

(34) 儀間，前掲 (2) 論文，p.25

(35) 同上論文，p.27

(36) 那覇女性史編集委員会編『なは・女のあしあと 那覇女性史（近代編)』ドメス出版，1998年，p.351。入墨はなぜ「あこがれ」なのか。「私の手にある入墨はあの世までも」という歌が残っているように，入墨の無いものは死んであの世に行けないと信じられており，此の世とあの世とをつなぐものであった。女たちにとって親よりも夫よりも銭よりも「命かぎり」欲しいものであった，と考えられた（小原一夫「南島の入墨（針突）に就て」柳田國男編『沖縄文化叢説』中央公論社，1947年初版，pp.276-278)。

(37) 儀間，前掲 (2) 論文，pp.30-31

(38) 同上論文，p.33

(39) 同上論文，p.38

(40) 浅野，前掲 (26)，p.215
(41) それゆえ県当局は、1939年に"いつもはきはき標準語""沖縄を明るく伸ばす標準語"という標語のもとに、「方言の殲滅」をめざして「標準語励行運動」を地域，学校をあげて強力に取り組むことになる。
(42) 堀尾輝久『天皇制国家と教育』青木書店，1987年，p.301
(43) 前掲 (27) 第4巻，pp.607-608
(44) 「名護青年会」『琉球教育』第43号，1899年7月
(45) 浅野，前掲 (26)，p.231
(46) 儀間（玉木），前掲 (4) 論文，p.85
(47) 「郡区長島司　会議に於ける知事訓示及指示」『沖縄教育』第109号，1917年1月15日，巻頭p.3
(48) 国頭郡教育部会編集『沖縄県国頭郡志』沖縄出版会，1967年，p.189
(49) 「実業教育ニ就キテ」『琉球教育』第66号，1901年9月，pp.217-218
(50) 国立教育研究所編『日本近代教育百年史』第7巻社会教育Ⅰ，1974年，p.599
(51) 同上，p.599
(52) 同上，p.600
(53) 儀間（玉木），前掲 (4) 論文，p.92
(54) 那覇女性史編集委員会編，前掲 (36)，pp.335-336
(55) 前掲 (48)，pp.190-191
(56) 田港，前掲 (1) 論文，p.618
(57) 宜野座村誌委員会編集『宜野座村誌』第1巻通史編，1991年，p,370
(58) 田港，前掲 (1) 論文，pp.633-634
(59) 儀間，前掲 (2) 論文，p.58
(60) 浅野，前掲 (26)，p.228
(61) 同上，p.228
(62) 上沼八郎「沖縄教育史－独自性の確認過程－」梅根悟監修・世界教育史研究会編『世界教育史大系3　日本教育史Ⅲ』講談社，1976年，pp.286-287
(63) 藤澤健一『近代沖縄教育史の視角－問題史的再構成の試み』社会評論社，2000年，pp.243-245
(64) 儀間（玉木）は，「教員を青年会や夜学会などの社会教育に積極的に関わらせようという県の方針」があったことを，「郡視学及郡区島庁書紀会議」の指示事項を紹介しつつ，指摘する（前掲 (4) 論文，p.86)。
(65) 企画部市史編集室『那覇市史』通史篇第2巻（近代史)，p.620
(66) 「棒給不払其の他」『沖縄教育』第158号，1926年11月，p.2

(67) 儀間,前掲(3)論文,pp.20-22
(68) 同上,p.22
(69) 金武町誌編纂委員会編集『金武町誌』1983年,p.321
(70) 同上,p.274。前掲(57),p.269
(71) 前掲(48)『沖縄県国頭郡志』には,実業補習学校の設立についてこう書かれている。「大正二三年頃より全国補習教育の急務を唱道し,爾来郡内各村亦実業補習学校の設置を計画せしも村経済上俄に之が実施を見ること能はず,年々其設立を加へ大正七年を期し各村挙つて之を実現するに至るべし」(p.172)とある。しかし,金武実業補習学校は,大正3(1914)年に開設している(同上(57)『宜野座村誌』p.299)。
(72) 前掲(69),p.275。同上(57),p.273
(73) 同上(69),p.274。同上(57),p.276
(74) 同上(57),p.281。また,こうした夜学会に対し在留移民からの寄附もあったようだ。たとえば,『琉球新報』1908年2月29日付には,西原村字小那覇出身の布哇馬哇島在留者が同字夜学会に,「吾等一同其主旨に同意し金二十四円寄附しますから御受け取り下さいませ」との記事がみられる。あるいは,1911年1月13日付『沖縄毎日新聞』の「佐敷村社会教育誌(八)」には,「字佐敷出身外間央角(在布哇)は字佐敷夜学会へ金弐円五十銭及び布哇土産と題する冊子(代価弐円五十銭)を寄附せり」といった記事が散見できる。
(75) 湧川清栄『沖縄民権の挫折と展開』太平出版社,1972年,pp.126-127。なお,神田精輝は,「當山氏はまた,明治三十七年居村に救貧夜学会を設立して,その教育指導を金武小学校教員に委嘱し,各人の教育程度に応じた移民教育を施した。この夜学会に入る者は老幼数十人に及び…」(『沖縄郷土歴史読本』琉球文教図書株式会社,1968年,pp.521-522)と若干異なる記述をしている。また,當山自身,移民についての談話会を普天間宮前で行うことを広告で知らせている。その内容は,「一,移民歴史ノ概観 一,移民ノ種類其利益 一,布哇労働者情況 一,本県移民業ノ必要ト其現在」(『琉球新報』1904年12月21日付)というものであった。
(76) 前掲(57),pp.294-295

第 2 章
1920年代における海外沖縄移民の実態と移民教育の組織的展開

はじめに

　沖縄県では，1928年3月，第17回初等教育研究会が県下小学校合同の下，移民教育をテーマに3日間にわたり開催された。こうした研究会が催された背景には，経済的に疲弊している県経済の打開策の1つとして，海外移民を奨励しているにもかかわらず，沖縄独自の言語風俗習慣が原因で，移民先各地で沖縄移民に対する排斥非難の声があがるようになり，さらに沖縄人のブラジル渡航に対しては，1926年に募集禁止が解かれても，外務省はなお厳しい制限条件を付していたという現実があった。そのためこうした問題を解決するには，小学校教育から言語をはじめ，風俗習慣など沖縄独自の「生活改善」を図り，徹底した移民のための教育指導を施すことが重要であるとの共通の認識があったのである（小学校での取り組みについては次章で扱う）。

　研究会に先立って，主催校の沖縄県女子師範学校附属小学校主事・神田精輝は，海外での沖縄移民の実態をつかむために，外務省を通じて各領事に，「沖縄県移民ニ関スル在外日本領事ノ所感報告」「移民ニ関スルソノ他ノ研究資料」の提出を要請した[1]。これに対し，マニラ，ダバオ，リマ，バウル，サンパウロの各公館の領事から回答が寄せられた。これら領事の報告内容には，海外各地での沖縄移民の様子が直截的に述べられている。また，1924年に設立された沖縄県海外協会は，会報の発行を事業の1つにしていたが，その機関誌である『南鵬』[2]が第3号まで現存している。そこには，現地日本人会の代表者らが執筆した論文，記事が数多く含まれており，海外での沖縄移民の動向がうかがえる。

第2章　1920年代における海外沖縄移民の実態と移民教育の組織的展開

本章第1節，第2節では，まず上記に述べた5つの各国公館領事の沖縄移民についての報告書と，『南鵬』に掲載された記事のうち，ペルーとダバオの沖縄県県人会幹事からの海外通信，それに沖縄朝日新聞の記者が書いた沖縄移民問題の現状についての論文を取り上げ，それらを比較検討するなかで，排斥非難されたといわれる沖縄移民の実態とはどのようなものだったのか，その一端を明らかにする。

このような課題に対しては，先行論文として，石川友紀の論文「沖縄県移民の特色」[3]，「第二次世界大戦前の県海外協会機関誌『南鵬』について」[4]がある。しかし，いずれも資料の内容要約・紹介程度の扱いであり，資料そのものについての詳しい論及はみられない。また，これらはそれぞれ別個に扱った個別の論文であり，沖縄移民の実態についてとくに関連性をもって分析しているわけではない。こうした点をふまえて，本章ではできうる限りこれらの論文を関連的に扱い，領事らの沖縄移民のとらえ方とそれ以外の立場にある者の見方，あるいは同じ領事でも各国間での相違の有無，といった相互関連性を分析の視点にすえて，資料を読み解いていきたいと思う。また第3節では，ダバオ副領事の報告内容をめぐっておきた事件のなかで，ダバオ沖縄県人会が出した抗議文のなかにみられる沖縄移民の他民族観に注目し，差別される側である沖縄人の異文化認識についても考察を加えたいと思う。

このように海外での沖縄移民の実態が問題にされるなか，いっぽう，沖縄では移民に対してどのような教育が施されてきたのか。第4節，第5節では，沖縄県海外協会の活動を中心に主に社会教育活動に即しつつ，1920年代の移民教育の取り組みを明らかにすることをめざしたい。その際，時代思潮としてどのような移民（教育）思想のもとで，移民教育が行われていったのかという点にも注目したいと思っている。

第1節　　『南鵬』にみる沖縄移民の実態

ここではまず，『南鵬』第2巻第1号の「海外通信」欄に掲載された2つの記事「常識のない沖縄移民－普通語が話せないのが原因－」「沖縄移民の悲痛

なる立場-母国と連絡を取りて善処せん-」を取り上げ，各地の沖縄移民の実態について考えてみたい。この2つの記事は，前者がダバオ沖縄県人会幹事・森田孟衍が，後者がペルー沖縄県人会長・金城新元がそれぞれ書いている。両者とも現地での沖縄移民の世話や保護を施す立場から移民の様子をみているだけに，その問題点の指摘も実際的である。

　森田は，沖縄移民が馬鹿にされるのは「言語不如意から自然と自分の意志を充分に発表し得ることが出来」ないためであり，「方言そのものは穴勝悪いとは云へないが」「自分が直接損をするのであるから少くとも県外に出る人々は普通語をつとめて使って戴きたい」(5)と，実用面から普通語の習得を強調する。また，フィリピンは最近，入国時にごく簡単な学力試験を課すようになったが，それすらも不合格になる者がいるので「無学者を送らないことに御願ひします」と訴えている。さらに移民周旋業者や海外協会に対して，海外旅券下附願を受理する前に移民の選定をしてほしいことや，時代の進歩に遅れないよう沖縄人も新聞，雑誌を読む必要があること，また出発前の県庁での虫病予備検査は不要であることなど，現場の実態に即しての現実的な提案をしている。

　いっぽう，金城はペルーにおける沖縄人の数は，在留邦人の3分の1以上を占め，邦人1万余人のうち4000余人が沖縄人である事実を述べた後，沖縄人は教育程度が低いため，他県人に排斥されるだけでなく，ペルー人にも沖縄という名称は「日本に於ける極めて文化の低き地方人」との観念を与えているという。その原因は，「外観上に於て一見他県人との区別するを得る入墨の婦人の海外渡航」と「日本人にして日本の普通語の通ぜざる義務教育終了者」(6)の存在であり，この2現象は母国において想像する以上に，沖縄人の海外発展に大きな障害を及ぼしていると，現地感覚から発した問題点を指摘する。また，ペルーにおける沖縄移民は，共存共栄の美徳の精神に欠けるため邦人同志で競争するものが多いこと，ペルーの実情として農業移民より商業移民が多くなりつつあることなどを述べ，そのあとに次の5点をあげて，沖縄県海外協会とペルー日本人会を通して県当局へその実行を要請している。すなわちそれは，①ペルー移民に対する旅券下附許可の氏名は，便船毎に移民取扱人より本会宛必

ず通知してほしいこと，②旅券下附の許可をする際，添付写真は必ず男女共洋服装であること，③入墨婦人は如何なる理由があっても絶対に旅券下附しないこと，④日本普通語を解せない男女に対しては旅券を下附しないこと，⑤携帯手荷物を出来る丈少くし土産物は絶対に持参しないこと(7)，である。

　森田，金城の両記事からみられる沖縄移民に対する提案事項は，まず共に普通語を話せることと，風俗習慣上の点，とくに女性の入墨，琉装の改善を強調している点である。つまり沖縄移民の実際の生活・行動からみて，海外移民として外見上，交友上都合の悪い点を指摘し，それは「自分が直接損をするので」改善が必要であり，そうした改善が移民の素質向上となり，ひいては「県人の移民成績向上につながる」とその必要性を強調し，沖縄方言と沖縄特有の風俗習慣を移民たちの努力によって変更することを求めている。また，沖縄県海外協会に対してもそのための援助を要請しているのである。

　次に『南鵬』第1巻第1号に掲載されている，沖縄朝日新聞記者・長嶺将快の「移民問題の悲しい現実―何故に沖縄移民は排斥されるか―」をみてみよう。この論文は，後に湧上聾人編『沖縄救済論集』（1929年初版，1969年復刻）にも採録されている。長嶺はまず，「沖縄移民に対する排斥的論評」として，フィリピンにおける新聞記事（現地邦人新聞『商工新報』1925年7月11日付）と，ブラジルにおける新聞記事（同『日伯新聞』1925年8月21日付）を取り上げている。これらの記事がでたころは，ちょうど外務省による沖縄人に対する2度目のブラジル渡航禁止措置が，1920年以来続いている時期であった。それにもかかわらず，こうした沖縄移民非難の記事がでたことを「被非難者の立場にある我等沖縄民族の大に猛省するべき事柄では無かろうか」(8)と嘆いているのである。そして，1920～1925年までのブラジル渡航数の激減状況を統計で示しつつ，「外務省が大正八年沖縄に於ける募集人員に制限を加へたその基礎は何に拠るのであらうか」と問い，ブラジル駐在の外交官の報告がその有力な根拠であることを指摘し，「外交官の沖縄移民観」を提示するのである。このなかでは，在サンパウロ領事館リベイロン・プレート分館在勤の副領事三隅棄蔵，同上分

館主任多羅間鉄輔，在サンパウロ総領事代理野田良治の3人の外交官の沖縄移民に関する報告内容が取り上げられている。これらの内容はいずれもきわめて重要であり，長嶺の指摘するごとく，まさにこれらの報告内容により1919年の沖縄移民のブラジル渡航が制限され，さらに1920年渡航禁止が決定されたのである。しかし，長嶺はこの3人の報告内容について，「幾分誇張視されたり或は当該官吏の誤解に基けると思はれる点も二三窺はれないこともないが」[9]といいつつも，なんら反論をすることもなく，自己の主張である「移民政策の樹立」の提案へと論を進めていくのである。

この3人の外交官の沖縄移民観とは，どのようなものだったか。

3人はいずれも，沖縄移民についての非難，成績不良の点は，①耕地への定着性がないこと，②紛擾を醸成しやすいこと，③同盟罷業を行うこと，④契約を無視して逃亡する者が多いこと，⑤偽造家族が多いことをあげ，「要するに執拗にして猜疑心強く我利一方の天性と郷里送金を急くの事情と相俟て紛擾逃亡の原因をなす」[10]とみなし，これらを放置しておけば日本移民全体の声価に悪影響を与える，ということを繰り返し外務省に進言しているのである。

しかしながら，これらの点については，原口邦紘が明解な反論を呈している。原口は，野田良治総領事代理が示した統計表からさらに，県別の渡伯者数，逃亡者数，逃亡率を算出し，それらを比較した結果，耕地逃亡，移動性，偽造家族等は沖縄移民だけでなく，日本人移民全体にみられる問題であったが，「沖縄県人ハ数ニ於テ他県人ヨリ多キ為，特ニ人目ヲ惹キタル点モア」ったために，沖縄移民だけの特有な現象として領事たちは把握していたのである，という[11]。また，同盟罷業，紛擾についても「契約を破棄して耕地を逃亡していく沖縄移民の背景には，疲弊に苦しむ郷里の深刻な事情があった」[12]のであり，沖縄移民は「未だ一年を経過せざるに少額なりとも送金をなす者少なからざるが如きは他府県人に於て見る能はざるところ」[13]と，いわれるくらい必死で働いていたことに注目する。つまり領事たちは，移民の背景にある問題を考えず，現象面だけをみての実態把握であることを鋭く指摘するのである。したがって，領事たちの沖縄移民像には，ある種の先入観，あるいはステレオタイプ的認識

さて、長嶺の移民政策樹立に対する提案は、次の3点である。「一、海外渡航者は義務教育を了へ自から手紙を認め得る学力と普通語を解し得る能力を有する者たること　二、渡航者に対しては少くとも一ケ月以上渡航先に関する智恵鼓吹の講習を受けること　三、渡航先には指導員を設け出稼者の欠陥を矯正すべく絶えず指導を為すこと」[14]をあげている。1点目は普通語の習得、2点目は移民者に風俗習慣、常識等を教える移民教育、3点目は海外協会の業務拡充を訴えている。そして、これらの実現について「以上の如き素質向上の人為的手段にても講ぜざるに於ては益々非難と排斥の声を広め沖縄民族の前途に一層悲む可き大な暗影を覆ひかぶさるゝのも遠き未来のことではあるまいであらう」[15]と、悲痛なまでの警告を発するのである。立場の違いとはいえ、領事たちに比べ切実感の度合いが高く、切迫している様子すらうかがえる。

第2節　海外各地での領事たちの沖縄移民の見方

沖縄県女子師範学校附属小学校主事・神田精輝の要請により、寄せられた回答は3ヵ国5地域の各公館領事たちからであった。その内訳は、マニラ総領事縫田栄四郎（1927年9月16日）、ダバオ分館副領事斎藤彬（1927年9月21日）、リマ領事甘利造次（1927年10月13日）、バウル領事多羅間鉄補（1927年12月5日）、サンパウロ副領事海本徹雄（1928年6月18日）[16]である。

これらを概観すると、大きく3つの内容について主に述べていることがわかる。すなわち、1つが沖縄移民の性格についての長所・短所であり、2つめが問題行動についてであり、3つめが現地移民の労働形態の現状についてである。これらを前章の県人会関係者や記者の指摘内容と比較するとどうであろうか。移民の現地での労働形態についての報告は領事として当然と思える。問題行動については、前節でみた現地関係者らの指摘とほぼ同様の内容である。つまり、裸足や裸体の慣習、衛生観念の欠如、婦人の肌着姿や入墨など沖縄特有の風俗習慣と普通語が解せないこと、大きくいうとこの2点についての問題性を指摘

している。注目すべきは前節の県人会関係者がほとんどふれていないが，領事らがこぞってあげている沖縄人のいわば性格としての問題点（短所）である。それらの内容は，長所も含めてどれも非常に類似しており，使われている語句も同類のものが多い。普通語と風俗習慣に関することを除いた，沖縄移民の性格（長所・短所）と労働形態の各領事の諸点をまとめると次のようになる［表2-1］。

これらをみてまず気づくことは，沖縄移民の性格をどの領事も「猜疑心（猜疑の念）が強い」「偏狭卑屈」「利己主義（利己的）」「自己主義」「公共的観念（公共心）の欠如」というような語句を使って表現している点である。なぜこのように，どの領事もみな類似の語句を使っての，画一的な内容になるのか。その割にはこれら抽象語句を使う根拠となる行動についての言及は少ないように思われる。

しかしいっぽうで，労働形態をみると各領事間で大きな違いがあることに気づく。サンパウロの海本副領事は，掠奪農業（借地農）に従事するものがいまだに多く，出稼移民の域を出ず，逃亡，同盟罷業，紛擾が多く「移住性ハ一大欠点ナリ」という。これは，前節でみた1919年の領事たちと同様の指摘内容である。つまり，10年近くたってもサンパウロの沖縄移民の状況は，ほとんどかわっていないということになろう。しかし，リマでは，農業従事者は小作が多いが，そのなかに花園を所有する者や果樹園を経営する者もおり，市内では小商売に従事するものも多いとある。バウルでは独立農業者が約4割強おり，ほかは半独立農及び農場労働者であるが，「一般的ニ何レモ普通程度ノ生活状態ニ在ル」という。ダバオにいたっては，永住的決心が強いことを長所としてあげ，「同県人ニシテ成功セルモノ尠カラズ」といい，農業会社の経営者，個人独立農，一流旅館の経営者などをあげている。1927～28年にはサンパウロ以外，沖縄移民に対する逃亡，同盟罷業，紛擾という語句は見あたらない。このように移民の労働形態はサンパウロと他の地域では大きな違いがみられる。

こうした点を考えあわせると，1919年のサンパウロの領事らにみられる，沖縄移民に逃亡，同盟罷業，紛擾が多いという報告（これらは実際，偏見的見方で

あることは前節でみたとおりである）と，そこからでた沖縄移民は「猜疑心が強い」「利己的」「偏狭卑屈」であるという性格把握が，移民の労働形態が異なる他国，他地域の領事たちにも踏襲され，先入観，偏見的見方となって広まったといえないだろうか。さらにそうした見方を固定化させるのに作用したのが，沖縄移民の「他府県人と交流を持たず，接触が少ない」「沖縄人だけでまとまって行動する」「割拠性」「特殊的通有性」といった行動性向であるように思われる。ここには言葉の問題がきわめて大きく影響したであろうことは，容易に想像できる。要するに沖縄移民は集団でまとまり，その働きぶりは非常に勤勉で，劣悪な労働環境下でも屈せず，金のためせっせと貯蓄に努めている。しかし，その生活態度は裸足，裸体露出，放歌，入墨，不衛生といった，他の日本人からみて眉をひそめるような習慣がみられ，それを注意，忠告しても言葉が通じず，正す気配もみられない。結局官憲は，「「イヤ沖縄人は解らないで手が着けられない」と毎度逃げを張る外何等積極的手段方法を採らうとしない」，あるいは「常にキタナイ物でも触るが如く成る可く手を着けないやうにして居る」[17]というようになるし，領事館も，「沖縄県人を解らないとして毛嫌する」「「手が付けられぬ」として成る可く触らぬ様にする」[18]といった態度をとることになる。したがってこうした人間関係からは，沖縄移民に対し「猜疑心が強い」「利己的」「自己中心的」という見方がでてこざるをえないであろう。

　多くの領事たちが沖縄移民に対し，一種のとまどいや，とらえがたい思いがあることが表現上からもうかがえる。たとえば，沖縄移民の働きぶりを「貯蓄心強キコト」（リマ），「蓄財ノ精神ニ富ミ」（ダバオ）といいつつ，そうした行為を逆の面からみて，「金銭ノ奴隷トナリ過ギルコト」（リマ），「金儲に齷齪タル」（ダバオ）というように短所としてもあげている。長所が高じると短所へと反転するという，まさに紙一重の微妙なとらえ方である。言葉が通じ，沖縄人とのコミュニケーションが十分とれていれば，沖縄移民の行動・性格をもう少し理解でき，こうした矛盾的把握は少なくなったであろうと思われる。

　このように沖縄移民に対する特別視，偏見，ひいては排斥といったことが起こるのは，1920年前後にみられたサンパウロでの契約移民時代の労働状態から

でてきた，偏見的見方，先入観が他国の領事らに踏襲され，また，普通語の普及が十分でないために，沖縄移民自身他県人との交わりが少なく，そのため沖縄人同士でまとまる傾向が強くなり，そこにも偏見，先入観が温存される源があったといえよう。

第3節　ダバオ副領事の報告書をめぐる事件と沖縄移民の他民族観

前節で取り上げたダバオ副領事・斎藤彬の報告書の内容が，1927年11月28日付の『沖縄朝日新聞』に掲載された。それが，現地邦人新聞『ダバオ時報』に転載されたことで，ダバオ在留沖縄県人の間で大きな波紋が起こり，糾弾せよとの世論がわきおこった。

事件の経過を簡略記すと，次のとおりである[19]。

ダバオでは1928年1月3日に1500名が出席のもと県人総会が開かれ，代表委員6名が副領事と交渉することを決議する。翌日，代表委員6名が副領事を訪問。協議の末，副領事より口答による釈明を得る。副領事側はこれでこの件は落着したと考えていたようだが，県人会側はこうした処置に不満を残し，すぐに「釈明聴取書」を作成し，明文化したものを発表する。県人代表者による協議会を何度か開き，副領事側とも再度接触を図ったらしいが（この間の経過は詳細不明），結局1928年2月27，28日付の『沖縄朝日新聞』に「比律賓在留県人同胞四千名が斎藤副領事に弁駁書を提出」「全財産を投げ出しても県人の面目を保つ」「斎藤副領事不心得をわび　問題は愈よ紛糾せん」などの記事が掲載されてしまった。

これに対し，斎藤副領事は「記載文ハ事実ヲ誤レル個所アルニ付直ニ記事ヲ訂正セシムヘク存シタルモ為メニ一旦落着セル事件ヲ再ヒ紛糾セシムルハ邦人今後ノ発展上頗ル不得策ナルニヨリ之ヲ黙殺シ」[20]，という態度をとったようである。結局最後どのようなかたちでこの事件が決着したのか詳細はよくわからない。ただ一時は実施が危ぶまれた初等教育研究会は，予定どおり1928年3月1日～3日に開催され，その席上ダバオ副領事はじめ前節での領事たちの報告内容も，教育上の検討資料の1つとして扱われ（ただし，サンパウロ副領事の

報告は間に合わず），研究・討議された模様である。そして，この研究会から約3ヵ月後，1928年6月11日付で沖縄県女子師範学校長・池上弘が，沖縄県学務部長宛に「沖縄県移民ニ関スル件」[21]と題する始末書が報告されている。そのなかでは斎藤副領事に承諾を得ず，所感内容を新聞紙上に公表したことを陳謝するとともに，この報告書を研究会前に一般に公表したのは，県民移民に生活改善を自覚させることにあり，それを導くのがなにより教育者の任務である，ということを強調している。

このように事件を追っていくと，その経緯のなかで，沖縄移民たちの他民族観が図らずも露呈した部分があったことに気づく。それは斎藤副領事が沖縄移民の短所欠点として，12項目[22]をあげたことに対する県人会側の弁駁書のなかに認められる。この弁駁書には，事件の成否そのものよりもむしろ，見落とせない点が含まれているように思われる。以下，その箇所をあげてみる。

短所欠点の一項目「他県人に比し文化の程度劣等なり」という内容に対する弁明として，「沖縄県人が，地理的歴史的関係や言語風俗習慣の相違により，文化程度の他県人に比し幾分低級なる点は否むべからざる事実なるも，本文の如く，朝鮮，台湾の如き新附民よりも尚劣れる未開人の如き，劣等人種扱ひを受くる程度にあらざることは，常識判断にても明瞭なる事実ならん」[23]という内容や，「婦人の教養最も劣等なり」という項目に対する弁明として，「結局，之を要するに右批判文は，沖縄県そのものを，未だ普通義務教育すら普及せられざる未開地の如くに誤解し，同県人を恰も蕃人程度の劣等人種の如くにも僻解せる，根本的概念の謬想より出でし憾があり」[24]とする。そしてこうした弁駁をするのは，「文面のみに顕はれし事実にては，如何にしても吾等日本国民として黙認経過すること能はざる事件として，茲に全条に対する弁明を試み」[25]るというのである。

ここには沖縄人の意識のなかに，内地人－沖縄人－朝鮮人・台湾人という序列的差別的認識があることが，明瞭にうかがえる[26]。沖縄移民は領事や他県人から特別視される側にあるだけに，内地人と同等の「日本人」であることの意識やその注入も他県人よりむしろ強かったといえる。特別視される沖縄移民の実

態に比し，文化程度の高い「立派な日本人」であることの意識，その意識を裏面から補強したのが，朝鮮や台湾などアジアの民族を一段劣等にみなす序列意識の形成だったともいえよう。この抗議文には，自らの位置の正当性を主張するために，日常生活のなかに潜在化しているアジア民族を劣等視する意識が表出したものとみなすことができる[27]。

しかしいっぽうで沖縄移民は，「他県民との接触交際自ら疎に却て外国人其他土人等との交際を喜ぶの状態なるを以て他県移民に比し当国語を修得すること遥に速にして勢ひ凡ての日常生活上多大の便宜と利益とを得」[28]という面もみられた。ここからは，他府県人よりはるかに，異文化のなかに深く入っていけるという柔軟な適応力を沖縄移民が有していたことがわかる。

このように沖縄移民の包含する異文化異民族に対する複雑な意識と行動力は，1930年代，40年代へと進むなかどのような意識を醸成し，行動としてあらわれてくるのか。渡航地での沖縄移民の自己意識については第二部で扱うことになる。1920年代の沖縄では，海外での沖縄移民が差別され，特別視されることを克服するために，社会教育活動を中心に組織的に取り組む動きが出てくる。次に，そうした移民教育の実践についてみていきたいと思う。

第4節　沖縄県海外協会の設立（1924年）と移民教育論

1924年11月，沖縄県海外協会が設立された。海外協会とは，「海外移植民思想の普及発達を図り，且つ移植民保護奨励に関する諸般の調査，斡旋及施設を為す」[29]ために，政府の助成を得た各府県の団体であり，1935年12月末現在で37の海外協会が設立されていた。沖縄県はそのうち8番目の設立であり，これは比較的早い時期に設立されたといえるが，沖縄には1918年頃からこうした移民事業を取り扱う専門機関設立の要望がでていた。それを実現へと導いたのは，移民らの熱烈なる努力によるものであった[30]。

沖縄県海外協会規則によると，「本会ハ海外在住ノ本県民ト連絡シテ其ノ福祉ヲ増進シ併セテ県民ノ海外発展ヲ計ルヲ以テ目的トス」（第二条）と記されている。その事業内容は，「一，県民ノ海外発展ニ関シ諸般ノ調査ヲナスコト　二，

海外ニアル県民ト連絡ヲ計リ海外渡航者ニ対シテ諸般ノ便宜ヲ与ヘ且ツ一定ノ期間予備教育ヲ為スコト　三，会報ヲ発行スルコト　四，海外ニ必要ナル人材ヲ養成スルコト　五，其他必要ト認ムル事項」(第三条)(31) と規定されている。

こうした規則に対する実際の具体的な活動内容については、「出移民ニ関スル諸調査」(沖縄県, 1928年) によりうかがうことができる。これは、外務省の土居萬亀事務官が沖縄に出張調査した際に県側が提出した資料である。たとえば、海外在住の移民と連絡をとるために「カナダ，アルゼンチン，ペルー，比島ダヴァオ，伯国サンパウロ，南カリフォルニヤ，布哇等ニ支部又ハ沖縄県人会ヲ組織セシメ内外相呼応シテ出移民ノ素質ヲ図リ内外相連絡シ努メテ」(32) ていると書かれている。また、一定期間の予備教育として、「海外協会ト協力シテ出願ノ際ハ県保安課ニ於イテ口述試験ヲ行ヒ無学者ノ渡航ヲ禁止スルト共ニ移民ニ対シテハ「海外ヘ行く人々の為に」ノパンフレットヲ配付シ相当ノ予備教育ヲ施シ且ツトラホーム，十二指腸虫ノ検査ヲ施行スル等其ノ素質ノ改善ニ努力シ」(33) ていたことがわかる。口述試験とは、簡単な日本語の読み書きを試したものと思われ、トラホームや十二指腸虫の検査は、出国の際に課せられることが多かった。また「会報」の発行については、「毎年一回機関誌南鵬ヲ発刊シ在外県人ノ活躍状況並ビニ郷土ノ事情等ヲ報セシ為メ移民並ニ在郷同胞ニ連絡ト慰安トヲ与ヘツゝアリ」(34) とある。この機関誌『南鵬』は第3巻まで現存している。

この「出移民ニ関スル諸調査」でとくに注目すべきは、「海外ニ必要ナル人材養成」に関する記述である。そこから学校教育、社会教育での取り組みを具体的に知ることができるからである。ここでは社会教育に関するものと思われる事項について取り上げてみる。

- 「県下市町村長会ニヨリ」「内外移植民知識ノ普及ニ関シテハ各地ニ於テ講演会講習会等ノ方法ニヨリ夫々尽力シツゝアリ」(35)
- 「国頭郡教育部会ニ於テハ昭和三年十二月三日ヨリ十日間県勢振興講演会ヲ開催シ郡内各町村ヲ巡回講演ノ予定ナルカ右講演中ニ海外発展並ニ移民政策ノ題下ニ海外思想ノ涵養ニ努ムル方針ナリ」(36)
- 「男女青年団，修養会，婦人会，向上会等機会アル毎ニ幹事ヲ派遣シ移

民ニ関スル講演ヲナサシム而シテ昭和二年度ニ於テ出張セシハ四十七ヶ町村ナリ尚ホ「海外へ行く人々の為に」ノパンフレットヲ各市町村へ配付シ一般市町村ニ対シ機会アル毎ニ其ノ要領ヲ訓話セシメ以テ海外発展ノ鼓吹及移植民ノ指導改善ヲ図リツヽアリ」(37)

　このように社会教育活動と移民教育との関連は密接であり，移民教育の普及，浸透のために社会教育活動を積極的に利用していったといえる。このなかでとくに独自の対策として，予備教育で使われ各市町村にも配付された「海外へ行く人々の為に」(38)というパンフレットがあげられる。これは1926年に沖縄県庁の名で出されたもので，「海外移民一般心得」等をやさしい言葉で説明している。「第一　海外移民一般心得」「第二　出発前の心得」「第三　渡航中の心得」「第四　渡航後の心得」「第五　出願の心得」から成っているが，一瞥して「第四　渡航後の心得」が非常に具体的かつ微細であることが目を引く。たとえば，履物のはき方から，爪の切り方，顔の洗い方，排泄のマナー，鼻汁のかみ方，入浴の仕方，ご飯の食べ方，家族との通信，寝起きの態度，仕事の心がまえ，交際の仕方などについて書かれている。これらみな一般的常識であり，日本移民全体にもあてはまるものと思われる。このパンフレットのなかでとくに沖縄独自の風習に対するものとしては，琉装に対しては「着物を着る時には必ず帯を締めなさい」といい，放歌や三線の習慣に対しては「大聲で歌ふのは他人の邪魔になる虞があるから避けたがよい」，裸足の習慣は「履物は必らず履かねばなりませぬ」「肌や足をむき出しにしてはなりませぬ」などといい，とくに日常の言葉については「普通語と行先地の言葉を早く覚へて沖縄の人同志でも必ず普通語又は其の国の言葉で話しなさい」と厳しい注意をしている。このように事細かな日常生活上の注意事項が記されており，移民の「素質改善」についていかに協会側が努力を払ったかが感じられる。ブラジル渡航者にはさらに細かい「ブラジル移住者心得」も作成された。

　以上にみられるように，県側と沖縄県海外協会との連携によって移民教育，移民対策は進められた。1928年度からは保安課だけでなく，社会課とも連携がみられ，「県社会課事務分掌中ニ海外協会ニ関スル項ヲ加ヘ県属二名巡査部長

一名ヲ幹事ニ嘱託シ事務一切ヲ処理セシム」(39) ようになったとある。しかし，協力体制はつくられても県からの補助金交付は十分なものでなく，「大正14年度，昭和元年度が500円，昭和2，3年度は1000円」(40) というものであり，移民個人や海外県人会からの寄付金の方がはるかに多かった(41)。

　こうした移民奨励策に基づく移民教育はどのような考えのもとで進められてきたのだろうか。上述したように海外での沖縄移民の非難に対し，移民の「素質改善」という現実的な要請により，移民のための教育が行われていたことは確かである。しかし，人々を海外へと渡航せしめるにはさらに，思想的誘因といったものが作用していたように思う。それは「海外雄飛思想」「移民（教育）思想」と呼ばれるものだが，移民教育はこれらの思想を背景に行われてきた。

　移民啓蒙書である『移民之友』(1926年) のなかで，編者新垣金造は沖縄人の海外渡航を「大国民的海外発展」と称し，「世界の宝庫を開拓するは吾等の双肩にあり，而して世界を吾等が住むべき家なりとして活躍し，世界到る処に吾等の生存権を拡張せん。これが民族発展の義務にして且つ責任である」(42)「大局に着目して社会の進歩に順応し，大国民的精神を以て地球を我が住む家なりとして，世界の宝庫を開拓せよ。之れが県下青年の務である」(43) と呼びかける。そして，「故に風俗習慣を異にする他府県人若くは他人種と共存共栄をして行くものなれば県内に於ける教育の根本より之れを改革し移植民教育を施さねばならぬ」(44) という。

　ここでいう「移植民教育」とは，沖縄移民が生きのびるために，普通語を習得し，風俗習慣を「改良」し，移民先での異民族とも共生をし，それにより「生存権の拡張」を図り，「経済的発展」をめざしたものといえる。沖縄移民のもつ歴史的状況について政治思想史家・石田雄は，「移民の父」當山久三の「いざゆかん我等の家は五大州」という歌を引きながら，「このような移民の中には，国境をこえた新しいアイデンティティを求める要素が含まれていた」(45) と指摘している。この「新しいアイデンティティ」とは，「必要的同化」として日本人になるための「素質改善」（移民教育）を受け入れつつも，「沖縄人としてのアイデンティティ」を基層にもって海を渡り，さらに異文化に接し異民族とも共生する

という，ある種開かれたアイデンティティのことをいっているのではないだろうか。新垣金造の言葉と重ねあわせると，この時期の移民教育思想には単に日本への「同化」，あるいは現地への「同化」という一面的な「同化」を説くだけではないものがあったといえる。

しかし，1929年に文部省実業学務局が開いた「移植民教育」の講習会では，やや異なる移民教育論が展開されていた。海外協会中央会理事・守屋栄夫は「海外の開拓に依つて国家の為に貢献しやうといふ自覚，国を愛し国を保護する途といふものは海外の開拓に在るのだといふ心持を養ふことが根本の必要な問題になるのであります」[46]という。また，日本力行会会長・永田稠は，日本人を「膨張的民族」といい，「太平洋文明の中心となる日本」を考え，そのための教育を「海外発展主義の教育」と呼んだ[47]。これらの「移民教育論」には，「国のため」や「中心たる日本」が強調されており，「移植民教育」の「植民」的な側面の方により重心が傾けられたものであった。沖縄の教育においても1930年代にはいると，国家主義的傾向は強まりつつあったが，移民教育においては，沖縄人自身が現地で生きのびるために，言語風俗習慣を「改良」し，非難を軽減することは必要なこと（つまり「必要的同化」）であり，国のためというより，移民の「生存権の拡張」に重点をおいた「移民教育論」がこの時期形成された。

第5節　社会教育活動 － 移民教育としての取り組み

(1) 地域での移民教育活動

以上のような移民施策の実情，移民教育論を背景に，実際の地域での移民教育活動の状況はどのようなものだったのだろうか。

『島の教育』には，「移民教育機関」として，① 海外協会及び社会課・保安課，② 特別なる移民教育機関を設けること，③ 青年団・婦人会・補習学校・青年訓練所，④ 社会教育，⑤ 移民講習，⑥ 学校教育の6項目をあげている[48]。④の「社会教育」では「広い意味の社会教育」として，一般講演会，青年文庫，図書館，幻燈，活動写真等を通して移民知識の啓発を謳っている。③の青年団等の項目については「青年団員，婦女会処女会員，青年訓練所，補

習学校生には将に海外県外に出づべき者が多いだけに，その方面に関係ある心得を授け，知識を与える必要がある。且つ彼等もかかる心得や知識の有無によって直接自己の成敗を左右することにもなるから，最も大事な教育機関である」との注目すべき記述がある。以下，③④⑤の項目を手がかりに，地域の移民教育活動の実践内容についてみていくことにする。

『沖縄教育』(1922年)によると，1920年代の国頭郡青年団では，各村の青年団の事業として「勧業」「教育」「土木」「衛生」「軍事」「風紀」「経済」の7項目をあげており，「教育」はさらに16の詳細項目に分けられている。そのいくつかをあげてみると，「文庫の設置」「普通語の奨励励行」「運動会及び通俗講演会」「補習教育の奨励実施」などがある[49]。あるいは，「風紀」の項目には，「毛遊びの禁止」「履物の励行及履違の改正」「放歌取締」「男子の前帯女子の左裙矯正」など生活上の細かい規則が並んでいる[50]。また，『社会教育概要』(1926年)には県知事から表彰された5つの優良青年分団・処女会についての紹介があるが，いずれも青年文庫設立や講演会開催のほか，普通語普及の励行，「風俗改良」などの活動が報告されている[51]。これらの事例から青年団等の活動のなかには，言語や沖縄独自の風俗習慣の「改良」についての取り組みが含まれていたことがわかる。これは主として壮丁検査のための準備教育といった面があると思われるが，その取り組みは移民のための教育と重なるところが多かった[52]。

1920年代の沖縄県の青年団の設置状況については「青年団ニ関スル調査」[53]よると，どの市，郡にも青年団が形成されていたが，前章でも述べたように，国家主義的な組織化が進んできており，県青年団の下部組織として郡青年団－町村青年団－字青年分団という系列ができており，「青年団員は，いずれもこの分団に属して，その活動に従っていたのである」[54]。どのような年齢層から県外への人口流出が生じたかを分析した年齢別人口流出率によれば，ほぼ戦前期を通じて男子は15歳前後をピークに25歳前後までに，女子は12～13歳をピークに20歳までに県外海外への人口流出が顕著であることが指摘されている[55]。したがってこれによれば，末端組織に属していた青年分団員の中からも，移民

として海外へ出ていった者は多かったであろうと想定できる。そのため村からでた移民者が帰郷するとその人を囲んで講演会も開かれていた。上記の5つの青年分団の1つ,中頭郡中城村青年団瑞慶覧支部には「講演会ノ開催」として「海外出稼人軍人他村奉職等ノ帰郷ノ時(中略)不時呼集ヲ行ヒ講演ヲ乞フコトトセリ」[56]との活動事業が記されている。また,「男女青年団体指導状況」のなかには,「活動写真利用」もあげられている。県は1926年に社会教育用として初めて活動写真映写機と発電機を購入しており,「二ヶ年間ニ県下各市町村ヲ一巡スル予定ニテ活動写真映画会ヲ開催シツツアリ」[57]と記され,映画教育の普及にも力を入れていた。沖縄県海外協会の幹事らは,こうした地域の青年団等の活動,講演会や映画会等を利用しつつ,海外移民思想や移民事情を広め,移民教育を展開していったのである。

さらに,青年団活動とは別に,小学校でも移民講習会が開催されていた。上記『島の教育』には「移民講習」について,「移民出稼人は各町村小学校に於て,移民出稼心得及び其他必要なる事項につき一定の講習を受け,その終了書を添えて渡航出願をすることにする」とある。十分な資料がなく,その真偽を確認することはできないが,真壁小学校や第二豊見城高等小学校[58]にはわずかながらその実施例を見いだすことができる。その内容は,「男女青年に対し修身(移民の心得,移民道徳),読書(移民に関する書),算術(度量衡貨幣其他),移民地理等の概略」[59]というものであった。

(2) 移民教育からみた実業補習学校の働き

沖縄では実業補習学校数が1910年代に入ると急増する(1912年度・7校,1919年度・107校,1925年度・119校)[60]。この理由として,「これは,一つには,沖縄県では,明治期までは小学校の就学率が他府県にくらべて低かったために,実業補習学校設立まで手がのばせなかったことによるのであろう。また,小学校の補習教育は,青年団,村の夜学会,壮丁補習教育などにまかされていたからでもあろう」[61]という指摘や,「明治の終り頃から大正期になると,那覇に実業補習学校が増設されたのは,当時の那覇に,もっと民衆に直結した形の実業

教育を求める声が多くなったためである」⁽⁶²⁾との民衆側からの見方もある。

では,実際の実業学校の様子はどのようなものだったのだろうか。

たとえば島尻郡では,「各小学校に悉く男子実業補習学校を併置し廿歳以下の男子を入学せしめ本校に集めて学力別学級編成をなし昼間教授,昼間より夜間にかけて教授する学校次第に多く起り学科も農業修身国語算術の四科目となり形式内容共に改善せられ」⁽⁶³⁾たという状況だった。これは当時のごく一般的な状況であり,季節制や夜間制の学校は多かった。教員については,「実業補習学校施設要項」(沖縄県訓令)には「教員ハ成ルヘク専任ノ教諭又ハ助教諭ヲ置クコト」⁽⁶⁴⁾との規定があるが,実際は小学校教員の兼任が大部分で⁽⁶⁵⁾,「わずか一円の月手当で実業補習学校を兼任させられ,そのほかにも無限といってよいほどの労働をしいられていた」⁽⁶⁶⁾。こうした状態を改善すべく,県議会でも実業補習学校教員養成所の設置要求が再三出され,実業補習学校の劣悪な環境について,湧上聾人議員は「実業補習学校ノ教場ヲ見マシテモ専属ノ教場ト云フモノハ殆ド沖縄ニハナイ筈デアリマス,十一,二,或ハ十二,三位ノ小サイ子供ノ腰掛ヤ机ニ十七,八歳二十ニモナルヤウナ大キナ補習学校の生徒ガ坐ル,坐ル心持モ悪ケレバ衛生上モ悪イ,(略)又補習学校ノ生徒ノ出来具合カラ見マシテモ,学校ヘ行ッタッテ普通学校ノ補習ニ過ギナイノデ余リ面白クナイカラ欠席ガ多イ」⁽⁶⁷⁾と訴えている。実業補習学校への入学,出席は一般に低調で,そのため青年団,処女会ではさかんに就学督励に力を入れている⁽⁶⁸⁾。これは沖縄だけに限られたことではなかったが,「実業補習学校が,直接的な職業技術教育よりも,より広い『勤労愛好ノ習性』涵養といったものを期待される教育機関であった」ために,「青年たちにとって魅力あるはずはなく,実績があがらない」⁽⁶⁹⁾ものであったことを表わしている。

こうした状況を打開する意図もあって,『沖縄教育』(第177号)では実業補習学校振興特集をくみ,それに先立って「本県実業補習教育振興の具体方案」についての懸賞論文を公募している。当選した論文のなかに,実業補習学校を「出稼移民的訓練の徹底」の場としてとらえるものがみられる。それによると,沖縄県の特殊的立場から「移民科」の設置を構想しており,そこでは「地理的

材料」「作法的材料」「移民心得」を徹底させるための科目をもつことを提案している[70]。こうした考えがどの程度具体化されたかは不明だが，少なくとも，「移民科」設置の件については，実際に県議会において高等小学校と実業補習学校に特設するよう要望がだされており[71]，1937年に糸満小学校においてそれが実現している。

このようなことから沖縄では，実業補習学校を移民のための職業教育機関ととらえていた面があったと考えられる。「出移民ニ関スル諸調査」に，実業補習学校における移民教育について，「実業補習学校ニ於テハ本県ヨリ多数ノ発展者ヲ送レル移植民地ノ風土人情習慣等ニ関シテ適宜ニ教授シ特ニ生活様式ニ就テハ修身科教授ノ際ニ実演ヲナサシムル等細心ノ留意ヲナシ移植民ノ智徳ヲ向上セシムルヤウ努力シツツアリ」[72]と修身科の授業方法にまでふれて報告があるのは，実業補習学校を移民教育機関の1つとして，積極的に活用しようと考えていたととらえていいであろう。しかし，実業補習学校のもつさまざまな問題点が解決されることなく，沖縄でも，1935年4月青年学校令の公布により，実業補習学校，青年訓練所は統合され，より軍事色の強い青年学校が創られた。

おわりに

以上，1920年代の海外における沖縄移民の実態と，それに対する沖縄の移民教育の取り組みについて描出を試みた。これまでの内容についてまとめておきたい。

まず，第1に，リマやダバオの現地県人会関係者や新聞記者の沖縄移民についての実情報告は，主に普通語が解せないことと沖縄独自の風俗習慣，たとえば入墨の慣習や琉装などについての問題点をあげ，それらを改善すべく渡航前に十分に矯正する必要性を訴え，海外協会にも支援を要請している。

これに対し，各国公館の領事たちの沖縄移民の実態把握は，上記県人会関係者らが指摘したのと同様普通語と独自の風俗習慣についてのほか，どの領事も沖縄移民の性格（短所）についての問題性を指摘していたのが注目される。そ

の内容は,「猜疑心が強い」「利己的」「自己主義」といったような語句を使い,画一的なものであったといえる。このような見方がどの領事からもでてきた原因として,ブラジルでの契約移民時代の沖縄移民に対する見方が各国領事にも踏襲され,労働実態がかわっても偏見的見方として定着したのではないか,と考えられる。

いっぽう沖縄移民自身にも,他民族に対する差別的序列的認識が認められる。とくにアジアの民族に対し劣等視する見方が潜在しており,自らの文化程度の正当性を主張するとき,そうした意識が顕在化するといえる。

このように海外での沖縄移民のとらえ方には,偏見的見方も含まれていたといえるが,実情として,普通語が十分解せず,風俗習慣において他府県人とは異なるものがあったことは確かであり,それが偏見的見方を助長していた側面があった。また,現実的には1926年に沖縄県のブラジル渡航が解禁されたものの,厳しい制限が依然付与されていた。こうした沖縄移民の実態をふまえて,移民の「素質改善」を徹底するために学校教育,社会教育を含めた移民教育が非常に重要視されたのである。沖縄県女子師範学校附属小学校主事である神田精輝は,「少なくとも小学校教育から,さらに進んで家庭における子供の教育からやらなくては改善されない。すなわち,移民の素質改善は沖縄県の社会改善にある」[73]との認識をもっていた。こうした見地から第17回初等教育研究会が,「県民の県外海外発展及生活改善に鑑み特に小学校に於て施設経営す可き具体的方案の研究」という研究題目のもと開催されたのである。ここでの討議内容がまとめられた上述の『島の教育』(1928年)には,「就中小学校に於ては総ての教科目に亘り移民出稼人及び県民の生活改善といふことを中心とし目標として教科目の生活化実際化具体化地方化に努める事は目下の急務である」[74]と記されている。

また,社会教育については沖縄県海外協会の働きは大きく,渡航直前の予備教育のほか,同協会は青年団等の活動,実業補習学校,地域で開催された講演会や映画会などを利用し,移民の「素質改善」を図るべく移民教育を展開していった。各青年団では,普通語の普及励行や沖縄独自の「改良」などが必ず取

り組まれており、また実業補習学校では「移民教育機関」としての役割が考えられていた。このような取り組みに対し、同協会に対する県側からの協力もみられたが、財政面では海外の移民からの支援のほうが大きなものだった。また、この時期の沖縄における「移民教育論」には、沖縄人の海外渡航を「生存権の拡張」ととらえ、そのため沖縄の言語風俗習慣を「改善」し、必要性として日本人への「同化」を受け入れつつも、中央でみられるほぼ同時期の「移民教育論」に比べ、植民的思想は薄く、移民先の異民族とも共生をめざす考えが存在していた、といえる。

　こうした社会教育、学校教育双方における移民教育に対する「必要的同化」の推進とその成果が認められ、外務省は1936年、沖縄人に対するブラジル渡航制限を撤廃したのである。次章では学校教育における移民教育の取り組みについて、『島の教育』を中心に具体的にみていくことにする。

注
（1）　沖縄県女子師範学校附属小学校主事神田精輝より外務省宛「沖縄県移民ニ対スル研究資料御提供御願ヒノ件」1927年7月23日付『外務省記録(昭和戦前篇)本邦移民関係雑件』外務省外交史料館所蔵。
（2）　これが発見された経緯は、石川友紀「第二次世界大戦前の県海外協会機関誌「南鵬」について」に詳しい。第1巻第1号（1925年）、第2巻第1号（1926年）、第3巻第1号（1927年）が現存している（琉球大学附属図書館所蔵）。
（3）　『歴史公論』第5巻第1号、1978年1月
（4）　沖縄県海外協会『雄飛』第33号、1976年11月
（5）　森田孟衍「常識のない沖縄移民－普通語が話せないのが原因－」『南鵬』第2巻第1号、1926年12月、p.45
（6）　金城新元「沖縄移民の悲痛なる立場－母国と連絡を取りて善処せん－」『南鵬』第2巻第1号、1926年12月、pp.47-48
（7）　同上論文、pp.49-50
（8）　長嶺将快「移民問題の悲しい現実　何故に沖縄移民は排斥されるか」『南鵬』第1巻第1号、1925年12月、p.38
（9）　同上論文、pp.46-47。なお、三人の外交官の報告内容は、三隅棄蔵については同上論文pp.40-43に、多羅間鉄輔については同上論文p.43に、野田良治については同上論文

pp.43-46にそれぞれ掲載されている。
(10) 同上論文, p.43
(11) 原口邦紘「沖縄県における内務省社会局補助移民と移民奨励施策の展開」『南島史学』第14号, 1979年9月, p.30
(12) 同上論文, p.31
(13) 前掲（8）論文, p.43
(14) 同上論文, pp.48-49
(15) 同上論文, p.49
(16) すべて, 前掲（1）による。
(17) 前掲（8）論文, pp.36-37
(18) 同上論文, p.37
(19) 事件の経緯は, 村山明徳『比律賓概要と沖縄県人』（文明社, 1929年）と在マニラダバオ分館副領事斎藤彬より外務大臣田中義一宛「沖縄県移民ニ関スル領事ノ所感寄贈方ニ関スル件」1928年4月19日付（前掲（1））による。
(20) ダバオ分館副領事斎藤彬の同上資料による。
(21) 沖縄県女子師範学校長池上弘より沖縄県学務部長福井義一宛「沖縄県移民ニ関スル件」1928年6月1日付（前掲（1）による）。
(22) 12項目とは,「一, 他県人に比し, 文化程度劣等なり　二, ローカル・カラー濃厚なり　三, 豚小屋式家屋に群居し, 蠻族と毫も撰ぶ所なきもの多きは, 比人の軽侮を招くの因をなす　四, 婦人にして居常浴衣着に, 細紐を胸高に締むるものあり, 観る者をして, 自堕落さと女の嗜を缺くるやを疑はしむ　五, 同郷相憐むの情あるも, 他県人との協力性尠し　六, 金銭に齷齪たる結果は, 側目も振らず夫れに猛進し, 社会公共の念なきを疑はしむ　七, 利己主義にして, 利害の念強く道義の観念薄し　八, 頑冥にして猜疑心深く, 常識を缺き道理を解せざるもの多し　九, 農業の眞趣味を解せず, 農業を商業的投機取引と同様に扱はむとするの弊あり, 例令ば, 開墾を終りて農耕するを為さず, 一種商品として轉々売買すること　十, 知識階級少く適當なる指導者缺く　十一, 片仮名, 平仮名をも読了し得ざる普通学の素養缺序除せるもの多し」という内容である（村山, 前掲書『比律賓概要と沖縄県人』, pp.16-17）。
(23) 同上書, p.19
(24) 同上書, p.22
(25) 同上書, p.22
(26) 同様の見方は, 1903年の内国勧業博覧会で起こった, いわゆる「人類館事件」に対する抗議のなかにもみられた。この事件は, 博覧会場に「学術人類館」と称する見世物小屋を設け, そこにアイヌ, 台湾生蕃, 琉球, 朝鮮, 支那, 印度, 爪哇などアジアの諸民族の

男女21名を「展示」し,大衆の見世物にした,というものである。これに抗議した『琉球新報』(1903年4月11日付)には,「特に台湾の生蕃・北海のアイヌ等と共に本県人を撰みたるは,是れ我を生蕃アイヌ視したるものなり」という一文がみられる。「人類館事件」については,真栄平房昭「人類館事件－近代日本の民族問題と沖縄」(『国際交流』第63号,1994年3月)に詳しい。

(27) この点については,冨山一郎「ミクロネシアの「日本人」－沖縄からの南洋移民をめぐって－」(『歴史評論』№513,1993年1月)が参考となる。このなかで冨山は,沖縄人が「日本人」になる意識と現地島民を「低い文化程度」とみなす意識が,戦争へと向かう過程でどう関係しながら変化していったのかを論述している。

(28) 前掲(8)論文,p.44

(29) 拓務省『拓務要覧』昭和10年版,p.518

(30) 在米移民者平良新助は,ほとんどど寝食を忘れて官民の有力者の間を奔走し,海外協会設立の要望を熱情的に陳述したという(「海外協会設立まで」『南鵬』第1巻第1号,pp.84－86)。

(31) 同上書,p.101。実際の事業内容として,「1 渡航者の教養　2 渡航手続一切の世話　3 渡航相談部の設置　4 帰朝者倶楽部の設置　5 海外在住者の留守宅訪問　6 講演会座談会　7 第二世の慰問激励　8 会報の発刊」が挙げられている(安里延『沖縄海洋発展史－日本南方発展史序説』,沖縄県海外協会,1941年,pp.496-497)。

(32) 「出移民ニ関スル諸調査」(沖縄県,1928年3月)『外務省記録(昭和戦前篇)本邦移民関係雑件,伯国ノ部』四,外務省外交史料館所蔵,「四」の3頁目(本資料には頁数がないため引用者が付す,以下同様)

(33) 同上資料,「五」の1頁目

(34) 同上資料,「四」の4～5頁目

(35) 同上資料,「四」の6～8頁目

(36) 同上資料,「四」の4～5頁目

(37) 同上資料,「六」の1～2頁目

(38) 「沖縄県知事亀井光政より外務省通商局長宛」1926年7月11日付『外務省記録(明治大正篇)帝国移民政策及法規関係雑件』外務省外交史料館所蔵

(39) 前掲(32)資料,「五」の1～2頁目

(40) 同上資料,「四」の6頁目

(41) 『南鵬』第1巻第1号,には「寄附者芳名」の掲載があるが,大口では1000円単位の寄附もみられる。

(42) 新垣金造「大国民的海外発展」新垣金造編著『移民之友』移民之友社,1926年(初版),pp.2-3

(43) 同上論文，p.9
(44) 新垣金造「政府と沖縄県の移民政策」同上書，p.64
(45) 石田雄「「同化」政策と創られた観念としての「日本」(上)」『思想』No.892，1998年，p.68
(46) 守屋栄夫「海外の開拓」文部省実業学務局編纂『移植民教育』1929年，p.91
(47) 永田稠「海外渡航法」同上書，p.322。なお，永田は『海外発展と我国の教育』(同文館，1917年) のなかで，詳細な「海外発展論」「海外発展主義の教育」を展開している。
(48) 第17回沖縄県初等教育研究会『島の教育』1928年，「移民」pp.19-20
(49) 沖縄県教育会『沖縄教育』(学制頒布50年記念誌) 1922年，p.135
(50) 同上書，p.136
(51) 沖縄県『社会教育概要』1926年，pp.73-112
(52) 「道府県別　壮丁ノ各学科目平均正答率」(沖縄県『社会教育概要』1936年) をみると，沖縄県は「壮丁甲」の部で国語，算数，公民科とも　全国最下位となっており，特に国語は低く (全国73.7，沖縄48.□)，普通語の普及は実際にはそれほど進んでいなかったように思われる。
(53) 前掲 (51)，p.59
(54) 田港朝昭「社会教育」琉球政府編『沖縄県史』第4巻，1966年，p.640
(55) 向井清史『沖縄近代経済史』日本経済評論社，1985年，pp.155-160
(56) 前掲 (51)，p.82
(57) 同上書，p.116
(58) 『真壁小学校創立百年の歩み』1981年，p.24。近藤健一郎「沖縄県における移民・出稼ぎ者教育」『教育学研究』第62巻第2号，1995年，p.16
(59) 『沖縄教育』第174号，1929年，pp.57-58 (近藤，同上論文，p.16より重引)
(60) 前掲 (54)，p.650
(61) 同上論文，p.651
(62) 『那覇市史　通史篇』第2巻 (近代史)，1974年，p.430
(63) 前掲 (49)，p.107
(64) 前掲 (51)，p.57
(65) 大正14年で，専任教員17名，兼任教員663名といった状態であったという (前掲 (54) 論文，p.653)。
(66) 前掲 (62)，p.260
(67) 「第36回通常沖縄県会議事録」第11号 (1928年12月14日)『沖縄県議会史』第4巻・資料編1，1984年，p.71。なお，第36回通常沖縄県議会では，「実業補習学校教員養成所設立ニ関スル意見書」「移民教育機関設立ニ関スル意見書」が提出されるが，どちらも否

決されている（同上書，p.184）。
(68) たとえば，島尻郡では青年訓練所や男子実業補習学校への就学督励のために，青年訓練後援会という特別な機関を設け各町村では，議員，役場吏員，学校職員，青年団役員，駐在巡査等が総掛かりで勧誘や表彰などの事業にあたった（『島尻郡誌』1937年，pp.151-152)。
(69) 笹尾省二「1920年代実業補習教育の動向」『京都大学教育学部紀要』32, 1986年, p.198
(70) 『沖縄教育』第177号, 1929年, pp.9-13
(71) 前掲 (67), p.73
(72) 前掲 (32) 資料,「六」の2頁目
(73) 神田精輝『沖縄郷土歴史読本』琉球文教図書株式会社, 1968年, p.526
(74) 前掲 (48),「移民」p.21

第 2 章　1920年代における海外沖縄移民の実態と移民教育の組織的展開　101

表・2－1　各国領事による沖縄移民に関する報告内容

		1927.10.13 リマ領事甘利造次	1928.6.18 サンパウロ副領事海本徹雄	1927.12.5 パウロ領事多羅間鉄輔	1927.9.16 マニラ総領事鍵田栄四郎	1927.9.21 ダバオ分館副領事斎藤彬
長	所	・勤勉ニシテ忍耐力割合ニ強ク如何ナル職ヲモ厭ハザル風アリ一、射倖ニ冷淡ナル為賭博ヲ為サヌコト二、酒ヲ多ク飲マザルコト三、耐忍ナルコト四、質朴ナルコト五、貯蓄心強キコト	・体質強壮ニシテ農場労働ニ適シ且同県気候ノ関係上熱帯地植民ニシテ他府県人ニ比シ優秀ナル素質ヲ有スル	・沖縄県移民ハ総ジテ体質強健農業労働ニ適シ炎天下ノ激労ニ耐ウル素質ヲ有ス	言及なし	・粗衣粗食ニ甘ンジ堅忍不抜ノ勇進心ヲ以テ専ラ業務ニ精進スル熱帯気候ニ耐ヘ農民トシテ最良ノ素質ヲ有ス・審財ノ精神ニ富ミ横該ニシテ敬神ノ念ニ強ク上長ヲ敬フノ美徳アリ
短	所	・何等抱負ナク向上ノ精神ヲ欠キ（他県人ヨリ）内地人ト呼ビ一種ノ嫌悪感ヲ抱キ沖縄人ノ一般的内地人ト異ナル思想ヲ有スル・彼等（沖縄人）自身ガ余リ品性正義ニ走リ一般ノ人ノ程度ヨリ低ク一、向上ノ精神ヲ欠キ二、衛生思想ニ乏ク三、公共心ニ薄ク四、他人ト接触ヲ忌避シテ五、金銭ノ奴隷トナリ過ギルコト	・他県県人トノ間ニ融和ヲ欠キ紛擾ヲ醸シ合ジ多ジ契約耕地ニ於テ同盟罷業ヲ惹起シ又契約ノ無視ヲ敢テスルモノ散ジアル・同県人ノ頑ハ頼業心ニ富ミ性格強健雄大ニシテ利己心ニ盛ナル為内外人ノ信用ヲ得ル為ニ難シ・ミナラズ労働ヲ嫌ヒ為ニ一般ノ労働ヲ嫌ヘバ一般ニ一般ノ労働者ヲ嫌ハル	・他県県人との関係ニ於テモ容易ニ相融合シ得ザルモノアリ一般的ニハ認メラルル傾向アリ・特ニ新来者ハ一種琉球訛トモ称スベキ特殊訛語ヲ用ユル為ニ内外人ノ信用ヲ得ルニ難シ・ミナラズ労働ヲ嫌ヒ為ニ彼等ノ毎度ノ労ヲ要ヲセル其ノ通有性トシテ公共的ノ観念ニ欠クル点ナリ	・所謂我利我利亡者ノ親ルル者多ラシテ、極端ナル利己主義者多シ、一般ニ雄弁ナルニ因ツテ先キニハ利害関係ニ因リ速ヤカニ国家的ナル会ヲ得ル為ニ協調セントスル精神甚ダシ・所謂内地人其ノ他ノ者ト結束セシ沖縄県人ノ安キヲ呈ク全然他ヲ嫌シ道徳観ニ乏シ	・他県人ニ比シ文化程度劣ナリローカルカラー濃厚ナリ・他県人ト協調性欠ク・金銭ニ頓着ナル結果、社会共ニネチキヤラ疑ク利己主義多クテ利害関係ノ成ル深キ事業ニ関ワル為ニ協調セラルトモ容易ニシテ類似心深キ常識ヲ欠キ道理ヲ解セザルモノ多シ
労	働	・主トシテ小作ニシテ其人員約千名ヲ算スベシ・他ニ花園ヲ有シ果実類ヲ経営スルモノアリ・他ヘ市内リ小商売ニ従事・手工ニ類スルモノトシテ理髪業者、大工請負業等・他ノ飲食店、雑貨店、菓子屋、野菜売、小間物商、等ニ至ル迄モアリ其数約壱千本ニ達ス	・農関係者中約四割ハ独立農事者ニシテ他ハ借地農或ハ耕作請負業年果独立農及農場労働者ナリ・未ダ特ニ成功者ト目スヘキモノナシ・一般的ニ何レモ普通程度ノ生活状態ニ在リ	言及なし	・永住的決心強シ・同県人ニシテ成功スルモノ少ナシラス・有力ナル農業会社、経営セルモノ或ハ百余町歩ノ土地ヲ買収長共立農ヲ経営セルモノ至一流ノ旅館ヲ経営セルモノ乃至アリ其ノ大多数ハ自営耕地労働者ニシテ遠夫ヲ移スカラス
形	態					

出所）『本邦移民関係雑件』、外務省記録（昭和戦前篇）より作成

第 3 章
沖縄の移民教育としての『島の教育』(1928年)の再評価
－とくに「大正自由教育」の影響による多面性に注目して－

はじめに

　本章は，近代沖縄教育史のなかで，これまでいわれてきた日本への同化教育について，移民教育(1)という側面から再考することを目的とする。題材としては，1928年3月に開催された第17回沖縄県初等教育研究会に向けて，各校からの素案をまとめ同会より編纂された研究案『島の教育』を取り上げる。『島の教育』は，それまでの同化一元的な教育ではとらえきれない多面性を有しており，その背景には，「大正自由教育」の支柱である自律性，近代性，国際協調精神などの影響があった。ここでは，そうした多面性がいかに構成されたか，という点について分析・検討することを試みる。

　『島の教育』の構成は，「序にかへて」と3篇17章からなり，全300ページに及ぶものである。内容は，全体の概要と移民教育について述べた「第一篇　本研究題目と移民」と，「第二篇　教科」(修身訓練，作法，話方，国史，地理，図画・手芸，唱歌，体操，裁縫，家事，其他の教科)，「第三篇　其他の施設経営」(学校衛生，趣味方面の施設，女子教育，家庭・社会との連絡) からなっている。

　この『島の教育』に関しては従来，内容紹介的なものとして，あるいは移民事情の背景的な解説として検討がなされてきた(2)。そうした研究動向の中で，近藤健一郎の論文は，『島の教育』の内容を詳細に検討し，その特徴や実態を明らかにしたという点で，一歩踏み込んだ分析を提示している。近藤はその論文のなかで，『島の教育』の重要な側面を「移民・出稼ぎ者教育」ととらえ，それは「際限のない大和化」(3)を追求したものであると総括する。その際，「大和化」とは沖縄人の非難を克服するために，「より徹底して「風俗改良」

を行なう」ことであるとし,「「風俗改良」の典型的なものが,児童に対する「方言札」を用いた「標準語」の強制であり,洋服着用の強制である」[4]ととらえている。

たしかに,この時期,沖縄県初等教育研究会が移民・出稼ぎ人の教育を主題[5]に取り上げた背景には,「ソテツ地獄」と呼ばれる経済不況が深刻化するなか,海外各地で沖縄移民に対し非難の報告が相次いでいたという事情があった[6]。そのために県の経済的救済をめざして,より多くの移民を送出するために,沖縄移民の風俗を「改良」し,「立派な日本人移民」として「素質改善」を図ることは教育における緊要な課題であった。したがって,沖縄の移民・出稼ぎ人の「風俗改良」は,「大和化」つまり日本(人)への同化につながるといえるのであるが,しかし,さらに仔細に内容を検討してみると,同化の面以外にも注目すべき点がみられる。たとえば「私たちの祖先は(中略)退嬰的,消極的な民族ではなかつた。一千年の昔に於て大和地方に往来したほどの発展的,進取的な海外思想に富む民族であつた」(国史,pp.4-5)[7]といい,琉球史を取り入れつつ,沖縄人の進取性,あるいは独自性といったものに目を向けようとしている点が指摘できる。これは沖縄人の「長所」への喚起であり,「沖縄人としてのアイデンティティ」[8](＝文化的異化の志向性)に根ざしたものであるといえる。また,「国際道徳や国際情宜の理解を重んずる精神訓練」(修身訓練,p.32)の方法についても取り上げられており,海外にでていく移民に対する「国際性」への契機も促している。さらに女子教育の重要性について「家庭の改良,次代国民の育成,社会の改革等総て女子の力にまたんことを期して居る」(其他の施設経営,p.36)と述べ,女子教育の振興をとおして家庭と社会の改良と変革を推進しようとする考えもうかがえる。こうした志向性は「大正自由教育」の思想が『島の教育』にも強く反映していたものととらえることができる。阿波根直誠の研究が示しているように,沖縄でも大正期において自由教育の思潮が入り込んでいたと考えられ,教育現場においてその実践例をいくつか散見できる[9]。このように本論文では,『島の教育』のもつ多面的側面が,「大正自由教育」思想の反映である点に着目し,分析・検討することを課題と

する。

　とりわけ,『島の教育』を移民教育の側面からとらえたとき,「沖縄人としてのアイデンティティ」の視点は重要であるといえる。上記に述べたごとく, 沖縄移民はその独自な言語風俗習慣ゆえに, 渡航先各地で他府県移民から差別や特別視されており, その解消のために日本への同化を進めるとともに, 海外移民として現地社会へも同化していかざるを得ない面があった[10]。海外での沖縄移民は,「日本人化」と「現地人化」といういわば, 二重の同化の葛藤に直面するなか, その際沖縄移民の精神的基盤をなすのが,「沖縄人としてのアイデンティティ」といえるのではないだろうか。こうした問題は, 多元的なアイデンティティのあり方など今日の移民教育や異文化理解を考えるうえでも, 重要な視点が内包されていると考えられ,『島の教育』は移民教育をとらえるうえで格好の素材であるといえる。ここに『島の教育』を取り上げる有効性が存するものと思われる。

　このようにみると, 近藤論文は『島の教育』について, 強制的な側面が強い「大和化」を中心にした一面的な把握にとどまっており, 沖縄人の進取性や近代化の側面, あるいは「国際性」への契機といった点などについて一切ふれられておらず, 多面的側面をもつ『島の教育』の全体像を十分にとらえきれているとはいえないのではないか。そこで本論文では,『島の教育』を分析する方法として,「大和化」の内容を①言語風俗習慣の「改良」, ②天皇制イデオロギーの養成に分類し, それに対する多面性の視点として（ⅰ）近代化への志向性,（ⅱ）「沖縄人としてのアイデンティティ」の形成（＝文化的異化の志向性）を対峙させ, さらに（ⅲ）「国際性」への契機という点も加味して, 多面的側面を浮き彫りにしつつ, かつ, それらが「大正自由教育」の影響のもとに相互に関連しながら多面性を構成していることを, 具体的な教育内容に即して明らかにする。

第1節　沖縄移民の風俗習慣の「改良」－同化と近代化

(1) 同化の理念と現実的対応
① 礼儀作法の指導・訓練

　ここではまず,『島の教育』のなかの「修身訓練」「作法」の教科を対象とし,そこでは礼儀作法,常識をいかに指導・訓練しようとしたのか,その特徴からみていこう。「修身訓練」は内容からみて,すべての教科に関連する基幹的教科として位置づけられている。その冒頭で「県民の長所短所」について,経済的,歴史的,文化的,地理的事情から分析したのち,「県民を基調とせる修身訓練案」を9項目27ページにわたり詳述している。このなかで全体の訓練方針を「県民の長所を伸ばし短所を補正する」(修身訓練, p.6)とした点に注目する必要がある。つまり,このことは単に「短所」を矯正するだけではなく,「学校全体を通して実践せしめ反復躬行し自ら進んで徳性のひらめきある生々した文化人たらしむるにある」(修身訓練, p.35)とする,修身教育の目標につながると思われるからである。そのために,沖縄独自の「系統的郷土修身教授細目」や「系統的作法教授細目」(修身訓練, p.35)等の作成が必要である点を指摘する。そこには「文部省が編成したうすっぺらな修身書と作法要目位で県民の人格陶冶徳性涵養が行はれがたいことも明である」(修身訓練, p.35)との認識があり,沖縄の実情に見合った修身教育を創り上げようとする志向がうかがわれる。

　では,具体的にどのような方法で作法を指導したのか。まず,作法教育は「修身科中作法を特設すること」(作法, p.2)で実践化を試みようとした。そして,具体的に取り扱う教材を「挨拶の指導」「姿勢」「歩行」「障子の開閉」「食事」など日常の行動から,「船中に関する心得」「海外礼式作法」などのような移民としての作法まで全部で20項目をあげているが,とくに「服装容儀」は,沖縄移民に対する非難点に必ずあげられるものだけに必須の指導内容であった。「帯は後方にしつかり結ぶこと,特に女児に注意する」「下校後家庭に於ても前帯をせぬやう父兄と連絡をとつて注意する」(作法, p.19)などといった点は,

琉装を禁止し、家庭においてもそれを徹底することをめざすものであった。学校でも「服装検査」「服装容儀週間」を設け（作法, p.20）、沖縄らしさを徹底して否定している。このようにみると、作法教育の目標（理念）と実際の実践方法には大きな乖離があることがわかる。

こうした傾向は、第17回の研究題目を延長深化させた第19回初等教育研究会施行要項（以下、第19回施行要項と略す）ではっきりと述べられている。「作法は個人的社会的国民的国際的立場から見て人類として日常生活上必要欠くべからざるものである」が、それができていないために、「特に小学校に於て徹底的取扱をなす必要があ」り、そうした努力が県外海外で活躍する県民をつくる必要な条件であるという[11]。つまり、作法教育の目標には「素質改善」により、移民の成功、県の救済、さらに国際的舞台で活躍できる沖縄県民の養成、というような沖縄移民の長所を生かした発展的展望に対する志向を有していたが、現実生活に対しては、「短所」を補正する強制的方法を用いて指導を行おうとしていたのである。これは、児童の現実の生活が、「生徒の服装は男女とも着物で、帯をしめていました。女の生徒は帯を、うしろにむすぶようにすすめるが、学校のゆきかえりは、前にむすぶのでした。学校でだけは、うしろにむすんでいました。はき物などは、はきません、みんな、はだしでした」[12] というのが日常であり、教育の成果が十分に上がっていなかったためと思われる。そのため「社会教育及び社会的施設の完備に俟つ家庭及び社会の改善」（修身訓練, p.35）が必要であり、漸進的態度で努力すると述べている。

② 普通語の訓練

言葉の教育についても、目標（理念）と現実的な方法との乖離という同様な点が指摘できる。とくに、言葉の問題は沖縄移民に対する非難のうち、もっとも深刻かつ重要視すべきもので、教師たちもその点について十分自覚をもっており、この問題について「慎重な態度で再考三思、その救済の策を立てなければならない」（話方, p.2）との姿勢を示している。基本的な方針をあげると、「話方教授の時間を特設」（話方, p.2）することと、「話方といへば聴方も含む」

(話方，p.3)とし，両者一体として教育しようとする方針が確認できる。聴方，話方それぞれの指導内容は，次のようである。

まず聴方教授は，「噺をきくといふことは子供の内面的欲求である」(話方，p.16)点を基底にすえ，児童にとって自然で「国語の実力として大きなる貢献をなすものである」(話方，p.16)という点に，聴方教授の教育的価値をおいている。それゆえ，とくに低学年児童に対しては重要だという。教授方法についても，場面ごとに「偶発事項をとらへてお話をする場合」「他教科と連絡してお話をする場合」「季節と連絡して行ふ場合」(話方，pp.19-20)などに分類して考え，さらに「話してきかす方法」「読みきかす方法」など技法を加味しての詳細な方法が述べられている。いっぽう，話方教授においては，発表の自発的態度の養成を重視し，「義務的，強制的手段は発表欲を減退せしめ，話方に対する恐怖と誤解を起させる因になるから避けなければならない」(話方，p.26)と指摘する。また，児童の発表を「馴致し勇気付ける」指導や「間違つてもなんでもない。話すことが第一大切だ」(話方，p.27)といった心構えを訓練することの重要性を指摘している。そうしたうえで，「方言訛語不良発音は指導矯正する一方，積極的に語彙の豊富」(話方，p.31)を図ることを話方教授の根底としているのである。このようにみると，聴方，話方の指導は，児童の内面に働きかけ，その意欲を引き出し，普通語の学習に自ら取り組むようにすることを指導の基本（目標）としていることがわかる。ここには「大正自由教育」の影響が明らかに読み取れる。

しかし，普通語の学習は，小学校教育のなかで今までも取り組まれてきたが，その成果，普及は十分にあがっていないのが実情であり，『島の教育』ではその対応策が講じられている。そこには，「児童談話会の開催」や「児童文庫の経営」のほか「普通語奨励々行の方案」として20項目があげられている（話方，p.9）。次にこれらの内容についてみてみよう。

まず，教師に対し，すべての教科にわたり矯正指導を行うように指示している。そのうえで，蓄音機や教育的レコードの設置といった言語環境整備や国語週間の設定，尋常1年生にはなるべく早く方言教授をやめるといった学校方針

が述べられ，さらに父兄への自覚を促したり，婦人会や青年会にも呼びかけている。しかし，ここで注目すべきは「言語の定期検閲を行ひ」「成績簿に記入し且つ各学年成績一覧表をつくり」（話方，p.10）といった点数による強制や，「方言乱用者は適当な制裁を與へ自覚心を喚起させる」（話方，p.11）といった強硬策である[13]。こうした強制的な「改善」方法は，上述した話方，聴方教授の指導方法に貫かれていた自発心の養成とは明らかに相反するものといえる。

このように言語風俗習慣の「改良」の目標や理念のなかには，「大正自由教育」の反映がみられるが，実際の現実的方法としては，上からの強制的な同化策を用いて「改良」する方法が提唱されたのである。それは，沖縄移民の非難を早期に解消しなければならないという現実的な要請があるいっぽう，それとは裏腹になかなか「改良」されない現実の児童たちの生活があったためと思われる。したがって，第19回施行要項には，こうした同化策を受け入れず，風俗習慣の「改良」がなされないことは，「精神的物質的に受くる損失は甚だ大きい」[14]と述べ，移民後の現実生活の損得からもその必要性を強調しているのである。

(2) 同化＝近代化の側面

『島の教育』では，衛生観，趣味の養成，女子教育などに関しては，「其他の施設経営」や技能教科のなかで扱われている。これらの内容には，日本へ同化すると同時に，沖縄を貧困や陋習から解放しようとする志向性がうかがえる。そのなかでも「学校衛生」は27ページにわたり詳細な記述がみられる。それは，衛生問題も沖縄移民の非難として必ず出される事柄であり，また出国時のトラホームや十二指腸虫の検査で不合格になる移民が多くでているという現実があるためである。

たとえば「学校衛生上の施設経営」では，「衛生知識」「身体の清潔検査」「衛生指導」「学校看護婦の設置」「身体検査」「学校清潔」「衛生上の設備」（其他の施設経営，pp.5-25）の7項目にわたり分類され，とくに学校での清掃の取り組みと便所の設置，清潔に関しては微細をきわめ，あらゆる方法がとられて

いる。それは「紙屑塵の一つ散つて居るのを見ても不快であると云ふ感じを起させるまで徹底的に掃除を注意し清潔の良習慣を養成する」(其他の施設経営, p.11) ためであり,「県外海外に出て便所の問題から飛んでもない非難の多い事に思を及ぼす時本県小学校に於て便所設備は決して軽々に附すべき問題でない」(其他の施設経営, p.20) との教師たちの強い現実認識があったからである。

しかし, 実際の児童らの生活はどうであろうか。「地方農民は夏季は冷水に浴し, 冬期は殆んど沐浴せざる者あえて珍らしからず」「家屋の清潔に就きては, 従来地方農家の多くは雑巾を用ふるもの極めて少なく, 只新年, 盆祭の外, 冠婚葬祭其他集会等の際大掃除をなすのみ」[15] というものであった。また, 便所は沖縄特有の「豚便所」が一般的であり, これは「豚小屋と便所が一緒になっていて, 豚に人糞を食べさせるというもので, 沖縄を訪れる他府県人の誰もがその実情に驚いた」[16] という。沖縄の風土に根ざした生活習慣を学校だけで「改良」することは容易なことではなかった。近代的衛生観は出発前の移民には受け入れられる余地はあったであろうが, 児童たちの生活には現実的でなく, 必要性も乏しかったため, その普及は遅れたものと思われる[17]。

趣味の養成についても, 沖縄人が県外海外に出たとき, 無趣味では「県外人外国人から一種軽侮の念を以つて見られる」(其他の施設経営, p.29) ことを避けるために, という現実的要請から想起されている。教科としては,「図画・手工・手芸」「唱歌」「体操」がそれにあたる。たとえば「体操科」では, とくにダンスについて,「若し本県民が社交ダンスに対して無趣味無理解であれば海外に於て外国の社会にうまく融合することが出来ずその生存上, 非常なる不利を来たすに違いない」といい, また, それは「西洋音楽を味ふ好機会であ」るともいっている (体操, p.9)。このように「沖縄人」を意識しつつも, 海外でいかにうまく生活できるかを考慮しており, そこには日本への同化というより, 西洋化した現地社会にいかに適応できるかを志向した点が指摘できよう。

さらに沖縄の女子移民に対しては, とくに「服装容儀の異様にして且つ整はず, 而もその教育程度の低劣なる」(其他の施設経営, p.36) との非難が渡航先各地で指摘されており,「県外海外に発展する県民の最も大なる障碍となりつ

つあ」り，「女子教育は実に急務中の急務である」(其他の施設経営，p.36) との認識が女子教育の担当教師たちにはあった。したがって，直接女子教育につながる「裁縫科」「家事科」「其他の施設経営　女子教育」は，そうした現実に対する対策として書かれてある。

「裁縫科」の「服装改善経営」(裁縫, pp.2-3)では，和装洋装の知識を与え，着用実習をし，漸次洋装を奨励しつつ，卒業後も琉装に戻らないよう配慮している。そのため地域社会でも，学校が中心となって講習会を開き，同じような指導を行なうなど細かな指導が述べられている[18]。しかしながら，こうした指導は，単に強制的に非難を「改良」するためだけの女子教育ではなかった点がうかがえる。では，女子に対しどのような理念のもと教育を行おうとしたのか。

もともと沖縄には，女子に教育は不要との考えが根強くあり，そのため女子は家庭生活を含め社会生活全般にわたり，封建的な因習に拘束されるところが多かった。そうした女子に対し，「家庭の改良，次代国民の育成，社会の改革等総て女子の力にまたんことを期して居る」(其他の施設経営, p.36) と言い放ち，そのために女子教育を作興し，女子の教養を高め，服装，容儀，言葉，礼儀作法を重視して教育する必要があるととらえていた。こうした認識は，単に女子に残る古い習慣を「改良」し，「日本人化」を促進するためだけの女子教育ではなく，女子も沖縄を発展させていく重要な一翼とみなし，そのための教育を考えていたととらえることができる。したがって，女子教育の取り組みの項目には，たとえば次のような先進的な考えのものが含まれていたのである。

> 「女子自治会　女児のみの自治会を開催し，女教員指導の下に特に女児のみに限る事項の決議実行をなさしむ。」(其他の施設経営，p.38)

> 「女子を一層尊重し，女子の家庭，社会，国家人類の立場より重要なる地位を占むるものなるかを知らしめ，且つその自覚を促すこと。」(其他の施設経営，p.38)

しかし，現実の日常生活は上述のごとく，地域での琉装の「改良」もままならないという状態であり，それに対し強制的方法も用いた。しかし少なくとも，教師(とくに女性の教師)たちには上記のような理念があり，その必要性を女子

らに訴えたのではなかろうか。実現化という点では成果が乏しかったものの，教師の教育観のなかには新しい教育の影響が投影されていたと考えられる。

これらの点から『島の教育』の同化の側面には，同化することで沖縄の文化を否定する方向性だけでなく，古い慣習を変え，近代的な思想や習慣をもった移民として海外へ送り出そうとする主体的姿勢をみて取ることができる。つまりここには，沖縄人としての独自な存在や自覚がより強く作用した，近代化への志向性が含まれていたと指摘できよう。

第2節　『島の教育』における「文化的異化」の析出

(1)「日本人意識」の形成

『島の教育』には，言語風俗習慣の「改良」により日本への同化を進めるとともに，精神的にも「日本人」に同化するための教育，すなわち天皇制イデオロギーに基づいた思想形成の志向も含まれていた。「修身訓練」では，「忠君愛国の精神涵養の訓練」が記されており，「現在より以上に忠君愛国の念を涵養するために特に一層の努力を払う必要」（修身訓練，p.25）があることが述べられている。その方法として四大節や祝祭日，国民国家的記念日での行事挙行のほか，「中でも海外発展産業振興知能の啓発等は特に平素の報国尽忠の最善の方法なることを留意して知らしむ」（修身訓練，p.25）とあり，普段から忠君愛国の精神を涵養することの必要性を唱えている。また，敬神思想の養成についてもふれられており，「神社崇拝と祖先崇拝は其の根源が一致し亦忠君愛国の精神と一致する」（修身訓練，p.20）とあり，忠君愛国の精神が神社崇拝と一体となって進められるべきことを意図している。こうした考えは，「裁縫科」や第19回施行要項にも反映されており，明治天皇がいち早く洋服着用を採用した「開明性」を讃えている部分がみられ，「沖縄移民またよろしくこの明治天皇の大御心に添ひ奉るべきである」[19]と述べている。

これは，『島の教育』における日本への同化が，沖縄移民の差別や非難を解消するために，単に沖縄特有の風俗を「改良」して「日本人化」を進めただけでなく，大日本帝国に対する忠誠心をもつ「日本人移民」を育成する思想形成

の一環としてなされていたととらえることができる。

(2) 沖縄人としての「長所」の喚起

しかし，いっぽうで『島の教育』は，沖縄人の「長所」つまり積極的に評価できる点にも目を向けている。そうした点を「国史」や「地理」のなかに求め，「過去に於いて県民，祖先が海外に勇躍した歴史」や「県外海外に於いて成功せる人々の現状事業」[20]をとおして発展的気象を養おうとしている。

沖縄人が海外に勇躍した歴史とは，琉球王国を中心とした琉球史にほかならない。しかし，琉球史を独立して教えることは，法令上国史の目的である「国体ノ大要ヲ知ラシメ兼テ国民タルノ志操ヲ養ウ」[21]に矛盾する怖れがあるため，国史との「併述」という形式をとることになる。そこで「何故琉球史を国史教育にとりいれるか」を最初に問うことから始めるのである。

まず，筆頭に掲げていることはここでも「国体観念の涵養」である。琉球史にとってそれは，沖縄人が大和民族と祖先が同じであること，つまり同祖論を確認することであり，また，沖縄人の国史への貢献ということを強調するのである。そのことが琉球史を扱う大前提なのであり，そのうえで沖縄人の海外発展史を取り入れようとするのである。この時期，郷土教育とのかかわりで琉球史としての郷土史研究がさかんになるのだが，[22]そのなかでとくに「琉球外交史」だけを国史に取り入れることを提唱する。つまり，「私たちの祖先は……退嬰的，消極的な民族ではなかつた。一千年の昔に於て大和地方に往来したほどの発展的，進取的な海外思想に富む民族であった。それが慶長の役後の両属政策のためにしばらくおさへつけられてゐたまでである」（国史，pp.4-5）といい，慶長の役前の琉球人の海外発展史を知らせ本土との交渉が深い史実を取り入れることは，発展的気象を養い，本県救済ともなり，「この教材は最も重んずべきもので，量に於ても最も多くとりいれねばならぬ」（国史，p.11）といっている。このように同祖論や国史への貢献という「日本人化」の歴史的枠組みを堅持しつつも，「沖縄人としての長所」を喚起するような祖先の海外発展史を授けるという点に，『島の教育』における「文化的異化」の表明の仕方の特

第3章　沖縄の移民教育としての『島の教育』(1928年)の再評価　113

表・3－1　琉球外交史を取り入れた教授細目の例

第一課　　私たちの祖先 －高上第一「神代」の第五項「我が国体」の次で
第二課　　大和時代における南島人の来朝 －高上第七「支那との交通」の第三項「遣唐使」の次で
第三課　　奈良時代における南島の綏撫 －高上第十一「奈良時代の学芸風俗」の第三項「学問進む」の次に
第四課　　南島の分離 －高上第十五「朝臣の栄華と文化」の第三項「漢文学衰ふ」の次に
第五課　　鎌倉時代における琉球と本土との関係 －高上第二十「北條氏の民政」の第一項「北條氏執権として幕府の実権を握る」の次に
第六課　　支那との貿易 －高上第二十三「北條氏の滅亡」の第十項「北條氏滅ぶ」の次に
第七課　　室町時代初期における本土との貿易 －高上第二十六「室町幕府の盛時」の第六項「外交上の失体」の次に
第八課　　応仁の乱と日琉交渉の中絶 －高上第二十八「室町幕府の衰微」の第四項「応仁の乱」の次に

注)　「高上」は高等小学国史上巻を示す
出所)『島の教育』(国史, pp.21-23) より作成 (傍点は作成者)

徴を見いだすことができる。

　「国史」の章の最後には，「輪郭だけ」と断りつつも「琉球外交史をとりいれた教授細目」が第一課「私たちの祖先」から第十七課「明治維新と琉球処分」まで掲載されている。例として第一課から第八課までの項目と，「次で(に)」という表現で国史の内容のなかに沖縄人の発展を各時間ごとに強調しようとした「併述」の方法を掲げる。

　各課の解説として，たとえば第二課では，「私たちの祖先は，交通不便な一千年の昔，既に木の葉舟にのつて大和朝廷に朝貢するほど，発展的な民族であつたことを知らせるのが主眼である」と述べ，また，第六課では，「私たちの祖先が争乱の時にあつて尚よく種々な困難と戦つて通商し貿易した痛快な史実を

授けて県民の意気を振ひ起したい」(国史, p.21) と説明されている。このように国史教育のなかに琉球外交史を巧みに位置づけ, 沖縄人が海外で活躍した歴史を知らせようとした。これは, 学校教育において琉球史を取り入れた系統的なカリキュラムとみなし得るものであろう[23]。

また「地理科」では,「海外発展に対して地理科はどんな任務を果し得るか」(地理, p.9) という問題に対して,「郷土地理」「海外地理」「海外発展の現況」をどのような観点から授けるべきかという点について述べられている。すなわち, まず「郷土地理」で海外発展の必要性を自覚させ, 次に「海外地理」では, とくに沖縄人の多く渡航する地方の地理的知識を重点に授けることで海外発展の方向性を定め, さらに現在, 海外での沖縄移民の活躍, たとえば海外各地において沖縄県人会がかなりの勢力である事実などを知らせることで, 沖縄人は「決して消極的退嬰的民族ではない」(地理, p.13) という「国史」で示した「長所」をここでも再認識させ, これらの点をとおして「沖縄人としての長所」を喚起し, 海外発展的気象を養うことが大きな目的として掲げられているのである。

第3節　沖縄移民の海外発展思想 ―「国際性」への契機

「海外発展の気象を養う」という発想は『島の教育』以外でも, 何人かの教育(論)者のなかに認めることができる。たとえば, 日本力行会会長・永田稠は『海外発展と我国の教育』(1917年) のなかで, 海外発展に対し「冒険尚武の気風」を養成することを唱道している[24]。また, 奈良女子高等師範学校教員・芦田完は,「移民教育より見たる小学校教科書」(1935年) のなかで,「小学校教科書に於ける海外発展の気象養成に関係ある教課」について述べている[25]。これらの「海外発展の気象養成」は, 国家あるいは民族の「発展」を意味していることに留意する必要があろう。永田は,「地理教授中は常に植民主義の思想上に立つ可き」[26] ことを強調しており, 芦田は,「民族の膨張, 民族的生命発展の上から移民の必要なることは明白である」[27] といっている。これに対し『島の教育』では,「海外発展の気象養成」の前提に「郷土地理」

を掲げ、沖縄の現状を知ることで、「海外発展の必要な所以を自覚せしめ」(地理、p.9)、そこから「一時的移民では人口問題に徹底的な解決を與えることが出来ないから、どうしても永住的移民でなければならぬ」(地理、p.9)ことを強調している。ここには、沖縄県の厳しい移民事情が反映されており、『島の教育』における地理教育がより現実的かつ切実な移民教育であったことがうかがわれる。したがって『島の教育』の「海外発展」の目的は、国家や民族の膨張主義ではなく「永住的移民」にあり、県民が現地の生活にいかに適応するかをめざしていた、と解釈できる。こうした目的は、国際協調をめざす「国際性」への志向性と相いれる面があった。

『島の教育』のなかには、「国際性」にふれた部分がいくつか散見できる。たとえば「修身訓練」では前述したように、国際道徳や国際情誼を重んじる精神の養成として「国際問題に対する理解」や「外国の人情風俗習慣等の事情」(修身訓練、p.32)などを取り上げるよう促している。また「唱歌科」では「国際教育と唱歌科」の節を設け、そのなかで「何れの国でも戦争が国民の敵愾心を増長せしめ、それが多くの戦争歌(軍歌)となつて表はれた」「偏狭な国家主義に就いては考へねばならぬ」(唱歌、p.12)といい、音楽のもつ普遍性に言及している。さらに第19回施行要領をみると、作法により個人の内心の陶冶を図り、それが国民の品格を高め、「飽くまでも礼儀を以つて接すれば人類間の平和は当然保たるべく又国際間の平和は永久に維持せらるゝものである」[28]と述べている。ここには『島の教育』のめざす教育が国際平和へとつながる展望が示されている。つまり、『島の教育』には「国際教育」的視野も含まれており、「国際性」をめざす志向性が確かに存在していた。こうした「国際性」を含んだ移民教育は、当時の教育思潮とどのようなかかわりがあったのだろうか。

当時の国際教育の動向に影響を与えたものに、澤柳政太郎や野口援太郎らが中心となって1923年に組織した国際教育協会がある。この団体は、「各国民相互の理解と友愛を深め、完全なる世界の平和を実現する」[29]ことが目的とされ、同年『国際教育の理論及実際』と題する論集を出している。このなかで野口は、国際協調精神を養うためには「自由教育の方法を取らねばならぬ」[30]

とし，国際教育と自由教育の連動性を指摘している。

国際教育に対する関心は，ほぼ同時期の教育雑誌などにも，関連記事がいくつか散見でき，また，一般教員の発言にもそうした傾向が見いだされる[31]。国際教育的視点はさらに，実際の移民政策にも反映されていた。すなわち，外務省が出した「㊙移民政策ノ合理化」（1931年5月）のなかで，「移民ノ教育方針」として「国民教育ノ刷新」のために，「広ク国民ニ国際的教育ヲ施シ各国ノ国情，国民性ヲ教ヘ相互ノ理解ト異人種ニ対スル偏見ヲ除去シ」，との文言が記されていた[32]。このようにみると，『島の教育』にみる「国際性」への志向性は，「大正自由教育」の影響を受けた当時の教育思潮の1つである教育の国際化という潮流に沿ったものであるととらえることができる。

しかしながら，先に述べたように，『島の教育』には天皇制イデオロギーに基づいた移民の精神養成も志向しており，このように天皇制イデオロギー思想と「国際性」の側面とが矛盾することなく併記されている点が，『島の教育』のもつ特徴的な視点なのである。それは「従来の恥辱を挽回し帝国々民として或は世界文化人として何等遜色なき県民の養成に努めることは本県の急務である」（移民, p.18）（傍点は引用者）という記述に端的に表れている。

それではこのように併記された視点には，いかなる意味があったのか。この点について考察を加えてみたいと思う。

大正期の国際教育の背景には「一方では理念としての世界平和への寄与，国際社会への文化的貢献ということを強調しながらも，他方では，国際的生存競争という現実的な認識」[33]があったことが指摘されている。移民として海外へ出ることは，この国際的競争裡のなかに身をおくことでもあった。この点に関して第19回施行要項ではさらに明確に述べており，「今日教養なき国民は決して激烈なる国際場裡の優勝の地位を獲得することは出来ない」，県外海外での発展成功は「初等教育を振興し素質優良な教養ある移民を送る事によつてのみ解決さるべきもの」[34]であるといっている。

こうした点をふまえ，国際関係のなかで沖縄における移民教育を考えた場合，日本への同化は沖縄人が「日本人」として厳しい国際的競争のなかに参列する

ことをも意味していたのである。換言すれば,『島の教育』にみる移民教育には, 自由教育的な影響のもと,「国際性」への志向性が指摘できるが, 同時に言語風俗習慣の「改善」や天皇制イデオロギーの養成を媒介として, そうした「国際性」への志向性が日本の対外進出や膨張の方向に容易に連動していく契機をも内在していたといえるのではないだろうか。

第4節　『島の教育』にみる基本的な志向性 ―まとめとして

最後に, 以上で検討してきた『島の教育』のもつ多面性において, その基本的な志向性とは何かについて考察してみたい。そのために『島の教育』と同じように移民教育の実際について書かれた, 広島県の大河尋常高等小学校から発行された『移民と教育』(1918年) との比較のもと, その検討を試みることにする。両者は時代はややずれるが, 移民教育の精神を実情に即して述べた例として, 広島県と沖縄県とを比較・検討できる好材料である。また,『島の教育』は『移民と教育』を参照して書かれた形跡もうかがえる[35]。

『移民と教育』は500ページ以上に及ぶ大部のものだが, その大半を渡航先各地の海外情勢の解説にあてている。移民教育については, 最後の章で, 学校教育, 社会教育両方の関連から述べられている。そこでは移民教育は,「地方化し郷土化して行ふべきもの」で,「全教科に亘りて始めて完成す」[36]べきものであるという。この点については,『島の教育』にみる移民教育とほぼ同様の位置づけであるといえる。「修身科」ではとくに「日本人は世界に稀有なる故国を思ふ国民」であるが, これが高じて「排外精神の国民としてあらわれ」, 排日熱をも引き起こす一因となるので, この点を留意して「国家の体面を汚さぬ国民を出すべく」小学校時代からの移民の養成を主張している[37]。また,「地方化し郷土化して行ふ」点としては,「地理科」では「大河人」の多く移民する国を詳細に取り上げ, また, どこに移民しても困らぬよう「英語」の教授を授けているという[38]。このように『移民と教育』は, 日本人移民としてどう教育し, 海外へ出すかという点から書かれたもので, とくに広島県出身移民を強く意識されたものではないといえよう。

『島の教育』も「日本人として」の立場という枠組みは堅持されているが，そうしたなかでも沖縄人としての「長所」や進取性を盛り込み，それを「沖縄人としてのアイデンティティ」の基盤に据えようとする志向性が指摘できる。それはなぜかというと，やはり他府県移民にはない，沖縄移民に対する差別や非難が存在するからであり，それへの追従として「日本人」への同化を強制するいっぽう，その対抗として「沖縄人としてのアイデンティティ」をも表明するのである。つまり，沖縄の移民教育は二層の自己意識を常に志向し教育したともいえる。実際の教育現場では，日本（人）への同化の指導が優勢的に強かったであろうし，また，移民にとっても成功のための必要性として，そうした同化教育を受け入れざるを得ない面があった。しかし，渡航先各地の沖縄移民の生活をみれば，沖縄文化はさまざまなかたちで継承されており[39]，「沖縄人としてのアイデンティティ」は消えることなく渡航先でも生きつづけていた。

　歴史的にみれば，『島の教育』にみられる多面性は，その後同化の側面が強調され[40]，国家主義的教育に包摂されることになるのだが，『島の教育』が単に同化教育に帰着するだけのものではなかった点は明らかであろう。その内容は，今まで述べてきたように日本（人）への同化のほか，「大正自由教育」の影響のもと，多面的な志向性が内包されていた。こうした点に従来の，同化一元的な移民教育とは違った歴史的特徴が見いだせよう。『島の教育』の内容自体は，十分に開花することはなかったが，沖縄移民特有の状況のもとで，独自に展開された移民教育実践論といえるものであった。

注
（1）「移民教育」の範囲，とらえ方については，「序章」p.10を参照。本章は，渡部宗助の規定している「移民教育」の区分，すなわち，移民政策を推進するための国内での教育（(1)不特定多数を対象とした学校での教育，(2)奨励・宣伝を意味する成人対象の教育，(3)具体的に出移民が決まって，移民教養所（神戸・長崎）での速成教育）と入移民国での教育，に従えば国内での教育のうち(1)の学校教育に関するものといえる。
（2）　たとえば，金城功「移民の教育」『沖縄県史』第7巻移民，1974年。阿波根直誠「教育思潮と実践活動の多様化」『沖縄県史』第1巻通史，1976年。石川友紀「第二次世界大

（3）近藤健一郎「沖縄における移民・出稼ぎ者教育－沖縄県初等教育研究会『島の教育』（1928年）を中心に－」『教育学研究』第62巻第2号，1995年，p.16
（4）同上論文，p.16
（5）第17回沖縄県初等教育研究会（主催：沖縄県女子師範学校）の研究題目は，「県民の県外海外発展及生活改善に鑑み特に小学校に於て施設経営す可き具体的方案の研究」であった。
（6）このために外務省は，沖縄県に対し二度にわたりブラジルへの渡航禁止・制限の措置をとり，それが完全撤廃されたのは1936年であった。この間の施策の推移については，原口邦紘「沖縄県における内務省社会局補助移民と移民奨励策の展開」『南島史学』第14巻，1979年を参照。
（7）『島の教育』は，教科や内容項目ごとに頁数が付されており，以下，カッコで教科または項目名，頁数の順に表示し，引用箇所は文中に記す。
（8）文化人類学者・前山隆は，「アイデンティティは他との関連において自己を分析・定義する認識プロセスであり，他の者を外部から分類するレッテル張りの「カテゴリー」とは同じ現象の表裏を構成している」と説明する（『異文化接触とアイデンティティ』，御茶の水書房，2001年，p.73，また「序章」p.11を参照）。「沖縄人としてのアイデンティティ」は所与のものとしてあったのではなく，外部からの差別に対抗する形で形成されていった。それゆえ，教育上，「沖縄人の長所」を喚起させるという自己存在の価値を認識させることは「沖縄人アイデンティティ」の形成のうえで，重要な働きかけであったといえる。
（9）たとえば，1915年，浦添尋常高等小学校校長・広田鉄蔵や男子師範学校附属小学校の複式学級において「分団式教授法」の実践がみられる。1917年には，沖縄師範附属小学校教諭として来県した稲垣国三郎が「生活にもとづく綴り方」の実践をし，1921年には，垣花尋常小学校の福屋菊枝，名護尋常小学校の照屋登郎，宮古の池村恒章らがそれぞれ「新教育」の主張に基づいた実践を行っている。さらに，1922年には，島尻郡の大里尋常小学校に「ダルトン・プラン研究サークル」という新教育の研究会ができ，翌年には島尻郡校長会で話し合いがもたれている（『屋部小学校創立百周年記念誌』1990年12月，pp.74-75，『沖縄県史』第4巻教育，pp.412-414）。また，具体的実践内容については，阿波根直誠「沖縄県小学校教育の変遷（Ⅱ）－大正期を中心とする「新教育運動」の動向－」『琉球大学教育学部紀要』第15集，1972年を参照。
（10）「日系移民のアイデンティティの確立過程は，あい異なる二つの国家と文化の相剋の歴史を展開させる」と述べられているが（沖田行司『ハワイ日系移民の教育史　日米文化，その出会いと相剋』ミネルヴァ書房，1997年，p.3），沖縄移民の場合，「沖縄人」「日本人」さらに「現地人」との間での相剋が想定される。

(11) 沖縄県女子師範学校主催「第19回初等教育研究会施行要項」外務省外交史料館＜本邦移民関係雑件＞　1929年5月30日発行，pp.14-16
(12) 『真壁小学校創立百年の歩み』1981年9月，p.20
(13) 『島の教育』のなかには，普通語強制策の代表例として考えられる「方言札」という方法は見られない。これは，1915年に出された「普通語ノ励行方法答申書」に述べられている，「方言ヲ使用スル生徒ニ罰札ヲ渡シテ制裁ヲ與フルモ地方ノ状況ニ依リ校風ノ如何ニヨリ一時的方便トシテハ可ナランモ主義トシテハ善キ方法ニアラザルベシ」（『沖縄教育』第103号，1915年9月，p.65）を意識して書かれたものであると推測される。しかし，この時期実際の教育現場では，「学校記念誌」や「市町村史」などの証言にみられるように，「方言札」の使用は認められる。たとえば，「大正14,15年ころ，安和尋常小学校に方言札という札があった」「そして，一週間に一度は朝礼で，方言使用者を前に出して，厳しく週番や担任から叱られるのである」（『勝山誌』1978年，p.85）というように。それゆえ『島の教育』における普通語指導は特徴的だといえる。
(14) 前掲(11)論文，p.10
(15) 『北谷小学校創立百周年記念誌』1984年9月，p.201
(16) 『なは・女のあしあと　那覇女性史（近代編）』ドメス出版，1998年，p.358。また，大正期から学校看護婦の必要性が認められていたが，1927年度より沖縄県で初めて県立女子師範学校に設置されることになったという（『沖縄教育』第163号，1927年7月，引用は『那覇市史』資料篇第2巻中の3，1970年，p.171）。
(17) その後，農村生活の改善を図るため「生活改善指導奨励規程」などを制定し，「共同浴場ノ設置」や「衛生思想ノ普及徹底」など村全体で取り組むようになる（『沖縄県社会事業要覧』沖縄県社会課，1934年発行）。
(18) 島尻郡では，1922年2月4日の令達で男教員は洋服，女教員は和服を着用することになっていたが，他郡市に率先して同年秋の連合運動会を期して女教員も洋服を着用することにという（島尻郡教育部会『島尻郡誌』1937年，p.136）。
(19) 前掲(11)論文，p.16
(20) 女子師範学校主催「県下各小学校合同研究会」沖縄県海外協会『南鵬』第3巻第1号，1927年，p.23（同様のものが外務省外交史料館＜本邦移民関係雑件＞に「第17回県下各小学校合同研究会施行要項」として所収されている）。
(21) 1926年4月22日付文部省令第18号「小学校令施行規則中改正」第5条第1項
(22) 「1933（昭和8）年を前後とする年は，沖縄における郷土研究及郷土教育が，最も高揚された時期である」といわれている（新城安善「沖縄研究の書誌とその背景」『沖縄県史』第6巻各論編5，1975年，p.1052）。1933年3月に開催された第22回沖縄県初等教育研究会では，沖縄県師範学校附属小学校編「郷土取扱の実際方案」が採択されている

(『沖縄教育』第200号，1933年4月，p.21)。なお，郷土室の設置については，沖縄県師範学校では1931年に，沖縄県女子師範学校では1931~33年頃にそれぞれ実現していることが確認されている(阿波根直誠「沖縄の師範学校における「郷土室」について」(Ⅰ)(Ⅱ)『琉球大学教育学部紀要』第28，30集，1985，87年)。
(23) 1897~1905年まで使用された『沖縄県用尋常小学読本』にも沖縄固有の教材が盛られていたが，全体の分量からみても多いとはいえず，その直接のねらいは「沖縄県用を特別に編集し，明治政府の意図する教育の浸透を大いにはかったこと」にあった(地域教育史資料3『沖縄県用尋常小学読本』文化評論社，1982年，解題p.16)。
(24) 永田稠『海外発展と我国の教育』同文館，1917年，p.175
(25) 芦田完「移民教育より見たる小学校教科書」『学習研究』第14巻第5号，1935年5月，p.193
(26) 前掲(24)，p.186
(27) 芦田完「移民観念の更生と人種平等教育」『学習研究』第15巻第1号，1936年1月，p.103。なお芦田は，「移民にとつて特に重要な事柄」として，「㈠民族的発展の本質並に緊要性，㈡海外発展の気質，㈢開拓定住の精神，㈣民族的国際的融和の精神，㈤移住地及び移民生活に対する知識，㈥移住の方法，国家及び民間に於ける移民機関についての知識」をあげている(『大和民族の使命　海外発展教育の要諦』明治図書，1937年，pp.77-78)。
(28) 前掲(11)論文，p.14
(29) 中野光『大正デモクラシーと教育　1920年代の教育』新評論，改訂増補1990年，p.131
(30) 野口援太郎「国際教育会議の意義及其目的」国際教育協会編『国際教育の理論及実際』文化書房，1923年，p.326
(31) たとえば，ほぼ同時期の『教育時論』には「初等教育と国際的感情」(1922年)，「国際教育に就いて」(1924年)，「国際心の涵養」(1926年)，「国際道徳と個人道徳」(1927年)といった記事を見出せる。また，教員の対外観にも平和主義・国際協調主義的主張が指摘できる(栄沢幸二『大正デモクラシー期の教員の思想』研文出版，1990年，pp.411-421)。
(32) 外務省通商局「㊙移民政策ノ合理化」外務省外交史料館＜本邦移民保護，奨励並救済関係雑件＞ 1931年5月，p.10
(33) 石附実「大正期における自由教育と国際教育」池田進他編『大正の教育』第一法規出版，1978年，p.571
(34) 前掲(11)論文，pp.15-16
(35) 『島の教育』「地理科」の「第三節第一項　郷土室の経営(海外資料室)」のところで，「本校で備へつけた」書籍類の例として，『移民と教育』があげられている(地理，p.18)。また，『島の教育』の目次には『移民と教育』と同じ項目がみられる。
(36) 広島県師範学校代用附属小学校大河尋常小学校発行『移民と教育』1918年8月，p.541

(37) 同上書, p.544
(38) 同上書, pp.545-547
(39) たとえば, フィリピン・ダバオへ渡航した沖縄移民が記した「仲間喜太郎日記」(1937年)(『宜野座村誌』第二巻資料編, 1999年)には, 現地で字を中心とした郷友会的社会がつくられ沖縄人同士のつながりや沖縄独自の風俗習慣がそのまま持ち込まれて, 移民生活が送られていた様子が描かれている。差別のなか郷友会的社会での沖縄文化の継承は,「文化的異化」として「沖縄人としてのアイデンティティ」形成の基盤をなしたものといえる (詳しくは「第二部」を参照)。
(40) たとえば, 那覇尋常高等小学校「昭和十年度　本校経営の努力点」をみると, 移民のための教育は,「将来県外及海外渡航して発展せしむる為自主時間を利用して県外及海外事情を教授しつゝあり」とだけ記されており,『島の教育』に示されていたような全教科にわたっての移民教育の取り組みはみられない。かわって皇室, 国家に対する観念の養成が大きく増え, 8項目にわたりその方法が具体的に述べられている (那覇市教育委員会『那覇市教育史』2000年, p.343)。

第 4 章
開洋会館（1934年）の機能変化と村の移民送出状況の背景
－1920年代後半から1930年代半ばまでの移民教育事情－

はじめに

　1934年6月，沖縄県に海外移民のための渡航前訓練施設として，開洋会館が設立された。当時の新聞は，「移民の家／開洋会館／沖縄県の誇り……金字塔／賑やかな落成式」（『大阪朝日新聞』鹿児島沖縄版，1934年6月12日付）との見出しでそれを報じている。

　沖縄移民は，その独自な言語風俗習慣ゆえに，渡航先各地で差別や特別視されているという状況があり[1]，移民の「素質改善」を図り，「日本人移民」として恥じないよう教育することは，県の経済的救済のためにも重要な課題であった。そのために移民の教育訓練機関がぜひとも必要であるとの意見が高まっていった。こうした機関の建設は，1924年に沖縄県海外協会が設立されて以来計画されていたが，経済的理由その他により，実現をみたのは1934年であった。したがって，上記の新聞の見出しの表現には，待望の移民教育機関・開洋会館の誕生に対する県民たちの期待が込められていたのである。

　いっぽう，開洋会館設立とほぼ同じ時期，沖縄の農村各地では，全国的な「農村更生運動」の動きに呼応した，沖縄での「国民更生運動」（以下，カギカッコをとって表記する）が進められていた。この運動のなかでは，「生活改善指導字」（以下，「指導字」と略す）が指定され，運動の推進が図られている。『国民更生運動の概況後篇』（沖縄県社会課，1935年，以下『後篇』と略す）には，「指導字」として「名護町字幸喜」「浦添村字小湾」「大里村字稲嶺」の3例が紹介されており，また，自力更生の模範的字として「美里村字古謝」「知念村字志喜屋」「本部村字浦崎」「羽地村字眞喜屋」の4つの実例があげられている。後述

するように，これらの村のほとんどが県外人口流出数およそ2000〜6000人を出している（1935年当時），人口流出数の非常に多い村であった。ここからは，人口流出の現象が国民更生運動の取り組みになんらかの影響を与えているものと推察される。

　開洋会館での移民教育としての内容と，農村での国民更生運動の実施内容には，「生活改善」の取り組みという点に関連性が認められる。本章ではこの点に着目しつつ，まず，開洋会館での移民教育としての実施内容を具体的に明らかにし，次に，ほぼ同時期に展開された各村の国民更生運動の取り組みを，人口流出という観点から「指導字」を中心に検討する。そしてさらに，人口流出とくにフィリピンへの移民の送出が多い金武村を例に，移民の送出が村にどのような変化をもたらしたのか，目にみえる外部の変化のみならず，農民階層の変化からも考察する。このような変化は，当然村の移民教育にも反映されていった。

　こうした作業を通して，1920年代後半から30年代半ばにかけて，沖縄における移民教育が県レベル，村レベルでどのように機能し，それがやがてどう変容していったのか，その内実を明らかにすることをめざしたいと思う。沖縄における移民教育は，上述したごとく海外での沖縄移民に対する差別や非難を解消するため，「立派な日本人」を育成することが中心的課題としてあった。それゆえ日本（人）への「同化」教育としての側面が強いといえるのであるが，農村との動きと関連づけてこうした移民教育をとらえた場合，移民や移民を送り出す村にとって移民教育というものがどのような意味があったのかを問う視点を確保でき，その実態を追うことにより，移民教育の実情やその受容，そしてその後の変容の様子を具体的にとらえることができるのではないかと思われる。扱う時期は，序章で示した第二期（推進期）後期；1926〜1935年に相当するが，第三期とのつながりをより明確にするために，1930年代後半についても一部言及することになる。

第1節　開洋会館の設立とその役割

(1) 設立に至るまでの経緯

　沖縄において移民教育機関の設立要求は，沖縄県海外協会が発足して以来，懸案事項であったといわれている。実際，開洋会館が完成したのは，上述のごとく1934年6月であった。この間の経緯を新聞，その他の資料に沿ってみていくことにする。

　沖縄県海外協会が発足したのは1924年11月であるが，同年7月にはアメリカで排日移民法が制定されており，これに呼応するごとく同年10月には内務省のブラジル渡航補助移民が開始されている。沖縄移民のブラジル行きは，1920年以降禁止されていたが，それが条件つきで解除されたのが1926年であった。この年の8月，県主催の県下小学校長会議に県知事から教育上の緊喫事として，「剛健進取の気風を養成すべき具体的方策」が諮問されており，その答申が「建議書」として提出されている。そのなかに「一，海外移民並に県外出稼者に対する指導機関を特設せられたきこと」という項目が含まれている。理由として，沖縄の移民出稼ぎ人は「知識程度の低劣」と「県民生活の陋弊」により「往々にして其品位を失墜し伸展を障害せられつつある」[2]とし，そのために何等かの指導機関が必要であると述べられている。

　さらに2年後，1928年3月に開催された第17回沖縄県初等教育研究会は，3日間の研究会の最終日に「特別ナル移民教育機関ヲ設置セラレンコトヲ建議ス」との決議が満場一致でなされ，外務大臣田中義一に提出されている。その理由として，「沖縄県移民ノ教育改善素質向上ハ，単ニソノ個人及沖縄県民ノミノ問題ニアラズシテ，実ニ我ガ國ノ移民政策上ノ重要問題デアル」とし，「一日モ早ク沖縄県ニ特別ナル移民教育機関ヲ設置」[3]することを懇願している。沖縄県の移民出稼ぎ人問題は教育上の問題と認識されるに至り，学校教育，社会教育における移民教育とともに，特別な移民のための教育機関も必要であると考えられたのである。また，同年9月から10月にかけて，数回にわたり「沖縄県海外協会役員並ニ海外帰朝者ノ懇親会」が県庁会議室で開かれており，そ

の協議案にも移民教育機関として「移民収容所設置ノ件」が含まれている[4]。同じような会議が，1929年6月25日にも沖縄県海外協会評議員会として開かれており，移民収容所の開設要求とともに，これを利用して移民教育を徹底させる具体的方策について話し合いが行われている(『大阪朝日』1929年6月26日付)。

こうした要望が続くのは，1928年2月に神戸移住収容所(国立)が設立されており，そこでの教育方法や教育効果が沖縄にも十分伝えられていたであろうと思われる。『神戸移住教養所概要』(1934年)によるとその講習内容は次のようになっている[5]。

ブラジル行渡航者に対し入所の際，一人ずつ身体検査(とくにトラホームに対し厳重な検査をした)を行い，合格した者を無料で約8日間宿泊させ，その期間に渡航に必要な教養保護を施す。衛生に関しては，種痘，腸チフス，コレラの予防注射，寄生虫検査など入国に必要な処置をし，そして，移住先の言語，地理，風俗習慣，衛生，宗教，一般事情，農業事情等に関する講習を行い，また別に，婦人講習を開いて和服を洋服に仕立て直す洋裁や，婦人としての心得等を教えた。児童に対しては，所内に小学校を開設して初等外国語その他を学習させた。さらに種子物や禁制品，密輸入品などの荷物検査も行い万全を期した。

たとえば，8日間の収容日程表は表・4－1のようである。

1928年3月の開所から1933年までの神戸移住教養所の収容人員数は，8万3789人であった[6]。そのうち，沖縄移民の収容者数は，計3754人となっており，全国で6番目に多い収容利用状況であった[7]。

沖縄移民の教養所利用が多いなか，1930年3月沖縄県議会において，移民教育機関の建設が正式に決議された(『大阪朝日』1930年3月31日付)。しかし，着工にはすぐに至らなかった。それは，当時沖縄には御大典記念事業として「昭和会館」(1933年落成)の建設も計画されており，2つの建築物の寄付集めは大変で，結局議会内部の教育部会の動勢にしたがい，「当分移民会館(移民教育機関のこと－引用者注)の寄附金送付を見合わす」という事情があったからである(『大阪朝日』1930年6月24日付)。

その後県内外・海外移民の寄付，県助成，政府(拓務省)補助などにより，

第4章　開洋会館（1934年）の機能変化と村の移民送出状況の背景　127

表・4-1　神戸移住教養所・第12回（入所：1934年1月13日，退所：1月20日）の例

	〔午前〕9時～	〔午後〕1時～	〔夜間〕6時～
1／13	・身体検査，配室	・身体検査，配室 ・入所中ノ心得	————
1／14	・身体検査，配室 ・コレラ予防注射	・コレラ予防注射 ・渡航支度品ニ就イテ	————
1／15	・種痘 ・領事提出書類署名	・旅券署名	・ブラジル一般事情
1／16	・荷物点検	・荷物点検	・ブラジル一般事情 ・写真
1／17	・ブラジル移住他事情	・ブラジル語	・ブラジル国教
1／18	・チフス予防注射 ・支度金交付	・渡航費計算 ・婦人講習	・慰安会
1／19	・衛生講習 ・種子類検査	・家長会	・希望者教会見学
1／20	・人員点呼，旅券交付 ・所長挨拶・11時半出発	————	————

出所）『神戸移住教養所概要』1934年，p.3より

建築費総額4万5000余円（安里延『沖縄海外発展史』では総工費6万620円となっている）が集まり，1933年3月着工，翌34年6月11日移民教育機関である開洋会館の落成式[8]に至るのである。建物は本館・鉄筋コンクリート三階建，延べ坪数205坪，宿舎・木造二階建，延べ坪数188坪，附属建物・木造平屋建101坪などとなっている[9]。建築費の内訳は不明だが，建設に至るまでの経過からみて海外移民からの寄付が相当部分しめていたものと思われる。開洋会館は，依然沖縄のブラジル渡航が制限されるなかでの設立であり，沖縄移民が特別視されるなか「同制限撤廃への沖縄県の悲願がこめられていた」[10]ものであった。

(2) 移民教育機能

① 講習内容

開洋会館に関する「入所規程」のようなものは，現在のところ見つかっていないが，当時の新聞と外務省外交史料館にある資料からおおよその活動を知ることができる。

開洋会館入所は，毎月5日，11日，17日，23日，29日の5回と定められ，入所期間は1週間であった。1934年7月6日第一回46名（内訳はブラジル行31名，ペルー行4名，フィリピン行10名，アルゼンチン行1名）が入所し，同月11日第二回126名，同月17日第三回41名と続いている。入所中は主に食事，挨拶，時間励行，清潔整頓，普通語励行，洗面，入浴等について訓練が行われた。

第一回日程は次のとおりである[11]。入所するものは，渡航手続きを終えたもので，食事以外の費用は徴収しなかったという。

表・4－2　開洋会館・第一回（入所・退所）の例（1934年）

	〔午前〕9～11時	〔午後〕1～3時	〔夜間〕8～9時
7／6	――	・配室，世話係ノ委嘱	・入所中ノ心得
7／7	・一般心得	・携帯品ニツイテ	・座談会（普通語励行）
7／8	・移植民ニツイテ	・出発前ノ心得	――
7／9	・修養講話	・衛生講話	・映写会
7／10	・渡航中ノ心得	・宗教事情	
7／11	・渡航後ノ心得	・服装ニツイテ	
7／12	・室内外ノ清掃	・修了式	

出所）「開洋会館渡航者入所成績」（1934年8月1日），外務省記録（昭和戦前篇）
　　　『海外移植民団体関係雑件　各地海外協会』外務省外交史料館より

そして，1934年8月には海外渡航者のために，沖縄県海外協会による開洋会館での無料手続きサービスを行うこととなった。さらに，ブラジル移民に対しては1936年10月以後，約1ヵ月間の長期訓練も行われるようになった（『大阪朝日』1936年10月10日付）。このほか会館内に渡航相談部を設け，海外渡航希望者および海外在住者とその家族の要求や，各種調査斡旋などの相談をうけ，海外在住者の留守宅の訪問なども行っていた（『大阪毎日』1936年10月10日付）[12]。

開洋会館の講習内容を神戸移住教養所のそれと比較してみると，日程の組み方や講習科目の設定など類似している点が多いが，相違している点もいくつかみられる。たとえば，開洋会館には予防注射や書類提出など，渡航手続き上の取り組みはないが，その分渡航前・後の心得の回数が多いこと，服装についての講習や普通語の講習があることなどがあげられる。また，宗教講話に関するものは両者にみられるが，開洋会館ではこの講話を牧師が担当し，第二回の日

程には「賛美歌ヲ歌ハセ信仰エ目覚メシム」[13]とある。これは単なる出稼ぎ移民としてではなく、永住を目的として、できるだけ現地に同化させることをねらいとしているものと思われる。そのほか修養講話を社会教育主事が担当していることや、映写会が講習に組まれていることから、社会教育との関連もうかがわれる。映画教育に関しては、「本県ニ於テハ國民精神ノ作興並一般社会教育ニ資スル目的ヲ以テ年一回以上各都市ニ於テ映写会ヲ開催シ社会教化ノ振興ニ努力シツツアリ」[14]との社会教育上の方針があり、映写機や発電機を社会教育用として1926年に初めて購入している。開洋会館での教育がそうした活動の一端とみることができよう。

渡航前・後の心得については、沖縄県庁の名で出された「海外へ行く人々の為に」というパンフレットが使われたのではなかろうか。これは第2章で述べたように、移民出願の際に配布されたものであるが、このパンフレットの内容と開洋会館での講習内容が類似しており、この中身を徹底させることが移民の「素質改善」の内容にそのままつながると考えられるからである[15]。先の日程の第二日目の「一般心得」について、「特ニ県人ノ欠点ヲ挙ゲテ反省ヲ促ス」とある。このときに沖縄独自の風俗習慣習を「改良」し、日本人一般と同化することを説いたものと思われる。開洋会館での講習のねらいの1つは、こうしたパンフレットを使って沖縄移民のもつ沖縄独自の風俗習慣を「改める」とともに、日本人移民として日常生活における一般常識を身につけさせることにあったといえる。つまり、こうした細かな生活上の行為が、沖縄移民が特別視されたり、非難されたりする原因になりやすかったために、他府県の移民以上に強く注意を促す必要があったのであろう。

そうした沖縄独自の習慣のなかで、最も劣等視されがちだったのが沖縄方言の問題であった。パンフレットでは、「普通語と行先地の言葉を早く覺へて沖縄人同志でも必ず普通語又は其の國の言葉で話しなさい」という一文があり、日程のなかでは、二日目午後8時から9時半の「座談会」で「言語ノ練習ヲナサシム」とある。開洋会館入所中、沖縄方言による会話は慎むとのきまりがあったようであるが、講習時間数としては少ないものであったといえる。

「出移民ニ関スル諸調査」（沖縄県，1928年）によれば，「海外協会ト協力シテ出願ノ際ハ県保安課ニ於テ口述試験ヲ行ヒ無学者ノ渡航ヲ禁止スルト共ニ移民ニ対シテハ『海外に行く人々の為に』ノパンフレットヲ配付シ相当ノ予備教育ヲ施シ…」(16)と書かれている。とくに，フィリピンでは入国要件に日本語の読み書きの試験を課しているが，その試験に沖縄移民ばかりが不合格になるとの，領事の報告が1929年にある(17)。

この報告によれば，こうした移民が毎船3，4名は発見されている状態であり，そのため領事館側は沖縄県庁に対し，出願時にどのような試験を実施しているかを問い合わせている。それに対し沖縄県側は，各移民に氏名，住所，年齢，職業，目的，手続，試験月日等を試験用紙に筆記回答させるものを課していると回答している(18)。「出移民ニ関スル諸調査」では，口述試験を行い「無学移民」の対策を講じているとあるが，さらに筆記試験も行っていたようである。それにもかかわらず，入国時に不合格者がでるのは，出願の際に行う試験内容が多くの渡航予定者たちに事前にわかっていて，試験そのものがあまり意味をなさなかったという事情があった。したがって，領事は「渡航資格ヲ勘クトモ尋常科卒業程度乃至同等以上ノ標準トシ今後ノ試験ニ不体裁ヲ暴露シ國際品位ヲ失墜サセヌ様御高配相成度」と強く念を押している。これはフィリピンだけに限らず，どの国も沖縄移民の普通語に関する要求水準であったろう。

こうした状況下における開洋会館での「普通語励行」の取り組みは，いかにも不十分なものだといわざるを得ない。沖縄移民の日常行動をあれほど細かく注意しているのに比べると対照的である。このような事情は次のように考えられるのではないか。県保安課が行っている移民出願の際の普通語のチェックは，事前に問題がわかっているというくらいだから，たぶん形式的なものであったろうと思われる。フィリピンの入国試験は漢字カナ混じりの文章を読ませるものだが，「尋常小学校卒業」であれば，十分対応できるものであるといわれている。フィリピン行き以外の沖縄移民にとって普通語が実際必要となるのは，入国時ではなく，むしろ現地にいってからであると思われるが，その際出稼ぎではなく現地への永住をめざすのであれば，普通語よりも現地語の習得をめざ

すほうがより重要である，との認識が会館側にあったのではないかと思われる。そのため開洋会館では「普通語励行」には，それほど力をいれず，むしろ直接目につき，短期間で効果が上がる，日常の風俗習慣の「改善」に重点をおいた教育方針ではなかったかと解釈できる。

② 利用状況

開洋会館設立の4年後1938年に，県議会では上間徳之助議員から移民教育に関する次のような発言がみられる。

> 「長崎教養所ニ於テヤル移民教育ヲ本県デイカンモノデアルカ，即チ開洋会館ヲ利用スルコトニ依ッテ移民教育ガ出来ルデハナイカ，（中略）長崎ニ於テモ一週間乃至二週間程度ノ教養シカウケマセヌ，開洋会館ニ於テソレダケノ教養ヲスルコトデアルナラバ移民ニ与ヘル利便ハ大ナルモノガアリマセウ」[19]

第一回のような日程で開洋会館での訓練が続いていれば，このような発言は出てこないと思われる。これは何を意味しているのだろうか。手がかりとして，その後の開洋会館の収容人員数の推移と沖縄県の出移民数とをみてみると，表・4－3のようになる。

これをみると，沖縄県全体の出移民数のうち約半数ぐらいしか開洋会館が利用されていない状況であることがわかる。神戸や長崎の移住教養所のように，渡航者は必ず講習をうけるようにということはできなかったと思われる[20]。それは，出移民数に対する建物の構造上の規模や，予算上の運営費のこととも関係していると考えられる[21]。いずれにせよ，開洋会館での出発前の移民教育が，沖縄移民全体に対し十分活かしきれたものとは言い難い状況であった。当然その効果も十分あがってはいなかったであろう。上間議員はこうした開洋会館の運営状況のことをさしていたのではないだろうか。

表・4-3 開洋会館の収容人員数の推移

	男(人)	女(人)	計(人)	沖縄県出移民数(人)	(収容率)
1934年	671	487	1,158	3,099	(37%)
1935年	639	338	978	1,699	(58%)
1936年	908	375	1,283	3,316	(39%)
1937年	1,345	398	1,738	3,893	(45%)
1938年	1,071	415	1,486	2,461	(60%)

出所）収容人員数は『沖縄海洋発展史』(安里延，1944年) p.498。沖縄県出移民数は，『沖縄県史』第7巻移民，1974年，p.8による。収容率は，引用者が算出した。

第2節　沖縄における国民更生運動と人口の流出

(1) 沖縄の国民更生運動

『沖縄県社会事業要覧』(1934年) の「社会教化」の分類のなかに「生活改善」「国民更生運動」の項目が見られる。この部分をより詳細に記述し，各地の実施状況の報告や実例を含めてまとめられたものに『国民更生運動の概況前篇』(沖縄県社会課，1933年，以下『前篇』と略す)，『後篇』(同，1935年) がある。この資料は近年発掘されたものだが，これにより沖縄県の国民更生運動の大体の様子を知ることができる。まず，『前篇』に掲載されている「国民更生運動計画要綱」を中心にこの運動の動向を概観してみよう。

内務大臣・山本達雄による「時局に鑑み国民の自覚奮起を望む」(1932年9月)を受け，沖縄県知事・井野次郎は，1932年11月5日と8日にそれぞれ「告諭」と「縣訓令甲第一六号」を発し，県民の奮起を促している[22]。「国民更生運動計画要綱」では，運動の趣旨に沿って4点の「要目」が掲げられている。すなわち「建國ノ大儀ニ則リ挙國一致國難打開ニ協力邁進セシムルコト」「自力更生ノ気風ヲ振作スルコト」「経済ノ組織化計画化ヲ圖リ之ガ実行ヲ期セシムルコト」「國民各自ヲシテ其ノ分ニ応ヅ社会公共ニ奉仕セシムルコト」[23]というものである。これを実施する方法として，(実施事項の)「実行督励ニ関シ町村長，婦人会長，青年団長，在郷軍人会分会長全班長等ヲ以テ実行督励委員トシ

各字各種団体ノ会合ヲ開催シテ其ノ趣旨ノ普及徹底及実行督励ノ任ニ当タルモノトス」[24] とし，また，運動の徹底化のため「強調週間」が設定され，「各種印刷物ノ配布」や「講演会，懇親会，座談会等ノ開催」[25] などが計画されている。このように運動の推進を図るため，社会教育団体の利用活用が企図されており，まさに全村活動として展開されていたことがわかる。

　具体的な実施事項としては，「定時励行ノ徹底」「住宅台所便所等ノ改善」「社交儀礼ノ改善」など12項目があげられている。これらは那覇，首里両市では各町，各通り区域で，各町村では字単位で取り組まれたが，実際の実施は婦人会が中心になって行われていた[26]。さらに，『前篇』には実施の項目だけではなく，実行した実例も具体的な村名，字名，人名をあげて紹介されており，これをみる限り全県にわたり運動の成果が着々と上がっているかの印象を与える。たとえば，実例の項目をあげると次のようである[27]。

　　　一，時間尊重定時励行　　　　　　佐敷村，與那城村字平安座，
　　　　　　　　　　　　　　　　　　　越来村字越来
　　　二，朝起会　　　　　　　　　　　玉城村字前川
　　　三，廃酒禁煙ノ励行　　　　　　　玉城，羽地，知念ノ各村
　　　四，アラユル宴会ニ招待客ノ制限並祝儀料ノ一定
　　　　　　　　　　　　　　　　　　　大里村字稲嶺，其ノ他島尻郡ノ各字
　　　五，年中行事ノ整理統一　　　　　浦添村字小湾，魔文仁村
　　　六，自力更生ヲ目ザシテ　　　　　名護町字幸喜
　　　七，従来ノ貯金組合ヲ産業組合ニ昇格　南風原各字
　　　八，婦人会ノ勃興　　　　　　　　那覇市，美里村美東小学校区域
　　　九，ヨク貯メテヨク使フ　　　　　読谷山村　比嘉蕃愼
　　　一〇，　自力更生の田紳　　　　　越来村　仲宗根松庫
　　　一一，自力更生ノ模範字　　　　　国頭村字奥

とくに「模範字」の国頭村字奥については，「共同店々則」を掲げ，活発な共同店の活動を展開している様子を示し，「利益配当金二三千圓ニ上リ今ヤ本字ハ共同店ヲ中心トシテ政治，経済，教育，産業，衛生，社会事業等ノ各方面

ニ進展シツ、アルノ観アリ」[28]との現況が報告されている。そして最後に「本字ハ自力更生ノ模範字トシテ本年六月一日高松宮殿下ヨリ御奨励ノ思召ヲ以テ金壱封ヲ下賜セラレタリ」[29]との一文を添え，まさに模範とすべき活動状況を知らしめているのである。

(2) 「生活改善指導字」の選定と取り組み状況

「生活改善指導字ノ設置」に関しては，「生活改善指導奨励規程」に則って行われた。「指導字」の該当条件は，「一，相当ノ指導援助アレバ自主的ニ生活状態ヲ改善シ得ル字　二，生活改善ニ對スル意気旺盛ナル字　三，生活改善最モ不良ナル字」（第三条）[30]と規定され，学務部長を委員長に社会課長，農林課長，社会教育主事らによる「指導字選定委員会」によって決定された。（第四条）[31] また，「指導字ニ指定セラレタル字民ハ……生活改善同盟組合ヲ組織シテ其ノ実行ヲ協約シ尚之ヲ知事ニ誓約スベキ」（第八条）[32]とあり，農民相互の緊密化を図り運動の実効をより確実なものにしようとしている。これらの取り組みは「共同体的秩序の新たな組織化の一環」[33]ともいえるものでもあった。

こうした規程により，1932年度の「生活改善指導字」が選定されている。選定条件は，上記第三条の内容のほか「農村生活上比較的多クノ特長ヲ有スルコト」「模範字トシテ視察上便利ノ位置ニアルコト」「字内ニ党争ノ弊無キコト」が加味され[34]，その結果「島尻郡大里村字稲嶺」「中頭郡浦添村字小湾」「国頭郡名護町字幸喜」が指定された。さらに『後篇』には，「自力更生の模範的実例」として上記3つの「指導字」のほか，「美里村字古謝」「知念村字志喜屋」「本部村字浦崎」「羽地村字眞喜屋」についての取り組み状況も紹介されている。

「生活改善指導字」の実情の一部を例示すると次のようである。

名護町字幸喜では，「常食たる甘藷は猪に荒され切り出す薪の値は下落して一家の糊口を支える米代にも足らず山野の蘇鉄も喰尽して将に瀕死の窮地に陥らん」とし，そのため「労働に堪ゆる青年はその生活苦に居堀らず海外県外に出稼し家には老幼婦女子のみが居残つて手も足も出されぬ様な状態であつた」

が，先覚者と共に自力更生の道へ邁進し，たとえば，産業五ヶ年計画を樹立して産業の発展をめざし，婦人会を設立して生活改善を図り，農繁期託児所を開設して作業能率の増進，共同浴場の新設などに努めた。その結果，産米の増収，甘藷の豊作で「今や更生模範部落として県下に知らるゝようになった」[35]。

また，浦添村字小湾では，「近来農村青年が都会に憧れ或は折角帰農せる者も其の生活苦に居残らず再び郷土を見捨て去る者が多い」という状況のなか，生活改善をめざした。実践躬行，その改善向上に邁進し，修養例会を開いて字民の深い理解と連帯責任のもと，共同浴場の設置，農繁期託児所の開設，貯金の励行，台所及便所の改善，乳幼児健康相談会の開設などを進め，「今や視察員が各地より殺到し……其の改善施設は各地に伝播せられつゝある状態である」[36]という内容である。

さらに本部村字浦崎では，「青年団は二百坪許りの共同耕作地を経営して農事改良の範を示すと共に……毎月一回男女青年団の意見発表会等を開き或いは農繁期託児所を設置して能率の増進を図」るとし[37]，羽地村眞喜屋では，「女子青年団の作業服着用農繁期託児所の設置等によつて」，「全字民が一丸となつて一糸乱れぬ協調的活動で理想郷の建設に邁進しつゝある」[38]と記されている。

このように各字の国民更生運動の実施状況を具体的に伝え，その成果を讃えている。とくに「婦人会の設立」や「託児所の設置」は必ずといっていいほどもり込まれ，女性の活動を強調している。このあと5人の個人の模範的実例がさらに続くのである。こうした「指導字」の掲載は，上記にみられるように惨状部分をリアルに伝え，それに対する各字での自力更生の取り組みを具体的に述べ，そのあと成果を強調するという記述パターンにより，他村へも奨励，奮起を誘引し，その波及を狙っているものと思われる。

(3) 「生活改善指導字」の労働力流出

『沖縄県社会事業要覧』には，「社会教化」を含め，「社会事業機関」「児童保護」「経済保護」「失業保護」「医療保護」「救護施設」「司法保護」の8つの

事業内容があげられているが，この「失業保護」のなかに「移植民奨励」の項目が含まれている。そこでは「移植民奨励」について，「本縣ノ現状ニ鑑ミ縣民ノ海外発展ヲ圖ルハ土地ト人口ノ調節経済ノ振興民族ノ発展等ヨリ見テ最モ重大ナル事柄ニシテ」(39)と述べられており，渡航先各地からの移民の送金は「縣経済ヲ潤シツヽアル状態ニアリ」(40)という。また，ここには沖縄県海外協会と開洋会館についての簡単な解説が付されており，そのなかで沖縄県海外協会について「大正十三年十一月設立セラレ爾来事務所ヲ縣社会課ニ置キ縣民海外発展ヲ圖リツヽアリシガ今般移植民教育機関ノ整備渡航者ノ教養並経済保護及海外同胞トノ聯絡ヲ一層密接ナラシメンガ為……事務所ヲ開洋会館ニ移シテ協会本来ノ目的貫徹ニ専念スルコトヽナレリ」(41)とある。この部分からは沖縄県海外協会と開洋会館が一体となって移民事業にあたっていくための，より効率的な組織づくりが行われていたことがわかる。

このように移民を送出することは，失業対策の一環となり，かつ県経済に利潤をもたらすものであることが述べられている。たしかに，海外移民からの送金額は多額なものであり，しかもその額は年によって多少の変動はあるが，全体として増額傾向にあるといえる［表・4－6］。また，この送金額が県経済に果す役割も無視できない。

表・4－7をみてもわかるように，海外在留者の送金額が県歳入総額に占める割合は，1923年は44.0%，1929年は66.4%，1933年は37.9%となっており，その比率は大きなものである。したがって，移民を奨励することは，県にとって好都合の対策であったといえようが，しかし，それは同時に，農業の生産的担い手を消失することにもつながり，沖縄農業生産力が空洞化していくおそれもあったのである。つまり，農民が大部分を占める沖縄においては，農村に対し国民更生運動を推進させることと，「失業保護」として「移植民奨励」を唱えることは，明らかに矛盾した対策だったのである。

1934年における沖縄全村からの移民出稼ぎ人送出状況の詳細について，石川友紀の研究によりその実態を知ることができる［表・4－8］。これをみると，上記の「指導字」「模範的実例」にあげられている村は，ほとんどが人口流出

者2000～6000人以上をだしている村であることに注目したい。すなわち、1935年12月現在、移民渡航地、植民地、日本本土への人口流出者数は、羽地村5031人（流出率：44.72％、以下、同様）、本部村6256人（28.48％）、大里村2855人（20.98％）、浦添村1776人（15.62％）、美里村3795人（22.79％）、名護町3106人（22.32％）、知念村881人（17.17％）となっている。これは人口流出による農業生産力の低下を食い止めるために、つまり、矛盾的な政策を少しでも緩和するために、とくに人口流出の大きい村を「生活改善指導字」や「模範的実例」に指定し、各村の農民たちが積極的に農業に励むよう促すという当局側の意図が含まれていたと考えられる。

いっぽう、新聞紙上にはちょうどこの時期、村での自然災害や経済的な疲弊状態を語る記事が数多く散見できる。

「わが可愛い娘を盛んに売り飛ばす／生活難の沖縄農村」（『大阪朝日』1930年6月15日付）

「食料は蘇鉄の根／しかも二食で露命を繋ぐ」（同上、1932年6月4日付）

「蘇鉄の雑炊で母子五名が中毒」（『大阪毎日』1934年6月22日付）

「沖縄の豪雨　本部村では浸水二百戸」（『大阪朝日』1935年4月9日付）

「沖縄の豪雨　国頭郡の被害甚大」（同上、1935年4月10日付）

「堪忍袋を切り当局に抗議状／四年間給料不払に甘んじた／沖縄久志村の教員」（同上、1935年3月14日付）

これらのことを考えあわせると、沖縄の国民更生運動の実際の成果はそれほど上がっているとはいえないのではないだろうか。国をあげての全国的な「農村更生運動」については、「更生運動には、経済政策としてよりもむしろ教化政策的な性格が濃かった」[42]との見方があるが、状況的にみて沖縄についてもこうした傾向はあてはまると考えていいのではないかと思われる。とくに沖縄の場合、農民にとって、自力更生に励み農村での更生運動に取り組むよりも、移民や出稼ぎに出たほうが経済的救済策としてはより現実性が高かったものと推察できる。それは送金額からみてもその傾向は指摘できよう[43]。

それでは、こうした沖縄の移民出稼ぎ人の状況を背景に、国民更生運動の取

り組みが農民にとって、どのような意味をもっていたのかを考えてみたい。

第1節でも述べたごとく、沖縄移民は渡航先各地で非難があがっており、1934年当時ブラジルへの渡航はまだ制限されていた。そのため待望の開洋会館では、沖縄移民の「風俗改良」が移民教育の主要なねらいであった。国民更生運動の実施事項のうち、沖縄の習慣を改める「衛生思想ノ普及」や「定時励行ノ徹底」、「社交儀礼ノ改善」や「作業服の着用」など「生活改善」の部分は、沖縄人が海外や本土で非難されている風俗習慣についての「改良」にもつながり、農民、とくに移民や出稼ぎ人の送出の多い地域では、海外や本土の移動先での生活のための準備教育としても作用していたととらえることができるのではないか。国民更生運動の衛生思想や台所改善の問題は、「県出身の壮丁（成年に達した男）の健康状態が全国的にみて低劣であるため、保健衛生上の根本的解決をねらったものであった」[44]との指摘があるが、国民更生運動の実施事項と開洋会館での移民教育の内容的連関性を考慮すると、少なくとも移民や出稼ぎ人の送出の多い地域では、その移動先で生き抜くための必要性から、「風俗改良」などの国民更生運動の取り組みを受容していった側面があったのではないだろうか。

海外渡航者や本土出稼ぎ人は金だけでなく移住先の情報も母村へ送っており、母村と移住者とのネットワークは、海外協会などが考えている以上に強いものがあった。そのため移民出稼ぎ人として生き抜くために何が必要かは、母村の農民の間にはかなり伝えられていたと考えられる。国民更生運動は上からの官製運動として展開され、その効果については疑問視するところがあるが、沖縄的な「風俗改良」「生活改善」という側面は、とくに移民や出稼ぎなど人口の流出が激しい村では、県外で生き抜き成功するために、「必要的同化」として農民たちに受け入れられ、日本人化が促進されたと考えられよう。

ところで、沖縄移民の非難のなかで最も顕著な問題であった普通語の普及に関する取り組みは、この時期（1930年代前半）社会教育活動のなかでも、国民更生運動に関連した実施事項のなかにもみられない。社会教育や地域の活動のなかに「普通語徹底化」の取り組みがみられるのは、県が進める1939年の「標準語励行運動」[45]が始まってからである。

第3節　金武村の移民送出状況

(1)　フィリピン移民情報の伝播と村の変化

既述のごとく，金武村は「移民母村」であり，移民としての人口流出の激しい村の1つであるが，とくに「生活改善指導字」には指定されていない。これは，金武村では移民からの送金額が非常に多かったこと[46]と，国（のちに県）による「金武開墾」という自作農創設のための開拓事業[47]が実施されたためではないか，と考える。

表・4－8によると，1935年現在での金武村の人口流出数は2359人，流出率は28.97％であり，これは県内第6位の順位である。外国，植民地，日本本土のなかでは，外国（海外渡航地）での在留者率が圧倒的に高い。表・序－6をみてもわかるように，1920年代半ば頃からフィリピンへの移民が増加し，そのため村では，フィリピンへの「移民熱」が急速に高まってくる。この「移民熱」という移民促進の高まりを手がかりに，金武村での移民情報の伝播と村の農民層の変化，そしてそれによる教育への影響を考察する。

移（植）民をする契機や移（植）民先を決定する際に，大きく影響するのが国家の政策とともに，地域レベルでの有力層の動向であることを木村健二は指摘している[48]。たしかに初期のフィリピン移民には，大城孝蔵というダバオ開拓の指導者をはじめ，当山順吉，安次富善徳，伊芸萬栄，仲間福三，伊芸新助，奥間清盛らの金武村出身の有識者たちが多かった[49]。これらの人たちはダバオでの成功者だが，帰郷後，沖縄でも要職につき活躍した者がいた。たとえば，当山順吉は村長に，安次富善徳は町村会議員に，医師である奥間清盛は県会議員にそれぞれなっている。こうした有力者らがフィリピンでの大城孝蔵の活躍ぶりや，ダバオの有力会社太田興業の規模や場所，将来の見通し等を村に具体的に伝えていった。このような状況において，多くの村民らが有識者からの実際の体験談として，これらの話に熱心に耳を傾けたであろうことは想像に難くない。

1919年生まれの宜野座道男は小学校当時の様子をこう証言している。

> 「大城孝蔵の名声が一段と光を放ち比島移民の話が一層信用を増した。これらの情報は村民一般に行きわたり，これらのことを知らないという人はいない程，実に徹底したものであった。」
>
> 「金武村はその頃一寒村であった。電話がなく交通機関といっても一日一回那覇行きのバスが通る程度であったから，村の古老達の話題は専ら比島移民に関するもので持ちきりであった。」[50]

1920年代後半頃の様子と考えていいであろう。この時期に渡比した人たちがある程度成功し，送金したり，一時帰国したりする人がでてくるようになるのが，1930年代半ばから後半にかけてである。1930年代の村の変化を新聞記事はこう伝えている。

> 「金武部落は田舎には珍らしい瓦葺屋根の住宅街の展望だ。ちらちら散在する白亜の洋館建も目につく」「海外渡航者は十数年も異郷の空で血みどろの働きを続け，やがて錦を着て帰る。郷里に帰ると先づ祖先を歓ばす意味で沖縄自慢の豪華な墓を築造する。それから立派なコンクリート塀で囲んだ瓦葺き住家を新築する。部落の文化街は全部海外帰朝の成功者という訳だ。」(「沖縄が世界に誇る移民部落㊤」『大阪朝日』1938年9月4日付)

このように移民成功者の情報が，目に見えるかたちで村のなかに，印象づけられるようになる。

先の宜野座道男は，次のように当時の状況を述べている。

> 「金武村民全体が比島に憧れていた。そのような村の雰囲気であったから移民先の比島から所用で一時帰国する人がいると村民の羨望の的となり，『村の時の人，話題の人』となって移民先の比島の話をすると，その活躍ぶりが手にとるように理解できた」[51]

とくに未婚の女性は「比律賓から帰国する人は真白いワイシャツにカーキ色のズボンを着用，婦人はワンピースを着飾っていました」[52]というように，最新の服装姿の比律賓帰りの人にあこがれたという。

こうした村の変化を追っていくと，フィリピンの移民情報が有識者から移民成功者へ，さらに一般村民へと伝達されていった様子が読み取れる。そして，

情報だけでなく，移民による影響は村のあちこちに出現している。移民成功者は移民で稼いだ資金を，土地家屋や墓など個人的な財産に使っただけでない。多くの移民が寄付という行為をとおして，移民成功の事実を示している。たとえば，「帰朝者はさすがに金使ひが綺麗だ。共同井戸，字事務所設置，学校改築などの企てがあると惜しげもなく万余の金をぽんと投げ出す」（同上記事）と，書かれているように，社会的資源へもその金を還元している。とくに金武村では，1922年に全焼した金武小学校の改築総工費の約20％が，海外在留者の募金でまかなわれ，それによって県最初の鉄筋コンクリート二階建て校舎を完成させたことを，移民の業績として語り伝えられている。あるいはまた，1929年に金武小学校にラジオを寄贈した12人のフィリピン移民の記事と写真が『区誌』や『歴史写真集』に残っている[53]。このような移民の公共的施設への寄付行為を，広島県沼隈村のマニラ漁民について調査研究した武田尚子は，「部落の伝統的方法に沿って資源を還流させ，社会的威信を表現する方法」[54]と呼んでいるが，金武村の場合もそういえるものであろう。

ところで，武田は村でのこうした目に見える変化，つまり可視化の現象について，「空間に示された表象は部落社会の内部構造の変化を可視化させたものであるととらえた」[55]と興味深い指摘をしている。では，金武村でみられた「可視化」は，農村の内部とどんなかかわりがあるのか。

表・序－6をみると，金武村からフィリピンへの渡航者は，1920年代後半と1930年代後半に多くみられる。逆に1920年代前半と1930年代前半は低い伸びである。これは，ダバオでの麻相場の変動による好・不況が主たる要因であるが，沖縄内部の農民層にもその要因の一端を説明する変化があった。向井清史は，沖縄における1920年代と1930年代の農民層分解の構造を経済史の立場から分析を試みている。その分析内容についてごく簡単に要約すると，次のようになる。

1920年代の農民層分解は，耕地面積5反以上1町未満の層へ集中化する傾向があり，1920年代後半は，これらの人たちが自作化に転じる傾向があった。この層は絶えず没落の危機に晒されており，小作であれ自作であれなんらかの追加的所得が期待されないと自家労働力の再生産もおぼつかない基盤の弱い小農

経営であった。この条件下での追加的所得とは、移民・出稼ぎ人からの送金であったと考えられる。1930年代前半は、新品種の普及や肥料増施による土地生産力の発展が5反以上1町未満の層を中心にみられ、総体として人口流出傾向は弱まっていった。しかし、1930年代後半、配合肥料価格が上昇し、一方糖相場が下落すると最下層に離農化が進み、農民層分解が全体的に落層化傾向を示すようになり、若年労働力の流出が再び強めざるを得なくなる、と向井は説明する[56]。

こうした分析をもとに、金武村の農民階層の変動と移民送出のかかわりを考えてみたい。表・4－4は、1920年代後半から30年代にかけての金武村の耕地面積についての農家戸数の変化を示したものである。なお、金武村は専業兼業を問わず、ほとんどが自作農である。

これをみると、やはり金武村でも1920年代後半、5反以上1町未満の層に集中化傾向がみられる。向井の分析により、とくにこの層に追加的所得の要望がより強かったことを考えると、金武村でも1920年代後半、5反以上1町未満の層の農民を中心に移民の送出があったととらえていいであろう。また、1930年代後半になると、5反以上1町未満の層の落層化傾向が読み取れる。これは、1930年代前半にみられた土地生産力の発展が、限界をきたしたためである。したがって、1930年代後半の移民流出は、生産力向上の基盤が崩壊したため落層した農家も含め、5反未満の層からの移民送出がより多くなったと考えられよう。離農化傾向については、1930年代後半でも、農家戸数はほとんど減少していない。金武村では挙家離村的な移民の流出形態はとらなかったといえるのではないか。

このように農民層の変化と移民流出のかかわりをとらえると、先に述べた村での移民情報や移民による可視化の現象も、その伝播に農民層の変化がかかわっていることがわかる。すなわち金武村では、有識者によって伝えられた情報により、1920年代後半、とくに中層（5反以上1町未満の層）を中心にフィリピンへの渡航を促し、そのなかの成功者が示した村での可視化した事象は、1930年後半、下層（5反未満の層）を含めた広範囲の農民層にフィリピン渡航の動機

表・4－4　金武村における耕地面積についての広狭反別農家戸数及び構成比

(単位：戸, カッコは%)

耕地面積 (年)	5反未満	5反以上 ～ 1町未満	1町以上 ～ 2町未満	2町以上 ～ 3町未満	3町以上 ～ 5町未満	5町以上 ～ 10町未満	10町以上	計
1926	982 (60.8)	520 (32.2)	104 (6.4)	6 (0.4)	3 (0.2)	0 ―	0 ―	1,615 (100.0)
1930	835 (49.2)	723 (42.7)	723 (42.7)	32 (1.9)	28 (1.7)	1 (0.1)	0 ―	1,694 (100.0)
1935	1,022 (59.5)	588 (34.2)	588 (34.2)	19 (1.1)	8 (0.5)	0 ―	0 ―	1,718 (100.0)
1938	1,088 (59.1)	598 (35.1)	598 (35.1)	8 (0.5)	0 ―	0 ―	0 ―	1,706 (100.0)

出所）『沖縄県統計書』大正15年, 昭和5年, 昭和10年, 昭和13年より

を刺激し,「移民熱」を膨らませることになり, フィリピン移民を増大させた, ということがいえるであろう。

次項では, 移民による村での変化のうち, とくに教育に関する現象についてみていきたい。

(2) 移民の教育事情

金武村では教育においても1930年代半ば, そして後半にかけて, 移民による変化が目にみえるかたちで現われてくる。ここでは, 主に新聞記事を中心にその内容をみていく。

まず, 1935年に載った移民教育に関する2つの記事に注目したい。

1つは,「さすが沖縄／移民学習所／海外移民の寄附金により移民誕生地に設置」と題するもので, そのなかに次のようなことが書かれている。

> 「…県下各小学校で移民教育を施し, 海外雄飛の意気を幼いころから打ち込んでいるが, 移民の誕生地国頭郡金武村ではことに移民教育に力をそそぎ, このほど海外移民の寄附金で移民学習所を村内に設け, 青年男女が集り海外移民の学習に努めることとなった。」（『大阪朝日』1935年1月12日付）

この内容からだけでは、この学習所の規模や場所、誰がどのようなことを教えたのか、などのことがよくわからない。また、ここの移民学習所が第1章で述べた夜学会や「勉強堂」のようなものと同列のものと考えていいのかどうかも不明だが、海外移民の寄付金によって設立されたという点から、沖縄移民が海外で有利に働けるよう渡航先の詳しい情報を伝達したものと想像できる。

もう1つ「移民村に記念館／先覚者当山翁を記念し」という記事がある。ここには、次のような一文がある。

　「移民の送金で村が栄えている沖縄県国頭郡金武村では、さきに移民先覚者当山久三翁の銅像を造ったが、さらに当山記念館を約三千円を投じて建設し、村の青年男女を集めて移民講習をなし、村会の如きもここで開き、名実ともに全国一の移民村を誇るべく意気まいている…」（『大阪朝日』1935年5月3日付）

金武村でも移民講習のような住民を対象とした移民教育活動があったことが、この2つの記事からうかがわれる。この移民講習が沖縄県海外協会と協力して行われたものなのか、村独自の企画のものなのかは残念ながら確認できない。しかし、この2つの記事から金武村では、各小学校でも、地域の学習所や記念館でも移民のための教育が行われていたことは確かである。小学校の移民教育については、さらに詳しい内容について書かれている箇所がある。

　「村内の各小学校では移植民教育を徹底的に実施してゐる。この移植民教育も全国で珍らしかろう。移植民略史、移植民の科学的基礎、ブラジル、ペルー、アルゼンチン、フィリピン、ダバオなど移民に関する教育全般について、見事な系統案が作られ、これをうけて卒業までには一人前の移民さんが出来上る。」（「沖縄が世界に誇る移民部落⊕」『大阪朝日』1938年9月4日付）

この「見事な系統案」とは、第3章で述べた沖縄県初等教育研究会編『島の教育』をもとにつくられたものだろうか。もとより確認することはできないが、『島の教育』のなかで使われていた「移民教育」という言葉が「移植民教育」という表現に変わっている点をみても、「国策」に沿った要素が強まった内容

になっているのではないかと推測する。

　また，移民教育を担った教師の実践活動の一端を知ることできる記事がある。「那覇より」（『大阪朝日』1934年1月24日付）と題する記事には，次のようなくだりがある。

> 「本県移民の草分け当山久三氏の出身地の国頭郡金武小学校訓導伊藝銀勇（二十七）氏は，真面目な青年教育者であるが，昨年十一月ごろから毎週一日だけ海外帰朝者を招き，男の青年団員二百名内外を集め，諸外国事情の講演を依頼したりなどして青少年の海外雄飛の精神を鼓吹し熱心に移民教育を施し…」

この青年教師は，同年8月にペルーの小学校に招聘され，沖縄県から南米の小学校へ赴任する初めての教師として，渡航することになる（「移民教育の前線へ／二十七の若い身でペルーへ渡航／誉れの伊藝訓導」『大阪朝日』1934年8月10日付）。ここからは，小学校教師が児童だけでなく，青年団の移民教育にもかかわっていた様子がうかがえる。しかし，そのことが新聞記事になるということは逆に考えると，そうした実践はまれな珍しいことだったのかもしれない。

　こうした渡航前の移民への教育のほかに，村では郷里の教育を受けるために，渡航先から沖縄に帰って地元の小学校へ入学する，いわゆる移民二世の子どもが増えてくる。金武村ではその当時毎年60名から70名の移民二世を迎えていたという[57]。その数は1936年当時，県全体で1461名いた[58]。その頃の金武小学校での学校内の変化は次のような様子であった。

> 「学校も移民部落にふさはしく，第二世達が百数十名もをり，十一歳の一年生や十六歳の六年生なども珍らしくない。学芸会には第二世達の英語対話や独唱が演ぜられ，外国語の分る父兄がやんやと拍手を浴びせる。フィリピン語，ポルトガル語なども飛出すから愉快だ。父兄の世界的珍芸も公開される。」（「沖縄が世界に誇る移民部落㊤」『大阪朝日』1938年9月4日付）

　また，新里（善助）金武村長は，金武小学校のこうした変化を「本村の学童の…約半数は二世である。（日華）事変後は毎便帰国し，毎年第二世達のため一学級ずつ増加しているという繁昌ぶりである。八，九歳から十二，三歳の者

が，殊にフィリピン第二世が多数占めている」(「第二世の教育は／祖国日本で／続々沖縄の移民村に帰国」『大阪朝日』1939年9月13日付)とコメントしている。まさに今でいう「帰国子女教育」が展開されていた感じであるが，そこには渡航先での次第に強まる戦争の気運を敏感に感じとった親たちの不安があったのではなかろうか。経済的に多額の出費をしてでも，子どもを安全なところですごさせたいという配慮があったと思われる。上記のごとく，移民二世の就学者数は百数十名と増え，在学生徒の学費は，海外成功者からの支払いが約5割をしめていた。

このように教育に関しては，地域においても学校内部にも移民の影響による変化が見られたが，村民たちに金武村の移民精神を自然と伝え感得させたのは，村内に建つ當山久三と大城孝蔵の二人の銅像ではなかったかと思われる。

當山久三は1910年9月17日に死亡。1931年に金武村中央部に等身大の銅像が建てられた。また，大城孝蔵は1935年10月30日に死亡し，金武村では村葬を，ダバオでは日本人会葬をそれぞれ行い，そして1937年に開洋会館前庭に胸像が，さらに1938年には金武村の神向森(かみざきもり)に労働服姿の大立像が建てられた(しかしいずれも戦時体制化，金属の供出により撤去されている。當山の銅像は戦後再建され，現存している)。これらは，それぞれ移民による寄付金が1万円以上寄せられており，とくに當山の銅像建立の際には新聞広告に「故當山久三翁銅像建設／並記念事業寄附金募集趣意書」(『沖縄朝日』1931年11月13日付)が載せられている。先に引用した武田は，こうした村のシンボル化した人物について，「人物シンボルが創出される過程は，部落社会が再編成されていく過程でもある」[59]と，やはり可視化した現象と村の内部構造とのかかわりを指摘する。當山や大城の銅像建立にも，村にとってなんらかの社会的な意味が含まれていたのだろうか。

この点を考える際，やはり二人の銅像が建てられた年に注目せざるを得ない。當山が1931年，大城が1937年と38年である。満洲事変と日華事変が勃発したちょうどその年に，二人の銅像が建てられたというのは，単なる偶然だろうか。たびたび引用してきた「沖縄が世界に誇る移民部落」の記事のなかには，「南進国策の基礎を築いた偉人を生み，またハワイ移民の草分けを生んだ本村はこの

点全国に誇るべき存在ですよ」との金武村の助役のことばが紹介されている。ここでは，大城はいつの間にか「南進国策の基礎を築いた偉人」になっている。1936年「国策ノ基準」が採択されると，沖縄からの南方開拓移民送出が強調されるようになる。そのとき金武村はその中心的な村の1つとして変容していくのである。そのようなとき創り出されたものが，この二人の移民開拓にかかわった伝説であり，銅像なのであった。とくにダバオ開拓を進めた大城の功績は，沖縄移民を「南進」国策へと向かわせるための格好な素材として見いだされた。銅像に象徴される當山や大城のシンボル化は，村にとっても村民にとっても，国や県の植民政策に協力していく精神的なよりどころとして作用したのである。ここには移民教育が内包する，「国策」に利用されやすいある側面を指摘することができるのではなかろうか。

おわりに

　以上，本章においては，開洋会館設立の経緯とその教育的機能について考察するとともに，同時期に展開された農村の国民更生運動や「移民母村」・金武村の状況を取り上げ，村での人口流出や移民の影響について検討した。これまでの内容についてまとめておきたい。

　まず第1に，開洋会館での中心的な取り組みは，移民の渡航前・後の心得についての内容であり，それは沖縄県庁のパンフレット「海外へ行く人々の為に」を使ったか，あるいはこれに則って行われたものと考えられた。内容は，沖縄独自の風俗習慣の「改良」を含め，日本人移民としての一般常識を微細に説いたものであり，開洋会館の講習のなかでもっとも時間をさき，力を入れて取り組んだものであった。しかし，普通語の励行については，講習時間数からみても十分な取り組みではなかった。これは移民先での同化を奨励する点から，現地語の習得のほうが重要との考えがあったものと思われる。

　次に，国民更生運動では，指定されたほとんどの「指導字」が人口流出の大きい村であることに注目し，その意味を移民教育の観点から考察した。国民更生運動の推進と移民奨励は，矛盾的政策であり，運動の効果としては疑問な点

があるが,「生活改善」という取り組み内容は,とくに海外県外へ出る者にとって必要なものとして受け入れられる側面があったと考えられた。

さらに,こうした農村と人口流出の全体状況を見たうえで,とくに移民による流出が大きい金武村での移民の影響による村の変化を具体的に考察した。金武村では,移民経験のある有識者から伝えられたフィリピン移民の情報が,移民成功者による可視化の現象と農民階層の変化にかかわりながら広く伝播され,移民が送出していく経路を分析した。また,金武村の移民教育の実態を通して,村の移民教育が「南進」国策に利用され変容しつつある様子を指摘した。

以上の点を確認したうえで,ここでは1930年代後半の開洋会館の教育内容を追いつつ,第二期後期,すなわち1920年後半から1930年半ばにおける移民教育の特徴を最後にみていきたい。

会館が設立されて5年後,1939年6月20日に,興亜青年勤労報国隊員119名が開洋会館で身体検査を行い一泊ののち,内原訓練所へ出発する予定であることが報じられている(『琉球新報』1939年6月17日付)。また,同年9月18日から10日間,南支〇〇島移民に対する合宿訓練が開洋会館で行われた。その方法と内容は次のようなものであった。「訓練方法:精神訓練,生活訓練,知的訓練,体力訓練に分ち行う。講義:日本精神国史,東亜地理,普通農事園芸,郷土史,公私生活,保健衛生,〇〇島事情,渡航心得」(同上新聞,1939年9月18日付)。さらに,同年11月17日,女子青年団移植民講演協議会が開洋会館で開催されており,各市町村より230名が参加している(同上新聞,1939年11月14日付)。これ以降女子拓殖訓練や大陸の花嫁講習会にたびたび開洋会館が利用されるようになった。

このように沖縄移民の「素質改善」を目的に設立された「移民の家」は,そののち満洲や南方方面への植民地へ送り出す「国策移民」の訓練,宿泊機関として利用されるようになっていった。1936年,沖縄県のブラジル渡航制限は完全撤廃され,悲願は成就したといえるが,開洋会館の十分な活用は収容率からみても,沖縄移民全体に活かされているとは言い難い状況であった。結局,開洋会館はその機能を十分果たすことなく,国の植民政策に沿った移植民訓練の

場となり，その教育内容は大きく変容せざるをえなくなったのである。

　こうした移民教育から植民教育への変質の兆候は，村の移民教育にも見うけられた。たとえば，金武村の大城孝蔵の銅像建立に託した村民たちの思いを「南進国策の基礎を築いた偉人」と巧みに表現して，それを讃えようとする動きがあった。このように第二期後期は，移民教育から植民教育へと変質する架橋的な時期であったととらえることができる。次章では，移民教育が「国策」のための教育へと大きく変質していく態様を扱う。

注
（1）『島の教育』では，沖縄移民が特別視される原因について，「a 教育程度が低く教養がたりない。b 服装を異にし，容儀に対する観念が薄い。c 言語の修練が不充分である。d 日常の礼儀作法を解しない。e 衛生思想乏しく一般に不潔である。f 職業道徳が欠けている。g 風俗習慣生活様式を異にす。」（移民，p.18）の7点をあげている。
（2）『那覇市史』資料篇第2巻中の3，1970年11月，p.165（『沖縄教育』第157号，1926年10月からの転載）
（3）「沖縄県知事・飯尾藤次郎より外務大臣田中義一宛」（1928年9月1日）『外務省記録（昭和戦前篇）本邦移民関係雑件』外務省外交史料館所蔵
（4）「出移民ニ関スル諸調査」（1928年11月）『外務省記録（昭和戦前篇）本邦移民関係雑件　伯国ノ部四』外務省外交史料館所蔵
（5）『神戸移住教養所概要』1934年3月，pp.1-3。名称の変更については注（7）参照。
（6）同上書（収容移民府県別統計表）p.27。なお，『拓務要覧』（昭和10年度版）には，「収容開始以来昭和10年11月末迄の収容回数は158回，其の収容総日数は1249日に及び，収容人員は実に11万2871万人の多数に上つて居る」（p.502）とある。
（7）同上書，p.27。なお，1932年11月には「移民収容所」から「移民教養所」に名称を変更し，以後1941年6月まで移民送出が続けられた。また，1933年2月からは，南洋方面への移住者を収容する「長崎移住教養所」が開所された。ここでは，「入所者ニ対シテハ移住地ノ言語，宗教，地理，風俗，習慣，農業事情等ニ関シ必要ナル知識ヲ授ケ其ノ他移住ニ必要ナル教養ヲ行フ」（第十六条）ことが「長崎移住教養所規則」に定められている。
（8）落成式には，拓務事務官・青木熊夫が派遣され，知事をはじめとして官民300余名が参列し，拓務大臣・永井柳太郎及び外務大臣・広田弘毅からも祝辞が送られており，代読されている（『拓務時報』第40号，1934年7月，pp.64-65）。
（9）石川友紀「第二次世界大戦前における海外移民教育について」『海外教育』沖縄県高

等学校海外教育研究協議会，第6号，1977年6月，pp.21-22
(10) 原口邦紘「沖縄における内務省社会局補助移民と移民奨励施策の展開」南島史学会『南島史学』第14号，1979年9月
(11) 「開洋会館渡航者入所成績」(1934年8月1日)『外務省記録(昭和戦前篇)海外移植民団体関係雑件　各地海外協会』外務省外交史料館所蔵
(12) また県では，来年度(1937年度)予算に移植民振興費800円を計上し，県下各地で帰朝者を中心に移植民座談会や講演会を開いて，移植民地の事情や沖縄県人の活動状況の紹介なども行ったという(『大阪朝日』1936年10月10日付)。
(13) 前掲(11)資料
(14) 『社会教育概要』沖縄県学務課，1936年，p.118
(15) 実際，神戸移住教養所の前身である兵庫県海外渡航者講習所について規定した「兵庫県海外渡航者講習所内規」(1920年10月11日制定)のなかで，とくに沖縄移民に対する講習方法について次のような記述がみられる。「内地語ニ充分了解シ能ハサル比較的多数ノ沖縄県人等ニ対シテハ一場ノ講話ヲ以テ講習ヲ為スニ止メス興味多キ活動写真幻燈等実物教授ヲ施シ或ハ講師ヲシテ渡航者ノ最モ多キ地方ヲ巡回講演セシメ又ハ宣伝ビラ，パンフレット等ノ印刷物ヲ配布シ航海中ノ時間ヲ労費セシメサル等以テ優良ヲ養成スルハ刻下ノ急務ナリ」。このように沖縄移民に対しては，とくに入念に講習方法が考えられていたことがわかるが，興味深いのは，上記の講習方法は，沖縄県保安課や県海外協会が沖縄移民の「素質改善」のために取り組んだ移民教育の方法とほとんど同じである，という点である。つまり，沖縄県や県海外協会は兵庫県の海外渡航者講習のやり方を綿密に調査し，それを同県の移民対策に取り入れていったものと考えられる。
(16) 「海外へ行く人々の為に」(1926年7月22日)『外務省記録(明治大正篇)帝国移民政策及法規関係雑件』外務省外交史料館所蔵
(17) たとえば，1929年10月1日の丹後丸の移民中2名，同年10月7日の湖南丸中5名の者が，入国試験(日本語試験)に不合格となっている。いずれも沖縄県人であり，氏名も明らかである。これらのケースの場合は，不合格者に二次試験，三次試験を行い，かろうじて入国が許可されたが，この後入国試験に漢字混じり文を採用することとなり，「出発港ニ於テ厳重検査ノ上尋常科卒業ヲ標準トシ渡航セシメラレタシ」と報告している(「無学移民ノ渡航取締方ニ関シ稟請ノ件(ダヴァオ分館副領事斉藤彬から外務大臣幣原喜重郎宛)」)(1929年10月9日)『外務省記録(昭和戦前篇)本邦移民関係雑件　無学移民ノ渡航取締並入国試験関係』外務省外交史料館所蔵
(18) 同上資料
(19) 『沖縄県議会史』第六巻資料編3，1985年3月3日，p.639
(20) 「渡航者は相当の教養あるものは入所せしめず修了証を授与することもある」(『大阪

朝日』1934年7月4日付）との記述もみられるが，この点を考慮しても収容率は低いものと思われる。
(21) 『大阪朝日』1936年10月10日付の新聞では，開洋会館の日程を，「沖縄県の男女移民を四日間会館に収容し渡航先の風習や就業の一般を知らすとゝもに服装，言語，動作などの訓練から社会的道義心と協調的精神の涵養につとめ…」とあり，1936年には収容期間が4日間に縮小されていたようである。
(22) 沖縄県が県をあげて国民更生運動に取り組む背景には，「ちょうどこの時期，県民が生活苦にあえぐ沖縄では，財政建て直しのため，国の援助を前提に「沖縄県振興計画」が立案されていたが，この計画が「自力更生」とひきかえに国から承認されたことで，県民は国への全面協力の義務を負うことになるのである」（那覇女性史編集委員会『なは・女のあしあと』ドメス出版，1998年，p.408）との指摘がある。
(23) 『国民更生運動の概況 前篇』，沖縄県社会課，1933年，pp.9-11
(24) 同上書，pp.21-22
(25) 同上書，p.13
(26) 『沖縄県社会事業要覧』沖縄県社会課，1934年，pp.71-72。県は「振興計画」の産業費の予算のなかで「豚舎改善補助費」を計上し，豚小屋新築には15円の補助を，改築には5円を，そして便所新築には5円を毎年補助し，それを15年間行うという計画を打ち出した。さらに「農村台所改善」のための改造資金30銭以上の積立を農家に指示したという（前掲（22），pp.358-359)。また，「指導字」「模範字」の婦人団体状況（昭和11年4月末現在）は表・4－5のとおりである。「生活改善」問題は，女性たちの日常生活の改善でもあった。
(27) 前掲（23），pp.22-38
(28) 同上書，p.32
(29) 同上書，p.33
(30) 沖縄県社会課，前掲（26），p.60
(31) 同上書，p.60
(32) 同上書，p.61
(33) 『日本近代教育百年史8　社会教育(2)』国立教育研究所，1974年，p.483
(34) 沖縄県社会課，前掲（26），p.67
(35) 『国民更生運動の概況 後篇』沖縄県社会課，1935年，pp.10-11
(36) 同上書，pp.12-13
(37) 同上書，pp.15-16
(38) 同上書，p.16
(39) 沖縄県社会課，前掲（26），p.42

表・4-5 「指導字」「模範字」の婦人団体状況（1936年4月末現在）

団体名	会員数(人)	主な事業	予算(円)	設立年月日
知念村婦人	1,103	年一回総会視察旅行講習会品評会	20,000	大正9年12月30日
大里村向上会	2,877	講習会講演会視察見学衛生施設ノ励行	15,000	明治35年6月29日
浦添村婦人会	1,983	協議会講演会講習会展覧会品評会見学視察優良団体表彰	17,000	昭和7年9月23日
美里村婦人会	3,260	総会協議会講演会講習会品評会	30,000	昭和7年9月17日
名護町東江婦人会	150	衛生又養豚及反布奨励ノ如キ産業的方面ノ生活改善	20,000	大正7年
名護町城婦人会	150	同上	15,000	同上
名護町大兼久婦人会	200	同上	20,000	同上
羽地村女子向上会	525	講演会講習会研究会座談会視察品評会衛生施設ノ改良	———	昭和7年1月24日
本部婦人会	2,600	各家庭ノ生活改善		昭和5年8月1日

出所）『社会教育概要』1936年，pp.108-113より作成

(40) 沖縄県社会課，前掲（26），p.42
(41) 同上書，p.45
(42) 宮原誠一『日本現代大系 教育史』東洋経済新報社，1963年，p.272
(43) 沖縄県の海外在留者一人当りの送金総額は，821円70銭である（1926～1938年）。これは，全国平均額（729円30銭）より約100円多い（沖縄県教育委員会編『沖縄県史』第7巻移民，1974年，p.33）。
(44) 前掲（22），p.359
(45) 「標準語励行実施事項」では，「標準語励行委員」の設置など市町村，学校，男女青年団等の団体が取り組むべき内容が細かく規定されている（『沖縄教育』第273号，1939年，pp.38-40）。
(46) 金武村における海外在留者からの送金額（1933年）は，15万3498円であり，在留国別ではフィリピンが全体の51.7％を占めている（石川友紀『日本移民の地理学的研究』榕樹書林，1997年，p.366）。
(47) この開墾事業は，沖縄県振興計画で重点項目として取りあげられたものである。振興計画では，国費を投じて1万460町歩を開墾することとし，1934年度から実施され，1942年度までに242町歩を開墾した。1939年度からは沖縄県営事業に移され本格的な開墾事業がはじまった（『宜野座村誌』第1巻通史編，1991年，pp.130-131）。
(48) 木村健二「近代日本の移民・植民活動と中間層」『歴史学研究』No.613，1990年11月

（増刊号），p.135
(49) 金武町史編さん委員会編集『金武町史』第1巻移民・本編，1996年，p.320
(50) 宜野座道男氏の書簡（2004年4月3日受）より。
(51) 同上
(52) 石田麿柱（宜野座道男）『ダバオ開拓の祖　大城孝蔵』秋田文化出版，1991年，p.118
(53) 並里区誌編纂室編集『並里区誌』資料編・戦前新聞集成，1995年，p.340。『歴史写真集　並里　世紀を越え未来へ』2001年3月，p.333
(54) 武田尚子『マニラへ渡った瀬戸内漁民　移民送出母村の変容』御茶の水書房，2002年，p.389
(55) 同上書，p.384
(56) 向井清史『沖縄近代経済史』，日本経済評論社，1988年，pp.244-272
(57) 「沖縄が世界に誇る移民部落㊤」『大阪朝日』1938年9月4日付。なお，移民二世のための学校として，1936年4月1日，開南中学校（男子校）が開校された。同校は1944年10月10日の空襲により校舎等が消失し，1945年3月閉校となったが，9年間存続した私立中学校である。その間，約1000～1200人程度の生徒を受け入れ，入学年齢の制限を撤廃して海外の移民二世にも門戸を開き，個性教育を重要視した。また，移民指導者の養成を教育目標のひとつに掲げた。同校の詳細については，石川友紀「第二次世界大戦前の沖縄県における海外移民教育について」『海外教育』第6号，1977年6月。同「沖縄県の移民教育」吉田亮編著『アメリカ日本人移民の越境教育史』日本図書センター，2005年3月を参照。
(58) 『大阪朝日』1936年10月15日付
(59) 前掲（54），p.392

表・4-6　沖縄県における年次別海外移民送金額

年　　次	海外移民送金額	年　　次	海外移民送金額
1912(明治45・大正元)年	833,000円	1927(昭　和　2)年	1,442,531円
13(大　正　2)	831,000	28(　〃　3)	1,861,295
14(　〃　3)	752,000	29(　〃　4)	1,986,160
15(　〃　4)	883,000	1930(　〃　5)	1,572,815
16(　〃　5)	1,146,000	31(　〃　6)	945,937
17(　〃　6)	794,000	32(　〃　6)	1,671,962
18(　〃　7)	948,000	33(　〃　6)	2,082,558
19(　〃　8)	1,026,000	34(　〃　6)	2,416,749
1920(　〃　9)	1,215,000	35(　〃　6)	2,514,463
21(　〃　10)	927,979	36(　〃　6)	2,894,501
22(　〃　11)	1,423,121	37(　〃　6)	3,567,094
23(　〃　12)	861,028	38(　〃　6)	1,856,884
24(　〃　13)	1,165,760	39(　〃　6)	1,532,461
25(　〃　14)	1,684,835	1940(　〃　15)	2,459,809
26(大正15・昭和元)	1,700,945		

注）　資料は1912（大正元）年から1920（大正20）年までは沖縄県『疲弊セル沖縄県ノ現状ト災害復旧事業』（昭和5年）の「県外輸移出入貨物価額並海外移民送金額調」，1937（昭和12）年，1938（昭和13）年の両年は沖縄県『沖縄県勢要覧』昭和14，同15年版，102，103ページ。他は琉球政府『沖縄県史』20，資料編10「沖縄県統計集成」1967年，285～293ページ（原典は沖縄県『沖縄県統計書』各年版による）。
出所）『沖縄県史』第7巻移民，1974年，p.28より

表・4-7　沖縄県における海外在留者送金額と県歳入出額（決算）

年　　次	送　金　額	県歳入総額	県歳出総額
1923（大正12）年	861,028円	1,955,371円 (44.0%)	1,746,781円
1929（昭和4）年	1,986,160円	2,992,790円 (66.4%)	2,464,678円
1933（昭和8）年	2,082,558円	5,490,345円 (37.9%)	5,320,859円

注）　資料は沖縄県『沖縄県勢要覧』（大正12，昭和4，同8年）。
　　（　）は歳入総額に占める送金額の割合
出所）『沖縄県史』第7巻移民，1974年，p.32より

第4章 開洋会館（1934年）の機能変化と村の移民送出状況の背景　155

表・4－8(1)　沖縄県における郡市別町村別外国・殖民地・日本本土在住者数及び比率（1935年12月末日現在）

群名	市町村名	A 外国在住者数 人	B 国勢調査人口(1935・10・1) 人	C 外国在住者率(A/B×100) %	Cの順位 位	D 殖民地在住者数 人	E 殖民地在住者率(D/B×100) %	Eの順位 位	F 日本本土在住者数 人	G 日本本土在住者率(F/B×100) %	Gの順位 位	H 総計(A+D+F) 人	I 総計の比率(H/B×100) %	Iの順位 位
	那覇市	333	65,208			126	0.65	54	2,744	3.49	40	1,403	7.27	46
	首里市	1,078	19,305	1.72	40	267	3.55	25	944	4.89	27	1,936	25.74	15
島尻	糸満町	1,613	7,522	14.33	10	273	2.52	32	591	7.86	0	2,057	18.96	28
	小禄村	1,084	10,850	14.87	9	140	1.44	45	171	1.58	50	1,466	15.11	34
	豊見城 〃	917	9,704	11.17	6	297	5.50	13	242	2.49	47	1,464	27.11	10
	兼城 〃	1,044	5,400	16.98	7	690	7.88	7	250	4.63	32	2,385	27.25	9
	東風平 〃	689	8,752	11.93	14	233	5.97		651	7.44	15	1,183	30.33	4
	高嶺 〃	466	3,901	17.66	6	225	5.03	17	261	6.69	14	962	21.51	2
	真喜屋壁 〃	95	4,472	10.42	18	34	1.50	43	271	6.06	48	209	9.20	43
	摩文仁 〃	128	2,271	4.18	34	32	0.88	51	80	3.52	39	284	11.87	39
	具志頭 〃	894	2,393	5.35	32	174	2.61	30	135	5.64	2	1,311	19.70	26
	玉城 〃	987	6,654	13.44	11	196	2.49	33	243	3.65	38	1,700	21.63	21
	知念 〃	269	7,861	12.56	13	278	5.42	14	517	6.58	5	881	17.17	30
	佐敷 〃	1,066	5,131	5.24	33	116	1.72	42	334	6.51	16	1,742	25.86	14
	大里 〃	1,828	6,735	15.83	8	190	1.40	46	560	8.31	8	2,855	20.98	4
	南風原 〃	900	13,607	13.43	12	132	1.45	44	837	6.15	17	1,480	16.24	31
	真和志 〃	29	9,114	9.87	20	150	0.94	49	448	4.92	26	922	5.77	50
	渡嘉敷 〃	25	15,966	0.18	48	254	16.54	3	763	4.65	3	294	19.14	27
	座間味 〃	9	1,536	1.63	41	320	17.59	2	15	0.98	55	361	19.85	25
	仲里 〃	36	1,819	0.49	44	136	1.74	40	32	1.76	49	402	5.13	52
	具志川 〃	167	7,832	0.46	45	243	4.01	21	230	2.94	44	692	11.43	40
	粟国 〃	32	6,056	2.76	37	51	1.84	38	282	4.66	30	1,468	52.92	1
	渡名喜 〃	25	2,774	1.15	43	263	22.69	1	1,385	49.93	1	346	29.85	5
	伊平屋 〃	412	1,159	2.16	38	619	9.52	5	58	5.00	24	1,521	23.40	16
	鳥島		6,501	6.34	31				490	7.54	11			57
	大東島		181											19
	計	13,793	154,602	8.92		5,302	3.43		10,246	6.63		29,341	18.98	
中頭郡	浦添村	1,124	11,369	9.89	19	198	1.74	40	454	3.99	34	1,776	15.62	33
	宜野湾 〃	1,019	13,346	7.64	25	248	1.86	37	489	3.66	36	1,756	13.16	37
	北谷 〃	1,120	15,580	7.19	26	570	3.66	2	775	4.97	25	2,465	15.82	32
	読谷 〃	645	16,450	3.93	35	214	1.30	47	600	3.66	36	1,459	8.89	44
	越来 〃	297	8,481	3.50	36	271	3.20	26	454	5.35	22	1,022	12.05	38

156 第一部 沖縄における移民教育の展開

表・4－8(2) 沖縄県における郡市別町村別外国・殖民地・日本本土在住者数及び比率（1935年12月末日現在）

群名	市町村名	A 外国在住者数	B 国勢調査人口(1935・10・1)	C 外国在住率(A/B×100)	Cの順位	D 殖民地在住者数	E 殖民地在住率(D/B×100)	Eの順位	F 日本本土在住者数	G 日本本土在住率(F/B×100)	Gの順位	H 総計(A+D+F)	I 総計の比率(H/B×100)	Iの順位
中頭郡	美里村	1,757	16,653	10.55	17	1,192	7.16	8	846	5.08	23	3,795	22.79	17
	具志川 〃	1,968	17,064	11.53	15	1,146	6.72	9	542	3.18	43	3,656	21.43	23
	勝連 〃	1,009	11,317	8.92	23	598	5.28	15	537	4.75	29	2,144	18.94	29
	中城 〃	1,678	8,156	20.57	5	392	4.81	19	263	3.22	42	2,333	28.60	7
	西原 〃	4,095	17,820	22.98	4	118	0.66	53	463	2.60	45	4,676	26.24	12
	〃	2,502	10,427	24.00	2	376	3.61	24	612	5.87	19	3,490	33.47	3
	計	17,214	146,618	11.4		5,323	3.63		6,035	4.12		28,572	29.49	
国頭郡	名護町	1,133	13,914	8.14	24	803	5.77	12	1,170	8.41	7	3,106	22.32	18
	恩納村	382	6,012	6.35	30	578	9.61	4	350	5.82	20	1,310	21.79	20
	金武 〃	1,937	8,143	23.79	3	145	1.78	389	277	3.40	41	2,359	28.97	6
	久志 〃	289	4,463	6.43	29	125	2.80	28	24	4.78	28	626	14.03	36
	東 〃	210	3,250	6.46	28	14	0.43	55	266	8.18	9	490	15.08	35
	国頭 〃	187	10,460	1.78	39	136	1.30	47	764	7.30	13	1,087	10.39	42
	大宜味 〃	531	8,023	6.62	27	402	5.01	8	1,233	15.37	3	2,166	27.00	11
	羽地 〃	3,251	11,251	28.90	1	297	2.64	29	1,483	13.18	6	5,031	44.72	3
	今帰仁 〃	1,253	12,689	9.87	20	261	2.06	35	1,789	14.07	5	3,299	26.00	2
	本部 〃	1,964	21,963	8.94	22	987	4.49	20	3,305	15.05	4	6,256	28.48	9
	伊江 〃	91	6,725	1.35	42	126	1.87	36	294	4.37	33	511	7.60	45
	計	11,226	106,893	10.50		3,874	3.62		11,141	10.42		26,241	24.55	
宮古郡	平良町	60	26,132	0.23	46	541	2.07	34	663	2.51	46	1,264	4.84	53
	下地村	―	11,165	―	―	93	0.83	52	121	1.08	54	214	1.92	56
	城辺 〃	11	15,698	0.07	50	42	0.90	50	234	1.49	52	387	2.47	55
	伊良部 〃	―	9,009	―	―	474	5.26	16	130	1.44	53	604	6.70	49
	多良間 〃	―	3,757	―	―	111	2.95	27	150	3.99	34	26	6.95	48
	計	71	65,761	0.11		1,361	2.07		1,298	1.97		2,730	4.15	
八重山郡	石垣町	11	14,842	0.17	50	383	2.58	31	100	0.67	57	494	3.33	54
	大浜村	11	5,907	0.19	47	215	3.64	26	92	1.56	5	318	5.38	51
	竹富 〃	8	8,749	0.09	49	725	8.29	6	178	2.03	48	911	10.41	41
	与那国村	2	4,609	0.04	52	305	6.62	10	27	0.59	56	334	7.25	47
	計	32	34,107	0.09		1,628	4.77		297	1.16		2,057	6.03	
沖縄県		42,669	592,494	7.20		17,614	2.97		32,335	5.46		92,618	15.63	

注 1) 資料の出所：各在住者数は第6表に同じ。B、国勢調査人口は内閣統計局（1938）『昭和10年国勢調査報告』（第2巻府県編、沖縄県）pp. 1-2による。
2) 各在住者数は小数点以下第3位まで四捨五入し、第2位まで求めた。 3) 那覇市は調査中につき一部統計なし。
出所）石川友紀「沖縄県における出移民の特色」『琉球大学法文学部紀要』第21号、1978年、pp. 84-89より

第 5 章
「南進」政策による移民教育の変容
― 移民教育から植民教育への変質 ―

はじめに

　本章は，1930年後半以降，沖縄において展開される移民（植民）のための教育について，主として社会教育活動を中心に考察するものである。扱う時期は，本時期区分でいう，第三期（変質期）：1936～1945年にあたる。

　この時期の南方での沖縄県人在留者は，1940年の統計によると，南洋群島では，日本人数約13万人のうち約6割が，フィリピンには約1万人以上が，シンガポール，ジャワ，スマトラなどには約2000人が，それぞれ農業あるいは漁業移民として在留していた(1)。1936年8月7日の五相会議で「国策ノ基準」が採択され，南方進出が政府によって公式に発表されると，「沖縄は日本の生命線」とにわかに注目されはじめた。新聞紙上でも，「沖縄は南進日本の咽喉であり，国防上其他からしても将来頗る重要な地点である」（『琉球新報』1939年10月29日付）といった記事がみられるようになった。こうした沖縄への注目の背景には，上に述べたような南方への沖縄移民送出の実態があった。

　ところで，この時期の地域活動に大きな影響を与えたものに「国民精神総動員運動」があげられる。この運動は，「挙国一致・尽忠報国・堅忍持久」を三大スローガンに全国的に展開されたもので，「天皇制イデオロギーによって国民の思想的統合と団結をはかり，国民を自発的に戦争体制に動員することを目的として開始された，政府主導による上からの精神運動」(2)であるといわれている。沖縄の取り組みにはこのなかに「生活改善」として，たとえば「巫女ノ排除」「琉装改善服装ノ簡易化」「標準語ノ励行」「不健全ナル享楽ノ排撃」(3)などといった沖縄独自の言語風俗習慣を「改め」，日本へ同化する施策が含ま

れていた。実際，移民のための教育においても，沖縄独自の言語風俗習慣の「改善」は，沖縄移民が海外各地の渡航先で，差別・排斥されないために必要な取り組みであり，それは移民にとって「必要的同化」として受け入れられてきたものであった。

　この政府主導による上からの風俗習慣の「改良」と移民にとっての必要性という点に関して，冨山一郎は「精動運動から沖縄戦にいたる歴史過程における生活改善を考察するうえで重要なのは，なぜそれが日常生活のレベルにまで浸透したのかという点である。それを解くカギは，沖縄労働者が流亡せざるをえないソテツ地獄期の一九三〇年代にある」といい，そのためとくに，県外へ流出した人々と生活改善との関連性を重視したいと述べ，「生活改善運動に注目する理由は，人々のいかなる思いがいかなる支配を生み出していったかを明確にしたいからであり，それにはたんに上からの強制という理解や政治機構に限定された分析では決定的に不十分なのである」[4]と指摘する。つまり1930年代後半の「生活改善」を，政策面だけでなく流出者がそれをいかに受容し，その結果どうなったのかについても考察する必要性を述べており，こうした指摘は，「生活改善」を含めた同化施策と移民教育のその後の変容を考える場合，示唆的である。

　本章ではこのような点をふまえ，同化施策の側面に着目しつつ，社会教育活動や地域活動の具体的態様を追いながら，この時期，「生活改善」が教育活動を通じていかに受容され，それが植民のための教育としてどう形成されていったのか，そしてそれは従来の移民のための教育からどのように変容していったものなのか，という点について検討を試みる。そのため，まず第1に，1930年代後半の社会教育活動の実態について明らかにし，次に，国の「南進」政策が沖縄にどういう反応をもたらしたのかについて検討する。さらに，こうした反応をうけて，沖縄での南方への「国策」移民の実態とはいかなるものであり，それに対する沖縄側の具体的取り組みについて，とくに拓南訓練所の教育を中心に考察することとしたい。

　なお，移民と植民の違いについては，序章でも述べたとおりであるが，とく

に「南方移民」については，南洋群島への移民と，東南アジア地域への「国策による移民」両方を含むものととらえることとする。つまり，「南方移民」は，「植民」の範疇ととらえることができるものである。

第1節　沖縄にみる1930年代後半以降の社会教育の動き

(1) 国民精神総動員下での社会教育活動

政府は，1937年9月13日「国民精神総動員実施要綱」（閣議決定は8月24日）を発表し，10月12日には中央推進団体である，国民精神総動員中央連盟を発足させている。沖縄県では，第一回国民精神総動員沖縄県実行委員会を1937年10月7日に，第二回を1938年1月31日に，そして第三回を同年8月29日にそれぞれ開催しており[5]，知事の諮問に対し，国民精神総動員運動の具体的実施方策を述べている。いずれの実行委員会にもほぼ共通して「運動ノ目標」として，「1日本精神ノ発揚」「2社会風潮ノ一新」「3銃後ノ後援ノ強化持続」「4非常時経済政策ヘノ協力」「5資源ノ愛護」を掲げており，これを実行する具体的方法として「啓発宣伝ニ関スルモノ」と「実践ニ関スルモノ」をあげている。次にそれぞれの詳細項目についてみてみよう。

「啓発宣伝ニ関スルモノ」には，講演会・懇談会，映写会，青年学校長会，各種団体代表者協議会などの各会合の開催と，パンフレット，ポスター，リーフレットなどの刊行物の配布を企図している。このなかで講演会・懇談会ついては，＜時局認識＞＜生活改善＞＜貯蓄奨励＞の種類に分類されて実施が計画されているが，＜生活改善＞の講演会・懇談会の開催回数が県／市町村の共催ともいちばん多く計画されている。

「実践ニ関スルモノ」の内容は，「1勤労奉仕　2生活改善　3其ノ他」となっており，「勤労奉仕」を行う団体として男女青年団，学校，婦人会，一般部落常会または町内会があげられている。また「生活改善」には，「敬神思想ノ発揚」「集団行動ノ規律化」「体位ノ向上」「儀礼ノ改善」「服装改善」など9項目が列記されている。これらのなかには，前述のごとく，沖縄独自の言語風俗習慣に関する「改善」が含まれている。さらに「其ノ他」のなかには，「実

践網ノ整備強化」として「各市町村数戸又ハ十数戸ヲ単位トスル隣組隣保班等ノ実践班ヲ組織シ強化ヲ図リ国民精神総動員ノ趣旨ノ徹底ヲ期ス」との一項目があり，「部落会・町内会—隣組」の住民組織体制が強調されている[6]。

このように国民精神総動員運動は，社会教育活動あるいは地域活動を利用しつつ，運動の目標の徹底を図ろうとしていたことがわかるだろう。

このなかでとくに「標準語」の取り組みについては，「日本精神発揚週間実施要綱」のなかでも，「標準語ノ励行ハ日本精神ノ発揚及県民生活上最モ緊要ニ付週間中之ガ励行ヲ努メ特ニ官公衙学校，男女青年団等ハ率先垂範ノ實ヲ挙グルト共ニ更ニ将来持続シテ其ノ熟達ヲ期スルコト」[7]とうたわれており，さらに県は1939年に総動員運動の一環として「標準語励行県民運動三ヶ年計画」をたて，各市町村に「標準語励行県民運動要項」を通達した。

この「運動要項」では，標準語励行は「全県民ガ普ク之ヲ使用スル場合ノ福利ト光明トハ真ニ偉大ナルモノアルヲ確信ス」[8]との立場から，県，市町村，学校，青年団等，それぞれの詳細な実施事項を掲げ，地域をあげて取り組む体制をつくり上げている。このなかで注目すべきこととして，市町村に標準語励行委員[9]を設置することが提起されている。これは市長村長が選定し，知事の嘱託を受けて務めるもので，その任務は，次のようになっている。「1 市町村に標準語励行に関する意見の開陳　2 標準語励行の指導督励　3 標準語励行の実況調査　4 成績優良なる学校，団体，家庭個人等の推薦　5 其の他標準語励行上必要なる事項」[10]つまり，市町村民に標準語を単に督励するだけでなく，標準語使用を説得し，その情況を調査し，報告することにあったといえる。標準語励行委員は，役所職員，教師，社会教育委員，方面委員などが選定され，地域社会のあらゆる場面で方言チェックの監視網がひかれていたのである[11]。

では実際，こうした標準語励行が青少年団活動のなかで，どう進められていったのか。青年常会の運営のなかにその一端をみることができる。

青年常会は14歳から25歳までの男女青年団員で構成され，毎月8日と22日に県下一斉に開かれるようになっている。会は司会者の挨拶で始まり国民儀礼後，伝達報告，協議懇談へと進む。もちろん，こうした内容はすべて標準語で行う

ので，意見を発表することで話し方の標準語の練習にもなり，常会を開くことが「標準語励行」につながるのである。そのほか雑誌「青年」の輪読なども取り入れることで，「標準語を日常家庭語として使用するやうに訓練」することも徹底できるという(12)。つまりこうした取り組みは，まだまだ家庭では，標準語を使用することが少なかったという実情を表しているといえるだろう。

　このように地域活動のすみずみにまで浸透していった「標準語励行運動」とは，一体なんのために行われたのか。西原文雄は次の三点を指摘する。第1は，民族的一体感を強調し，あわせて天皇制イデオロギーのさらなる浸透を図ろうとしたこと，第2は，沖縄人民をして宣撫工作要員たらしめるために「標準語」に習熟させようとしたこと，第3に，対当局批判の防圧，さらには戦時体制下の防諜の実をあげようとしたこと(13) をあげている。とくに，注目すべきは，第2の指摘で，南方への「国策」移民として期待される沖縄人と「標準語励行」との関係を示している。さらに付言すれば，天皇制イデオロギーを基底にすえた「大東亜共栄圏」構想では，他民族に対する指導者意識も強調されており，その意味でも，現地人と接触する沖縄移民には「立派な」日本語が使えることを要求したのではないかと考えられる。

　このようにみると国民総動員運動は，大がかりな県をあげての運動であったといえるが，その実態については，「「空樽をたたく」ような空疎な精神運動の域をでるものではなかった」(14) との見方がある。たしかにかけ声の割には，成果はそれほど大きいものではなかったのかもしれない。しかし，この総動員体制は発展的に翼賛運動に引き継がれ，この運動下で組織された「部落会・町内会—隣組」制度は「形式的整備」にならないよう国・県ともども細かな指示を出している。もともと沖縄は相互扶助と共同体規制の伝統が根強く生きており，村の自治組織や村内法も残存していた(15)。それら旧共同体的遺制を利用しつつ，「下からの」運動のごとく住民の生活を統制していったのである。

　内務省訓令を受けて1940年9月30日に県訓令「部落会町内会等整備要領」が出され，さらに組織化が進められた(16)。こうしたなか「常会ノ社会教育的活用並ニ指導ニ関スル件」（1940年10月15日，文部次官通牒）には，「各種常会ノ活

用ハ社会教育ノ組織網トシテ社会教育ノ徹底ヲ図ル為メ最モ有効適切ナル方途」とされ，「常会ノ社会教育的活用竝ニ指導ニ付テハ今後一層関係方面トノ連絡ヲ緊密ニ」するよう伝達されている[17]。これらの記述から，「部落会・町内会—隣組」制度は社会教育のための組織としても期待され，機能していたことがわかる。沖縄各地域にある社会教育の各種団体と部落会・町内会との関係組織は，たとえば，次のようになっており[18]，国民精神総動員運動をへて，各種団体が部落会・町内会に統合されるかたちで整備されていった。

```
                  ┌ 総務部＝部長 ─────── 部落／町内会長
                  │ 文化部＝部長 ─────── 字受持教員又ハ教育関係者
                  │ 産業（経済）部＝部長 ── 農事実行組合長又ハ産業，経済
部落（町内）会＝  ┤                         団体幹部
                  │ 警防部＝部長 ─────── 警防団各字（町）幹部
                  │ 青年部＝部長 ─────── 青年団／分団長
                  └ 婦人部＝部長 ─────── 婦人会各字（町）幹部
```

(2) 青年学校，青年団における実践

① 青年学校での教育活動

青年学校の目的については，「青年学校令」（1935年4月1日）の第一条に，「青年学校ハ男女青年ニ対シ其ノ心身ヲ鍛練シ徳性ヲ涵養スルト共ニ職業及実際生活ニ須要ナル知識技能ヲ授ケ以テ国民タルノ資質ヲ向上セシムルヲ目的トス」と規定されている。青年学校での修業課程は，普通科，本科，研究科などに分かれ，通年または期間制をとり，修業年限も各科，男女別で異なり，その幅は1年から5年までもあり，各校により実情がまちまちであった。

沖縄では，1942年現在で青年学校数は133校，専任教員は男子209人，女子18人，就学率についてみると，1941年度において99.16％，出席率が91.37％。生徒数は男子2万93人，女子7507人，計2万7600人となっている[19]。これは義務制以前の1935年の就学率86.38％，出席率87.6％[20]に比べると大幅に伸びている。しかし，1942年度の県議会では「経費ノ関係デ…未ダニ独立校モナク，

又校舎ノ無イ所ノ青年学校ガ多イノデアリマシテ」[21]との発言がみられるように，その内実は十分なものではなかった。こうした状況のなか，1943年11月には「軍事生産への参加，食糧増産の勤労作業への奉仕などに授業を切替えることになり，また必要に応じて普通学科の授業を職業科へ加算するような措置がとられるようにな」[22]り，戦時体制下での「産業戦士」養成の面が急速に強まっていった。

ところで，沖縄における青年学校に対しては，さらに移民（植民）のための教育を期待する面があった。これは統合前の実業補習学校にもみられたことだが，たとえば1937年の県議会で，「青年学校ニ付テ更ニ附加ヘテ御願ヒタイノハ移民科ノ設置デアリマス，是ハモウ理由ハ申シマセヌガ，是ガ最モ大切ノヤウニ思ヒマス」との意見に対して，書記官が「本県ノ青年学校ト致シマシテハ生徒ニ移民ニ関シマスル知識ヲ与ヘマスコトハ最モ肝要ナコトヽ思フ所デゴザイマシテ，適当ニ是モ方法ヲ執リタイト思ッテ居リマス所デゴザイマス」[23]と答弁している。あるいはまた，1940年の県議会でも「知事ノ御熱誠ナル御尽力ニ依リマシテ移民訓練所ノ実現ニ対シテハ両手ヲ挙ゲテ賛成ヲ致シマシテ感謝ニ堪ヘナイ次第デアリマス，然レドモ普通海外渡航者ノ教育ハ，只今ノ所青年学校ト海外協会トデ施サナケレバ移民ノ素質向上スルコトハ出来ナイデアラウト考ヘテ居リマス」[24]といった意見がみられる。実際，青年学校でどのような移民（植民）教育が行われたのかについては，残念ながら史料等で確認することはできない。ただ，この頃の『沖縄教育』をみると，小学校教員の地理教育観のなかに沖縄移民についての考えがうかがえる。

たとえば，「郷土の観察の教師用書を読みて」（國吉順質，1943年）[25]という記事には，郷土教育について「海外発展に対する注意を喚起させ，海外への憧れや関心を深める」ことを指摘した箇所があり，そのために，日本人移民の統計表や沖縄県海外移民の歴史記述が掲載されている。つまり，郷土教育のなかで，沖縄移民と「東亜の名主日本」とを関連づけて教えることを指導していた。あるいは，「時局と地理教育雑感」（饒平名浩太郎，1939年）[26]では，アメリカやヨーロッパの列強の国情を説明したあと，「地理教育に従ふものは宜しく八

紘一宇の大精神を具現せしむることを大方針とし，科学的才能を以て産業の新興に努力せしめ，海外発展と相俟って異種族の融合を企図する有為の国民養成に力むべきである。是が時局下に於ける真の地理教育でなければならぬ」と説いている。「異種族の融合を企図する有為の国民養成」とは，「大東亜共栄圏」構想のもと「海外発展」する移民，とくに沖縄移民の素質形成をさしていると思われる。青年学校でも普通学科を小学校教員が担当していたケースが多かったので，こうした海外認識が移民（植民）のための教育として教えられていたであろうことは十分に考えられる。しかし，戦時体制が進むにつれ沖縄でも，青年学校生はもっぱら軍事訓練と食糧増産に明け暮れ，授業はほとんど行われなかったというのが実情であった。

② 青年団の活動事例 ─ 金武青年団の場合

沖縄における青年団数は1935年4月末現在で70あり，14歳から30歳までの団員総数は3万2935人，女子青年団数は71で，14歳から25歳までの女子団員数は2万4278人となっている[27]。

1941年，県内の青年団体，女子青年団体，少年団等を統合して「沖縄県青少年団」が結成されると，沖縄県青少年団の団員数は11万3300余人となった[28]。

「沖縄県青少年団ノ結成要旨」（1941年3月31日，県訓令）によると，「沖縄県青少年団」の目的は，「県下全青少年ヲ一元的組織ノ下ニ結合シテ皇国ニ則リ国家有為ノ青少年ヲ錬成」することにあるとし，また訓練の実施については「国体ノ本義」や「皇国ノ使命」など国家主義を強調し，さらに学校教育との連携や教師の協力なども要請している[29]。

次に，この時期の具体的な青年団の活動の様子を金武青年団を例にみていこう。金武村は多数の移民を送出しているいわゆる「移民母村」であり，この村の青年団の活動を移民（植民）とのかかわりを中心に検討したい。

1941年，金武村では，沖縄師範学校を卒業後，拓南訓練所（後述）の指導員として赴任した小橋川朝蔵（23歳）が金武区青年分団長となり，活動が盛り上がったという。当時の新聞は，「逞しい初志を貫徹／若き訓導が修養道場を建

設」(『大阪朝日』1943年2月4日付) という見出しでその様子を伝えている。その内容を要約すると次のようである。

　小橋川は, 第二世や帰朝者の多い金武村の村民作興を思い立ち思案の末, 錬成道場を建設して男女青少年を訓練し教養指導に乗り出そうと考えた。総工費1万2千円の修養道場の設計計画を考案したが, あまりに厖大な計画のため誰からも相手にされず, 費用一切を自力でつくらなければならなかった。そこで資金づくりのために青年団員とともに幾日も山林に入り, 製炭作業を行いその売り上げを貯蓄した。村当局も小橋川の熱意にほだされ協力することとなり, 寄付金その他でようやく目標額が集まり, 道場ができあがった。

　これは, 一青年分団長が困難を乗り越え, 青年団員, 村民らとともに立派な修養道場をつくったという一種の美談であり, この当時さかんに唱えられた共同精神, 勤労奉仕, 貯蓄精神などが盛り込まれた道徳的教訓話である。

　しかし, この美談的実践例から看過できないことは, 拓南訓練所と青年団がある程度つながりがあったという点である。社会教育団体と学校教師とのかかわりについては, 先述のごとく指摘できるが, ここでは小橋川朝蔵という熱心な拓南訓練所指導員が地元の金武区青年分団長であったため, 訓練所で説かれた教えや精神が団員にもじかに伝わったであろうと思われる。この修養道場が完成後, 「興亜会館」と名付けられたのもそのせいかもしれない。

　この金武青年団では, 「金武青年団歌」と「金武音頭」(1941年作) というものを制定しており, この「金武音頭」の6番, 8番に次のような歌詞がみられる。

　　(六)　　金武の森から　東を見れば
　　　　　　　昇る朝日　太平洋
　　(八)　　金武の当山　移民の父よ
　　　　　　　今じゃ雄飛の　森の神　[30]

　「移民に対する誇り」が金武青年らになんらかの精神的影響を与えていたものと感じられる。実際, 「団歌や音頭は金武区青年の志気を鼓舞し団結力を高めるために大いに役立った」[31]という。金武村は, 1930年代からフィリピン

への移民が多く、フィリピンへ行って一旗揚げるというのは村民の一つの夢であり、あこがれの生き方でもあった。これより少し以前の新聞には「移民さんなら／嫁入りしよ／嫁さんのあこがれ」(『大阪朝日』1934年9月27日付)、「儲けておい出よ／移民船は朗らか特有の洋装で颯爽と比島へ」(『大阪朝日』1935年10月20日付)などといった移民関連の見出しが多く目につく。こうした移民風土のなかで育った青年たちが、戦時体制へと向かうなか、熱心な拓南訓練所指導員のことばをとおして、＜夢としての移民＞から＜国に奉仕する移民＞へとその方向性を変えることはそれほどむずかしいことではなかったのではなかろうか。

第2節 「南進」政策と沖縄側の対応

(1) 「南進」政策の進展

矢野暢は、1936年を「あらゆる意味で、近代日本の『南進』との関連でいえば、歴史が大きく曲がった年であった」[32]と指摘する。この1936年8月7日、五相会議で「国策ノ基準」が決定された。そこでは「南方海洋殊ニ外南洋方面ニ対シ我民族的経済的発展ヲ策シ努メテ他国ニ対スル刺激ヲ避ケツツ漸進的和平的手段ニヨリ我勢力ノ進出ヲ計リ以テ満洲国ノ完成ト相俟ツテ国力ノ充実強化ヲ期ス」[33]と記され、「南進」政策が国策の中に取り上げられた初めてのケースであり、「南進構想の進展にとって画期的意義」[34]があったとされる。同じ8月7日には四相会議で「帝国外交方針」も打ち出され、「南洋」は「世界通商上ノ要衝ニ当ルト共ニ帝国ノ産業及国防上必要欠クヘカラサル地域」[35]と規定された。

これらの政策決定の背景には、陸軍と海軍の複雑な主導権争いが絡んでいるが、直接的な影響として波多野澄雄は、1935年に発足した対南洋方策研究委員会(「対南研」)の存在に注目する。これは海軍の南洋研究組織であり、その研究の重点は蘭印を中心とする「外南洋」への海軍の実行策を提供することにあったという[36]。波多野は、この「対南研」の「外南洋」への具体的実行策に関して、興味深い2つの観点を指摘している。第1は、「外南洋」進出にあたっ

て海軍が表面にでるのではなく，南洋群島にある南洋興発株式会社などの「内面的支援」を通じて，「外南洋」への経済進出や「移植民」をはかるという点であり，第2は，「外南洋」に対する進出基地あるいは中継基地としての台湾および南洋群島の地位と役割を強調するという点である[37]。注意したいのは，これらの観点は机上のプランではなく，「国策ノ基準」や「帝国外交方針」によって承認された実践プランであり，しかしあくまでも「漸進的和平的手段」として，経済的発展という枠内で進められたものであったという点である。

この時期現実としては，「南進」よりは依然「東アジア」政策が重視されていたのであるが，それが大きく変化する契機が，1937年の日中戦争の勃発であった。これにより海軍は1939年2月，海南島を占領した。海南島の占領により，「台湾・海南島ラインは一体として南進の前進拠点あるいは中継基地をみなされることにな」り[38]，華南地域を含めた「南支」ルートが大きな関心として浮上してくるのである。実際，海軍は台湾，南洋群島，海南島の三地域を統括する統治機関として「南方総督府」を台湾に設置する構想までもっていたのである[39]。

そして1940年，第二次近衛内閣成立直後に決められた「基本国策要綱」（7月27日閣議決定）と「世界情勢ノ推移ニ伴フ時局処理要綱」（7月27日大本営政府連絡会議決定）によって，武力行使による「南進」政策が決定づけられた。背景には，日中戦争の「持久戦化」があった。とくに「時局処理要綱」では，「対南方問題解決ノ為武力ヲ行使スルコトアリ」とし，「和平的」南進から武力行使を含む積極的な「南進」政策へと転換したのである。こうした「南進」政策を打ち出すことにより，日満華3国の「東亜新秩序」から南方諸地域を含む「大東亜共栄圏」構想へと強調されるようになり，日本を指導者とする勢力圏が構想された[40]。

このように1936年以来の「漸進的和平的手段」の「南進」政策から，日中戦争後の台湾・海南島ラインへの注目，そして「武力南進論」へと国の「南進」政策は変容しても，その背後には，沖縄移民を南方進出への人的資源として活用しようとする動きがたえずあった。

(2) 沖縄での南方移民の推奨

前項で1936年以降の国の「南進」政策の推移をみてきた。これに対応して沖縄側ではどのような動きがみられたか。まず,1940年12月の県議会で淵上知事は次のように発言している。

> 「国家ノ緊急已ムヲ得ザル為ニ労務ヲ必要トスルト云フ場合ニハ,単純ニ労働者自身ノ利益トカ生活バカリ考ヘテ居ラレナイ場合モアリマセウ,強権ヲ発動シテ労力ノ供給ヲ為サシメナケレバナラヌ場合モアルカモ知レナイ」[41]

この発言は,県民の生活よりも国の方針を優先する姿勢を示している。そして次に,海軍が直接知事に対してポナペ島への沖縄移民送出を要請してきた事情を明らかにしている。

> 「先般私在京中ニ横須賀鎮守府ノ参謀長ガ態々私ノ宿舎マデ此ノ問題デ参リマシタ,現在ノ海軍ノ必要上是非トモナニシテ貰ヒタイト云フ理由ヲ詳細ニ述ベラレテ居ッタノデアリマス」[42]

> 「今日ノ国策上最モ緊急ナルモノヲ優先的ニ考ヘテ,サウ云フ方面ニ労働者ヲ出ス,労務ノ提供ヲ為サシメル是ハ吾々労務取扱ノ根本原則ノ一点デアルノデアリマス」[43]

ここには国の「南進」政策に沖縄移民を活用しようとする軍の具体的動きと,それに対し積極的に協力しようとする知事の考えがはっきりとうかがえる。

また知事のみならず,このような中央志向の態度を強力に推し進めた人たちとして,県選出の国会議員たちがあげられる。たとえば,それは衆議院議員仲井間宗一の「沖縄は,南方共栄圏確立のための前線基地として新たな重要使命を帯びることになった。ことに漁業面で本県が担当する新分野は,ジャワ,マライ,フィリピンなどの広大な水域である。われわれの祖先はわが国南進の先駆となして進取敢闘の気性がわれわれの血のなかに流れている。今こそ県民は,郷土魂をふるいおこし進んで南方へ進出すべきだ」[44] といった発言などに如実に表れている。

こうした知事や議員にみられる「南進」政策への積極的な支持を背景に,南

方移民送出にむけての具体的な方策が次々と推し進められた。

1941年3月，金武村に「沖縄県立沖縄拓南訓練所」，糸満町にはその附設機関として「糸満拓南訓練所」が開設された。また，南方移民に備え，1939年6月，県社会課では「次男，三男はよろしく大陸に南方開発に雄飛せよ」と呼びかけ，「新東亜建設」の人的資源調査を行うことを各小学校長に通知した[45]。同年には，南方出稼ぎ人経験者の年齢・職業等の調査にものりだした。1942年になると，南方からの引揚人名簿づくりや南方進出に備えての農家特技調べなど種々のものを行っている[46]。

さらに，広範囲の移民熱，南進熱の高揚をねらって，社会教育的な活動として南方移民に関する講演会，座談会などもさかんに開かれた。たとえば，「移民奨励座談会／沖縄県下で」(『大阪朝日』1937年3月7日付)，「移民奨励の講演映画会」(『大阪朝日』1939年3月28日付)，「移殖民座談会／一般町村民に方針普及」(『琉球新報』1940年11月21日付)，「講演と懇談会／島尻の啓発運動」(『大阪朝日』1943年5月2日付) などの新聞見出しが見られ，ほぼ県下にわたっての動きであることがわかる。また，沖縄漁民が活躍する国策映画「海の民」が広く放映されていることを，「海洋民族の真価／映画『海の民』に示された沖縄」(『大阪朝日』1942年8月20日付) との見出しで報じている。このなかで，「海の民」に対し，「海の民族としての琉球人の面目がうかゞえる，殊に女学校の合唱効果が美しい」との論評を示しており，南進熱高揚というねらいに映画利用も効果を発揮したものと思われる。この映画を製作した東亜発声映画会社の製作部長は，前作の「沖縄島記」について，「古代沖縄の海外発展から拓南第一線へと雄飛する沖縄の歴史的姿をとらえるものだ」[47]と語っており，「海の民」もこの路線で製作されたものであろう。要するに，古代から海外で活躍した沖縄人の姿を感動的に描くことで，逞しい海洋民としての「誇り」を示し，その姿と同様，「国策」移民としてもどしどし南方に出ていってもらいたいという製作意図が込められていたのである。

このような南進熱を煽る動向は，さらに海洋沖縄人の歴史的資質を学問的に「証明し」，称賛する動きへと続いていく。県当局は，「沖縄移民の父」當山久

三を顕彰するいっぽう，中世沖縄人の南方への交通史や開発史を刊行した。そうしたねらいから書かれたものとして代表的な例として，歴史学者・東恩納寛惇の『黎明期の海外交通史』（1941年1月刊行）と師範学校教員・安里延の『沖縄海洋発展史－日本南方発展史序説－』（1941年11月刊行。翌年5月再版の書名は『日本南方発展史－沖縄海洋発展史－』となる。これは，「紀元二千六百年記念事業」として沖縄県海外協会が安里に委嘱して刊行したものである）がある。そして，これらの成果を国定教科書に採用させるよう文部省に訴えたというのであるから，県当局の巧みな手法が感じられる[48]。

ところで，「南進」政策に呼応する県側の一連の動きを見るとき，注意したいのは，こうした沖縄人の海洋民としての資質を称揚する動きは，他方では従来からの「生活改善」が訴えられ，「標準語励行」をはじめ，「日本人」への同化施策も強力にとられていたという点である[49]。こうした社会的現象を，沖縄の過去の移民送出の歴史に則してみるとどうなるだろうか。

沖縄移民は独自の言語風俗習慣ゆえ，移民先で差別や排斥をうけたり，あるいは移民先の政府から非難されたりしてきた。沖縄人が海外へ移民するには，まず言語風俗習慣を「改め」，「日本人」に同化することが必要だった。沖縄の移民のための教育はまさにこの点に寄与したといえる。移民する者にとっても「生活改善」を受け入れ，「日本人」になることは移民の成功，あるいは海外で金を儲けるためには必要なことであった。なぜなら，貧困から脱出し金を稼ぐことが移民の最大の目的だったからである。したがって艱難辛苦を乗り越え，多いに金を儲けた移民にとってそれは誇るべき成功となったのである。しかし，戦時体制に入り，自由意志の移民を中止し，南方へ「国策」移民として沖縄人を送出するとき，そこにはどうしても沖縄移民としての「誇り」を意図的に醸成する必要があった。つまりそうした「誇り」が，渡航した南方地域では，他民族に対する「指導民族日本人」として作用するよう，天皇制イデオロギーの浸透と民族的一体感を強化した同化施策が同時に必要だったのである。このようにみると，「国策」移民のための教育（植民教育）とは，強力なる同化施策を伴う国家主義的教育であると同時に，沖縄移民としての「誇り」を意図的に再

生し称揚することをねらいとしたものでもあったといえよう。このねらいが最も効果的に作用するのは，いうまでもなく多数の移民を排出している地域である。

冨山一郎は，沖縄において，自由移民と「国策」移民（植民）が交差する状況について，「成功を求める人々の夢と帝国主義的侵略は，このように，ズレを生みながらも癒着していた。そうであるがゆえに，生活改善は官製の運動というより沖縄の人々自身の運動として展開したのである」[50]と説明する。ここでいう「ズレ」とは自由意志による移民と「国策」移民（植民）の「生活改善」を受け入れる方向性の違いである。つまり，成功を求めて自ら出かける移民は，必要性として「生活改善」を受け入れたが，「国策」移民は国家の植民政策にそって，自ら進んで積極的に「生活改善」を受け入れたのである。そこには，上述したごとく，醸成された沖縄移民としての「誇り」が大きく作用していた。移民教育と「国策」移民のための教育（植民教育）の違いもまさにこうした点にあったといえる。それは「必要的同化」から「積極的同化」への転換ともいえるものであった。

第3節　南方への「国策」移民と植民教育

(1) 沖縄における南方への「国策」移民

『昭和十八年　知事事務引継書類』にある「本県移植民事業ニ就テ」には，「南方移民」を主眼に「分村計画ニ基ヅク満州開拓民」「満蒙開拓青少年義勇軍」などについて，県としての「移植民事業」の目標が述べられている。そして，「沖縄県移植民事業基本方針」のなかでは，そのための「移植民行政運営ノ指針」が次のように規定されている。

　　一，東亜共栄圏確立ノ国策ニ挺身強力セシム
　　二，国家使命ニ撤セル開拓士ノ錬成ヲ期ス
　　三，錦衣帰郷ヲ前提トスル出稼ヲ廃シ定着永住性ヲ堅持セシム
　　四，移植民事業ニ対スル県民認識ノ是正ヲ期ス[51]

しかし，この指針がでる以前から満洲へも南方へも「国策」移民の送出は行

われており、ここではとくに南方への「国策」移民の実態について、主として新聞資料に依拠しつつ取り上げていきたいと思う。

1939年7月20日付の『沖縄日報』は、「県社会課では南洋〇〇方面の開発勤労隊を大量に送ることになり、県下一円に亘り募集することになった」と報じている。「大量」とはどのくらいなのか、はっきりした募集人数も渡航先もここからは不明だが、記事によれば、募集締切は29日まで、30日午前9時から選考・身体検査を那覇市開洋会館、那覇職業紹介所、名護職業紹介所で一斉に行い、合格者は31日に開洋会館に集合し、翌日1日に出発という早急なものであった。おそらく、国からの突然の沖縄移民送出の要請があり、それに応じたものであろうと思われる[52]。

また、日中戦争勃発後、1939年に海軍が占領した三竈島（そう）や海南島、新南諸島に沖縄人が集団入植している。三竈島へは海軍基地に小禄村から1939年に50戸、1941年に50戸が移住しており[53]、沖縄人だけの開拓村ができていたという[54]。また、海南島へは道路改修の労働者として沖縄県から1万人近い人夫を募集している。1939年に600人の労務者が送出されているが[55]、「沖縄のみにて人員不足の場合は南洋諸島に出向いてゐる沖縄県人移民をその儘呼び寄せ海南島に送るものとみられて注目されてゐる」（『沖縄日報』1939年5月16日付）とある。これが現実化したかどうかは確認できないが、前述したように台湾、南洋群島、海南島のラインを統括しようとする構想を海軍はすでにもっており、十分に実現性のある発想である。実際、海南島への移民計画が、台湾総督府や拓務省から策定されており[56]、こうした国の植民政策のなかで、沖縄移民と海南島との結びつきは重要な関係にあったとものと推測される。

さらに、南方移民のなかでもとくに漁業移民に対する期待感は、1930年代半ばごろから次第に高まってくる。たとえば次のような記事があげられる[57]。

「沖縄漁業移民／南洋へ大挙進出／糸満漁夫の意気」（『大阪朝日』1935年11月29日付）

「海洋沖縄に相応しく／水産教育振興論／沖縄県会」（同上、1935年12月8日付）

「移民科と水産科／糸満校に設置／県外雄飛に拍車加ふ」(同上，1937年3月5日付)

「沖縄移民立県／先づ南洋漁場の独占を目指す／清水谷総務部長談」(同上，1937年6月29日付)

「沖縄県漁夫の活動を絶賛／企画院調査官小西大佐」(同上，1938月8月19日付)

「自慢の追込みで／海南島漁場へ／進出期す沖縄漁民」(同上，1939年3月28日付)

　そして，開戦後の1942年4月には，第一次沖縄県漁業報国隊（250余名）が組織され，ダバオ，ボルネオ，タラカンへ送り出された（『大阪朝日』1942年7月7日付）。その後同年7月，第二次漁業報国隊（300名）が出発（同上，1942年5月7日付），第三次漁業報国隊が1943年3月に（同上，1943年2月5日付），第四次隊（60余名）が同年10月に出発している（同上，1943年10月13日付）。さらに第五次隊（30名と50名の二隊）も同年7月に訓練に入っている（同上，1943年7月14日付）（ただし，第五次隊が出発したかどうかは確認できていない）[58]。こうした活動を統制あるものにするために，管下業者及び漁夫を1つの団体にして沖縄県南方出漁団が結成されている（顧問・早川県知事，団長・福吉沖縄県内政部長）。団の事業は，南方漁業の開拓や漁夫の素質向上，福利更生などを目的としているが，実際上は県策会社太平水産株式会社（1943年4月16日設立認可。資本金400万円）を側面援助し，協力態勢を築くことにあり[59]，これが漁業報国隊を送出するための重要な組織となっていた。

　第五次隊の出発前の訓練は，開洋会館で四泊五日にかけて行われている（第四次隊は一週間）。訓練内容は，午前は「行の訓練」と講義，午後は体操，教練，作業および南方地理や南方事情などを教えるとともに，「とくに団体規律訓練に重点を注ぐ」としている（『大阪朝日』1943年7月14日付）。この時期の県議会では，南方出漁者の訓練は重要であり，訓練費等相当な費用もかけている，との発言がみられるが[60]，内容をみるかぎり，訓練は出発前の短期間であり，漁業技術よりもむしろ軍隊的な訓練を施すことに主眼をおいて行われていたと

いえる。こうした訓練ののち，隊員たちは太平水産株式会社などと契約を交して，南方へ出漁していった。

このような報国隊は，渡航先ではどのような活動を行っていたのだろうか。フィリピンの隊員からの現地報告を新聞では次のように報道している。「一同元気で頑張つてゐる，比島の漁場はすべて沖縄漁夫が独占。得意の追込網漁法で南海の宝庫を開拓してゐる，漁具，剝船その他すべて現地で製造されるやうになり，出発前開洋会館で受けた軍隊式猛訓練に物言はせてますます得意軒昂，漁業報国に挺身している，（中略）一日30トンの水揚は朝飯前，郷里漁夫たちがこのことを聞いたらさぞびつくりすることだらう，兵隊さんたちも大よろこびで僕たちに世界一の漁夫とおほめ言葉」（『大阪朝日』1943年6月11日付）。

しかし，こうした沖縄漁民の活躍は実際それほどのものではなく，そう長くは続かなかった。より現実的には，「大戦下の漁業はあくまで軍統制下での操業であり自由な経済活動は否定され，漁業用資材や労働力は不足がちで，操業海域も規制，縮小されて十分な漁業もなしえないまま敗戦で解体してしまう」[61]というのが妥当な指摘であったろうと思われる。

このように沖縄における南方「国策」移民は，国の「南進」政策に基づいて日本軍占領地へその要請のままに，なしくずし的に送出されていった。いっぽう，農村では労働力不足が深刻化しつつあり，県当局は労働力確保のために，「県外自由出稼抑制策」を実施しなければならないほどであった。つまり，沖縄県からの「国策」移民は，県内の労働人口を喪失しつつも強引ともいうべきかたちで行われていったのである。

(2) 南方への植民教育－拓南訓練所の教育を中心に

前節でみたとおり，1930年代末から「国策」移民として沖縄県人がぞくぞくと南方へ送り出されていくが，そうした移民送出状況に対し，県当局も移民事業を活発化させる。知事の諮問に答申する沖縄県拓務委員会を発足させ，「移植民事業に関する重要事項」について具体案がだされた。そこで提示された内容を列記すると次のようになる。

- 移殖民計画樹立施策として銃後農村労力過不足状況調査，移殖民関係資料の蒐集。
- 移殖民事業に対する県民の認識徹底を期すため座談会，映画会，展覧会などの開催，帰朝者の活動促進，移殖民関係資料の展覧会の常設。
- 移殖民の教育施設，各学校での移民教育，拓士農民道場の設置，次三男会の設置および教養指導。
- 送出移民の訓練教養施設，開洋会館の拡充，移民訓練所の設置。

(『大阪朝日』1939年3月16日付)

これらをみるととくに目新しい対策は見当らないが[62]，移民（植民）教育に関する事業を広範囲にわたって実施しようとしているのが感じられる。このなかで注目されるのは，以前から設立が求められていた「移民訓練所の設置」であろう。

沖縄県立拓南訓練所は1941年3月，金武村中川（ギンバル）区に南方進出の開拓者を養成する機関として設立された（漁業実習生のための附設機関として糸満町に糸満拓南訓練所も設置された）。拓南訓練所は，工費16万3912円を県費に計上し，その財源は国庫補助金と南方関係の会社からの寄付金を受けて建設された[63]。このなかには拓務省の補助が含まれていたと思われる[64]。訓練所職員は，所長1名，指導員4名，書記1名，雇人2名で構成され，指導員のなかには，第1節で述べた金武村青年分団長・小橋川朝蔵や社会教育課から出向した社会教育主事補も含まれていた。訓練方針の第1番目には，「心身ノ鍛練ヲ主トシ敬信崇祖忠孝一如ノ日本精神ノ真髄ヲ体得セシメ帝国臣民トシテ八紘一宇ノ大精神ヲ身ヲ以テ大陸ニ大洋ニ具現スルモノノ本分ト其責務ヲ認識セシム」と記されている。訓練科目は学科と実科に分かれ，学科においては，「精神訓練」（「日本精神ノ体得」や「標準語ノ励行」など）と「智的訓練」（「海外事情渡航心得」や「地理歴史」など）が，実科においては，「体育」（柔剣道や軍事教練など）と「実習」（農産物製造，家畜飼養など）がそれぞれ行われた[65]。こうした内容をみてもわかるとおり，ここでの訓練は「軍隊の初年兵教育そのままの訓練と，満蒙開拓訓練所として有名な茨城県の内原訓練所の教育方針を取り入れた指導要

領」⁽⁶⁶⁾であったのである。

　実際の訓練生活の一端を示すと次のようである。

　全員が入寮生活で，朝は6時に合図とともに起床，弥栄の奉唱，日本体操，4キロの駆け足訓練で始まり，朝食後，午前は講義，午後は作業というものであった。入所体験者の話によると，「当時，訓練の厳しさもさることながら，一番閉口したのが三度の食事であった」という。ある訓練生は，「今日ヌ夕飯ノ犬ヤ猫ヌン食ワン」と何気なしに口にしたことが教官の耳に入り，ひどくあぶらを絞られたことが忘れられないと語る(67)。

　また訓練所内でも「標準語教育」が重視され，標準語の実際的習得のため討論会や意見発表会も催された。標準語は日本人としての忠誠心を育成するとともに，南方での「指導者意識」を培ううえで不可欠な取り組みだった。訓練を終えてきた者のなかには，「やや興奮気味に『これからさき，自分は一切方言を使用いたしません』と，全校生徒の前に誓いをたてたりした」(68)者もいたという。訓練の厳しさがうかがえるエピソードである。

　こうした訓練期間は，幹部生1年，実習生1ヵ月となっているが，実際は実習生は7〜25日で平均15日，幹部生でも75日であった。訓練の対象者は，実習生の6割は青年学校生徒，そのほか中学校生徒，青年学校教員，国民学校訓導，中小商工業者であり，幹部生は全員青年学校生徒であった。1941年3月から1943年6月末までの入所人員は，実習生1195人，幹部生76人であった(69)。このように当初の計画よりも実際の訓練期間は大幅に短いものであり，ここでの訓練修了生は，南方移民は少なく，多くは満蒙開拓青少年義勇軍として大陸へ渡っているという(70)。こうした点を考えると，拓南訓練所は，最初から南方移民の養成としての目的はそれほど強いものではなく，国からの要請に応えられる「国策」移民を南方へでも満洲へでも即派遣できるよう，短期間に養成することに主眼があったのではなかったかと思われる。つまり，「国策」移民の補充機関的役割を拓南訓練所は当初から担っていたと考えられよう。そして，その人的資源を主に青年学校の生徒に求めていたということもいえるだろう。こうした訓練所での活動は，1944年10月10日の大空襲以後，中断された。

1942年，戦時体制に入っていくと，植民教育普及のために社会教育を強化しつつ，国民のあらゆる層に南方進出への気運を醸成させていく。1942年4月の『沖縄教育』(第308号)の記事からは，そうした動きを明瞭にとらえることができる。

　まず，各方面の有識者を多数集め，「戦時社会教育対策委員会」を県知事出席のもと開催し，たとえば，「国策協力の強化」とか「女子青年学校の振興」などといった具体的な対策について話し合わせている。また，青年団体制を確立するために県下の青少年団の訓練査閲を実施することを決定し，いっぽう青年学校に対しては，「青年学校振興運動」[71]や「青少年学校経営研究会」を実施し，男女青年の訓練の徹底とともに指導者に特色ある経営の研究を行わせている。一般市民に対しても，県立図書館に「図南塾」を開設し，「南方事情」や「沖縄拓殖史」など南方諸地域の知識を普及すべく指導を行っている。さらに，青年団員に対して「興亜青年錬成」が実施された。これは男子青年団員を募り，農閑期に約10日間，拓南訓練所とほぼ同様な科目訓練を行うもので，拓南訓練所の青年団版ともいえるものであった[72]。

　このように戦時体制に入ると，多くの「国策」移民送出のために，社会教育の一層の強化を図り，青年団，青年学校，指導者の研究会や一般市民の講習会等を振興させつつ，それと連動するかたちで南方への「国策」移民のための教育訓練が遂行されていったのである。そこでの教育は，極端なまでの日本への同化と，日本精神の注入であったが，そこには必ず陰影のごとく沖縄移民の称賛が付与されていた。たとえば，海外研究所長の大宜味朝徳は，こう沖縄移民を推奨した。「南方発展の上に植民沖縄の使命は愈よ重大さを加へて来た。吾人はこの際其拓殖上の特性美質を一層発揮され，我が大東亜建設の聖業に貢献されんことを心から祈るものである」と[73]。

おわりに

　以上，国の「南進」政策が沖縄の移民（植民）のための教育にどのような動きをもたらしたのか，1930年代後半から40年代初頭にかけての社会教育の動き

と関連づけて考察した。

こうした過程のなかで，明らかになったことを要約しておく。

第1に，沖縄における国民精神総動員下では，移民（植民）教育は社会教育活動と密接なかかわりをもちつつ展開され，とくに沖縄独自の文化を否定する「生活改善」や「標準語励行」など日本への同化の側面が，天皇制イデオロギーの浸透とともに強められていった。しかし，それと同時に沖縄移民に対する海洋民としての資質を称揚する動きもいっぽうでみられた。

第2に，社会教育機関である青年学校や青年団の活動には，移民（植民）教育的な側面が見いされたが，とくに青年学校生は「国策」移民としての人的供給源として期待された。そして戦時体制下に入ると，拓南訓練所や興亜青年錬成の募集などをとおして，青年学校，青年団とのつながりを一層強めつつ「国策」移民のための教育（植民教育）が行われていった。

このような内容をおさえたうえで，移民教育から植民教育への変質についてまとめると次のようにいえるであろう。

「国策」以前の自由意志による移民たちに対する教育は，渡航先で沖縄移民が差別されぬよう，沖縄独自の言語文化を「生活改善」というかたちで否定し，「日本人」に同化させることをめざした。移民側にとっても，渡航先で生き抜くためにはそうした同化政策を受け入れる必要性があったのである。その結果，成功した移民には大きな誇りが生まれ，それは出身村にとっても誇りとなった。しかし，植民政策として国の要請で「国策」移民を送出しなければならなくなったとき，移民の成功したいという要望を否定しても，「日本人」としての同化政策を受け入れ，かつ国のために奉仕する移民をどう養成すべきかを考えなければならない。ここに沖縄移民としての「誇り」を意図的につくり上げる必要があった。それが海洋民としての沖縄移民の再評価であり，過去における沖縄移民の活躍の称揚であった。つまり，「国策」移民のための教育（植民教育）は，強烈な天皇制イデオロギーを伴った同化教育をほどこしたが，同時に沖縄から多数の移民を送出しているという歴史的事実を示し，そこに沖縄移民の「誇り」を付与することを企図したのである。それは，「大東亜共栄圏」思想のなかで

は，渡航先での「指導者意識」として作用しうるものであった。このようにみると，県当局が意図した沖縄移民の海洋民としての称揚の動きと，沖縄独自の文化を否定した同化施策は，矛盾したものではなく，沖縄移民を国策に忠実な移民に転換させるための相互補完的な意味をもっていたといえるのではないだろうか。

最後に，移民母村としての誇りを「国策」移民としての「誇り」に見事にすり替えて報道した記事を紹介しておく。

金武村の移民者の活躍を紹介した記事「移民さんならお嫁にゆこう／生活様式もアチラ好み」「海外雄飛の先覚／"いざ行かむ吾等の家は五大洲"／銅像になった両偉人」（『大阪朝日』1938年9月4日付，9月6日付）を，南洋移民の奨励記事へとその内容に修正を加え，5年後には「一寒村に文化街／南方移住の祖・金武村」「移住説く固き信念／先駆者當山久三氏の苦心」（同上，1943年11月6日付，11月7日付）にそっくりつくり変えられた。

その記事の最後をこのように結んでいる。「自由主義時代の金儲け移民は昔の悪夢だ，これからは大東亜共栄圏の建設戦士として秋来らば南方へでも何処へでも国家の要請に応じて全村民を挙げて総引越ししよう，と語り合ふ。かつての移民さん達の血はやっ張り剛健不屈な海外雄飛の熱願を全身に沸らし，"いざ征かん"の気魄烈々，銅像の當山さんも，この嬉しい郷里の変貌を知ったらさぞ微笑することだらう」。

注
（1） 安仁屋政昭「解題」沖縄県議会事務局編『沖縄県議会史』第七巻資料編4，1985年，p.48。なお，沖縄県出身者の国別，年次別の移民者の推移（南方方面，1930～1939年）は表・5－1のとおりである。
（2） 大城将保「戦時下の沖縄県政－昭和十八年知事事務引継書の周辺－」『沖縄史料編集所紀要』第2号，1977年3月，p.106
（3） 文部省『自昭和十二年九月 至同十三年九月 道府県國民精神總動員實施狀況』，1939年，p.989
（4） 冨山一郎『戦場の記憶』日本経済評論社，1995年，p.30，p.33

表・5－1　南方方面の沖縄県出身移民の国別年次別の推移（1930～1939年）

（単位：人）

年次	南洋群島	フィリピン	英領マレー	蘭領東印度	年次	南洋群島	フィリピン	英領マレー	蘭領東印度
1930	10,176	1,028	327	120	1935	28,972	724	214	37
1931	12,227	227	210	39	1936	31,380	1,414	246	44
1932	15,942	113	43	140	1937	34,237	2,584	236	79
1933	18,212	187	64	64	1938	42,201	1,315	20	68
1934	22,736	564	213	28	1939	45,701	?	?	?

出所）石川朋子「沖縄南洋移民に関する一考察」沖縄国際大学大学院地域文化研究科『地域文化論叢』第3号，2000年，p.101より

（5）　文部省，前掲（3），p.989。なお，国民精神総動員沖縄県実行委員会委員数は57名。内訳は貴衆両院議員6名，道府県会議員2名，国体代表者6名，通信報道機関代表者8名，教育家6名，宗教家1名，実業家5名，其ノ他ノ有力者1名，官吏15名，市町村吏員7名となっている（文部省，前掲（3），p.985より）。また，政府が発表した「国民精神総動員実施要綱」は，内閣情報部『国民精神総動員実施概要』（1938年11月，p.23）による。

（6）　同上書，pp.986-989

（7）　沖縄県社会教育課編『国民精神総動員概要』1939年6月。引用は，那覇市教育委員会編集発行『那覇市教育史』資料編（2000年7月，p.342）より。

（8）　田中俊雄「沖縄県の標準語励行の現状」『月刊民芸』11・12月合併号，1940年，pp.67-71

（9）　「県では標準語励行の徹底を期すため，さきに各市町村に標準語励行委員705名を設置することになった」（『琉球新報』，1939年7月14日付）との記事がある。

（10）　沖縄県「標準語励行大運動」『沖縄教育』第273号，1939年5月，pp.38-40

（11）　この時期，柳宗悦を中心とした中央の論者と沖縄県庁とのあいだで沖縄方言に関するはげしい論争が起こった。いわゆる「沖縄方言論争」ないし「沖縄言語論争」とよばれるものである。これに関する詳細な分析と研究動向の整理については，小熊英二が『＜日本人＞の境界』（新曜社，1999年）の「第15章　オリエンタリズムの屈折」とその注のなかで行っている。小熊は，①柳の民芸思想とオリエンタリズムの接点，②沖縄側のオリエンタリズムへの対抗意識が同化論への没入として機能したこと，③言語論争において沖縄の「日本」編入がむしろ進行したこと，などの観点から分析を試みている。

（12）　社会教育課長・丹波湛海「戦時下青年常会の運営について」『沖縄教育』第309号，1942年5月。引用は，前掲（7）『那覇市教育史』pp.842-844より。なお，学校における標準語への取り組みに関する論文に，近藤健一郎「国家総動員体制下の沖縄における標準

語励行運動」(『南島史学』第49号,1997年5月)がある。
(13) 西原文雄「昭和十年代の沖縄における文化統制」『沖縄近代経済史の方法』ひるぎ社,1991年,p.307
(14) 前掲(2)論文,p.107
(15) 同上論文,p.113
(16) 隣保組織の組織状況は,「昭和16年10月末現在,部落会・町内会数780,隣保班(隣組)数11028。昭和18年4月現在,部落会・町内会数810,隣保班数11183」となっており,「他府県に比べても比較的スムーズに組織化が進んでいる」(同上論文,p.115)という。
(17) 「常会ノ社会教育的活用並ニ指導ニ関スル件」昭和15年10月15日,文部次官通牒(沖縄県振興課『昭和十六年十月現在 市町村下部組織整備状況』1941年11月22日)。引用は,前掲書『那覇市教育史』p.842
(18) 前掲(2)論文,p.116
(19) 前掲(1),p.623
(20) 沖縄県学務課『社会教育概要』1936年7月,p.55
(21) 前掲(1),p.623
(22) 西平秀毅『戦時下の沖縄教育』沖縄時事出版,1980年,p.256
(23) 前掲(1)第六巻資料編3,1985年,p.439,p.443
(24) 前掲(1),p.245
(25) 『沖縄教育』第318号,1943年4月15日,pp.41-42
(26) 『沖縄教育』第274号,1939年6月10日,pp.43-46
(27) 前掲(20),p.71(青年団体数等調),p.79(女子青年団体数等調)
(28) 西原文雄「国策としての拓殖移住」沖縄県教育委員会編『沖縄県史』第7巻移民,1994年,p.508
(29) 同上書,p.508
(30) 金武区誌編集委員会『金武区誌』上巻,1994年3月,p.115
(31) 同上書,p.114
(32) 矢野暢『日本の南洋史観』中央公論社,1979年,p.164
(33) 同上書,p.212
(34) 波多野澄雄「日本海軍と南進政策の展開」杉山伸也,イアン・ブラウン編著『戦間期東南アジアの経済摩擦 日本の南進とアジア・欧米』同文舘,1990年,pp.148-149
(35) 前掲(32),p.165
(36) 前掲(32)論文,p.149
(37) 同上論文,pp.150-151
(38) 同上論文,p.154

(39) 台湾総督府〔未完稿〕「南方外地統治組織拡充強化方策」1938年9月（『現代史資料』⑽，みすず書房，1964年12月，pp.464-465）のなかで，「南方外地に対する統治機関に付いて…各外地を総合統括する統治機関として南方総督府（仮称）を設置するを要す」とある。
(40) 「大東亜協栄圏」思想における日本人の「指導性」論について，「これらの議論の核にあるのは，絶対的優者である日本人を親とみなし，その親の力によって未熟児たる『原住民』の保護訓導を図るという擬制的家族主義原理，あるいは近隣民族に対する日本的価値観の短絡的な押付け以外の何ものでもなかった」（後藤乾一「近代日本・東南アジア関係史論序説」『講座現代アジア1　ナショナリズムと国民国家』東京大学出版会，1994年，p.41）との指摘がある。
(41) 前掲（1），p.246
(42) 同上書，p.246
(43) 同上書，p.247
(44) 大田昌秀『近代沖縄の政治構造』勁草書房，1972年，p.327
(45) 『沖縄日報』1939年6月1日付。引用は，企画部市史編室『那覇市史　資料編第2巻中の2，新聞集成』，1969年，p.136より。
(46) 前掲(13)論文，p.558
(47) 前掲(44)，p.325
(48) 中央では，この時期に一種の沖縄ブームが起きたという。沖縄出身の学者や文学者の著作があいついで刊行されたり，沖縄工芸品の展示会が開催されたりした。このブームにより，「県人の意識の上に一種の誇りを醸成したであろうことは容易に想像できる」と西原はいう（前掲(13)論文，pp.312-313）。
(49) 前掲(13)論文，p.315
(50) 前掲（4），p.62
(51) 「昭和十八年　知事事務引継書類」沖縄県沖縄史料編集所『沖縄県史料』近代1，1978年，pp.292-296
(52) こうした植民事業に関して，県は特別な事務職を設置したようで，「移殖民事務嘱託／市町村に設置／31名発令」（『琉球新報』，1940年3月25日付）との記事がみられる。また，実際に移殖民事務を委託された人による「移植民事務の内容は，青少年義勇軍・満州開拓団の募集や，海南島への労務者の募集事務ですよ。…開拓団や海南島への労務者は手間がとても高かったので，行く人もいたわけですよ」との証言がある（具志川市史編纂室『具志川市史　第二巻・新聞集成』大正・昭和戦前編，1993年，p.209）。
(53) 具志川市誌編纂委員会『具志川市誌』1970年，p.267
(54) 前掲(28)論文，p.566。なお，ここでは三竈島での沖縄移民の数は，「43年4月現在，94戸，243人」となっている。

(55) 同上論文, p.566
(56) 台湾総督府〔未完稿〕「海南島処理方針」1938年9月（前掲書『現代史資料』⑽, pp. 451-463）や，拓務省㊙『海南島農業試験移民要綱』1941年9月には，海南島への移民政策が明記されている。
(57) 後藤乾一は，『糸満市史』に収録されている『大阪朝日』(鹿児島・沖縄版)の記事見出し索引の南方関係記事，およびそのなかで占める漁業関係の記事の量的推移を分析し，「南方関係記事とその中に占める漁業関係記事は，共に1942年にピークを示すなどほぼ相似形で推移している」と，指摘する（「沖縄・南進・漁業」『近代日本と東南アジア』岩波書店，1995年，p.62）。
(58) 漁業報国隊の総数は確定できないが，「数次にわたって1000人以上の漁夫が硝煙たちこめる南方に送り込まれた」（前掲(28)論文, p.566）との記述があり，少年漁夫部隊，糸満町の南兼浜組（シンガポールからの引き揚げ漁民の再渡航隊）などを入れると，その数はほぼ妥当ではないかと思われる。
(59) 前掲(51)論文, pp.341-343
(60) 前掲(1), p.504
(61) 片岡千賀之「糸満漁民の海外出漁」中楯興編著『日本における海洋民の総合研究－糸満系漁民を中心として－』上巻，九州大学出版会，1987年，pp.394-395
(62) 「南方発展と沖縄」（南支南洋経済研究会『南支南洋研究』第35号, 1941年3月, pp.32-33）には移民振興のための対策が列記されており，そのなかには「移植民主事」の設置や「移植民教本」の編纂，移民渡航地への視察員の派遣など，新たな提案もみられる。ただし，それらが実現した形跡はない。
(63) 前掲(51)論文, p.330
(64) 議会記録のなかに，「渡航者ノ教養訓練ニ付キマシテハ御承知ノヤウニ本年度（1940年）カラ拓務省ノ補助ヲ受ケマシテ移民訓練所ガ出来ルノデアリマス」との発言がみられる（前掲(1), pp.248-249）。
(65) 前掲(51)論文, pp.330-331
(66) 金武町誌編纂委員会『金武町誌』1983年, p.725
(67) 前掲(7)『那覇市教育史』p.54
(68) 企画部市史編集室『那覇市史 通史篇第2巻』（近代史）1974年, p.646
(69) 前掲(51)論文, pp.331-332（県立沖縄拓南訓練所受講者数調＜昭和18年6月末現在＞）
(70) 金武町史編纂委員会『金武町史 第一巻 移民・本編』1996年, p.419
(71) 沖縄県の「昭和十六年度青年学校振興運動実施概要」によれば，「県ニ於テ実施セル事項」と「市町ニ於テ実施セル事項」に分けて取り組みがなされており，そのいずれにも「青年学校就学該当者一斉調査」や「出席保留者へ就学奨励書状発送」などが含まれてお

り，青年学校の生徒をいかに参加させるかに苦慮していることがわかる（「青年学校振興運動ニ関スル件」『本邦ニ於ケル教育制度並状況関係雑件』（茗荷谷記録，拓務省.I-6）。
(72) 総務部市史編集室『那覇市史　資料篇第2巻中の3』1970年，pp.215-216。なお，開洋会館では，1939年頃から本文でも述べたごとく漁業報国隊の出発前訓練や，女子拓殖講習会，大陸の花嫁講習会など満洲移民のための訓練がさかんに開催された（沖縄女性史を考える会『沖縄県の「満州開拓民」の研究－その入植まで－』1999年）。
(73) 海外研究所編『南方開拓年鑑』1944年1月，p.73

第二部

フィリピンにおける沖縄移民の自己意識の形成

第 6 章
フィリピン・ダバオにおける沖縄移民の自己意識の形成過程

はじめに

　フィリピン・ダバオへの日本人の本格的な入植は，1904〜1905年にかけてのベンゲット道路工事の転航者約350余人から始まる。このなかには，沖縄県出身者も含まれていた。その後の人口動向については，表・序－9，グラフ・序－5をみてもわかるように，ダバオ及びその付近の日本人人口は，増減はあるものの漸次増加傾向を示している。そのうち沖縄県出身者数についてはすべての年の人口数がつかめないが，把握できる数字としては，1920年・1260人（対日本人人口比22%），1926年・3134人（同58%），1927年・4381人（同63%），1928年・4447人（同50%），1936年・6738人（同48%），1943年・1万166人（同53%）となっている。やはり増加傾向を示しており，1920年代後半からは日本人人口のほぼ半数を占めていたことがわかる。

　本章では，この約40年間における沖縄移民の自己意識が，どのように形成されたのか，その変遷過程を扱う。そのための方法として，この40年間を3つの時期に分けて把握する。すなわち，1910年代から1920年代前半まで，1920年代後半から1930年代まで，そして戦争勃発から軍政期（1942〜1945年）までの三期である。とくに一期目と二期目は，麻の相場の第一次好況・不況期，第二次好況・不況期とほぼ対応している。

　フィリピン・ダバオの沖縄移民は，周囲から「オートロ・ハポン」（特種な日本人）といわれ差別的なまなざしにさらされていた。そうした差別や偏見に対抗するかたちで基層部分には常に「沖縄人としてのアイデンティティ」をもちつつも，他方では差別に追従し方策的に，表層部分には必要性として日本人意

識をもって暮らしていた。沖縄移民のもつこの二層の自己意識は，時代的な状況により，どちらかを潜在化させ，他方を顕在させながら，あるいは両者を調和させながら，使い分けつつ現地の日本人社会に適応し生き抜いていったといえる。

本章では，ダバオ日本人社会における沖縄移民の動きを歴史的事実に即してとらえ，またいっぽう沖縄移民に対する周囲のまなざしをもとらえつつ，そこからフィリピン・ダバオでの沖縄移民の自己意識がどのように形成され変化していったのか，その過程を明らかにすることを目的とする。

第1節　沖縄移民の定着への経緯 － 1910年代から1920年代前半まで

(1) ダバオ沖縄人社会での大城孝蔵の影響

フィリピン・ダバオに沖縄移民が数多く渡航、在留した要因の1つは，大城孝蔵という沖縄県出身の人物による移民勧誘の影響が大きなものであったと考えられる[1]。まずはじめに，大城孝蔵がフィリピン・ダバオへ渡るまでの動きを追ってみよう。

大城孝蔵は，1881年2月10日，沖縄県国頭郡金武間切字金武に二男一女の長男として生まれた。1894年に金武尋常小学校を卒業後，名護の国頭高等小学校へ進み，同校を1898年に卒業，ついで首里の沖縄県立中学校に進学し，1902年21歳のとき卒業している。その後大学進学をめざして上京する[2]。大城が金武尋常小学校4年生のとき，當山久三が同校に赴任している。その恩師・當山と東京で偶然再会することから，大城のフィリピン移民とのかかわりが大きく浮かび上がってくる[3]。

1904年2月27日付の『琉球新報』によると，ベンゲット道路工事用労働者として「マニラ移民は国頭郡より凡そ五百名計りも志望者ある由にて，移住地視察の為め同郡の大城孝蔵氏，去二十日神戸発の便船にてマニラに出発したる由なり」と伝えている。続いて同紙4月17日付には，「帝国殖民会社の事務取扱員當山氏の取扱に係る本県のマニラ移民百十一名，先日の球陽丸より出発せり」と報じている。これらから大城は，1904年2月20日神戸からフィリピンへ向け，

ベンゲット移民の先遣人として出発しており，また，當山久三と連携してマニラへの沖縄移民送り出しにかかわっていたことがわかる。

　大城の行動については，細部に不明な点が多い。ベンゲット道路工事での大城の職名は，「監督」という地位だったようだ。しかし，「ベンゲット移民」契約内容には，そのような職名は見当たらず[4]，大城が実際どのような役割でベンゲット道路工事にかかわったのか，移民労働者，とくに印象ほど多くはなかった沖縄県出身の労働者に対し，どのように接していたのかなど，詳細はわからない。しかし，大城が渡比した1904年2月から，ベンゲット道路工事がほぼ完成した1905年1月までの1年ほどの間に，大城は太田恭三郎（のちの太田興業株式会社社長）と出会い，ベンゲット道路工事終了後の労働者たちのダバオ送り出しについて，太田の構想を聞いていたはずである。太田恭三郎と大城との出会いについても具体的なことはわからないが，太田は，ベンゲット道路工事終了後，失業した労働者をマニラからミンダナオ島ダバオの麻農園に送り出す計画を，大城のほかに柳原隆人（大分県出身），井上直太郎（福岡県出身），諸隈彌策（佐賀県出身）などに相談し，その送り出しを実行している。大城は，送り出し第二陣の100人とともに，1905年1月ダバオへと渡った。このように大城の人生には，當山久三と太田恭三郎という鋭い先見性と，未踏の事業を切り開いていく行動力を備えた2人の人物との出会いがあり，2人から受けた影響がその後のフィリピン・ダバオでの麻栽培事業の成功へとつながっていった。

　次に，大城がダバオでの沖縄移民にどのようにしてかかわっていったのか，その経緯をみていきたいと思う。

　ダバオへ渡った太田恭三郎は，1907年5月に太田興業株式会社を設立しており[5]，その創立者12人のメンバーのなかに大城孝蔵も名を連ねている。太田興業創立当初は，まだまだ多くの未墾の土地が残されており，開墾のためにより多くの労働力が必要であった。そのため太田は，「平本（斧太郎）氏を派して各地に労働者を求めたが，次いで大城孝蔵氏はその郷里沖縄県より，橋本音治氏はその郷里福島県より各々移民を募集して之に充てた」[6]という対策をとった。こうして集められた農業労働者は，給料が高いため1，2年くらいで相当

の金を蓄えることができ、耕地内には多数の「自営者」が生まれていった[7]。

ところで、1908～1910年の沖縄県からフィリピンへの出移民数をみると、1908年・68人、1909年・2人、1910年・0人となっている［表・序-5］。1908年の68人は大城による沖縄県からの移民募集によるもので、その後1909年、1910年はその募集効果が途絶えたと考えることもできようが、それだけではない側面も考えられるのである。たとえば、1909年4月13日と6月7日付の『琉球新報』には、「木挽と米田耕作に従事するフィリピンへの自由移民として、沖縄からそれぞれ13人と10人が鹿児島に向け出発した」とある[8]。しかし、統計では、1909年の沖縄からフィリピンへの出移民数は2人である。ここには、密航者の存在が含まれているものと思われる。

沖縄では1910年代に入ると、フィリピン行きの密航を注意する新聞記事が目立って多くなってくる。一例をあげると、次のとおりである。

- 「…冒険的に密航を企て、為に悲惨の境地に遭遇するもの多々あるは遺憾とする処なり」(『琉球新報』1917年4月28日付)
- 「密航は頗る危険なるのみならず運よく比律賓に上陸するも米国官憲の知る所となれば入獄せらる模様の奇禍に逢着するを以て注意すべきなり」(同上、1917年4月29日付)
- 「近来比律賓移民の成績漸く良好となるや、旅行券を所持せずして渡航を試むる者あり。…現に目的地に上陸する能はず、途中に彷徨し居るものも少からず、(中略)密航者は殆んど本県人のみなれば必ずや、正当の手続きを踏むものにまで悪影響を及ぼす可く、之れ実に警戒を要すべきことなり」(同上、1918年5月27日付)

また、1918年3月6日付『琉球新報』には、「沖縄移民恐慌／南洋渡航者注意」との見出しで、香港からの通信を載せている。それには、「最近に至りては毎航(一箇月一回)百名以上二百名の多数に上り尚追次増加するの傾向示せり」「無旅券にて米領フィリピン群島に入ること絶対に不可能なれり」「該方面渡航者は手続を怠らざるやう注意を要すべし」などと厳重注意を促し、主たる密航ルートと月別の密航者数も掲載している[9]。

第6章 フィリピン・ダバオにおける沖縄移民の自己意識の形成過程　191

　このようにみると，1900年代後半から1910年代の沖縄県からフィリピンへ入国した人数は，旅券下付数から算出した出移民数よりもはるかに多い人数が密航によりフィリピンへ入国したものと考えられる。しかも密航者の大部分が沖縄県出身者であり，1918年には，沖縄移民55名がダバオ不法入国を企てた東洋丸事件も発生している(10)。密航が多いのは，この時期渡航希望者が多いため正規の手続きをふむと3，4ヵ月から半年以上もかかるからであった。「それならいっそのこと自分たちで船を借りて目的地のダバオまで行こうじゃないか」と誰かが言い出すと，たちまち多くの者が賛同し，話が進むという雰囲気があった。沖縄人の海洋民気質がうかがえる行動ではあるが，ダバオにいる沖縄移民にとっては困ったことであった。
　とくに大城孝蔵の沖縄県からの移民募集が，このような事態につながったことは，大城としても不本意であったろうし，また，要職にある沖縄県出身者としての立場もあったであろう。大城は後にダバオ日本人会会長となるが，その会長としての名で時の外務大臣後藤新平と沖縄県知事に書面を送り，密航者に対する善処を嘆願している。
　外務大臣に対しては，「［小］生等ハ常ニ彼等（沖縄移民のこと－引用者注）ノ勇気ニ同情致居候ヘ共斯ク続々密航ヲ企テ南洋発展ヲ志スガ如キハ正当ナル移民ノ入国ニ大影響ヲ及ボスハ言フ迄モナク為ニ在住邦人ノ蒙ル迷惑実ニ甚大ニ御座候」(11) といい，厳重注意よりもむしろ，速やかな旅券の下付を陳情している。また沖縄県知事に対しては，「［小］生等に於ても彼等（沖縄移民のこと－同上）が一葉の小蒸気船に乗り組み，数百哩の海路を突破し来りたる意気に対して何彼と世話致度存候へども，何分密航者に対しては官憲に於て厳重の取締之有り，如何とも致し難く帰航方申聞かせ置き候」(12) という表現がみられる。沖縄移民の世話をしたくても密航者にはどうすることもできず，仕方なく帰還させているという苦しい胸の内を話し，正当な旅券保持者を送ってほしいと要求している。これらの文面から大城は，沖縄県出身のダバオ日本人会会長として，沖縄移民の行動力に精一杯の理解を示そうとしていることがうかがえる。しかし，沖縄移民の密航の行動がフィリピン側からも日本人移民からも非難さ

れるなかで、沖縄人と日本人との狭間におかれた複雑な心情も汲み取れるのである。

この時期の大城の動きは、太田興業と深い結びつきを示しながら展開する。大城は1914年3月、33歳で太田恭三郎の実兄にあたる作太郎の長女こ・と・と結婚し、太田家との関係を強める。この頃の大城は、副社長として農園及び水道工事の監督を担当していた(13)。1917年太田恭三郎死亡後、故人の遺志を継ぎ、事実上の最高責任者として会社経営にあたった。大城は経営拡張方針をとり、次々に系列会社を設立し、社運の隆盛を図った。1918年にダバオ日本人会が設立されると、初代会長に大城孝蔵が選ばれた。この背景には太田興業の大きな影響力があったものと思われる。大城の活躍は故郷沖縄へも伝えられ、「本県移民中の成功者　国頭郡金武村出身の大城孝蔵君」（『琉球新報』1917年11月5日付）との見出しで報じられている。こうした情報は、沖縄でのフィリピン渡航者の動機づけに大きく影響したであろう。

こののちダバオ社会は、麻栽培事業をめぐって政治的経済的社会的に大きな変動がみられる。そうした動向を追いつつ、その後の沖縄移民の動きを描出してみたい。

前述したように太田興業株式会社は1907年に設立されたが、その後1914年末までに10社、さらに1915～1919年までに65社の、ダバオでの日系マニラ麻栽培事業者の設置が確認されている(14)。このような急速な日本資本の進出とそれに伴う日本人人口の増加に対し、フィリピン側は座視できず、日本人事業者の土地取得に制限を加えるという政治的防衛策をとった。これが1919年に制定された新公有地法である(15)。この法律は、フィリピン法人法によって生まれた農事会社でも、アメリカ人またはフィリピン人の持株が61％以上でなければ、土地の租借もしくは払下げを許さない、というものであり、これにより日系会社は、株主の性質を変更しない限り、土地取得ができなくなったのである。日本側はただちに政治交渉に乗り出し(16)、結局、1918年2月8日以前に出願したものには、土地取得の許可が与えられることになり、政治的には一応の決着はついた。しかし、今後日本人麻栽培事業者は、公有地を購入、租借できなく

なった。実際，この法律制定後，農業を目的に設立された邦人会社はなく，また，日本人麻栽培従事者や邦人会社によるどんな種類の申請書の出願もなかったという[17]。その結果，「自営者」たちはどのような動きをとったか。

　外人耕地，とくに奥地のバゴボ族の土地に進出し，バゴボ族の名義で公有地を申請し，バゴボ族の「地主」に収穫高の10～20％の「小作料」を支払う「小作人」になることによって，耕作面積を広げていったのである。奥地への進出は，バゴボ族との接触の機会を増やした。そのため，日本人の殺害事件を頻発させたが[18]，いっぽう日本人とバゴボ族との結婚も増えた。バゴボ族との結婚は日本人が入植した初期の頃よりみられ，1911年頃，当時女性人口が極端に少なかったため，バゴボ族の娘と夫婦関係にあった日本人が20余名いたことが報告されている[19]。また，これらのなかには酋長の娘と結婚する者もおり，日本人とバゴボ族とは友好的な関係が築けていた[20]。この頃の日本人は，バゴボ族との通婚によってバボゴの土地権を獲得しようといった経済的な野心はもっていなかった。しかし，第一次好況期以降（1915年～），明らかに経済的意図による，日本人とバゴボ族との通婚が増えた。しかし，そうしたなか，沖縄移民はバゴボ族と友好的関係を維持できていたのである[21]。

　またいっぽう，経済的には第一次世界大戦終了により1920年から麻の相場が暴落し，1923年頃まで不況期が到来する。そのため帰郷するものが相次ぎ，人口が急減した。1923年はわずか2600余人を数えるのみとなり，たちまち深刻な労働者不足が生じた。この問題に活路を与えたのが麻挽機械ハゴタンの発明であった。1920年6月頃のことである。ハゴタンは純創造的な発明ではなく，実用的に改良を加える過程で生まれたもので，相前後して各耕地でほとんど同程度のものが考案されていたという[22]。そのなかで，大城指揮下による太田興業技術員の発明が，名声の上でも貢献度においてもひときわ際立ち，太田興業の指導的地位を強めることにつながったといえる。そこに大きく寄与したのが大城であった。ハゴタンは「ダバオ麻産業の革命的発展」と称されるほど，生産性が飛躍的に伸びた。たとえば，導入前は1人1日働いて乾燥麻平均10キロ以上を挽くのはむずかしかったが，ハゴタン1台の導入で，1時間に乾燥麻15

キロから20キロを挽くことが可能となった[23]。のちに動力も水力から小型発動機に替わり、軽量小型化し実用化が進み奥地への普及も速かった。表・6－1をみてもわかるように、不況期においてさえも、ダバオでの麻生産は増加しているのである。これは、ハゴタン発明による影響がいかに大きいものであったかを物語るものであろう。しかし、1922、23年頃はまだ、ダバオでの麻生産はフィリピン全体に占める割合は約13〜15％程度であり、その占める地位は大きいとはいえない状況であった。

つまりこの時期、ダバオでの麻の生産基盤はまだ脆弱なものであり、労働者も単身者が多く、出稼ぎ意識で働いていた。そうしたなか、沖縄からの移民も大城の影響により増えていったが、ダバオ日本人移民全体のなかでは1920年で22％を占めるにすぎなかった。沖縄移民は日本語などを身につけ現地社会に適応していったであろうが、それほど強い日本人意識をもつ必要性はこの時期なかった。なぜなら、密航者も多く含まれており、できるだけ早く金を稼いで帰郷しようとする者が多かったからである。

こうしたなか、太田興業は不況期の麻相場の下落により、資金繰りが急速に悪化していた。太田興業は日本に持株会社・海南産業株式会社を設立し、これ

表・6－1　フィリピン・マニラ麻の生産高（1915〜1923年）

年	全比律賓（俵）	内ダバオ麻（俵）	ダバオ麻の割合（％）
1915	1,011,336	34,320	3.4
1916	1,174,663	48,584	4.1
1917	1,291,851	81,580	6.3
1918	1,321,479	106,997	8.0
1919	1,166,486	109,511	9.3
1920	1,051,601	126,933	12.0
1921	692,822	131,708	19.0
1922	1,209,088	182,537	15.0
1923	1,432,421	185,553	12.9

出所）「比律賓マニラ麻生産年表」古川義三『マニラ麻栽培と日本人』（拓殖奨励館）1939年, p.38より作成

によって海外興業からの資金調達を受けることで，この経営難を乗り切る方針を取った(24)。このように会社の経営体質が大きく変化したためか，1926年，大城は副社長を辞し，太田興業から離れることになる(25)。

(2) ダバオ沖縄県人会の結成

1916年1月，ダバオ沖縄県人会が設立された。これはダバオ日本人会設立よりも2年早い発足である。設立当時はまだ，ダバオ在留邦人数のなかで沖縄移民の占める割合はそれほど高くなく，1920年の統計では総日本人数5552名中，1260名（22％）というものであったが，徐々に増え1920年代後半には約半数を占めるようになる（本章「はじめに」を参照）。1937年現在，会員数は3000名を数える(26)。初代会長は大城孝蔵であったが，1939年度の役員は，会長・上原仁太郎，副会長に伊芸新助，赤嶺三郎という構成になっていた(27)。会の目的は，「会員相互ノ親善ト福利ノ増進」にあり，「常ニ沖縄県海外協会トノ連絡ヲ図」(28)ることも明記されていた。（「ダバオ沖縄県人会々則」第三条）定期総会は，毎一月に開催することになっており（「同会則」第十五条），たいていそのときは，沖縄角力大会が行われた。

沖縄角力(すもう)は，多くのスポーツのなかでとくに村民の間で関心の高いものの1つであった。ちょっとした草原や広場があればいつでも気軽にできるよさがあり，金もかからないからでもあったろう。戦前は娯楽の少ない時代であったから，角力大会は沖縄の農村では最大の娯楽であった。部落や村の行事，アブシバレー，青年団の入退団式などの行事の余興には，たいてい沖縄角力大会を行った。その戦い方は，上村と下村などチームに分かれての対抗戦が多かった(29)。こうした風習が移民先ダバオにももち込まれたのである。県人会ばかりでなく，後に活発になる村人会，字人会など同郷者同士の集まりのときには，沖縄角力大会が必ずといっていいほど催された。「若者は話し合いにあまり参加しなかったが，後の余興の角力大会には進んで参加した」「金武会，並里会もあり，金武・並里対抗の角力大会があった」などという証言が多くある。母村での風習を渡航先でももち込むことにより，お互い慣れ親しんだ沖縄文化をとおして，

沖縄人としての連帯感や帰属意識を育む機会となったはずである。このダバオにおける沖縄県人会の存在については,「その特殊な習慣によつて相互の親善関係が強く,会長には上原仁太郎氏を推してよく統一され,ダバオでは日本人会に次ぐ有力団体であつた」とされ,ダバオ社会の五大勢力の1つにあげられるほどであった(30)。

しかし,広い耕地全域に3000人もの会員が散在しており,会則には各地に支部をおき,支部長,評議員が設けられてはいるが(「同会則」第十三条),末端の移民側からすれば相互の親睦を深めるには,疎遠な団体でしかなかったのではないだろうか。移民体験者のなかには,「村人会や県人会もあったが,遠いので私は参加しなかった」「沖縄県人会,日本人会の組織もあるということは,聞いていた。しかし,私たちの仲間は誰も参加していなかったと思う」という証言がある(31)。設立当初は会員数はもっと少なかったからなおさらであった。やはり,沖縄移民にとって「沖縄人としてのアイデンティティ」をもっとも強く確認できるのは,同郷者集団による字人会の場であったろうと思われる。沖縄県人会は時代が進むにつれ,親睦団体というよりもむしろ,沖縄人としての立場を外部に主張していく意見表明団体としての性格が強くなっていった。それはダバオ日本人社会においては,沖縄移民の人口が増え数的にはマジョリティになっても,目にみえぬ沖縄移民に対する差別意識があったためであると考えられる。

第一次世界大戦終了に伴い,1920年から麻相場が暴落し,ダバオ日本人人口が急減したことは前述した。ではこの時期,沖縄移民はどうしていたのか。

1921～1923年のダバオにおける沖縄出身者数がわからず,はっきりした数字を示すことができないが,この時期,「日本人はダバオを見くびつて多数帰朝し,或はダバオ以外の地に転向したが,沖縄県人だけは至極平気で止まつた」(32)といわれている。たしかに,統計がある1926年には,ダバオ在留邦人数5407人のうち沖縄出身者数は3134人となり,半数以上を占めるに至っている。その理由を古川義三は,「ダバオの不況は沖縄の最好況時よりも,遥かに良い」ことをあげており,こうした不況期でも「沖縄県人は蛇味線を弾き,好きな豚肉を味

い，平気で暮して大きな勢力をなした。天は誠に公平で，恵まれないと見える者にも亦与えられる所がある」(33) といっている。たしかにそういった面もあったであろうが，しかし，この指摘は沖縄移民に対する一般的な見方にすぎない。しかも，軽侮のニュアンスさえ感じ取れる表現である。沖縄移民は「特殊な習慣をもち」，日本語も十分に読み書きできない「無学移民」，との見方が領事にも企業家にもあった。

　前述のとおり，1900年代後半から1910年代において，沖縄移民のフィリピンへの入国には密航者が多く，厳重な警告が新聞に掲載されていたほどである。苦労の末入国した土地が不況期に入ったとしても，金を十分稼ぐまでは，すぐに帰郷する気にはならないのではないか。また旅券がないので現実問題として，すぐには出国することもできなかったであろう。1921年頃には，沖縄県人会はもうすでに結成されており，沖縄移民同士の結びつきは強まりつつあった。古川のいうような沖縄文化の継承は，村人会，字人会などでの集まりのときよく行われる。この頃村人会，字人会レベルでの郷友会的社会の結びつきもつくられつつあったのではないか。つまり，第一次不況期に沖縄県人の在留率が高かったのは，密航者が多かったという現実的な側面と，差別意識に対抗し，沖縄移民相互の結びつきが徐々に強まり，郷友会的社会が形成されつつあったためと考えられるのではなかろうか。

　このようにダバオ日本人社会において，1920年代前半頃までは，沖縄移民の占める割合は低かったが，沖縄県人会も結成され，沖縄移民相互の結びつきは強まりつつあった。しかし，密航者がかなり含まれている男性単身者がほとんどであり，出稼ぎ意識で来ているため，「日本人意識」を形成する必要性は低かった。また，「沖縄人としてのアイデンティティ」を醸成する基盤もまだ強いものではなかったといえよう。その後，不況を脱し第二次好況期に入ると，沖縄移民の数は着実に増え，とくに女性移民数の増加によって，沖縄移民の自己意識にも変化が現われてくる。

第2節　沖縄移民の「永住意識」化 － 1902年代後半から1930年代まで

(1)　女性沖縄移民の動向

　ダバオ港は1926年1月1日，貿易港として開港された[34]。同年3月2日，日本郵船の三島丸が入港し，その後，三島，丹後，安藝の各船が交替で入港した。1926年と1927年の日本郵船のダバオ港乗降船客の変化を示すと，日本へのダバオ乗船客は1926年が464名，1927年には518名となり，日本からのダバオ降船客は1926年が1043名，1927年には1703名と増加している。また，貨物の輸送をみると，日本及び香港からのダバオ港輸入額は，1926年が451.85トン，1927年には1647.45トンとなり，日本向け輸出額は，1926年が4608俵，1927年には8075俵へといずれも急増している（輸出品はすべてマニラ麻である）[35]。このようにダバオ港開港により，日本との距離が非常に短縮され，人も物もその往来が活発となった。とくに1920年代後半以降，女性移民の流入が顕著となった背景には，ダバオ港開港に起因するところが大きかった[36]。

　このころ，麻農園経営にも変化のきざしが出てくる。開発速度が増すことにより，邦人会社の耕地は1926年までにほとんど開墾され[37]，また，第1節で述べたように新公有地法により，日本人「自営者」は新たな土地獲得ができなくなったため，外人耕地への入耕が目立ってくる。日本人「自営者」の外人耕地への入耕は，1913～1914年頃から始まったといわれているが[38]，1919年の新公有地法の成立以後，とくに1927～1929年の3年間が最も多かったといわれている[39]。入耕の順序としては，まず始めに，フィリピン人耕地が開かれ，次に原住民の耕地へと進出していった。原住民の耕地については，「蛮人耕地ニ入植スル邦人ノ総数約一千二百名ニシテ沖縄県人最モ多シ」[40]というのが実態であり，主にバゴボ族の土地への進出であった。この間のダバオ州のマニラ麻の耕作面積をみると，1921年には3万4280ヘクタールだったものが，1930年には7万5070ヘクタールに倍増している[41]。こうした現象は，日本人の奥地への進出を示すものであり，それによって，原住民による日本人殺害事件が再び激化している。しかしいっぽう，日本人とバゴボ族との接触が増え，とく

に日本人とバゴボ族との結婚が，バゴボ族との対立的な問題を最小限に抑える役割もあったという(42)。

こうした状況のなか，沖縄県からも多くの女性移民がダバオにやって来るようになる。ダバオにおける邦人女性人口の増加については，表・序－9，グラフ・序－5にあるように，1927年に初めて1000人台の1141人を数え，その後着実に伸び，1943年には7331人にのぼっている。このうち沖縄出身者数については，はっきりわかる統計的な数字が少ないが，次の表のようになっている。沖縄からの女性人口も，やはり着実な増加傾向がみられる。1943年では推定で3000人以上はいたのではないかと思われる。

表・6－2 男女別ダバオにおける沖縄出身者数の推移（1920～1943年）

年	ダバオにおける沖縄出身者数（人）	男性（人）	女性（人）
1920	1,260	1,116	144
1926	3,134	──	──
1927	4,384	3,694	687
1928	4,447		
1936	6,738	4,510	2,228
1943	10,166		

出所）表・序－9より作成

ダバオでの沖縄出身の女性移民の動向については，沖縄県の各「市町村史」に掲載されているフィリピン移民体験者の聞き取り調査からうかがうことができる。そのなかからとくに，『金武町史』（62人），『具志川市史』（12人），『北中城村史』（18人），『宜野座村誌』（8人）のフィリピン移民体験者計100人（男61人，女39人）を取り上げ(43)，そのなかの女性移民39人の動向を中心にみていきたい。まず，男女100人の渡航年を示すと次のようになる。

また，フィリピン生まれ（16人）を除いた84人の渡比年齢については，男性が平均20.0歳，女性が平均20.5歳となっている。とくに男性の場合は，徴兵についての意識が背後にあるものと思われる。

表・6-3　男女別渡航年次別フィリピンへの沖縄移民体験者100人の状況
（単位：人）

渡航年代	移民数	男	女	渡航年代	移民数	男	女
1920年代	30	20	10	フィリピン生	16	9	7
1930年代	52	32	20	不　　明	1	0	1
1940年代	1	0	1	合　　計	100	61	39

出所)『金武町史』第1巻（移民・証言編）pp.104-279。『具志川市史』第4巻（移民出稼ぎ証言編）pp.823-860。『北中城村史』第3巻（移民・本編）pp.441-521。『宜野座村誌』第2巻（移民・開墾・戦争体験）pp.81-119より作成

　渡航の動機は男女で明らかな違いがみられる。男性は聞き取り調査の証言を読むと、たいていいくつかの要因が重なっている。大別すると次のようである。
・フィリピンは儲けやすいといううわさがあった
・貧しさ（金儲け）のため
・家族のなかに移民した者がいた
・家族のなかに呼び寄せ人（父，兄，おじなど）がいた
・徴兵忌避
・自由移民として
・他国への移民ができないためフィリピンに変えた
・友人が渡比するので

　こうしたフィリピン行きに対して，渡航費用をどのように調達したのだろうか。フィリピン生まれ（9人）を除いた男性52人の集計である。

表・6-4　ダバオへの男性沖縄移民の渡航費用の調達内容
（単位：人）

家族や親戚が工面してくれた（父，兄，祖父，おじ，いとこなど）	17
借金（父，親戚，友人，産業組合などから）	17
自分で貯めた	9
牛を売って作った	1
半分は自分で調達し、残りは借金	6
不明	2
合　　　　計	52

出所）表・6-3と同じ

男性移民の場合，渡比の動機について経済的理由をあげている者が多いが，それのみではなく，他のさまざまな要因が結びついてフィリピンへの渡航が実現している。とくにフィリピン渡航へと導かれる誘因は，周囲の環境によるものが大きかったといえよう。その際，渡航費用は借金や家族からの工面など相当な無理をして調達しており，やはり海外への渡航は1つの大きな決断であったことがわかる。いっぽう，女性移民39人のうち，フィリピン生まれ7人を除いた32人のフィリピンへの渡航動機は次のようなものである。

表・6-5　ダバオへの女性沖縄移民の渡航動機
（単位：人）

夫の呼び寄せ	18
夫と同伴で渡比	7
写真結婚	3
父親の呼び寄せまたは同伴	2
家族と一緒に渡比	1
不明	1
合　計	32

出所）表・6-3と同じ

不明者1人を除く31人の渡航動機は，すべて夫あるいは父親（家族）からの誘いであり，当然渡航費用は，そうした人たちが出してくれている。女性たちはどのような思いでフィリピン行きを決断し渡航していったのか。

「若き乙女たちは，結婚して海外へ行くのが夢だった」[44]，「外国へのあこがれは日ごろから胸に抱いていたし，きれいな服を着てパスポートの写真を撮りに写真屋へ足を運んだ時は，小踊りして喜んだ」[45] という証言からわかるように，移民を多く出している移民母村では，海外へ移民に行くことは，若い娘にとって一種のあこがれ的な生き方であったようだ。とくにフィリピン行きに対しては，次のような雰囲気が，1920年代後半から30年代にかけて移民母村全体に漂っていた。

・「当時，「フィリピン帰り」の男たちは大変もてて，嫁に行くのも「ハワイ

帰り」よりは「フィリピン帰り」が良い，と言われていた。」[46]
- 「再渡航でフィリピンから帰ってくる男性は，白いワイシャツにカーキズボンを着てかっこよく，…フィリピン帰りの男性は独身女性にとってあこがれの的」[47]
- 「私たちの結婚は写真結婚といわれるものでした。…当時はそういう結婚が当たり前でしたので，私にも抵抗はありませんでした。若かった私は，沖縄を離れてフィリピンへ行くというだけで，はしゃいでいました。」[48]

それは，「沖縄では卒業して農業以外に働く場所がなく，金をもうけるにはフィリピン移民しかない」[49] という閉ざされた将来のなかで，わずかな情報やうわさによって容易につくり上げられたものであった。さらに親側も娘をフィリピンへ嫁がせることを後押ししていた。写真結婚などもその例だが，たとえばそれは，「私が小さいころ，親が子どもたちによく言う言葉は「早く大きくなって（海外へ）もうけに行きなさい」」[50] とか，「まだ十六歳というのに，親がすでにフィリピンで結婚相手を決めており，怖いとか嬉しいとかいうより，しかたがなかったという感じだった。だって泣いても行かされたのに」[51] という証言に表れている。このように女性移民は，「あこがれ」や「夢」あるいは親の力を媒介にして，結婚という方法によってフィリピン行きを実現していった。

では，そうして渡った女性移民たちは，フィリピンではどのような生活を送っていったのか。麻山での仕事は重労働ゆえ，女が手伝えるものはなかったという。せいぜいが麻干し，草取りの手伝い程度であり，フィリピンでの女の仕事はもっぱら家事と子育てであった。家事の内容は，「私は朝四時に起きて，ご飯を準備して，六時には仕事に出られるようにした。仕事に出したあとは，食事のかたづけをやって，掃除，洗濯など家事をすませ，十時休みのコーヒーを沸かして出す。また，お昼の準備をして，十二時にお昼ご飯。お昼のかたづけが済むと三時のおやつの準備。…三時休みが終わると，竿に麻を干す仕事をやる。それが終わると夕飯の準備。夕飯を七時から八時の間に済ませる」[52] というもので，渡航前に聞いていたよりきつい内容の仕事だった。また，出産の

ときは，隣耕地から産婆の経験のある人が来てくれたので，苦労しなかったという[53]。そして，子どもが生まれれば子育てをしながら，このような家事仕事を行った。

沖縄出身者が多くなると，県人会だけでなく，村人会，字の集まりも頻繁に行なわれるようになったが，そうした会合は男中心だった。

- 「沖縄出身者だけの集まりもありましたが，男の人だけで女は行きませんでしたから，あまり様子はわかりません。男の人は酒を飲んだりする楽しみもありましたが，女は働くだけでした。」[54]
- 「県人会とか村人会とか盛んだったけど，男の人は行くけど，女はどこにも行かない。町に遊びに行くこともしなかった。」[55]

このように，女が同郷の人たちと顔をあわせるのは，男たちほど多くはなかったようだ。その理由の1つに治安がよくないことがあげられよう。「ひとりで歩くのは大変だから女はほとんどどこにも出なかった。女でも鎌とか武器を持っていった」[56]「治安が良いとはいえず，枕元にドラ鐘を備えて，危険な時はそれを鳴らす準備がなされていた」[57] いう証言がある。奥地への入耕が多いせいであったろう。隣の家が500メートルから1キロメートルも離れている麻山で，女たちはほとんどどこへも行けず，同郷の人ともめったに会えず，ひたすら家事と子育てに懸命に働き，夫の「自営者」としての生活を支えていた。

このように，女性移民にとって郷友会的社会のつきあいは，家族や親戚に限られた字同士の狭い範囲のものでしかなかった。それでも出産祝いなど同郷同士の冠婚葬祭や，7月や正月の祝いなどにはたいてい交わりをもっており，まったく孤立することはなかった。たとえば，耕地では沖縄移民同士子どもの出産祝いや結婚式の話が出ると，どこの耕地からも知人友人同郷人のほか，他村人までがわが事のように寄り集まって盛大なお祝いとなる。案内状や連絡などといったものはないのに次々に話は広まっていく。ご馳走は豚の丸焼きから，天ぷら，豆腐，沖縄の郷土料理など多種多様であり，それに地酒などが振る舞われる。お祝いはご馳走がなくなるまで2日も続く。出産祝いはご祝儀がわりに反物かおしめ用の布，または鶏卵などがもち込まれるのが普通であるという[58]。

つまり、「沖縄人としてのアイデンティティ」を維持する契機は、日常生活のなかにあったといえる。いっぽう、日本人意識については、子どもが日本人学校に入学するまでは、他府県の日本人と接することもあまりなく、とくにそうした意識をもつ場面はほとんどなかったであろう。現地適応のために日本に「同化」する必要性が、女たちの生活にはなかったからである。したがって、日本人と沖縄人との狭間で葛藤やきしみといったものを感じるということもなかったと思われる。他府県の日本人よりもむしろ、現地のフィリピン人との接触のほうが多かった。原住民とくにバゴボ族との間には、大体において友好的な関係が築けていた。

　こうした沖縄出身の女性移民に対して、ダバオ分館副領事の斎藤彬は、「婦人にして居常浴衣着に、細紐を胸高に締むるものあり、観る者をして、自堕落さと女の嗜を欠くるやを疑はしむ」「婦人の教養最も劣等なり」[59]との差別的な見方を呈している。女性だけでなくこうした沖縄移民全体に対する差別的発言について、沖縄出身の移民たちは抗議をし、それが1つの「事件」にもなったのだが（この「事件」の経過と顛末については、第2章を参照）、沖縄出身の女性自身にとっては、それほど大きな問題ではなかった。外界には沖縄移民に対する差別や偏見があったとしても、実際の生活では他府県の日本人とはほとんど接触がなく、狭い郷友会的社会のなかで、夫の「自営者」としての仕事も、それを支える女の仕事もきつかったが、がんばればなんとか安定した生活を営んでいけたからである。治安はあまりよくなかったが、現地人とのかかわりも比較的良好であり、したがって、フィリピンでの生活について、「フィリピンでは仕事の麻栽培も順調で、食べ物も豊富。気候もよく学校が不便という以外は暮すのに最適な場所だった」、あるいは「食べ物は豊富で気候もよく、現金収入も入ってくることから、戦争がなかったら、ほとんどの人たちは永住していたと思う」[60]というような証言が多くみられたのである。

表・6-6 『市町村史』の聞き取り調査から抽出した31人のダバオへの女性沖縄移民の状況

	氏名	渡航年	渡航時年齢	出身村(市)・字	渡航動機	最初の入耕地
1	仲間カメ	1927	24	金武村・金武	夫の呼寄せ	?
2	伊芸ゴゼ	1926	24	金武村・並里	夫と同伴で渡比	ダロン
3	伊芸安江	1927	16	金武村・並里	夫の呼寄せ	下バゴ
4	沖田シゲ	1932	17	金武村・並里	夫の呼寄せ	ドムイ
5	宜野座マサ	1929	20	金武村・金武	夫の呼寄せ	ドムイ
6	新里芳子	1937	22	金武村・金武	写真結婚	イラム
7	仲間エミ	1938	20	金武村・金武	夫の呼寄せ	バゴ
8	池原ハル	1937	22	金武村・並里	夫と同伴で渡比	ディゴス
9	仲間ナベ	1926	22	金武村・金武	夫と同伴で渡比	太田会社
10	安富 濱	1926	18	金武村・金武	夫の呼寄せ	タロモ
11	仲間幸子	1936	20	金武村・金武	夫の呼寄せ	上マテナ
12	仲間ウタ	1933	22	金武村・並里	夫と同伴で渡比	アベン
13	伊芸カマド	1934	20	金武村・並里	夫の呼寄せ	?
14	小橋川キヨ	1935	19	金武村・並里	夫と同伴で渡比	?
15	安次富ナベ	1929	20	金武村・金武	夫の呼寄せ	カリナン
16	国吉キク	1935	17	金武村・並里	父の呼寄せ	オン
17	小波津ウタ	1933	22	金武村・金武	夫の呼寄せ	バゴ
18	比嘉トド	1924	18	金武村・金武	夫と同伴で渡比	リバーサイド
19	安次富タツ	1937	22	金武村・金武	夫と同伴で渡比	マグナガ
20	仲間ゴゼ	1931	19	金武村・並里	夫の呼寄せ	アベン
21	小橋川 苗	1938	21	金武村・金武	夫の呼寄せ	イロイロ市
22	棚原トミ	1938	18	北中城村・安仁屋	写真結婚	ラサン
23	中野トミ	1941	13	具志川市・田場	父と同伴で渡比	カリナン
24	高江洲カマド	1933	28	具志川市・赤野	夫の呼寄せ	ダランダン
25	又吉マツ	1939	21	具志川市・宮前	写真結婚	マガリヤネス
26	比嘉静子	1935	16	具志川市・上江洲	夫の呼寄せ	バヤバス
27	吉田マツ	1929	23	具志川市・豊原	夫の呼寄せ	バゴ
28	浦崎カマド	1929	21	宜野座村・宜野座	夫の呼寄せ	ドムイ
29	新里カナ	1935	24	宜野座村・惣慶	夫の呼寄せ	カリナン
30	杉原洋子	1935	23	宜野座村・漢那	家族と共に渡比	カリナン
31	村吉清子	1938	23	宜野座村・漢那	夫の呼寄せ	カリナン

出所) 表・6-3と同じ

(2) 「第4次土地問題」に対する沖縄移民の対応

1924〜1929年まで続いた好況期は，1930年から麻相場が大幅に下落したことにより，これ以降，第二次不況期となる［資料・6－1］。

1930年以降の麻相場の落ち込みは，1921年から始まった第一次不況期よりはるかに大きく，1933年の3，4月には2比（ペソ）50仙（センタバス）にまで下落している。この不況期にみられる注目すべき現象として，次の点が指摘できる。①出国数が入国数を上回るようになるが，全体としてのダバオ日本人在留数は増加している［表・6－7］。これは前項でも述べたように，女性移民の増加により出生数が増加したためである。また，②ダバオにおける日本人農業人口をみると，労働者数は減少しているが，「自営者」数はほとんど減少していない［表・6－8］。麻相場がこのように激しく下落しても「自営者」数がほとんど減らないのはなぜか。

表・6－7　年別ダバオ在留邦人増減数（1930〜1936年） （単位：人）

年	入国数	出国数	出生数	死亡数	増　減
1930	2,005	734	614	137	増　1,748
1931	669	689	732	124	増　588
1932	351	833	718	105	増　131
1933	495	1,088	752	95	増　63
1934	934	1,093	708	188	増　361
1935	899	1,300	847	146	増　300
1936	1,921	1,292	852	116	増　1,565

出所）「各年別ダバオ在留邦人増減表」南洋叢書第五巻『比律賓篇』東亜経済調査局，1939年3月，p.176より作成

表・6－8　年別ダバオ在留邦人農業労働状況（1930〜1936年） （単位：人）

年	農園労働者数	自営者数	農業者の家族
1930	4,018	2,865	3,050
1931	4,039	2,817	3,587
1932	2,953	3,647	4,145
1933	2,563	3,557	4,541
1934	2,636	3,633	―
1935	2,049	3,285	5,095
1936	1,757	3,375	5,712

出所）橋谷弘「戦前期フィリピンにおける邦人経済進出の形態」『アジア経済』ⅩⅩⅥ-3，1985年3月，p.41より作成

それは，主としてフィリピン人労働者の低賃金によるものであると思われる。この時期，出生数は増えているとはいえ，出国者は多くなっており，その多くは麻山労働者であった。つまり，麻農園では労働者不足が生じていた。そこへ北部からキリスト教徒フィリピン人（大部分がカトリック）が多数移住してきた。これは1913年に始まった政府のミンダナオ島への移住奨励計画が関係しているのだが，キリスト教徒フィリピン人の移住は，増減を繰り返しつつ1933, 34年には急増し，1934年以後，毎年1万人以上がダバオに移住してきたといわれている[61]。そして，その多くが日系麻農業会社や日本人の「自営者」に雇われた。1935年，日本人に雇用されたフィリピン人労働者は，家族も含め3万5500人いた[62]。また，同じく1935年の調査では「自営者」が雇用する使用人数は，日本人744人，フィリピン人2066人となっており[63]，およそ1：3の割合で「自営者」の使用人数は日本人よりフィリピン人のほうが多くなっている。こうしたフィリピン人使用人の賃金は日本人のものより低く，たとえば，バド拓殖株式会社の使用人の場合，1日当たり日本人1.2比，フィリピン人0.7比[64]，「自営者」の使用人の場合，草取りが1日で，日本人0.5比，フィリピン人0.3比，タクシ（皮はぎ）で日本人1.0比，フィリピン人0.8比[65]，というのが賃金相場であった。つまり，麻の価格が2分の1以下になっても，フィリピン人労働者を増やし，その賃金を日本人労働者の2分の1程度におさえればだいたい採算はとれるというわけである。

いっぽう，日本人労働者は低賃金のフィリピン労働者に対抗するには，多少無理をしてでもできるだけ早く「自営者」になる道を取らざるを得なかった[66]。そのためには経済的技術的に頼れる支援体制が不可欠であった。つまりこの時期，日本人労働者は相互に協力をしつつ，数年のうちに「自営者」となり，そして家族を構成し，定着性の強い移民労働者として生まれ変わっていったのである。こうした「自営者」により，ダバオの麻生産は全フィリピンの生産高に対してその占める割合が次第に高まり，1930年には33.9％となり，さらに1935年には39％，1938年には53.3％にまで達した[67]。ダバオの麻農園経営の基盤が強固なものとなったといえる[68]。

このような状況のなか，沖縄移民の場合，字を中心とした沖縄特有の郷友会的社会が各地でつくられ，他府県の日本人に比べ強力なネットワークがつくられていった。沖縄では，村から出ていったものでも村を離れたからといって，故郷の村から排除されたり切り離されたりせず，自らをたえず故郷の村の延長線上に位置づけて考える。そのために故郷の村に残っているものとの連帯意識も深い。つまり，「郷友会のメンバーたちは母村に祀られている祖先によって自分たちは護られているのだという意識を強くもち，その結果自らの故郷をかけがえのないものだと考えているし，しかも，村を出たものも村に残っているものと一体感を強くいだいているので，郷友会のメンバーたちのふるさと意識はきわめて強力なものとなる」[69]といわれている。この「ふるさと意識」をもっとも強く感じるのが字での結びつきなのである。そのため同郷の出身者同士の助け合いや，故郷の集落（字あるいは村）から出てくるものへの働き口の面倒などがスムーズに行われた。実際，沖縄移民はダバオに着いた当初は同郷の人に雇われて，金が貯まるまで働き，そこである程度の基盤ができたら出ていくという自立の仕方をとっていたので，少しの金でも現金さえあればなんとか独り立ちできたという。沖縄移民はダバオでのこうした沖縄人同士の同郷者集団（郷友会的社会）でのパワーを認識し，そこで伝承された沖縄文化に接するなかで，「沖縄人としてのアイデンティティ」形成の基盤をつくっていった。これにより奥地の耕地に入耕しても，沖縄移民同士のつながりや相互扶助関係は保たれ，「自営者」となって家族をもち，次第に定着・永住意識を強めていった。ダバオの沖縄移民のアイデンティティはこうした関係性のなかで，より明確に確認され維持されていったのである（郷友会的社会の内容については，第7章で詳述する）。

しかし，この時期ダバオの日本人移民にとっては，まさに存亡にかかわる土地問題がまたしても発生した[70]。いわゆる「第4次土地問題」である。これは，1935年，時の農商務長官ユーロヒオ・ロドリゲスがダバオでの3日間の視察調査後，日本人が支配している土地のうち土地法に違反しているものがあるとし，不法公有地獲得者32件の取り消し命令を発表したことによる。その数は

段階的に増え続け，最終的に194件にものぼった。

　こうした日本人を排斥しようとする動きは，これまでもあったが，そのときはまだ日本の立場を擁護しようとする比較的穏当な意見もみられた[71]。しかし，1931年9月18日，満洲事変が勃発すると，フィリピンの世論は日本の対外侵出に対し警戒感を一層強め，それがダバオの土地問題へも強く影響していったのである。たとえばダバオは，"a small Japanese"，「新日本州」，"Davaokuo"（ダバオクオ：「クオ」とは中国語で「国」の意味。「満洲国」に倣っている）などと呼ばれるようになった。また，「ミンタルの町は小東京のようだ」[72] などといわれたり，「日本の脅威」を描いた漫画などが出回った。つまり，ダバオにおいて日本人移民が増加したのは，既述してきたように，けっして国策によって生み出されたものではなかったが，そのような移民の動きと日本政府の対外政策とが，完全に重ね合わせて考えられるようになったのである[73]。

　「第4次土地問題」の動向に対しては，各国それぞれのとらえ方があった。フィリピン側からみると，「今は独立前の大事な時であるから」，「内輪の問題を荒ら立ててアメリカにまで知らせないで，何とか穏便に治め度い」[74] という気持ちがあった。1935年11月7日，ケソンは内山総領事に書面を送り，「「ダヴァオ」土地問題ニ関シ大統領就任後，現在「ロドリゲス」長官ノ執リツツアル行政措置全部ノ中止ヲ命シ」「日本ノ権益ハ充分尊重スル考ナル」旨を密かに伝えている[75]。また，アメリカ側にとっては，フィリピンへの日本人の経済的進出についてその主たる関心は，アメリカの利益が日本の利益に取って替えられてしまうのではないか，という恐れからであった[76]。ヘイデン副総督はその覚書のなかで，日本はアジア市場で，安い製品を世界でもっとも多く生産する国になりつつあるが，満洲事変により日本の貿易は，中国側からのボイコットによる損害をこうむるであろう可能性を指摘している。そのうえで，私見として，「長い目でみてフィリピンでのアメリカの貿易が，特に綿製品など安価な日本製品との競争に，こののちも対抗できるかどうか疑問である」と，懸念を表している[77]。

　では，日本側にとってはどうか。フィリピンでのこうした排日の動きは，他

の国たとえばアメリカなどで起こっている同様な排日問題と比較しても，それほど重大なものではないといわれている[78]。実際，領事側の判断も今次の土地問題は，「日本人に雇はれて居る幾千の比律賓人労働者等に大脅威を与へて由々敷問題となることは，政府当局に於ても熟知の筈だから，結局彼是慎重考慮の上，双方に有利且つ円満な解決策を講することになるものかと思はれる」[79]と，かなり楽観視した見方を示している。したがって，具体的な対応も，日本人会や日本人栽培協会に対して，ダバオ視察者には十分な説明をして，歓迎会等では日比親善を図るよう指導し，また，ダバオ日本人の実情についての英文説明書を作成し，フィリピンの各要人に配布する[80]，などといったいわば対処的な対応策にとどまっていた。

　しかし，ダバオ在留邦人側の動きは違っていた。自分たちの利益に直接かかわる排日政策に直面するやいなや，ダバオ日本人会を中心に日本人全体の結束を強化するかたちで対応した[81]。すなわち，邦人側は1935年7月13日，ダバオ小学校にて5000人を集めての在留民大会を開催した。そこでは正当なる既得権益擁護と正義の立場を主張する声明書を朗読し，日本人会が選出した代表4名をマニラ及び日本へ特派し，各政府への折衝及び陳情を決議した。これらの動きの中心は個人の移民ではなく，ダバオの有力な代表的企業であったが，両者の立場・主張は完全に一体となった。つまり，こうした排日問題の打開策として，日本本国との結びつきを一層強め，日本政府からの保護を期待したのである。そのなかで主張したことは，自分たちフィリピン移民は，日本の南洋への対外政策の一翼を担っているのだという自負であり，そこにフィリピン日本人移民の存在意義を強調した。

　たとえば，4名の代表者の一人古川拓殖会社専務取締役である松本勝司は，ダバオ移民の果すべき役割について，「南方開発が果して吾人に課せられたる一の使命と言うなら，ダバオは此の目的を果すべき揺籃の地であり，ダバオ同胞はその尊き使命を果すべき重大なる国策的任務を帯ぶる南方開発のパイオニアーたる自負と矜持を有するものであると言ふも憚らぬ」[82]と述べている。ここにはダバオ移民の開拓が，日本の南洋への対外侵出政策という「国家」の

枠組みのなかで語られている。

それでは，こうしたなか沖縄移民はどのような動きをとったのだろうか。

当時，沖縄県人会は機関紙を発行していたが，その内容については，「常ニ自営者（麻栽培者）ノ味方ヲ標榜シテ邦人商社ヲ敵視スルガ如キ態度」[83]があるとの見方を領事側はもっていた。その機関紙に載った土地問題の記事について，次のように説明されている。

> 「昭和十年土地問題当時沖縄県人ハ運動資金ノ使途ヲ明示セサルヲ理由トシテ其醵出ニ反対シタル際ノ如キ該資金ノ使途ニ関聯シ当時我方（領事側；引用者注）ニ於テ利用シタル比人弁護士其他ノ氏名，報酬額等ヲ暴露シ心アル者ヲシテ顰蹙セシメタル」[84]

上述した日本人会を中心とした結束した在留日本人の動きに対し，沖縄移民は必ずしもすべて同調した訳ではなかったようである。また，そうした沖縄移民の動きを領事側も警戒の念をもってみていたことがうかがわれる[85]。

沖縄移民が自らの立場を説明するとき，まったく日本人意識を捨て去り，「沖縄人としてのアイデンティティ」のみを表明するというわけではない。たとえば，上原仁太郎は沖縄県人会会長として，古川拓殖株式会社や太田興業株式会社が経営する日本商会に対し，その経営のやり方に不満を表わし，自己の利益のみを追求し，沖縄移民ら自営者の苦境を考えないことを遺憾であるとし，次のように言っている。

> 「日本商会が自己の利益に急なる余り外国商館をも牽制して買入値段の引き下げを策し自営者を苦境に陥れるは甚だ遺憾とする。（中略）我々自営者は血と涙によつて獲得した我が南進基地として如何なる難関に逢著するも護り通す覚悟ではあるが，大方有識者の公平なる実情認識を要望すること切なるものがある」[86]

ほとんどの沖縄移民は，「自営者」である。ここには，沖縄移民の典型的な自己意識の表明の仕方をみてとることができる。すなわち，まず日本人意識をはっきりともち，沖縄移民も日本の「南進」国策の一端を担っていることを明瞭に打ち出す。しかし他方，そこに含まれる自らの不利な立場や差別的見方へ

の不満を表わすのである。「沖縄人としてのアイデンティティ」は，ストレートなかたちで表明されることはけっしてない。常に日本人意識の枠組みを堅持しつつ，なおそれに対し自らのアイデンティティを主張するというかたちをとる。したがって，その表明の仕方は屈折的であり，明瞭でなかったり，不平不満として出てきたりする。

こうした二層の自己意識は，やがて軍政期に入ると，日本軍の占領政策に協力することにより，「日本人意識」へと大きく傾斜し，「沖縄人としてのアイデンティティ」はほとんど表明されず，潜在化するようになる。

第3節　沖縄移民の「日本人意識」
― 戦争勃発から軍政期（1942～45年）まで

(1) 日本軍部のみた沖縄人観

1942年1月2日，日本軍はマニラを占領，翌3日比島軍政を布告した。

1943年1月28日，東條首相のいわゆる第二次声明により，比島独立が明瞭に確認され，同年6月18日第三次声明を発し，本年中に独立を与えるとの確約が発表された。しかし，各地の山岳地帯にはゲリラが立て籠もり，また，南方海域では米海軍が勝利の宣伝をするなど局地的に頑強な抵抗が続いていた。そうしたなか，比島新国家建設のため，「㈠人心ノ把握，㈡戦争遂行上必要ナル必需物資ノ獲得，㈢島内自給自足体勢ノ確立，㈣治安ノ維持」[87]が軍政の目標として掲げられた。

とくに「人心ノ把握」について，元軍政監部総務部総務課長の犬塚惠亮（陸軍少佐）は，「人心把握上心得ヘキ諸件」として次の4点を述べている。

　　「㈠誠心ヲ以テ現住民ヲ愛セヨ
　　㈡現住民ノ風俗習慣ヲ知悉シ且之ヲ尊重セシ…
　　㈢現住民ニ尊敬サレントセバ現住民ヲ尊敬セヨ
　　㈣現住民ノ指導ハ身ヲ以テ範ヲ示スヘシ」[88]

このような諸点を速やかに実効するには，現地に長く滞在し現住民との交流を築き，彼らのことを知悉している在留邦人を，有効に活用することが最も効

果的だと考えられる。だが，早瀬晋三も指摘しているように，「軍部は積極的に在留邦人を組織的に活用する意図をもっていなかった」[89] のである。

しかしながら，これはある意味当然だともいえる。なぜならば，そこには軍人の沖縄人に対する根深い偏見が潜在していると考えられるからである。ダバオ在留邦人は，フィリピン占領後やってきた本土の軍官民に，劣等国民視されていたという[90]。犬塚もダバオ在留邦人を次のようにみていた。

「外務省大商社ノ関係者ヲ除キテハ戦前在比日本人ハ概ネ漁業，麻栽培，大工等を主業トシ大部分沖縄県出身ナリ一般ニ民度ママ底ク礼節ニ乏シク特ニ下流比島婦人トノ結婚ニ依リ生セシ日本籍第二世ニ於テ甚タシ」[91]

フィリピン在留邦人の大部分が沖縄県出身者である，というのは誇張であり，実際は半数程度であったが，フィリピン・ダバオには沖縄移民が多いという印象を強くもっていたことは確かであろう。その「大部分沖縄県出身者」である「在比日本人」を「一般ニ民度ママ底ク礼節ニ乏シ」ととらえている。

このような犬塚ら軍部の沖縄人に対する把握は，明治以来から踏襲されている見方である。たとえば，1910年度の沖縄地区警備隊司令部による『沖縄警備隊徴募状況』では，沖縄県の「壮丁一般ノ状況」について，「本県ニ於ケル軍事思想ノ幼稚ナルト国家思想ノ薄弱ナルトハ遂ニ徴兵ヲ忌避シ，動モスレバ兵役ノ大義務ヲ免レントスルモノ多シ」[92] といい，沖縄人に徴兵忌避が多いことを示し，その改善を訴えている。

また，1922年には，沖縄連隊区司令部による『沖縄県の歴史的関係及人情風俗』が出され，沖縄県民の特徴について述べている。そこでは一般的人情について短所を14点，長所を2点あげ，また風俗習慣については欠点を10点，美点を3点あげるなどして説明されている。そのなかでは，たとえば「皇室国体に関する観念徹底しからす」「遅鈍悠長にして敏捷ならす」「軍事思想に乏しく軍人と為るを好ます」「不規則不整頓」[93] などの点を具体的にあげて説明している。そして結論として，こうした指摘は先進他府県と比較して，「全く文化程度の低きに因るもの」であるといい，さらにそれは海外渡航者にも及ぶといっている。すなわち「近時海外に渡航するもの年々増加し現時二万の出稼者中約

八割は布哇及南米に在り従来鞏固ならさる国体観念を有する彼等の思想上に及ぼす影響蓋し思半に過ぐるものあらん」[94]と述べている。

このような見方は昭和に入っても続く。1934年1月，沖縄連隊区司令官・石井虎雄が陸軍次官・柳川平助に送った『沖縄防備対策』には，沖縄住民に対し「著シキ欠点アリ」として，「憂ノ最大ナルハ事大思想ナリ」「依頼心甚タシク強シ」「一般に惰弱ナリ」など5点があげられ，解説されている[95]。とくに第一項目の事大思想については，沖縄はすでに日本に同化しているといっても両属支配の歴史はそう簡単に一掃できない[96]，と沖縄人に対する不信をはっきりと表明している。

このように軍部の沖縄人に対する不信，偏見的見方は，明治以来のものであり戦況が悪化するまで，沖縄出身者の多いフィリピンの在留邦人を活用する意図は，当初はなかったものと考えられよう。

沖縄移民に対する危険視あるいは警戒視的な見方は，領事館の外交官も同様で，1941年3月「沖縄県移民素質向上ノ必要ト其方策」が沖縄県知事に報告されている。そこでは，世界の情勢が逼迫化し，在留邦人の行動に対する監視が厳重になるなか，「海外在留邦人中沖縄県出身者ハ従来海外各地ニ於テ兎角物議ヲ醸シ在留邦人，出先機関ニ迷惑ヲ及ボシ或ハ在留国政府トノ間ニ問題ヲ惹起セシ例極メテ多ク前述ノ如キ国際情勢ニ鑑ミ同県移民ニ関係アル方面ニ於テ今後一層之カ善導ニ努力スル要アリト存セラル」[97]と述べられている。そしてその例として，「沖縄移民ノ最近ニ於ケル非行ノ著例」と「沖縄移民ノ短所欠点及其矯正方策ニ関スル外務出先機関ノ報告」をあげている。とくに，後者は1927年にフィリピン・ダバオで起こった斎藤副領事の報告に対する沖縄移民側の抗議した事件であり（これについては，第2章で詳述した），1927年当時の報告がそのまま載せられている。つまり，沖縄移民の「素質」は，少なくとも1920年代から変わらないとする領事側の見方が，依然その底流に潜んでいるものと考えられる。

このようななか，戦況が次第に悪化し，軍部もフィリピン在留邦人を戦争遂行態勢へと活用せざるを得なくなってくるのである。

(2) 沖縄移民の戦争協力

　戦争勃発後，ほかのフィリピン各地が陸軍第十四軍の支配下に入ったのに対し，ダバオは海軍第三十二特別根拠地として，艦隊の補給基地となった。そのため，戦況の変化を敏感に感じ取ることができ，ダバオでの緊迫度は早くから高まっていった。

　まず，ダバオでの在留邦人の勤労奉仕の動きをみていく。1941年12月20日，日本軍がダバオに上陸後，治安の確立のため，在郷軍人及び青年団によって自警団が組織された。その後，この組織は義勇隊と改名して軍の警備司令官に属し，奥地の警備や宣撫活動に従事した[98]。また，1943年3月頃から，ダバオ在留邦人によって，奉仕隊が結成され，道路橋梁の修理，改善や宣撫などを行った。これは地区別の人員割当てによって隊員を集め，隊長，小隊長，分隊長のもと一定期間労務奉仕をし，期間が済むと後続部隊と交代するというもので，その後人員も期間も大規模となった[99]。さらに，1943年10月17日からは，ダバオ在留の15歳以上の男子全員が，祭日・日曜の半日を勤労奉仕することになり，国防勤労隊と銘打ってその作業が行われた[100]。こうしたダバオ在留邦人の勤労奉仕の状況は，「日曜日には街に邦人の影なし」といわれるほど熱心に取り組んでいたという。1944年3月頃には，さらに3，4ヵ月に1ヵ月は必ず勤労奉仕をする，1ヵ月奉仕という労働方針が決まった[101]。

　このような軍の方針の背景には，南洋の島々が次々に爆撃されるという戦局の悪化があり，緊迫感がいやでも高まった。すなわち，1944年2月トラック島とマリアナ諸島が，3月末から4月にはパラオ島が米機重部隊から空爆を受けた。また，これだけ勤労奉仕の期間が長くなり，男性労働者が留守になると麻栽培耕地は荒れ，もはや農業を続けることがむずかしくなってくる。のちの改組した日本人会会長となるダバオ総領事・加藤伝次郎は，勤労奉仕や食糧増産のため，やむを得ず麻山も犠牲になることを覚悟してほしい，といい戦争遂行最優先の考えを唱えた[102]。

　そのうえさらに，1943年10月1日「南方諸地域における徴兵延期の撤廃」が決まり[103]，在留邦人の徴兵が強制されることになった。これにより，在留邦

人の徴兵検査が1944年5月14日、ダバオ総領事館内を皮切りに施行された[104]。戦局はさらに逼迫化し、同年7月7日サイパン島が玉砕し、ダバオの情勢は刻一刻と緊迫の度を増し、島全体が緊張と不安に包まれていた。同年8月1日、ダバオに超非常措置令が出され、軍関係作業に従事していた者全員が軍属扱いされることになり、1944年8月4日付の『マニラ新聞』には、「ダバオの決戦体制完璧」との記事が掲載された。そこには「同胞はただ力の限り根限り、サイパンの仇はこのダバオでと手につばきして待機してゐる」とあるが、同年8月6日ダバオはアメリカ軍による初空襲を受けた。そして、9月に入ると、各地の飛行場や都市を中心に連日のようにアメリカ軍からの爆撃が続き、9月9、10日にはアメリカ軍機延べ580機が来襲し、ダバオ市街地は全焼した[105]。その後も爆撃は続き、1945年5月、日本軍の命令によって、住民はダバオ川上流のタモガンの山奥へ避難するようになった。

こうした戦況のなか、沖縄移民はどのようなかたちで戦争にかかわっていったのか。

第2節で示したフィリピン移民体験者100人（男61人、女39人）の聞き取り調査の証言から、沖縄移民の戦争体験の動向をみてみよう。まず、男性移民61人の動向である。61人中戦前に帰郷した者が17人いた（1人は不明者）[106]。したがって、44人が戦争をくぐり抜け引揚者となって戦後沖縄に帰郷した。この44人の戦争中の体験を示すと以下のようになる。

表・6－9　男性沖縄移民の戦争体験状況

(単位：人)

（軍属＋）現地召集（志願を含む）	13
（徴用＋）現地召集	5
徴用のみ	13
軍属のみ	8
徴用、召集をのがれた	2
不明	3
合　　計	44

出所）表・6－3と同じ

また，女性移民39人中，戦前に帰郷した者12人を除く27人が戦争体験を経て，沖縄に帰郷した。27人の夫，父，子どもの戦争体験は以下のようである。

表・6－10　助成沖縄移民の戦争体験状況

(単位：人)

夫とジャングルへ逃避行	8
夫あるいは父が現地召集	9
夫が徴用	6
夫あるいは子どもが軍属	2
不明	3
合　　計	28

注）　数字があわないのは，夫と子どもが召集あるいは軍属となった者を2人と数えたため。
出所）　表・6－3と同じ

　これらの夫，父，子どものなかには，戦争中別れ別れとなり，戦後死亡が確認された者，行方不明となった者，強制送還中に死亡した者などが含まれており，必ずしも全員が沖縄に帰郷できたわけではない。徴兵で軍人として召集されなかった家族は，食糧の供出の割当てがあったので，男性も女性も全員の移民がなんらかのかたちで戦争に協力していったといえる。
　元ダバオ会事務局長の田中義夫（ダバオ生まれ，神奈川県在住）は，徴兵延期が撤廃され，徴兵制度が導入されたとき反発はなかったか，との質問に「反発しようもなにも，ふりきられてしまった」といい，徴兵令がでたときの雰囲気を「お国へ奉公だということですよね。そうなっていったら…。それで女子，子どもはイモ，野菜だとか，そういうもの植えて，生産隊ということで生産しようということなんです。（以下略）」[107]と述べている。
　沖縄移民は戦争協力に対する気持ちを「国の勝利を信じ，力のかぎり頑張った」[108]，「あのころは兵隊に行きたいというあこがれがあって，懸命に軍に協力するという精神でいました」[109]といい，敗戦を知らせるビラを見ても，「私も帝国精神をたたきこまれていたので，まったく信用しなった」[110]と述べている。多くの沖縄移民は，このようにはっきりとした日本人意識のもと

「お国のために」という気持ちで戦争に協力，参加していった。

　しかし，実際の現地召集の実態は，十分統制がとれた状態ではなかった。「現地召集なので軍服はなく私服であった。連合軍が上陸すると飛行場を破壊し，敵軍の攻撃を逃れて山中へ退却した」[111] という。また，召集の仕方も「（避難した）木山（ジャングル）で現地召集された。…人家のまったくないジャングルの奥地まで召集令状を持って来たのだ。負け戦の連続で，もう勝ち目はないと思われる状況だったので，令状なんか持って来なくていいのにと思った」[112] という者もいれば，逆に「夫の召集は，口頭で「すぐ出なさい」と簡単に呼ばれたもので，日本国内のように赤紙がきたというものではありませんでした」[113] というように，とくに戦争末期は徴兵の仕方もバラバラなものであった。さらには徴兵されて他地域へ行かされる者もいた。

　「私のように移民に来て現地召集されたのが何百人といたが，皆それぞれ陸軍の部隊に配属された。私は志鶴部隊と呼ばれた部隊に配属された。九州出身の分隊長がいて，私たち現地召集兵をそうとう見下しバカにしていた。しばらくして私たち現地召集兵から三十人ほど選抜されて南方に派遣された。巡洋艦足柄に乗船し，着いたところがニューギニアのワクデ島だった。そこに熊本から派遣されていた飛行場設営隊の誠部隊に配置された」[114]
と言っている。飛行場建設の仕事は約9ヵ月間ほどであったが，ほとんどの者がマラリアにかかり，多数の者が死んだという。

　また，徴用についても，多くの人の証言から，賃金をもらえた人はごく一部で，多くの人はまったく金をもらえず，もらえたとしても軍票で支払われた。軍票は敗戦後紙切れ同然となった。

　このように軍の指示によって食糧増産が叫ばれ，食糧の供出，陣地構築，若者の徴用，軍事訓練，徴兵など，老いも若きもすべて軍への戦争協力のために明け暮れた。さらに日本軍の数が増えると民家に兵隊が分宿し（1944年1月），女性たちは兵隊のための調理の手伝いも行った。こうして移民たちは戦争協力のため多忙となり，麻山は次第に荒れ放題となり，長年の努力によって築かれた麻農業による移民生活はあっけなく崩された。それはまた，移民生活の安定

をとおして形成された沖縄人同士の郷友会的社会も崩壊してしまったことを意味する。つまり，軍政期には「沖縄人としてのアイデンティティ」を形成する契機はもはやなくなったといえよう。そうしたなか有無をいわせぬ国家の強制力を前に，沖縄移民はその状況に適応するため，「日本人意識」をはっきりともち「立派な日本人移民」になるべく，自ら進んで戦争協力に邁進した。このような背景には，開戦後捕虜として強制的に収容され，その後日本軍の上陸によって救出されたという「感動」的な事情があり，あるいは移民二世に対する「臣民教育」や，日本人移民としての沖縄での移民教育も影響したものと思われる。そして，郷友会的社会の崩壊は沖縄移民同士のつながりが絶たれ，そこでの機能が喪失し，「沖縄人としてのアイデンティティ」も希薄化し，沖縄移民が自らを「日本人」と規定することを選択する重要な契機になったものと考えられる。

しかし，この間「沖縄人としてのアイデンティティ」を完全に払拭させたというわけではない。軍政後「沖縄人としてのアイデンティティ」を形成し伝承させる契機を失い，軍部の強制力の前に表明することを阻まれはしたが，沖縄移民のなかにはたしかに伏在していたといえる。たとえば，次のような場面にその1つの表われをみることができるのではなかろうか。ある家族がジャングルのなかを逃げる途中，いかだを作り川を渡っているとき，突然アメリカ軍の飛行機から爆撃をうけた。母親は「エッ，グジ！（子どものワラビ名）ウットゥヌグワ！ウットゥヌグワ！（おいグジ！飛び込みなさい！飛び込みなさい！）」と子どもに叫び，軍機が去りかろうじて残った一隻のいかだに子どもたち4人を乗せ，急流を下るとき両親は「アンゼー，ヤー，生ッチュンナ，生ッチュンナ！（あぁー，あんたは生きているか，あんたも生きているか）」と，一人ひとりの子どもを確かめながら進んだ[115]。生死の分かれ目のとき，周囲に誰がいようとも，とっさに出てくる言葉は沖縄方言であった。

おわりに

以上，戦前，戦中のフィリピン・ダバオにおける約40年間の移民生活を三期

に分け，そのなかで，「沖縄人としてのアイデンティティ」と「日本人意識」という沖縄移民のもつ二層の自己意識が，どう変化したのか，その過程を歴史的流れをとおしてみてきた。

ダバオの沖縄移民は，1920年代前半頃までは男性単身者が多く，また，密航者もかなり含まれていたことから，早く金を稼いで早く帰郷したい，という「出稼ぎ意識」の者が多かった。したがって，「日本人意識」をまだ強くもつ必要性もなく，沖縄移民の数も少ないことから郷友会的社会もそれほど強いものではなかった。それが，1920年代後半から女性移民が増え「永住意識」が強まると，不況期でさえも帰郷する者が減り定着化傾向を示すようになった。このころから，沖縄移民は日本人移民の半数ほどを占めるようになり，それに伴って，郷友会的社会のつながりも強まり，「沖縄人としてのアイデンティティ」形成の基盤が整いつつあった。また他方，定住のため必要性として「日本人意識」をもち，両者を使い分けつつ現地に適応していったといえる。

このようにみると，フィリピン・ダバオ移民はベンゲット道路工事の転航者から始まり，国の関与とは異なる諸要因により，人口移住の現象をつくり出してきた。しかし，ダバオの場合，個々の動機による海外移住が，「量的にある限度を越えたとき，彼ら（移民たち－引用者注）の客観的な位置づけはそれ以前と全く異なるものになっていった」[116]という状況がでてきた。とくに1930年代フィリピン側の政府やマスコミは，ダバオ移民増加の動きを，日本の満洲への進出による植民地政策と重ね合わせて論じられるようになり，激しい排日的な動きとなった。

こうした動きに対し，古川拓殖会社など会社関係者は，ダバオ日本人移民は日本の「南進」政策の一翼を担い，ダバオ社会に多大の貢献をしたと自負を表明した。社長の古川義三は，「自営者法を採用しハゴタン・マシーンを発明し，マニラ麻の産業に活を入れ，無数に私有道路等を開き，比律賓人に実物教育を施し，税金に於ても日本人の納むる所が多く，ダバオ州の如き以前微弱で問題にならぬ州であつたものを一等州に押し上げる等，在留邦人の尽したる功績は容易に消失すべきものではない」[117]と豪語した。ここには日本の一等国意識

第6章 フィリピン・ダバオにおける沖縄移民の自己意識の形成過程　221

が透けてみえる。しかし，こうした「貢献」をダバオ住民からみるとどのように映ったのだろうか。

　現地人にとって日本人移民は，フィリピン社会には溶け込まずフィリピン人とも交流せず，狭い日本人同士の社会でのみ生きて，そのなかでひたすら生産活動に精を出しているように思われた。日本人が急増し「ダバオ国(クニ)」という言葉で呼ばれるようになった現象についてグッドマン（Goodman, Grant k.）は，この表現はたしかに誇張ではあるが，この言葉の象徴のなかには重要な真実があり，それはダバオの日本人が排他的態度のために，フィリピンにかたくなに同化しようとしない姿を人々に認めさせようとしていることだ，といっている[118]。フィリピン人との関係は友好的であるといわれていた沖縄移民の場合も，それは同様だったのではなかろうか。沖縄の移民体験者は，「戦争がなければ，ダバオでずっと暮したかった」という証言を多く残している。この「永住意識」は，「フィリピンの日本人社会に永住する」ということを意味しているのではないだろうか。少なくともフィリピン社会で生活する，あるいは「フィリピン人」として現地社会で暮らす，という意味は含まれていないのではないかと思われる。ダバオ生まれの仲間明正は，聞き取り調査のなかで，「今思うと」と前置きしたうえで，「移民は現地にとけ込めないとだめだね。日本人は一等国民だと教えられた」と，当時を振り返って言っている[119]。現地人との関係は，他府県の日本人よりはずっと良好であった沖縄移民でも，フィリピン（社会）のなかに入り，現地社会に同化する志向性はほとんどなかったのではないかと思われる。

　そして軍政下に入ると，沖縄移民は「日本人意識」を強くもち，進んで戦争に協力していった。この「日本人意識」の増大は沖縄移民にとって，戦争による被害と加害の2つの悲劇を残すことになった。

　会社関係者などに比べ，沖縄移民らは爆撃が激しくなっても最後までダバオに残り，食糧供出などに協力した。結局，最後はタモガンのジャングルへ日本軍とともに逃げ込み，激しい飢えとアメリカ軍からの攻撃，そして敗残した日本兵からの略奪にあい，数多くの犠牲者をだすことになった。また，避難の途

中タモガンの川の急流に，多くの幼児や弱り切った大人たちが飲み込まれた。このように，「特にミンダナオにおいて沖縄県人の軍に対する協力はまことに美事であり，多数の男女が戦陣及び後方地区で倒れた」[120]というような悲惨な状況を生み出した。

しかしいっぽう，沖縄移民が積極的に日本軍に協力したことは，フィリピン人と友好的に接していた分，より多くの禍根を残すことにもなった。沖縄移民とフィリピン人との関係は大体において良好であり，それが軍政期に入っても続いていた人もいた。たとえば，耕地で一緒だったフィリピン人が収容所にまでも面会に来てくれ，戦後もその交流が続いている，という話はある。しかし，こうした例は少数なのではなかろうか。沖縄移民のなかにも，開戦直後あるいはジャングルでの逃避行のとき，フィリピン人に危害を加えた者がいたであろうことが推察される。移民体験者の証言からは，ジャングルのなかを逃げる途中，原住民の畑から食料を盗んで食いつないだ，と率直に語ってくれた人はいたが，それ以上のことは出てこない。しかし，証言を読む限りでも，状況的にみて，盗み以上の加害的行為があったのではないか，と想像できるような箇所がいくつか見受けられた。「日本人意識」の増大は，結果として，戦争前に築いた沖縄人とフィリピン人との良好的な関係に亀裂をいれ，完全に分かつことになってしまった。逃避行の果てにアメリカ軍の収容所に着いたとき，フィリピン人から「バカヤロー，日本人のバカヤロー」といわれ，石を投げつけられたと，証言する移民体験者は多い。しかし，そのとき受けた気持ちについて，深く語ろうとする者はいない。そうしたフィリピン人からの激しい行動に接したとき，とりわけ沖縄移民らはどのような思いをもったのだろうか。それを聞き出すことは，非常に困難な作業となろう。

フィリピンへの移民は，敗戦により日本へ強制送還されるというかたちで終焉した。しかしながら，このような状況のなかでも，フィリピン人女性と結婚した者のなかには，戦後も日本に帰らず現地に残り，激しい反日感情のなかフィリピン人とともに生き抜いた日本人移民がごく少数ながらいた。そのなかには沖縄移民も含まれていた。

第6章　フィリピン・ダバオにおける沖縄移民の自己意識の形成過程　223

資料・6－1　ダバオ邦人開拓史年代表

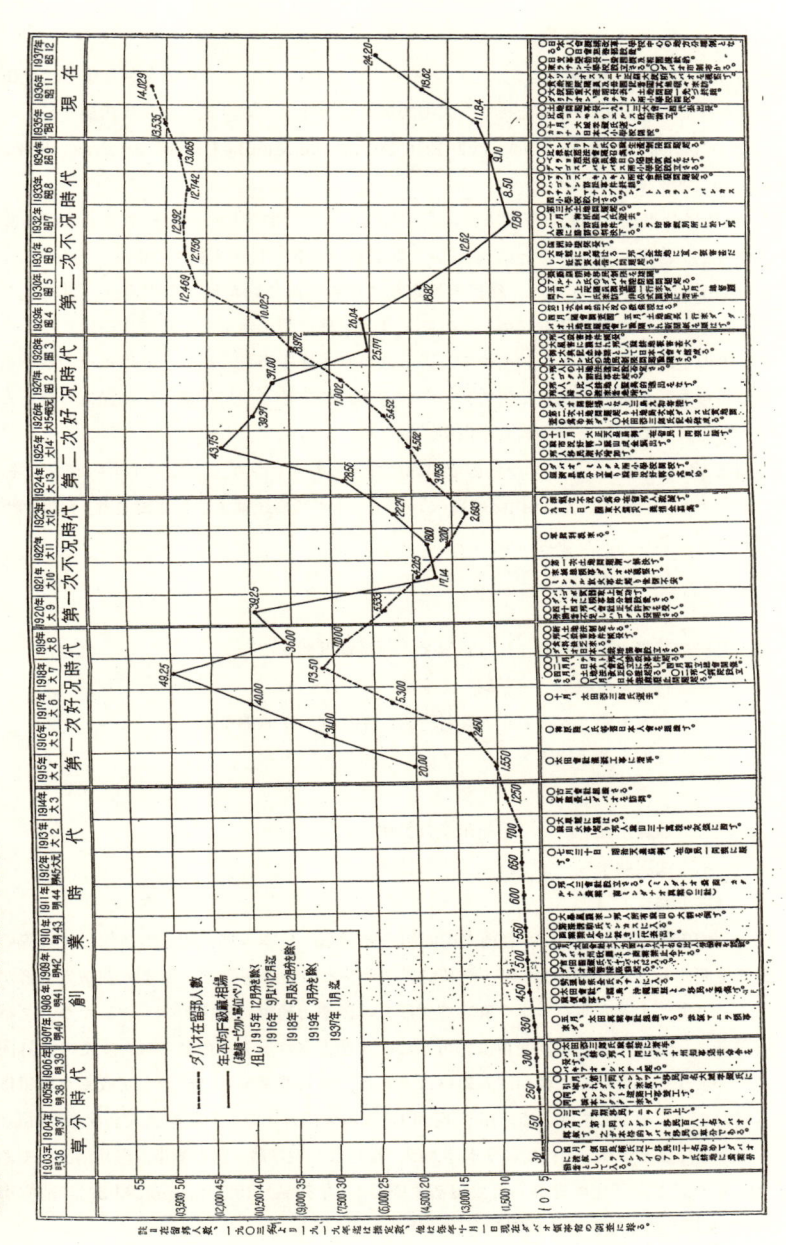

出所：浦原廣二『ダバオ邦人開拓史』日比新聞社、1938年より

注

（1）　Lydia N. Yu-Joseは、フィリピン・ダバオにおいて多くの沖縄人が入植した理由を3点あげており、その1つとして、太田興業株式会社の大城孝蔵の存在を指摘している。(*Japan views the Philippines*, 1900-1944, Ateneo de Manila University Press, Revised edition 1999, pp.91-93.)

（2）　一説には東京帝国大学農学実科に入学したともいわれているが、それを裏づける資料は今のところ出てきてないという（『金武町史』第一巻移民・本編、1996年、p.560）。

（3）　當山との再会について、「移民周旋事務に忙殺されていた彼（引用者注：當山久三のこと）は同郷の大城孝蔵を説得して、フィリピン移民開拓はもっぱら彼に一任した。大城は當山の金武小学校時代の教え子で、第二回ハワイ移民当時、横浜におけるその残留組を當山から委託されて世話した男である」と記されている（湧川清栄『沖縄民権の挫折と展開―當山久三の思想と行動』太平出版、1972年、p.148）。

（4）　1903年6月18日付でマニラ帝国領事館に届出されたベンゲット道路工事の雇人条件は、以下のようになっていた（「比律賓島ベンゲット州本邦移民就業地巡回復命書」『通商彙報』1905年6月23日、35号移民）。

一，日本移民		一千人
内訳		
一，道路改築労働者	日給米金六拾貳仙五厘	九百人
一，石壁築造職工	同　上壹弗	百　人
一，右人夫頭（人夫五十人ニ付一人ノ割）同　上壹弗貳拾五仙		二十人
一，日本人英語通訳		二　人
内訳		
通訳主任	月給米金九拾弗	一　人
通訳助手	同　　五拾弗	一　人

　（以下略）

（5）　太田恭三郎は、ダバオ着後太田商店を開設し、日本人移民相手の日用品雑貨等の小売業を開始した。1906年1月ダバオ郡長アタナシオの指導を受け、日本人栽培労働者が集まるバゴで、土着人所有マニラ麻畑を買収し、開墾と植付に着手しようとしたが、ダバオ州知事から外国人の官有地使用は許可しないと通告され退去を命じられた。その後外国人でもフィリピン会社法に従い法人組織にすれば、官有農業地1024町歩を買収または租借する権利を有することを確かめ、1907年5月3日資本金10万比の太田興業株式会社を設置した。太田自ら社長となり、副社長に平本斧太郎、役員は大城孝蔵、諸隈彌策、瀬戸清次郎であった（井上直太郎『比律賓群島と太田恭三郎君』（非売品）1927年、pp.293-294。蒲原廣二『ダバオ邦人開拓史』日比新聞社、1938年、pp.84-85）。

(6) 前掲(5)『ダバオ邦人開拓史』p.86
(7) 「自営者」については、「比律賓土地法は比島或は米国の市民権なき者は、法人或は組合組織に依る以外に土地権の獲得を禁ずと固く制限した。因つて市民権なき無資本のダバオ邦人は只一つ請負制度のみに依つて事業を開始し、之を維持経営してゆく以外には半永久的な真個の発展の方途はない。請負制度即ちパキアオ・システムは既に1906年太田恭三郎氏に依つて創案され、会社組織以後も之が慣用されるに至つたのであるが、これ以外邦人の発展の途はなかつたのであつた」（前掲(5)『ダバオ邦人開拓史』pp.457-458）といわれている。また、第7章・注(15)も参照。
(8) 『具志川市史』第4巻（移民・出稼ぎ論考編）、2002年、p.514
(9) 密航ルートとして「第一次世界大戦（大正三年）後までは日本から香港、英領北ボルネオのサンダカンまでは自由に入国できた。当時、シンガポールとサムボアンガ間には、英国船の定期航路があって、これでホロ島かサムボアンガまで来れば、旅券なしでダバオに渡ることができた」という。「正規の手続を踏めば三、四ヵ月の月日を要することから、待ち切れなくなった若者が密航を企てた。次から次へとその数が増加していったので、次第に官憲の取り締まりが厳しくなっていった」という事情があった（金武区誌編集委員会編集『金武区誌』下巻、1994年、p.81）。また、沖縄移民にとって密航を企てる別の理由に、フィリピンの入国手続きの際に行われた「学力検査」があったのではないか。「学力検査」といっても、小学1年生程度の「読み」の検査であるが、日本語が解せない者にとっては苦痛と恐怖の一瞬でもあったろう。初期移民の頃は大方が日本語が解せなかったという。しかし、こうした日本語が読めない沖縄出身の「無学移民」はその後も後を絶たず、ダバオ斎藤副領事は幣原外務大臣に「近時当地着本邦移民中假名文字ヲ判読シ得サル者毎船多数発見サラルルカ為……国際品位ヲ失墜スヘキニ付出発港ニ於テ厳重検査ノ上尋常科卒業ヲ標準トシ渡航セシメラレタシ」（㊙1929年10月9日前着、第11号、外務省外交史料館＜本邦移民関係雑件　無学移民ノ渡航取締並入国試験関係＞）との書簡を送っている。
(10) 東洋丸事件というのは、1918年1月18日、台湾基隆港の森山商会の傭船である東洋丸というわずか30トン足らずの帆船で、沖縄移民55名がダバオに不法入国を企てた事件である。詳しくは、前掲(5)『ダバオ邦人開拓史』p.106参照。
(11) 前掲(5)『ダバオ邦人開拓史』p.107
(12) 『琉球新報』1918年5月10日付（並里区誌編纂室編集『並里区誌』資料編、戦前新聞集成、1995年所収）
(13) 土屋元作『比律賓跋渉』同文館、1916年、pp.236-237
(14) 柴田善雄「ダヴァオにおける日系マニラ麻栽培業の勃興と1920年代の再編」大東文化大学東洋研究所『東洋研究』第151号、2004年1月、pp.9-11
(15) この法案は1918年にフィリピン議会に提出され両院を通過して、アメリカ大統領の裁

可を仰ぐ段階までいったが,ちょうど日米がともに連合国側として第一次世界大戦に参戦していたため,政治的判断により却下された。その後この法案が再びフィリピン議会を通過し,アメリカ大統領ウィルソンの裁可を得て成立したのは,第一次大戦後の1919年11月21日であった。この間のアメリカ側の動きについては,Shinzo Hayase, *Tribes, settlers, and administrators on a frontier : Economic development and social change in Davao, southeastern Mindanao,thePhilippines, 1899－1941*, Ph.D.diss., Murdoch University, 1984, pp.162-164.(早瀬晋三「植民統治下のフィリピンにおけるマニラ麻産業」『東南アジア―歴史と文化』15,1986年5月,pp.72-74)を参照。

(16) これに対する外務省側の動き,ダバオ日本人会及び日本人栽培協会の動きについては,前掲(5)『ダバオ邦人開拓史』pp.247-265,古川義三『ダバオ開拓記』(非売品)1956年,pp.453-459,三神敬長『比律賓事情』拓殖新報社,1922年,pp.154-163を参照。

(17) USNA (U.S. National Archives and Record Administration), *Record Group 59*, 811B.5294/1, p.8. また,政治的判断によりハリソン総督が議会に許可を推挙した邦人会社は44社であった。このうち,土地権利不確定のまま事業に着手できず,解散した法人もあり,栽培事業者として事業を継続できたものは1920年代で40社ほどだという(前掲(14)論文 p.18)。なお,前掲(16)『ダバオ開拓記』p.459では,残った数は27社と記されている。

(18) 1918年の好況期から不況期のドン底となる1921年頃までの約4年間に,殺害された日本人は100名を超えたという。こうした事件を防止するため,日本人会はバゴボ族の銃器没収についての陳情書を日本総領事に提出している(前掲(5)『ダバオ邦人開拓史』p.117-125)。しかし,バゴボ族側からすると別の事情があった。バゴボ族の生活は焼畑耕作と狩猟・採集から成り立っていた。食料確保のため森林を移動する際,一時的に放棄された土地を行政側は公有地として分類した。そのため,日本人にとって「合法的」に手に入れた土地は,バゴボ族側からすれば「不法侵入」と見えたのである。また,バゴボ族は大木に精霊が宿るという精霊信仰をもっていた。開墾のための森林伐採中に殺害事件が多いのは,バゴボ族にとって「精霊の怒りを鎮めるための」行為だったのである(早瀬晋三「ダバオ・フロンティアにおけるバゴボ族の社会変容」『アジア・アフリカ言語文化研究』No.31,1986年,p.112)。

(19) 岩谷譲吉「比律賓群島移民事情」外務省通商局編纂『移民調査報告 第六』,1911年(復刻版1986年5月,雄松堂出版,p.117)

(20) 同上書,p.157

(21) 前掲(15), Hayase (1984), p.221

(22) 前掲(16)『ダバオ開拓記』p.432

(23) 同上書,p.427, p.432。また,需要が増大し,ダバオ各所の鉄工所で製作されるよう

になり，値段は 1 台200ペソから250ペソ，モーターとセットで435ペソから450ペソで販売され，機械の貸出しや共同使用も可能であったという（同上書，pp432-433）。1934年には723台のハゴタンが日本人耕地での973人の日本人「自営者」によって使われていた（前掲(15), Hayase (1984), p.190）。

(24) 前掲(14)論文, p.34

(25) 太田興業を辞任後，大城は1926年12月，ダバオ湾東方の東耕地へ移る。この東側のマグナガ耕地にあった外人経営のラビ・リバー拓殖会社を譲り受けて独立し，神戸から義弟太田三四二（妻ことの弟。太田恭三郎の実兄作太郎の息子）を呼寄せて共同経営にのり出した。この会社の所有する広大な土地を開墾し，麻及び椰子の経営事業に再起をかけ意欲的に取り組んでいたが，1935年10月31日ダバオ市の上原旅館で急死した。大城の功績を讃え，その葬儀を日本人会葬として営み，また金武村でも初の村葬が営まれた（前掲(2), pp.576-579）。

(26) 大谷純一編『比律賓年鑑』（昭和十二年度版），1936年, p.431

(27) 大谷純一編『比律賓年鑑』（昭和十四年度版），1938年, pp.522-523

(28) 前掲(26), pp.432-433

(29) 並里区誌編纂委員会『並里区誌』（戦前編），1998年, pp.349-350

(30) 前掲(26)『ダバオ開拓記』p.390。また古川は，ダバオにおける5大勢力として領事館，太田興業，古川拓殖，更生会，沖縄県人会をあげている。また，ダバオ日本人社会ではこの5大勢力が複雑に動き，勢力争いがあったことを指摘している（同書, p.385）。

(31) 仲間政松さんの証言（『金武町史』第1巻，移民・証言編，1996年, p.253）及び，喜屋武政松さんの証言（『北中城村史』第3巻，移民・本編，2001年, p.480）。

(32) 前掲(16)『ダバオ開拓記』p.367

(33) 同上書, p.367

(34) ダバオの港湾施設は1900年，地方の貿易港として開かれた。1908年に海外貿易港として開港するが，わずか2年後には閉鎖してしまった。その後，ダバオの発展につれ再び開港問題がおこり，1926年1月1日に再開港するに至る。その間におけるアメリカ側の議論については，前掲(15) Hayase(1984), pp.183-185を参照。

(35) 『移民地事情』第17号，海外興業株式会社，1928年5月1日発行, pp.8-9

(36) ダバオ港開港ころより，アメリカ商会，イギリス商会などがダバオに俵装倉庫を設け，日本人麻山から集めたマニラ麻をダバオから直接海外へ輸出した。しかし，太田，古川両会社と三井物産会社を加えた日本商社が全体の65％以上のマニラ麻を取り扱い，輸送船も，1935年にダバオに来港した149隻のうち89隻が日本船であった（前掲(18)論文, p.76）。

(37) 鈴木忠和「フィリピン・ダバオにおける日本人の発展（二）」東洋学会『東洋文化研究』第6号，1947年, p.43

(38) 前掲(5)『ダバオ邦人開拓史』p.492
(39) 同上書, p.493
(40) 「「ダヴァオ」ニ於ケル蛮人耕地入植邦人状況（高田書記生視察報告）」外務省外交史料館＜本邦移民関係雑件　比島ノ部＞, 1932年, p.18
(41) 前掲(18)論文, p.111。なお, この時期のダバオ社会における主な職業とそれに従事した本業者数と家族数は以下のとおりとなっている（昭和三年十月一日調）。

＜職業別＞	＜本業者＞	＜家族＞	＜計＞
農, 畜産業	2,407人	1,671人	4,078人
同労働者	3,047〃	210〃	3,257〃
会社商店員	200〃	196〃	396〃
森林業者・同労働者	126〃	37〃	163〃
漁業者	105〃	18〃	123〃
大工, 左官, 石工, 其他土木業	112〃	39〃	151〃
物品販売業	61〃	54〃	115〃
家事被傭人	196〃	39〃	237〃
其　他	264〃	178〃	442〃
計	6,520〃	2,442〃	8,962〃

（台湾総督官房調査室『㊙ダバオ事情』第189号, 1930年9月, p.17）

(42) 同上論文, p.113。また, 必要な土地を失ったバゴボ族にとっても, 日本人との結婚は都合のいいことであり, 日本人「小作人」から「地代」を受け取るか, 日本人農園で働くことで, 新しい生活の術を見いだしていたからであるという（同上論文）。
(43) 金武町史編纂委員会『金武町史』第1巻（移民・証言編）, 1966年, pp.104-279
　　具志川市史編さん委員会『具志川市史』第4巻（移民出稼ぎ証言編）, 2002年, pp.823-860
　　北中城村史編集委員会『北中城村史』第3巻（移民・本編）, 2001年, pp.441-521
　　宜野座村誌編集委員会『宜野座村誌』第2巻（移民・開墾・戦争体験）, 1987年, pp.81-119
(44) 安次富タツさんの証言（同上書『金武町史』p.240）
(45) 宜野座マサさんの証言（同上書, p.125）
(46) 比嘉トドさんの証言（同上書, p.226）
(47) 新里芳子さんの証言（同上書, p.129）
(48) 棚原トミさんの証言（前掲(43)『北中城村史』p.504）
(49) 仲間ゴゼさんの証言（前掲(43)『金武町史』p.244）
(50) 国吉キクさんの証言（同上書, p.210）
(51) 仲田シゲさんの証言（同上書, p.120）

(52) 又吉マツさんの証言（前掲(43)『具志川市史』pp.837-838）
(53) 前掲(49)と同じ
(54) 高江洲カマドさんの証言（前掲(43)『具志川市史』p.828）
(55) 前掲(52)と同じ
(56) 同上
(57) 屋比久秀子さんの証言（前掲(43)『金武町史』p.198）。
(58) 金武区誌編集委員会『金武区誌』下巻，1994年，p.110
(59) 村山明徳『比律賓概要と沖縄県人』文明社，1929年，pp.16-17（附録）
(60) 小橋川キヨさんの証言（前掲(43)『金武町史』p.203）と前掲(49)の証言
(61) 前掲(15)Hayase(1984)，pp209-214。なお，「フィリピンには大別して三つの宗教文化圏があり，…国民の八五％に達するカトリック教徒の世界とともに，ムスリムや山岳少数民族の世界（精霊信仰－引用者）についても理解を深める必要がある。…（中略）…十九世紀末までには，今日のフィリピンでみられるような3つの宗教文化圏が成立した」，といわれている（綾部恒雄・石井米雄編『もっと知りたいフィリピン』[第2版]弘文堂，1995年，pp.101-102）。ミンダナオ島にはこの3つの宗教文化圏が分布している。
(62) 濱野末太郎『最近の比律賓』東亜経済調査局，1936年，p.219
(63) 同上書，p.218
(64) 「南洋各地邦人企業要覧」『南支那及南洋調査』第238号，台湾総督官房外事部，1937年，p.13
(65) 仲間政儀さんの証言（前掲(43)『金武町史』，p.165）
(66) いっぽう，北部から来たフィリピン人労働者は，低賃金のため「自営者」になるための十分な金を貯めるのに時間がかかり，日本人労働者より「自営者」になることはずっと難しかった。資本をもたずダバオに来た日本人でも，親戚や知り合いなどの経済的支援によってなんとか「自営者」になることができた（前掲(15) Hayase (1984), p.188）。
(67) 古川義三『マニラ麻栽培と日本人』拓殖奨励館，1939年，p.39（比律賓マニラ麻生産年表）
(68) ダバオの生産が全体の生産高に対して支配的となったことは，この時期の特色であり，ダバオは他州との競争に生き残ったともいえるが（前掲(37)論文，p.46），そこにはアメリカ植民地主義の政策が影響していた。すなわち，ダバオの日本人が生産するマニラ麻より，低廉高品質のものを見いだすことのできなかったアメリカ製綱業界は，低廉なフィリピン産ロープが出回ることを恐れ，政治力を利用してその生産を抑えた。そして，常にダバオの日本人によるアバカ栽培を保護し，事実上，フィリピン人を効率的なアバカ栽培事業から排除した。アメリカ製綱業界は，日本人によるアバカ生産に頼ることになった（前掲(37)論文，p.74）。

(69) 戸谷修「心のふるさととしての郷友会　その構造的特質と機能」『青い海』118号，青い海出版社，1982年12月号，p.44
(70) ダバオでは日本人の麻農園所有に対する制限，非難が土地問題としてたびたび問題となっている。その時期は，日本人入植期，第一次大戦前後，1920年代半ばから後半にかけて起こっている。今回の土地問題は4度めのものであった。各時期の土地問題については，前掲(5)『ダバオ邦人開拓史』pp.248-456（第八章　ダバオ土地問題考察），前掲(16)『ダバオ開拓記』pp.451-482（第7章　ダバオ土地問題）を参照。
(71) 1929年に入り，ダバオへの視察団員が次々と訪れ，ダバオの土地問題としてフィリピン議会に取り上げられるようになる。1929年4月には，下院内総務マヌエル・ブリオネスを団長する一行が，5月には土地局長イラドを団長とする一行がそれぞれ視察にやって来た。1930年4月には，農商務長官ラファエル・アルナンが視察に訪れ，ダバオ開港場閉鎖論を新聞に発表した。同年5月には上院議員アキノらの調査団が，また7月には総督デヴィスの顧問ジョン・アレンが非公式にダバオに来て調査をしている。さらに1931年4月には，司法長官ホセ・サントスを団長とする一行がダバオに来て二日間滞在し，刑務植民地の予定地を視察している。しかし，こうした訪問後の報告書のなかには，日本の土地取得は正当なものだと主張する上院議員アキノや，ホセ・サントスの一行に同行した商工局長トーマス・コンフェソールなど日本人の立場に理解を示す発言もみられた（蒲原，同上書，pp.269-279。古川，同上書，pp.463-464）。
(72) Milagros C. Guerrero, *A survey of Japanese trade and investments in the Philippines, with special references to Philippine–American reactions 1900–1941*, Quezon City University of the Philippines, 1967, p.78. なお，漫画については，早瀬晋三・鈴木亮『写真記録　東南アジア　歴史・戦争・日本』1フィリピン・太平洋諸国，ほるぷ出版，1997年，p.102 を参照。
(73) しかし，実際には一面で日本人移民と日本政府との一体化が進展していたという。その例として橋谷は，1929年拓務省が設置されるとすぐに，海南産業に命じてダバオ以外に入植地を拡大するため，秘密裡に調査を始めさせた例をあげ，ミンダナオ島入植への政府の関与の兆しを指摘している（橋谷弘「1930年代前半期フィリピンに対する日本の経済的進出－アメリカ・フィリピンの対日政策との関連において－」清水元編『両大戦間期日本・東南アジア関係の諸相』アジア経済研究所，1986年，pp.125-126）。また，その後の排日の動きとして，1939年5月30日アメリカ総領事から突如としてフィリピンへの入国禁止令が発せられ，これによりフィリピン渡航は不可能となった。後に再渡航者，呼び寄せ移民のみ許可されるようになったが，1940年5月2日フィリピン議会は，移民入国許可数を各国一律一ヵ年500人とする新移民法案を可決した。これは事実上日本移民の制限を目的とするものであり，アメリカ側の政治的な介入は明らかであった（前掲(43)『具志川市史』

pp.517-518, pp.768-769)。

(74) 古川, 前掲書『ダバオ開拓記』, p.467

(75) 「㊙「ダヴァオ」ニ於ケル邦人関係土地問題」(倭島記), 外務省外交史料館＜各国ニ於ケル排日関係雑件　比島ノ部「ダヴァオ」土地問題＞, 1935年11月10日, p.750。ケソンは大統領に就任後, 議員団一行とともに2度にわたりダバオを訪れ土地問題を調査した後, 議会において「ダバオ土地問題は何等重大なる懸念の存在する性質のものでなく政府は円満解決を期待してゐる」と演説している (『比律賓資料集』(非売品), 比律賓協会, 1936年, p.210)。

(76) 前掲(72), Milagros C. Guerrero (1967), p.113.

(77) Collection of Hayden, Joseph Ralston, Box No.28-4 (Concerning Japanese in Davao) J. R. Hayden, *Japanese Interests in the Philippine Islands*, 1934, p.12.

(78) 前掲(72), Milagros C. Guerrero (1967), p.112.

(79) 在ダヴァオ帝国領事館「ダヴァオ邦人事情概要」外務省外交史料館＜本邦移民関係雑件　比島ノ部＞ (第一巻), 1935年6月, p.22

(80) 通商局第三課「極秘　ダバオニ於ケル排日問題」外務省外交史料館＜各国ニ於ケル排日関係雑件　比島ノ部「ダヴァオ」土地問題＞, 1931年7月, pp.42-43

(81) 前掲(73)論文「1930年代前半期フィリピンに対する日本の経済的進出－アメリカ・フィリピンの対日政策との関連において－」p.146

(82) 松本勝司『ダバオ土地問題と邦人事情』南方国策叢書第11号, 南方経済調査会, 1936年, p.2

(83) 「沖縄県移民ノ素質向上ニ関スル件」外務省外交史料館＜本邦移民法規並政策関係雑件＞」(第3巻), 1941年3月19日, p.1883

(84) 同上

(85) 1930年以後, 多くの沖縄人のリーダーたちがダバオ日本人会の会員になり, 1936年頃から沖縄人と他県の日本人との間に内紛があり, 沖縄人側は古川ら会社側の指導に不満をもっていた (前掲(15), Hayase (1984), p.226)。

(86) 上原仁太郎「比律賓の動向とダヴァオ」南洋経済研究所『ダヴァオ開拓の回顧と展望』南洋資料第五号, 1941年11月, p.18

(87) 犬塚惠亮『比島軍政ノ概要 (素案)』史実部, 発行年月不明 (1977年11月14日製本, 防衛研修所戦史室), p.9。なお第一復員局から出た同様のものは, 1945年8月の発行となっている (1984年3月12日製本, 防衛研修所図書館)。

(88) 同上書, pp.63-65。こうしたフィリピン人の立場に立った「住民に対する心得」は, マニラ新聞 (復刻版) にも「民心把握の要訣」として1943年6月29, 30日付, 7月2日付にそれぞれ連載されている。そこには「平手打ちは絶対不可」「馬鹿野郎の言葉は売国奴

以上に響く」など，フィリピン人の地位や体面を尊重しない横暴な日本人の行動が戒められている。

(89) 早瀬晋三「「ダバオ国」の在留邦人」池端雪浦編『日本占領下のフィリピン』岩波書店，1996年，p.305
(90) 同上書，p.311
(91) 前掲(87)，p.30
(92) 沖縄地区警備隊司令部『沖縄警備区徴募概況』明治四十三年度，防衛研修所戦史室（『浦添市史』第5巻資料編4，戦争体験記録，1984年，pp.299-300所収）
(93) 沖縄連隊区司令部『部外秘　沖縄県の歴史的関係及人情風俗』1922年12月，pp29-37（『浦添市史』第5巻資料編4，戦争体験記録，1984年所収）
(94) 同上書，pp.41-42
(95) 沖縄連隊区司令官石井虎雄『沖縄防備対策』沖縄連隊区司令部第26号，沖縄防備対策送付之件，1934年1月（『陸海軍文書』R105-T671。『資料　日本現代史8　満洲事変と国民動員』大月書店，1983年，pp.248-251。『流動』1972年9月号，各所収）
(96) 同上書『資料　日本現代史8』p.249
(97) 前掲(83)文書，p.1873
(98) 森治樹「太平洋戦争とダバオ在留邦人」ダバオ会編『ダバオ開拓移民実録史－戦渦に消えたダバオ開拓移民とマニラ麻』1993年，p.253
(99) 『マニラ新聞』(復刻版)，1944年3月2日付
(100) 同上新聞，1943年10月21日付。なお，奉仕期間は1944年5月20日には水，日曜の週2回になり，さらに8月1日からは金曜日も加わり週3回となった（前掲(89)論文，p.308)。
(101) 同上新聞，1944年3月7日付
(102) 同上新聞，1944年1月13日付
(103) 同上新聞，1943年10月3日付
(104) 同上新聞，1944年4月22日付。1944年5月から6月に徴兵検査が実施され，ダバオでは10月1日に1734人が入隊した（前掲(89)論文，p.309)。
(105) 同上新聞，1944年9月12日付
(106) 戦前に帰国した理由としては，「戦争のうわさがあった」「子どもを日本の学校に入学させるため」「家族が別々に暮していたので，一緒に暮らすため」「不景気でフィリピンが嫌になった」「病気・けが」「分家，後継ぎの問題」などがあげられている。
(107) 田中義夫「インタビュー13　ダバオ生まれの軍国少年」日本のフィリピン占領期に関する史料調査フォーラム編『インタビュー記録　日本のフィリピン占領』南方軍政関係資料⑮，龍渓書舎，1994年，pp.450-451
(108) 仲田勝次郎さんの証言（前掲(43)『金武町史』p.204)

(109) 和宇慶朝三郎さんの証言（前掲(43)『具志川市史』p.830）
(110) 伊芸安太郎さんの証言（前掲(43)『金武町史』pp.255-256）
(111) 仲間勝さんの証言（同上書, p.187）
(112) 新垣善永さんの証言（前掲(43)『北中城村史』p.474）
(113) 棚原トミさんの証言（前掲(43)『具志川市史』p.506）
(114) 安座間昌繁さんの証言（前掲(43)『北中城村史』p.499）
(115) 国吉キクさんの証言（前掲(43)『金武町史』p.213）
(116) 前掲(73)論文「1930年代前半期フィリピンに対する日本の経済的進出－アメリカ・フィリピンの対日政策との関連において－」p.146
(117) 前掲(67), p.37
(118) Goodman, Grant K. *Davaokuo? Japanese in Philippine Politics, 1931−1941*, Studies on Asia, 1963, p.194.
(119) 仲間明正さんへの聞き取り調査（2003年10月23日）
(120) 元第十四軍軍政監部総務部長・陸軍少将　宇都宮直賢『南十字星を望みつつ－ブラジル・フィリピン勤務の思い出』（私家版），1981年（防衛庁研究所戦史部編『資料集・南方の軍政』朝雲新聞社，1985年，p.512から抜粋）

第 7 章
沖縄移民の生活実態と郷友会的社会による「沖縄人としてのアイデンティティ」形成 —「仲間喜太郎日記」(1937年)を中心に—

はじめに

　本章は，仲間喜太郎という1人の沖縄移民の1年間の日記をとおして，フィリピン・ダバオにおける沖縄移民の生活実態を分析し，そこでは郷友会的社会がどのように形成され，それが沖縄移民にとってどのような意味をもつのか。これらの点について考察を進める。

　沖縄では近年，フィリピンへの移民も含め世界各地の沖縄移民の実態を把握するために，移民を多く送出している地域では，市町村レベルで移民体験者からの聞き取り調査や，地域に残されている移民関係資料の掘り起こしが行われている。そして，その成果を掲載した「市町村史（誌）」がさかんに発刊されるようになった。『宜野座村誌』(1987年)[1]もそうしたものの1つであり，そのなかに「仲間喜太郎日記」が所収されている。

　「仲間喜太郎日記」（以下，「日記」と略記する）は，1937年1年間のフィリピン・ダバオでの麻農業に従事した移民生活を綴ったものである（ただし，2月，3月の記述はほとんどない）。フィリピン・ダバオでの移民は，アメリカ軍が再上陸後，ほとんどの者が着の身着のままでジャングルでの逃避行を余儀なくされ，その後収容所での生活を経て，日本へ強制送還されるというかたちで終焉した。そのため当時の移民の様子を記録したものは，ほとんど残っていないのが実情である。そうした状況において「日記」の存在は，非常に貴重なものであるといえる。また，この「日記」は，麻農業を中心に展開された日常生活が綴られているが，そのなかには沖縄特有の文化や習慣を取り入れた日々の様子や日本人学校とのかかわり，あるいは子どもへの教育的な配慮や麻農園で働く

現地人労働者の様子など，当時の生活が細部にわたって書き込まれている。わずか1年間の記録ではあるが，ダバオでの沖縄移民の生活を内側から把握できる稀有な記録資料であるといえよう。

フィリピンの沖縄移民に関する先行研究としては，ダバオ沖縄移民の全体的動向を扱った石川友紀の論文[2]や，『金武町史』のフィリピン移民体験者の証言を取り上げた Kaneshiro, Edith Mitsuko の論文[3]があげられる。とくに，Kaneshiro論文は，ダバオでの沖縄移民の生活を分析しており，移民の実態から全体像を把握しようとしている。しかし，移民を取り巻く社会的状況についてはほとんど考慮されず，それとの関連で分析はなされていないように思われる。

本章では，ダバオの日本人移民社会の全体的な社会動向のなかで，沖縄移民がおかれた状況を，「日記」に描かれた生活世界を読み解きながら明らかにし，その特徴をみていきたいと思う。その際，この「日記」が書かれた1937年という時代背景は十分考慮する必要があると思われる。さらに，必要に応じて，上述のごとく発刊された「市町村史」のうち，『宜野座村誌』をはじめ，『金武町史』(1996年)[4]，『北中城村史』(2001年)[5]，『具志川市史』(2002年)[6]に掲載されたフィリピン・ダバオ移民体験者の証言なども補足的に活用しつつ，「日記」に記録された生活細部の意味を読み解いていくという作業を進めていきたいと思う。

第1節　仲間喜太郎という人物

「日記」の筆者仲間喜太郎は，1898年3月10日に金武村漢那区に生まれ，1979年7月17日に没している。1925年27歳のとき，フィリピンに渡航し，1940年5月42歳のとき，帰郷しており，16年間をフィリピンですごし，その間麻農業に従事していた。仲間喜太郎の渡航時の年齢が27歳というのは，上記の「市町村史（誌）」に掲載されたフィリピン移民体験者83名（男52名，女31名）中，渡比時の平均年齢が男20.0歳，女20.5歳であるのに比べると，比較的高齢の部類であるといえる。

仲間喜太郎は三男で，宜野座尋常小学校の高等科を卒業後，農業に従事していたらしい。父親の仲間喜善が，1912年（喜太郎14歳のとき）にすでにフィリピンへ渡航している。「日記」には，「故両兄の写真並びに父上と三人の姿を連ねて神棚の上に並べて掲げる」（1937年8月19日）との記述がみられるので，1937年には父親と2人の兄はすでに亡くなっていたようだ（以後，「日記」の引用は年号を省略し，日付のみとする）。仲間喜太郎の渡航時1925年頃は，「本県の海外移民が最近三十六年間に三万六千五百余人に及んで居る。土地狭小にして産業興らず，人口過剰に悩み勝ちな本県としては，移民を海外に送つて他に発展すべき土地を求めるの外はない」（『沖縄朝日』1925年12月12日付，『宜野座村誌』第四巻資料編Ⅱに所収）と，新聞記事にあるように不況の波が沖縄を襲い，県外へあるいは海外へと出稼ぎの人々が続く時期であった。そうしたなか，金武村には「フィリピンは景気がいい。沖縄よりも儲けられる」といううわさが広まっていたという(7)。フィリピンへすでに渡航している父親の影響から，喜太郎はフィリピンの様子をより詳しく知っていたのであろう。渡航の動機もそのあたりにあったものと思われる。

　金武村のそうした動向は，旅券下付数からも読み取れる。1903～1941年までの39年間に金武村からの海外旅券下付数の総数は3216人であった［表・序－8］。そのうちフィリピンが1588人で，渡航地域別首位であり，全体の約半数49.5％を占めている。この1588人の年次別・字別内訳が表・7－3である（［表・7－3］では総数が1597人と若干異なる）。仲間喜太郎渡航時の1925年前後は，ちょうど麻相場の好況期にあたり，金武村からもフィリピンへと移民が多く出ていった様子がここからもうかがわれる(8)。

　仲間喜太郎のフィリピンまでの渡航の様子を，当時同船者だった津波古勘栄の証言から知ることができる。津波古は1925年8月，18歳のときフィリピンへ出発した。そのとき漢那から津嘉山朝栄，仲間喜太郎，石川徳次，伊芸銀吉（再渡航）の4人が一緒だったという(9)。旅費は250円くらいだったというが(10)，当時24坪の家が300円で建てられる時代であった。津波古の場合，父親が用意してくれたという。仲間喜太郎はどうしたのだろうか。はっきりしたことはよ

くわからないが、『漢那誌』の「フィリピン移住者」の名簿では、仲間喜太郎の種別は「呼寄移民」ではなく「自由移民」と記載されているので[11]、何らかの自己努力が必要とされたのではなかろうか。

　渡航経路は津波古の証言では、那覇を出て、静岡丸で長崎まで行き、「長崎の移民収容所に一週間滞在し、十二指腸虫や視力、伝染病などの検査を受け」、その後長崎から出国してマニラに入り、マニラから貨物船に乗り換えてダバオへ渡った。長崎からダバオ到着まで約2週間かかったという[12]。移民体験者の証言をまとめると、1926年にダバオ港が開港する前までは、長崎から出港し、途中台湾、香港に寄港し、マニラに入り、マニラからサンボアンガ経由でダバオに入るルートのほうが多かったように思う。当時、仲間喜太郎らのルートは、まだ少なかったのではないか。また、長崎移住教養所が開設するのは1933年なので、津波古のいう「長崎の移民収容所」とは正式開設前の講習所であった可能性が高いと思われる。

　このとき同乗した仲間喜太郎を含め5人の漢那出身者のダバオでの入耕地を『漢那誌』の「フィリピン移住者」の名簿で確認することができる。それによると仲間喜太郎以外の4人は、カリナン耕地に行き、仲間喜太郎のみがドムイ耕地に入った。カリナンはダバオ市から北へ数100キロメートル入った奥地にあるが、もとから宜野座出身者が多く、呼び寄せの関係でその傾向は1930年代に入っても継続する。ドムイはダバオ市から南へ数キロメートル下った海岸沿いに位置する。このドムイ耕地は、父・喜善が1912年にフィリピンへ渡航したときに入耕した場所であり、喜太郎は「自由移民」として渡航しているが、父親のいるドムイ耕地に入ったものと思われる。喜太郎は1940年にフィリピンを離れるまで16年間このドムイで生活することになる。

　「日記」が書かれた1937年は、仲間喜太郎が渡比後12年目にあたる。この間妻を呼び寄せ、子ども4人（長女・裕子、次女・利子、三女・昌子、四女・栄子）をもうけている（五女・美枝子は帰郷後誕生している）。そして、麻農業においては後述するように「自営者」として成長し、麻栽培の仕事に全力で取り組んでいた。

表・序-8の旅券下付数表をみてもわかるとおり，1930年代後半は金武村からフィリピンへの渡航者が急増しており，字別でみるとその数は金武区が最も多いが，漢那区も増加傾向である。仲間喜太郎は同郷者が乗船した船が入港するらしいとの情報を得ると，必ずダバオ港へ向かい漢那出身者がいないかを確認している。たとえば，「ダバオ行き。岩造一行等，来はすまいかと，出迎への為めに行く。古知屋の人々三人上陸。宜野座の人々二人上陸。字の人は一人も来ないので，午後四時帰宅す」（11月1日）という具合である。そして，同郷の新移民が乗っていると，早速同郷の移民仲間を集めて上陸祝いを行い，当分の間自分の耕地で働かせるなど，面倒をよくみてあげていたのである。ドムイはダバオ港とも近く，新移民の来航の情報も入りやすかったのであろう。喜太郎はそのために，車で1日はかかるというカリナンにいる仲間との連絡を頻繁に行い，漢那出身の旧移民のなかの成功者の1人として，リーダー的役割を果していたようだった。

しかし，仲間喜太郎が同郷の新移民らの世話をよくするのは，単に面倒見がよいというだけではなかった面がうかがわれる。喜太郎は新移民たちから最近の村の様子や字の人たちの動静などをよく聞いている。もちろん移民が郷里の家族や親類の安否を気にかけるのは当然のことだが，そうしたことも含め多くの情報を得ようと努めていたように思われるのである。「日記」を読むと仲間喜太郎は2, 3種類の新聞代を支払っていたことがわかる。たとえば，「（ダバオ）公論（週刊）の購読料四, 五月分一, 金八十仙渡す」（5月30日），「本日から毎日ニュース（日刊）を買った。但し，計算は八月分から行なわす」（7月30日），「日比新聞代（隔日発刊）十月分, 十一月分の二ヶ月分, 本日支払う」（12月10日）などと記されている。またときおり「会報, 配る」との記述があり，これは日本人会か県人会の会報ではないかと思われる。あるいは両方であったかもしれない。こうした点からみて，仲間喜太郎は日本やダバオの動きについて，あるいは国際的な動向についてかなりの情報をつかんでいたと思われる。8月26日の「日記」には，「戦争広大にして支那主要地帯に前進す。皇軍の志気天をつき戦勝報をもたらす」との一文があり，日華事変の一端なども短い記

述だが記されている。

　こうした情報収集力が仲間喜太郎の時代を読む先見性につながっていったとみることができるのではないか。すなわち，1940年つまり戦争勃発の前年にフィリピンを離れる決断をしたことがそれを物語っている。この時期，沖縄へ帰るのはたいてい子どもの教育の問題か仕事の失敗などが理由であり，開戦間際，「戦争が勃発しそうだから，故郷に帰りたい人は帰りなさい」との警告を日本人会は発していたそうだが，「まさか戦争はおきない」「起っても日本が勝つ」というぐらいしか考えず，警告に従って帰った人はほとんどいなかったというのが実情であった[13]。喜太郎の長女はダリアオン日本人小学校に自転車で通学していた。当時，学校が遠く家から片道10キロメートル近くを歩いて通学したり，親元を離れて寄宿舎や旅館などに泊まって通学している子も少なくなかったことを考えると，自転車通学は非常に恵まれていたといえよう。また，1937年の様子から見て，帰郷するほどの打撃的な麻農園の経営上の失敗があったとも考えにくい。やはり，時代の先行きを案じての帰郷であったろうと思われる。仲間喜太郎の時代を読む先見性は，戦後の活動をみてもその一端がうかがわれる。すなわち「1948年，戦後初めて公選による村議会議員となり」「1971年，村教育委員として14年間にわたり教育行政に携わ」ったことなどがそれをあらわしている[14]。

　ともあれ，こうした先見性により戦争勃発前に帰郷でき，仲間喜太郎一家は，多くのダバオ移民が蒙った悲惨なジャングルでの逃避行や収容所での生活，病気や貧困に苦しめられたダバオから沖縄までの強制送還を体験せずにすんだ。そして，仲間喜太郎自身，麻栽培で築き上げた財産を持ち帰ることができ，文字どおり「故郷に錦を飾った」移民成功者の1人であったといえる。

第2節　　麻栽培の労働

(1) 労働形態

　「仲間喜太郎日記」の多くの部分は麻農業に関する記述で占められている。多くの移民同様ダバオでの仲間喜太郎の生活は麻農園での労働を中心に展開さ

れている。この「日記」を読むと1937年当時、仲間喜太郎は「自営者」として麻農業に従事していたものと思われる。フィリピンでは1919年の新公有地法により、外国人の公有地購入、または租借申請を禁止したので、ダバオへの移民は、地主への請け負いあるいは借地というかたちで麻農業に携わるしか方法はなかった。「自営者」は、地主に収穫高の1割から2割の小作料を支払う「小作人」であるが、実際上、土地を管理し麻農園を経営することができた。ダバオの移民が「自営者」となるための契約様式には大別して三種類の方法があげられる。

　まず1つは麻栽培契約といわれるもので、邦人麻農園会社の所有する土地の一部を「自営者」に経営委託するものである（新公有地法制定以前は、会社法により法人であれば外国人でも、租借または払い下げによって土地を獲得することが可能であった）。「自営者」は自己の負担によって地主（会社側）が指定した割当地を開墾し、麻栽培をして、そこで生産した麻全部を地主に提供し、労働報酬として8割5分ないし9割に相当する金額を収受することを約定するものである[15]。これは表面的には「自営者」は小作人にすぎないようにみえるが、地上物件は地主の所有といえども、実際には会社側の承諾を得れば、売却譲渡または抵当することができるという諒約があるのである[16]。これに対し新たな契約様式による「自営者」が出現する。すなわち、公有地を租借ないし払い下げによって土地所有者となった現地フィリピン人と、その土地で麻栽培を行う者が麻栽培請負契約を結ぶというものである。麻栽培を行う者は、開墾から植付け、麻の生産期に至るまで（普通二ヵ年）、麻の栽培を請け負い、そのときかかる費用はすべて負担する。生産期になったらこれを土地所有者に引きわたし、土地所有者は、麻株一個につき一比（ペソ）前後の労働報酬の支払いを約定する。これには、もし土地所有者が支払いができない場合は、請負者がその土地にとどまって労働報酬が完済されるまで麻生産に従事することができるという条項がついている[17]。実際は支払いができない場合がほとんどであり、「実質上ニ於テハ麻栽培契約ト大差ナシ」[18] というものであった。こうした契約による「自営者」のほか、現地のフィリピン人から直接土地を借りて麻栽培事業を行

第7章 沖縄移民の生活実態と郷友社会による「沖縄人としてのアイデンティティ」形成 241

う「自営者」もいた。すなわち，借地契約であり，この契約内容は，土地代（地租）として生産麻の1割か2割を地主に支払い，残りは「自営者」のものとなる。この契約でも，地主の承認を得て得地権を他人に譲渡，売買できるという内容になっていた。

「日記」には，麻収穫の場面が3回でてきており（5月，9月，11月），そこでの地主への支払い内容は，たとえばこのようである。

「麻買来りて相場を付けた。たった一，金二十一比の相場だ。古川へ行ったが二十比六十仙しか付けんので亦，折返して行って太田へ二十一比に売り切りにした」（5月10日）。「…土人等と共にボルト（引用者注：麻の繊維を束ねること）をなす。十二時頃までやっと済み，二時半頃まで運搬も全部済んだ。ボルト数，丁度三十。内訳，十九ボルト（サントス…引用者注：地主の名前），十一ボルト（ヒニュー…同：地主の名前）」（5月11日）。「午前，会社へ行って麻代を取る。総計五三一，〇九比」（5月12日）

ボルト数30に対し，この当時の麻相場の21比（ペソ）で売るというのだから，この時の全収入は630比となる。そのうち531.09比を受け取ったということは，8割4分の取り高ということになる。「日記」に登場する地主はすべて現地人であり，つまり仲間喜太郎は外人耕地に入耕していると思われる。たびたび，地主から地租の前借りを要求されており，そういう時は前借り分を差し引いて取り高が9割，9割5分と高くなっている。こうした点を考え合わせると，仲間喜太郎は上記の三様式の契約のうち，借地契約による「自営者」の可能性が高いといえるのではないだろうか。

第6章で述べたように，1919年の新公有地法が成立したあと，外人耕地に入耕した日本人「自営者」は急増したといわれており[19]，また，「蛮人耕地ニ入植スル邦人ノ総数約一千二百名ニシテ沖縄県人最モ多シ」[20]との指摘があった。1935年までの日本人「自営者」3062人のうち，2064人（67％）は外人耕地で働いていた[21]。仲間喜太郎もそうした部類に位置づけられるであろう。

外人耕地と日本人会社に入耕したそれぞれの「自営者」数と株所有数を記すと次のようになる。

表・7-1　外人耕地と日本人会社の所有株数と自営者数（1935年）

	所有株数（株）	自営者数（人）
会社直営	6,358,990　(18%)	――
会社耕地内自営者	10,315,053　(30%)	998　(33%)
外人耕地内自営者	18,015,297　(52%)	2,064　(67%)
合計	34,689,340 (100%)	3,062 (100%)

出所）蒲原廣二『ダバオ邦人開拓史』日比新聞社，1938年，pp.490-491, p.567より作成

(2) 労働内容

『ダバオ邦人開拓史』によれば，麻栽培の開墾から生産までの作業は，大きく2つの工程に分けられる。まず，前半の開墾部分は下払い，木切り，枝打ち，開墾焼き，寄焼き，植付の6段階の作業に分類される。麻は種苗の植付け後，約40日で芽を出し，18ヵ月から2年で成熟する。その間，葉が繁り日光で遮られて草が生えぬようになるまで（約一ヵ年位），間断なく除草する必要があるという。こうして育成された麻は，後半の生産部分に入りソンケ，トンバ，タクシ，麻挽，乾燥の5段階の作業工程を経る[22]。「日記」には開墾部分の記述はないので，1937年当時の仲間喜太郎の麻山は，すでに開墾された古山であろう。ソンケ（「日記」ではソンキ）とは成熟麻の葉を切っていく作業，トンバとはソンケした麻の茎幹を切り倒す作業，タクシとは剥皮作業である。次の麻挽は全工程中，最も重要で熟練を要する仕事であり，「麻繊維の良否は一にかゝつて麻挽人の腕如何にある」[23]といわれている。麻挽は初期の頃は手挽作業であったが，ハゴタンの発明により機械挽になり，麻の生産性が飛躍的に上がった（詳細は第6章第1節を参照）。そのあと挽いた麻を天日に干し，ボルトといって乾燥させた麻を一ピクル（約60キログラム）ずつ束ねて出荷するのである［写真・7-4］。

「日記」ではこうした工程を，キリスト教徒のフィリピン人あるいは「土人」と表記された原住民を数人雇って行っていった様子が描かれている。こうした人たちの賃金については，そのつど短期間の契約をして日給あるいは1回いく

第7章　沖縄移民の生活実態と郷友社会による「沖縄人としてのアイデンティティ」形成　243

らというかたちで，支払いを行っていた。たとえば，「日記」には次のように記されている。

　「土人等，今日より挽方の準備にかり集め全員ソンキ，トンバに着手す」（1月4日）。「今朝マキナ（引用者注：麻を挽く一式の機械設備）の準備をなし，午後より挽方を開始す」（1月5日）。「本日はピーピンと二人で薪木切りをなす。二人で一生懸命で五時半前，終業す。…ピーピン本日より日給仕事に従事す。但し，薪木取り。一，金八十銭也」（9月3日）。「九時頃，シミオン仕事見付けに来たる。日給はピーピン同様。三時，ボホール人，姓名オルピアノ，ピレックスの両人来る。直ちに除草に従事させる事にした。㈠オルピアノは日給八十仙，食料は向う持ち。㈡ピレックスは日給七十仙，以下同上。㈢シミオンは日給八十仙也，以下同上」（9月5日）

　賃金の高低は仕事内容の技術的な相違によるものであろう。『ダバオ邦人開拓史』には，「麻山収支状態」として，フィリピン人を「古山」で雇った場合の平均相場が書かれてある。「麻価十比の場合」をみると，麻挽は日給0.9比，タクシは日給0.6比，トンバは日給0.9比とでている[24]。これからみて仲間喜太郎が支払った労賃はほぼ相場どおりといえようか。しかし，農園労働者として現地フィリピン人と日本人を雇った場合，その賃金は2倍の差があったことは前章で述べたとおりである。

　こうした麻栽培の労働の様子を，移民体験者の証言のなかからより具体的につかむことができる。一例として，1932年に渡比し，叔父の耕地に入って麻労働に従事した北中城村の新垣善永の場合をあげよう。「朝六時には前日に挽いた麻を干し，七時から畑に出て，十二時ごろまで成長した麻の茎をトンバして，皮を剥ぎ運搬する。昼食をとると約一時間ばかり休憩して，午後からは私の主な仕事である麻挽きをする。挽いた糸は，一番糸，二番糸と別々に干してゆく。干したものは夕方には倉庫に入れる。干し足らないのは翌朝また干すという具合である。毎日の仕事が終了するのは九時ごろであった」[25]。このような労働が渡比後，数年間続き一定の金が貯蓄できると，「自営者」となっていくのである[26]。

(3) 麻栽培労働者の生活実態

このようにダバオの移民生活は麻栽培労働を中心に展開されたのだが、そのほか日常生活をどのようにして送っていたのだろうか。具体的な日々の生活の様子を追ってみることにしよう。

まず住居についてであるが、典型的な「自営者」の家屋構造はこのようなものである。

> 「自営者は概して耕地の中央部に、経営上最適の位置を選んで住家や仕事場を建て、耕地の監督を容易にすると共に、歩く距離を少なくする。その型は殆んど一定し、トタン葺の2階家で、2階は家族の寝室居間に、1階は生産麻の倉庫に当て、廂の下の土間は料理場及び食堂とし、天水をタンクに集めて飲料水に充て、麻挽き小屋を別に建て、動力ハゴタン及びエンジンを据え、住家の前庭を麻干場とし、近くに別棟を建てフィリピン労働者を住わしめ、麻搬出のためトラック引き込み道路をつけ、フィリピン人は素足で犬を恐れるから、番犬を飼って自己防衛を計り、なお蔬菜畑を作り果樹を植え、頗る合理的な生活が出来るようにする。」[27]

仲間喜太郎の住んでいた家もほぼ同じようなつくりであっただろう。「日記」には番犬を飼っていたという記述はないが、家畜として豚、水牛、山羊などを飼っており、とくに豚は沖縄人には大切な食料であり、沖縄的な文化、習慣の上で欠かせないものであった。そのために麻農業の合間に「島袋宅へ行き、豚小舎の囲ひ網を買ふて帰宅」（4月16日）、「豚のエサをやる。帰宅、折返して行って先の豚代の残金六比貨全部決算」（4月20日）、「今日の仕事、豚小屋を造る」（5月8日）などといったことがよく行われていた。また、蔬菜、果樹として大根、トウモロコシ、バナナなどを作っていたことも記されている。

農作業のない休業日は、どうすごしていたのだろうか。次節で述べるように、喜太郎ら沖縄移民同士とくに同村同字出身者とは頻繁に会って、互いの交流がさかんだったが、家族とはドムイが海岸近くにあったためよく海水浴に行っていた。また、あるとき蓄音機を借りてきて「昨晩は面白く慰めたので、皆んな起きて朝から亦、蓄音機を掛けてやり始めた」（5月10日）などという楽しいひ

第7章　沖縄移民の生活実態と郷友社会による「沖縄人としてのアイデンティティ」形成　245

ととさもあったようだ。

　「日記」には書かれてないが，宜野座出身者が多くいたカリナンの町について，仲間喜太郎と一緒に乗船してダバオに来た津波古勘栄は，こう話している。「フィリピンでは日曜日みんな休みだったので，私は街だったカリナン耕地まで行き，食糧品などを一週間分まとめて買い，馬車に積んで帰ったのです。また，そこには映画館や闘鶏場がありました。普段の日は近所とも五〇〇メートル以上も離れていたので日本人にあまり会えなかったのですが，日曜日ともなるとあちらこちらから，日本人が集まって来ました」[28]。カリナンでのこうした集まりは沖縄人同士の間でも，字人会の連絡や麻相場変動の情報，故郷沖縄の様子，同郷者の現況など，移民相互の重要な情報交換の場となっていた[29]。

　では，移民先の食事についてはどうだったのだろうか。多くの移民体験者が証言していることだが，食事は沖縄にいた頃よりダバオのほうがよかったといっている。沖縄ではイモが多かったが，ダバオでは少なくとも3度米が食べられたという。具体的な食事内容を証言してくれる者もいた。たとえば，具志川市の又吉マツは，「朝はうんちぇーばー（ヨウサイ）が溝にたくさん生えていたから，それを炊いて，昼は必ずうどんの汁。夕飯はなすびを刻んでおかずにして出した。年中そういうものだった」[30]と話している。「日記」には，実に多くの買い物の内容がメモ風に記載されている。それらをみると，たしかに豊富な内容である。しかも後述のごとく，ときおり豚や山羊をつぶして皆で食べたり，手づくりの豆腐などもつくったりして沖縄料理を渡航先でももち込んでいた。仲間喜太郎はトリールにある大阪バザール商店での買い物が多かったが，奥地の耕地にも中国人の商店などがあった。ある日の買い物の中身は，次のようであった。「本日の買い物，肉代七十五仙，魚一比，カッパ代八十三仙，キレ代八十仙，密柑十七仙也，ドルセ（かたい飴）九十仙，餅米一比十仙，マッチ，線香六十五仙，ランプのシン二個六仙，煙草代十仙，車賃四十五仙」（8月18日）。

　そのほか，渡航先で病気になったらどうしたのか。仲間喜太郎は6月に体調不良を訴え15日間ミンタル病院に入院している。この病院は太田興業によって1918年に建設されたものであり，そのほかダバオにはダバオ公立病院，ミッショ

ン病院，東洋人病院の4つの病院があった。また，喜太郎はトリールへ行き歯の治療も受けている。「土人医師に見せたら百五十五比と言うので中野医師に問い合わして百二十比と定めて治療を行う事にした。直ちに前と奥とより二本抜歯す」(10月20日) とある。ドムイ周辺には，移民がかかる歯科医師が何人かいたことがわかる。

「日記」からみる限り，仲間喜太郎の「自営者」としての生活状態はかなり安定したものであったといえる。しかし，1937年の麻相場は，5月の21比から11月の12比30仙へと大幅に下降しており[31]，喜太郎ら麻農業に従事している移民にとっては不安で厳しい状況にあった。

(4) 入耕地ドムイの状況

仲間喜太郎が渡比した1925年頃のドムイの様子を知る手がかりとして，村山明徳の『比律賓概要と沖縄県人』のなかにある総計4381名の「在比律賓ダバオ州沖縄県人市町村別人員表」(1927年10月1日現在) がある。このなかからドムイに入耕した沖縄県人の名前を確認することができる。それによると，1927年のドムイには70名の沖縄県人がおり，そのなかで金武村出身者が64名といちばん多く，その内訳は金武区出身者が51名，漢那区出身者が13名となっている［表・7－2］。仲間喜太郎はこの13名のうちの1人として，麻農業に従事していた。1927年は喜太郎にとって渡比2年目にあたる。たぶん，どこかの麻山に雇われて，まだ麻栽培の仕事を覚えていた頃ではないだろうか。

移民体験者の証言からみても，移民の大半は最初の入耕地から転々と耕地を変えながら，雇用者から「自営者」へと独立していった[32]。たとえば，夫の呼び寄せで1929年に渡比した宜野座マサはこう証言している。「夫は21歳の時 (1923年6月12日旅券下付) に渡航され，最初は太田会社の社員として雇われ，会社近くのリビ，ダグナン付近に住んでいたそうだ。私を迎えたころはドムイで麻山や機械を買い，家も建って自営者として新生活の準備を整えてあった。(中略) 麻山の地主はホンニョーという名前だった」[33]という。仲間喜太郎のように初めに入耕した耕地に定住した者は，それほど多くはなかったと思われ

表・7-2 沖縄県人のドムイ入耕者（1927年）

出身村（市）	数	麻栽培従事者氏名（字名・株数），家族等
首里市	2	島袋吉三郎（與那嶺・7,800株），松田岩雄（古宇利）
久志市	1	島袋眞治（久志）
金武村	漢那 13	津嘉山朝信（6,000株），津嘉山岩造（6,000株）仲本徳吉，仲本太郎，妻・カマダ，次男・哲夫，三男・清雄，仲間喜善，仲間喜太郎，安次富寛永，伊芸善政，宜野座栄助，宜野座吉雄
	金武 51	伊芸梶一郎，伊芸保三郎，伊芸仙松，伊芸清孝（2,009株），妻・ウト，伊芸新一郎，妻・カミ，伊芸保雄，池原鎌英，池原又四郎，與那嶺孫一郎，仲間新禄（6,000株），妻・ナビ，長女・豊子，仲間甫一，仲間喜五郎（6,200株），妻・ウシ，山城源三，妻・カナ，次男・源吉，小橋川清勇，国場百歳（7,500株），安富祖亀松（9,000株），妻・ゴゼ，次男・実，三男・益三，安富祖智雄，安次富重光，宜野座敏蔵，妻・カナ，長男・敏博，次男・俊，宜野座徳蔵，宜野座順一，宜野座作太郎，宜野座孝明，宜野座次郎，宜野座吉次郎，比嘉徳英（8,000株），妻・ウシ，長男・恒徳，次男・恒治，比嘉善助（15,500株），妻・ウシ，比嘉銀男，妻・カナ，比嘉ヨシ，仲村寅一，仲村良光，名嘉山奥明，名嘉山奥眞
本部村	3	當山清輝（濱元），金城菊政（濱元），上原清儀（濱元）
合　計		70名

出所）村山明徳「在比律賓ダバオ州沖縄県人市町村別人員表」『比律賓概要と沖縄県人』文明社，1929年より作成

る。表中の金武村出身者のなかで10年後の「日記」に登場するのはわずか数名である。

第3節　沖縄文化の伝承

「日記」を読むと，フィリピン・ダバオでの仲間喜太郎の生活には，沖縄の風俗・習慣がもち込まれ，沖縄的な文化を色濃く反映した暮らしであることがわかる。いっぽう，他府県出身の日本人移民も日本的な風習をダバオにもち込み，生活していたという。それゆえ，ダバオには，沖縄人と非沖縄人の2種類

の日本人がいたとの指摘もあり(34)、それほど沖縄移民の生活は特徴的だったのである。

沖縄人同士の結びつきとしては、日本人会結成より2年早く沖縄県人会が1916年に創られている。さらにより小さい単位である村人会、字人会を各耕地でつくり、同郷人同士の強い結びつきのもと、渡航地ダバオでも沖縄文化を維持、継承しつつ、移民生活を送っていた。ここでは、「日記」のなかから読み取れるダバオでの沖縄文化の継承の具体的な内容について詳述する。

(1) 母村文化との結びつき

仲間喜太郎は、1937年の1年間に郷里の母へ3回送金をしている（6月19日に小遣いとして2比、9月3日に30比、11月5日に500比）。故郷を離れて10年以上たっても、家族に対する思いは深いことが次の文からもうかがわれる。

「故両兄の写真並に父上と三人の姿を連ねて神棚の上に並べて掲げる。過去を思い出し、何んとか楽しみの情湧き出づる。母親の写真は側面に飾り、朝夕の健康を祈る事にした」（8月19日）

この翌日には、「成可く早く帰郷してくれ」との母や亡くなった兄の妻からの手紙を受け取っており、喜太郎自身「深く感動した」と記している。

母村とのつながりは、こうした家族との絆とともに、地域での行事や習慣の継承といったかたちでもなされた。「日記」には沖縄の年中行事を意識した行動も読み取れる。たとえば、次のとおりである。

・「本日は郷里節句の清明祭（旧暦の三月に行なわれる祖先供養の行事－引用者注）に就き、早く帰宅せねばならん事で、急いで買物を済まして帰宅」（4月17日）
・「本日旧例の四月節句のアブシバレー（害虫を除去し稲の成長を祈る行事－引用者注）に付き、妻は豆腐をしたり、種々と御飯の仕度をして、夕刻一家揃ふて面白く御馳走になり」（5月24日）
・「本日は旧七月七日の日なれば御墓参りをなす」（8月12日）
・「本日は旧十一日なる為めウユミー（季節の移りかわりにやる祭りの名前－引

用者注）を奉る」（9月15日）

　このように沖縄において行われていた生活習慣を渡航地ダバオにももち込み，沖縄的な文化環境のなかで暮らしていたことがわかる。

　また，「日記」には豚を買うという場面がよくでてくる。それも「小豚一頭，四比で買う事にし」（1月6日）と個人で買う場合と，「金三円四十五仙也，勇光の分け持ち（豚肉代）。朝よりミーモン夫婦（挽方請負人－引用者注）を加勢させて豚をつぶす」（12月31日）というように共同で買う場合があったようだ。とくに沖縄では正月とは別名「豚を食う月」というくらいで，どんな貧しい家庭でも豚をつぶしたという[35]。ダバオでもその習慣が踏襲されている。しかもフィリピン人と一緒にそれを行っているという点が面白い。

　「日記」のなかには，仲間喜太郎が退院後ほぼ二週間くらい，豚のキモを注文したり，人に買いに行かせたりする記述が，ほとんど毎日のようにでてくる。たとえば，「慈養として豚のキモ，半キロ，パン二」（6月19日），「豚のキモ半キロ，四十仙也」（6月20日），「島袋盛重君へ豚のキモを注文す」（6月23日），「今朝，勇光トリールへ行き，豚のキモを貰う，島袋盛重君より豚のキモ半キロ貰い帰る」（6月24日），「本日，ナルドを使って豚のキモを買わせた」（6月25日），「前日同様，ナルドを市場に使い，豚のキモ半キロとパン二個，魚一キロとを買わす…第三回目，島袋盛重氏より豚のキモ半キロ貰う（未払い）」（6月26日），「マルセデへ命じてトリルへキモ取りにやったが…」（6月27日）という具合に，まだあと一週間くらい豚のキモや肉を買い続けている。沖縄の人々の生活は豚とのかかわりが非常に密接だが，それがダバオの沖縄移民の生活にも強く反映されていたといえる。そのほかときおりだが，山羊をつぶして沖縄の人が好む山羊料理なども食していたことが書かれている。そういうときには，2，3の家族が集まり情報交換しつつ，親睦会のようなかたちになっていたようである。こうした集まりには，三線がよく弾かれるが，麻の出荷前にも皆で三線を弾き，酒を飲んで和やかなときをすごしていた様子が写真に残っている[36]。

(2) 相互扶助

「日記」にはまた，同郷者に対する出産祝い，葬式，病気見舞い，上陸祝い，帰郷者への餞別会（送別会）などが数多く書かれている。その一端を示すと，次のようである。

- 「仲本太郎氏長男太一郎の上陸祝に仲本家族中，勇光夫婦列席す」（1月3日）
- 「晩七時頃より安次祖銀三君長女出産し，当日は万産（マンサン）との事で呼ばれて健次，孝二郎と三人同席してご馳走になり，十一時頃帰宅」（1月3日）
- 「伊芸松三君が帰郷する事になり，本夕は餞別会あり。七時頃より一同連れ松三宅へ参集し，夜もすがら祝う」（4月30日）
- 「本日宣松君の送別なる故。（中略）十二時まで御祝いをなし徳助兄宅へ一泊す」（7月19日）
- 「幸文氏死亡の報あり。（中略）字民一同及びタランラン耕地一同外，友人参集す」（7月22日）
- 「本日，松島氏宅へ御産御祝の印として布を進上，御茶の御馳走をなして帰宅」（8月8日）
- 「本朝，銀吉宅，出産した由，見舞いに上る。親子共無事なる故，実に目出度き幸だった。当家で昼食をたべた」（11月20日）

これはほんの一部であり，こうした冠婚葬祭の付き合いは，日常的に行われていた様子がうかがわれる。前述したように仲間喜太郎自身，頭痛と高熱のためにミンタル病院に15日間入院したが，その間に25名の親戚，友人から見舞い（金品）を受けており，退院後も自宅に見舞い客が訪れている。

また，祝いのときは泊りがけで行うのが普通だったようで，そうした集まりの様子について移民体験者からいくつかの証言を得ることができる。たとえば，「出産祝いなどの祝い事は，自営者にとっては自由だった。集まってくる人はたいてい二，三日は泊まり込む」[37]といい，そのときの様子は「お祝いの時はたいてい豚の丸焼きで，大人は酒と三線で大にぎわい」[38]，そして「二日酔

いの翌朝の朝食は、金武の人はカンジャバージューシー（かつらの葉っぱ入り雑炊－引用者注），他シマンチュ（他市町村の人）はおかゆと相場が決まっていた」(39)というものだった。しかし，こうした親密な同郷同士の関係は，仲間喜太郎が入耕後10年以上をかけて築き上げられたものであり，喜太郎自身が「自営者」であったという点が大きかったであろう。1936年に渡比した自営者でない新移民は，「沖縄県人会，日本人会の組織もあるということは聞いていた。しかし，私たちの仲間は誰も参加していなかったと思う。自営業者や余裕のある者の集まりだと思っていた。私たち同郷の仲間や，農夫が集まる機会は旧暦の七月と正月が主であった」(40) といっている。在比期間の長短，「自営者」とそうでない者との間には，やはり沖縄移民同士のつながりにも差があったことがわかる。

　この新移民に対する麻山での雇い方として，当時，現地人と日本人では賃金に差があり，経営側としては，当然現地人を雇うほうが有利であるが，同郷の新移民が来るとそちらのほうを雇い入れるという傾向があったらしい。同郷の新移民に対して「「当分はうちで働いて，慣れたら別のところに行きなさいね」というふうにして，たくさんの人を雇った」(41) という証言がある。ここにも同郷者相互の深いつながりを感じる。

　また，「日記」の多くの部分は，金銭の出入りに関する内容で占められており，麻山の売買から日常の買物まで，細かな出納記録が載っている。それらを読むと金の貸し借りが実に頻繁に行われていたことがわかる。「無尽」または「模合」も行われていたようだが，喜太郎はなぜかそれへの参加を断っている。しかし，移民体験者らの証言をみると，「無尽もやりました。これは各家で知り合いの人が集まってやりました。大きい山を持っている人はたくさんやったが，私は20円の月無尽をやった」(42)，「20ペソの模合を20人ぐらいでやるときと，15人でやるときがあって，自分で出せるような範囲でやるんです」(43) といっている。そして，そのメンバーは「ほとんどが県人でした。たまに内地の人も二，三人入っていました。この人たちはフィリピンの女性を妻にしている人たちで，われわれ沖縄県人とも友好的でした」(44) という。沖縄人と模合をやるのが現地の女性と結婚した内地の人であるというのも興味深いが，こうし

た金銭のやり取りを通じての相互扶助関係が，沖縄移民の間には築かれていたものといえよう[45]。

さらに，金銭の貸し借りは，前述のごとく地主との間にもあった。サントスという地主は，たびたび金を借りに喜太郎のところにやって来ている。たとえば，「サントス来り。『ミシン代支払いの金なき為め，困って居るが。』との事なので麻の地租代より差し引く事にして一，金五比貨貸し与える」(11月6日) などという記述がみられる。外人耕地への入耕に関しては，「如何にして彼等耕主の融通の要求を最小限度に喰い止めるかに頭を痛めねばならない」[46] といわれているが，まさにそうした実態も含めて，ダバオの生活のなかで金銭の貸し借りは日常化したものだったと思われる。

(3) 字人会，村人会，県人会

沖縄には郷友会と呼ばれる特有の団体がある。それは「沖縄各地から那覇およびその周辺の都市化されたところでできた故郷を同じくする人々の一種の任意団体で，出身地別結社というべきものである」[47] と説明されており，そこでは「同じ基底文化・生活情報をもつ人々との交流」[48] がなされる。こうした結びつきは，沖縄県内だけでなく，県外や海外へ移住した沖縄人相互にもまた認められるという。

今までみてきたように，ダバオの沖縄移民の生活もまさに「郷友会的社会」と呼びうるような結びつきがみられた。このような「郷友会的社会」の結びつきのなかで，とくに「字」レベルでのネットワークの果たす役割について，今帰仁村での移民調査を行った佐藤嘉一は，2つの側面を指摘する。すなわち，第1は「字」的親族ネットワークの「社会的・経済的機能」であり，「このネットワークなしには移住地での生活生産活動は維持し展開しえない」という。第2は「呼寄せネットワーク」の果たす「文化的機能」であり，この機能には「緊張処理」機能，「自文化の維持」機能，集団の凝集性や文化同一性の維持機能をもつとされている[49]。

佐藤の説明に従えば，ダバオ沖縄移民の社会においても，同字出身者のネッ

トワークによる2つの機能を指摘することが可能であると思われる。つまり，「字」を中心とした相互扶助のつながりは，「社会的・経済的機能」の側面とみなすことができ，母村文化との結びつきは，「文化的機能」と説明することができるであろう。

　「日記」にも，字人会や村人会の集まりがあったことが書かれている。すなわち「本日は漢那字会。会費二比，別に寄附金五比。総員集合，屋宜宅。発会後議事に移り，郷里よりの寄附金応募に対し本会員一同で時鐘を寄附する事にして，…議事終了後，青年へ角力を取らせ，終に各自熱演に移り，十二時頃解散す」（2月13日）とあり，『村民アルバム集』には「在ダバオ漢那字会創立10周年記念（昭和12年）」の写真が収められている[50]。つまり，漢那字会は1927年に創られており，その間年1回の会合が開かれ，それは楽しみの少ない新移民たちの慰めの場でもあった［写真・7-2,3］。

　さらに村人会については，「本日，ミンタル民友倶楽部で金武村民大会を開催す。先日有志会の協議通りに全部可決す。直ちに申し込み。（寄附）に移り，実現に前進する様全会一致歩調を共にする事を申し合わし，午後五時頃散会す」（8月1日）とある。この「実現に前進する」こととは，大城孝蔵の銅像を金武村に建設することであり，そのことで喜太郎らは事前に県人会に協力を要請している。しかし，その回答は「五人代表で上原仁太郎（沖縄県人会会長－引用者注）に会って極力，当方の誠意披露，機構変更を要望したるに，何だ耳を傾けず，既定の方針を主張せし…」（7月28日）というものであった。前述の新移民の証言にもあるとおり，村人会，県人会と組織が大きくなるにつれ，心理的距離感も大きくなっていくようであり，移民相互のつながりを実際に支えていたのは，やはり字人会であり，「字」レベルのネットワークであったと思われる。

　このように字人会を中心とした同字出身者同士の相互扶助や親睦，連帯をとおして，郷友会的社会が形成されたといえる。ここでは佐藤のいう2つの機能が果されると同時に，そうしたなかから「沖縄人としてのアイデンティティ」がダバオの地でも維持され形成されていった。つまり，郷友会的社会での沖縄人同士のつながりが，「沖縄人としてのアイデンティティ」形成に重要な影響

を与え，その基盤をなしえたといえるであろう。

(4) 寄付活動

母村との結びつき，あるいは相互扶助の行為は，「寄付」としていくばくかのお金を出すというかたちでも行われた。

> 「第三中学校十周年記念に就き，図書館設置の為め，費用調達には一般の寄附をママ迎ぐ旨を御伝え，自分も少々ながら金七比を提供する事に査印す」（5月3日）

との記事があり，遠く離れたダバオから郷里の中学校を寄付というかたちで支援している。また，

> 「孝次郎君の病体に関して当地在住親戚一同より寄附行為を以って援助す。可く，一人宛て三十ペソ宛を，来る一月中に集金する事に協議」（12月22日）。

というように，身内に何か事がおきると，血縁者相互の強い結びつきを示し，それが「寄付」となってあらわれる。これは異郷にいる者同士の困ったときの助け合いといった程度のものではなく，沖縄独自の郷友会的活動の一環としての行為とみなしうるものであろう。

そのほかにも，ダバオ日本人社会にはさまざまなかたちでの寄付金の支払いがあったことが次の記述からわかる。

> 「一，ダリアオン学校職員住宅寄附金一，金五比。　一，国防献金一，金六比（内訳，自分五比，妻五十仙，裕子二十仙，利子二十仙，昌子十仙。）　一，日会慈善積立金五十仙也。　一，ハゴタン発明者寄附金一，金五十仙。三時前，伊芸□英，仲田喜五郎氏両人来り。大城氏の銅像寄附金申し込みの為め各戸訪問」（8月16日）

「日記」のなかで，日本人学校への寄付徴収の記載が2回みられる（5月30日4比50仙，12月30日3比）。職員住宅への寄付は臨時徴収だったのかもしれない。また，国防献金とは，ダバオ日本人会が中心となって行った愛国機ダバオ号の献納に関するものと思われる。日比新聞には「五耕地連合会及各区幹部を通じ運動を開始したが，在留邦人等の熱誠な醵金は既に締切期日前に予定額に

達し，八月末迄には愛国ダバオ号二機分位醵金出来る見込である」(昭和12年8月7日)(51) とある。

こうした国への協力的な献金はまだみられ，「本日，ダリアオン，トリルの婦人有志発起の慰問金募集の為め来宅。直ちに二ペソ丈け申し込み，同時に現金を手渡す」(9月22日)との記述もある。これは，翌年からダバオ婦人会が行なった献金運動に関連するものと思われる(52)。

このようにダバオ日本人社会には，内容的に性質の異なる種々の寄付活動があったことがわかる。つまり，沖縄特有の郷友会的社会のつながりから発生したものや，日本人学校関係のもの，さらに国に対する献金としての寄付も含まれていた。しかし，「日記」には，こうした寄付に対する不平めいたことは一言も書かれておらず，とくに国に対する献金に対しても抵抗感などはなんら見られないのである。

第4節　移民二世の家庭教育環境

「日記」を読むと，喜太郎は子どもたちや家族とともに行動した場面が意外に多いのに気がつく。喜太郎がそうした行為を意識的に行なったのか，あるいは無意識の行動だったのかは別として，そうした家庭での行動はダバオ生まれの二世の子どもたちに，どのような影響を与えたのか。「日記」には，たとえば次のように書かれてある。

- 「今朝五時半起床，子供等も同時に起きる。子供等を連れて新水で冷水，元気よく若々と室内に入る。一家揃ふて東天を拝す。同時に郷里の親元を拝し，皆々一同の将来幸福を念じ奉る。一家揃ふて朝食を済ます」(1月1日)
- 「本日は天長節の佳辰を利用して，カリナン校の増築落成祝と支部創立を兼ねてカリナン支部の大運動会を催したので，九時頃より皆連れて校庭に参集した」(4月29日)
- 「午後四時，家族打ち揃い海岸へ海水浴に行く」(5月27日)
- 「本日は彼地此地麻山の巡視をなす。例の通り体を養□すべく子供を遊ば

す」(7月14日)
- 「家族一同揃ふてビアオに行く為め，種々準備をなす」(7月16日)
- 「本日葬式を営む旨，通知ありたる為め，早速，家族準備をなしミンタルへ趣く，行って見れば，本日は友引なる為，葬式出来ず」(7月22日)
- 「本日午後，徳助夫婦と，我が家族打ち連れてカリナン徳助宅へ行く」(8月10日)
- 「本日は久子の送別会を催す為めカリナンへ家族全部連れて行く」(9月14日)
- 「晩，家族打ち連れて合沢君へ挨拶に行く」(10月13日)
- 「本日は明治節なので，家族連れて，ダリアオン小学校で開催する運動会の見物に出掛ける」(11月3日)
- 「本日，神ンナメ祭の為，トリルに競馬の催しあり。家族同伴して見物に行く」(11月23日)

このように沖縄移民二世の子どもたちは，家庭での親同士の移民相互のつきあいに自然に巻き込まれるかたちで，知らず知らずのうちに沖縄的雰囲気や沖縄文化を伝達される契機を得ていたといえるだろう。

こうした当時の家庭での様子について，長女・裕子はこのように証言している。

「漢那人同士，頻繁に集まっていた。(その様子は) 見ていて楽しそうだった。そのときよく，豚の丸焼きやフィリピンの地酒が出された。子どもが生まれた時など，家族同士でよく集まっていた。」[53]

同字出身者同士の集まりは，子どもから見ても賑やかで楽しげな雰囲気のものだったのだろう。そうしたなかで使われている言葉ついて，次のように話している。

「そのとき (沖縄移民同士の集まりのとき) は，沖縄方言を使っていた。方言は大人だけで，子どもとは共通語で話した。大人は (子どもが聞いて) 都合の悪いときは方言を話した。」[54]

沖縄文化の伝承のなかで，沖縄方言は伝達しなかったようだ。沖縄移民二世

の子どもたちは、沖縄方言は聞けばわかるが、話すことはあまりできなかったという。それは家庭でも、日本人学校でも使わなかったからであろう。1932年生まれでカリナン日本人小学校に2年生まで通った仲本スミは、沖縄方言について「大人から汚い言葉、覚えてはいけない言葉だといわれた。家でも使わなかった」(55) と証言している。現実問題として沖縄移民にとって、ダバオで仕事をする以上、日本語は必須であり、そのために子どもを日本人学校へ通わせ日本語を身につけることは、差別されないためにも、重要なことであった(56)。日本語を話すことは、沖縄移民にとってダバオで適応するための意図的な選択（つまり必要的同化）であり、それを家庭教育のなかでも実行し、子どもに教えたのである。

移民家庭における子どもの教育環境の変化について、日系アメリカ人の場合、「子どもたちは、…成長するにしたがって生活の場を家庭、そして地域社会へと広げ、様々な現地文化に触れるようになる」といわれている(57)。

フィリピン・ダバオでの子どもたちはどうだったであろうか。長女・裕子は、現地人との交わりについて、こう証言する。

「現地人の家族が一緒に住んでいた。現地人の子どもとも遊んだ。（そのときは）向こうの言葉を使って。特別に何かを作ったときは、現地の人にもおすそ分けをしたり、コーヒーをよく飲んだ」(58)

「日記」のなかには、たくさんの現地フィリピン人や「土人」（原住民）が登場する。子どもたちはそうした人たちの一部と遊んだり、家庭のなかで交わりがあったようだ。しかし、それはほとんど父親（喜太郎）の麻山での範囲内のことである。1932年のダバオ生まれ、カリナン日本人小学校に5年生まで在籍した仲間明正は、「（麻山の）現地人とは家族ぐるみでつきあった。でも、カリナンにフィリピン人の学校が一校あったが、日本人で行く人はいなかった。日本人は一等国民という意識があった。（日本人）学校でそう教えられた」(59) と証言する。

このようにみると、日本人学校に通うダバオの子どもたちは、自宅では現地人と交流する機会があり、後述するように日本人学校には混血児がおり、現地

人と直接触れ合う場面はあった。その接触場面は概して良好な関係が多かったようだ。しかし、自らの生活世界を家庭から現地の地域社会へと、積極的に広げる契機は環境的にはなかったのである。そこにはまた、一等国民意識によって現地文化を見下す意識も潜在していたように思う。家庭での沖縄文化の伝達は、移民二世にも「沖縄人としてのアイデンティティ」形成に大きな影響を与えたといえよう。しかし、それが現地人との接触によって揺らぐことはなかった。子どもたちは現地人と接触があっても、そこから現地社会の文化を吸収しそれに馴染んでいくということはなかったからである。

第5節　異民族との接触

仲間喜太郎は1937年現在、カサドサントス、マルノリヒニュ、マンガポルの3人の地主から土地を借りて、麻栽培事業に従事していた。その際、麻栽培に必要な農業労働者としてキリスト教徒フィリピン人や原住民を契約により常に雇い入れており、したがって喜太郎の麻山には絶えず数人の現地人が入れ替わり立ち代わり出入りしていた。

こうした状況のなか、異民族との接触・交流には2つのパターンが読み取れる。1つは地主との交わりである。地主らとの交流は金銭的な関係が多かった。麻山の売買契約などの話もあったが、よく出てくるのは金銭や米などを地主が借りに来る場面である。しかし喜太郎はときおり、地主家族に御馳走をふるまったりしている。もう1つは農業労働者として雇った現地人との交わりである。「日記」中この部分の記述がいちばん多く、現地人の仕事ぶりから賃金の中身、トラブル発生の様子など主に麻栽培労働との関連から描かれている。トラブルとはたとえば、次のようなものである。

- 「朝間、土人の仕事を見たるに約束違反のカドあり。麻は花切りにする事。ソンキは枯葉を奇麗に採る事なるに麻は若い物も構わずに断切る。株除草もせないので約束通りにする様に言うたら、其れでは仕事を止めるとの事で別紙の通り勘定を済ませて、一応請負契約を解消す」（7月27日）
- 「晩七時過ぎマルセロ来り。苦情を申し立てて来た。…全く狂乱の如くお

こり出して私に喰ってかかったので，私は慎重の態度を持しておこらず」
（8月8日）

しかし，労働者不足は深刻なようで，喜太郎はたびたび雇用する麻労働者をダバオやトリルの町で探している。ときには現労働者が連れてきた仲間の者をその場で雇ったりしている。彼らとの交流は前節の長女・裕子の証言にもあるように，一部の人は敷地内に一緒に住んでおり，家族ぐるみで交わりをもつ人もいた。

また，直接的な接触ではないが，喜太郎の友人が原住民らしき娘と結婚するとの相談を受けた部分がある。「日記」には地主や使用者のキリスト教徒フィリピン人については一人ひとり氏名で表記されているが，原住民に対しては「土人」という言葉で括っている場合が多い。ここには喜太郎の異民族に対するとらえ方が現われていると思われるが，原住民らしき娘と結婚するという相談を受けたときの反応は，一人の沖縄移民の原住民との結婚観を知るうえで重要な箇所であると思われる。少し長いがその部分を引用する。

「九時頃，当真氏来たが，ビノの長女と結婚するように相談□り来る。二十八日に形式を以って結婚式を行う積りだが入費がないので困って居る。何んとか都合出来んかと来たので…（中略）さすがの当真氏も其様なすがたになったを思えば□しい思いがするけど，氏のやりやりで宜い事もあろうが，一人息子として且つ，老母，一子ある身なれば其れ等が気の毒でならない。しかし，早速，事は定められた以上，我等とて言ふ術もなく，氏のやる様に任せる外，道はあるまい」（5月25日）

引用中の喜太郎の感想「□しい思い」とは，はっきり読み取れないが，文脈からいって否定的な思いであることは確かであろう。また，境遇上そうした結婚をすることを「気の毒でならない」ともいっている。これ以後，この結婚に関する記述はなく，結婚式への参加や祝いについての記述もみられない。現地の女性と結婚した日本人は，一般に他の日本人から見下されていた，といわれているが[60]，沖縄移民同士でも原住民（あるいは現地人）との結婚に関しては傍観的な態度を取っていたのかもしれない[61]。

現地人との接触・交流関係については，さまざまな個別体験があり，移民体験者がそれぞれの立場から証言を残している。そこからはさらに具体的な事例を得ることができる。以下では，そうした体験内容を描出してみる。

まず現地人との人間関係や印象としては，現地人とも仲良くやっていた，現地人はみな明るくまじめな人だった，家族の一員だった，というような良好な部分を述べる証言がある。さらにはもっと深いつきあいもみられた。「現地人と休日のときはよくいっしょに近くの街へ買物へ出かけた」[62]，「現地人の金持ちの結婚式に招待された」[63]，「現地人と親しくなり，子どもの出産祝いなどでよく招待も受けた」[64]，「使用人であったフィリピン人は大変好意的で，逃げる時も荷造りの手伝いをしてくれた」[65]，「収容所に，ダグナナン耕地で一緒だったフィリピン人が私を訪ねて来てくれて，感激の面会をした」[66] などといったことも実際にあったようだ。そうしたなか，現地人とのつきあいのなかで言葉の大切さを知り，いち早くタガログ語やビザヤ語，スペイン語などを身につけた，と証言する人も少数ながらいた。

いっぽう，現地人の習慣や労働に対する性向を指摘する者もいた。現地人はバクチ，闘鶏が好きでわれわれに借金や金をよくせびる，飲むと暴れるので仕事上しか付き合わない，怠け者で点検が必要だった，監督がいないとよくさぼる，豚をぬすまれた，などという証言である。こうしたフィリピン人との関係でいちばん決定的なものは，開戦時の雇い主への態度であったろう。「今まで使っていた現地人たちが，鉄砲を向けて私たちを追い出しにかかってきた」[67]，「二ヶ月ぶりに自分の家に戻ってみると，倉庫一杯に積んでおいた麻も，麻挽き機械も家財道具もすべて無くなっていた」[68] などといった証言がある。今までのフィリピン人との関係がどのようなものであったかを物語るものであったといえよう。

このような沖縄移民と現地人との関係について，「もっとも親密に暮らす傾向だったのは沖縄の人であった」[69] との指摘があるが，個々をみれば必ずしもそうではない場合もあったといえよう。しかし，「現地人はヤマトンチュよりウチナンチュに親近感を持っていた」[70]，「現地人は近くの島じまから出稼

ぎに来ていて，彼らは沖縄の人びとを信頼していた」(71) という証言にみられるように，全体として，沖縄移民は本土の日本人よりは現地人と友好的な関係が築けていた，ということができるのではないか。「日記」を書いた仲間喜太郎の場合も，現地人との関係はトラブルもあったが，全体をとおしてみれば良好的なものであったといえる。

しかしながら，これら「日記」や証言から得られたフィリピン人と沖縄人との関係は，すべて雇用-被雇用の上下関係のなかでの交流であったという点は，忘れてはならないのではないか。沖縄人にとっても，対等に現地人と人間関係を結ぶという機会を得ることは，戦前のダバオ日本人社会ではむずかしかったといえるのではなかろうか。

おわりに

以上，「仲間喜太郎日記」をもとにフィリピン・ダバオの沖縄移民の生活実態について分析を試みた。最後に，「沖縄人としてのアイデンティティ」と「日本人意識」の観点から，「日記」の内容について考察を加えたい。

「日記」全体からフィリピン・ダバオの沖縄移民の間には，同字出身者を中心とした「家族・親族」的ネットワークともいうべき強固なつながりが存在しており，1つの郷友会的社会が形成されていたことが読み取れる。この郷友会的社会のなかで，沖縄移民らは互いに「沖縄人としてのアイデンティティ」を再確認し，自然とそれを維持していったとみなせよう。そこには沖縄移民に対する差別に「対抗」するという側面もあったと思われる。

いっぽう，「日本人意識」についてはどうだろうか。「日記」にはその点を確認できる記述はそう多くはみあたらない。たとえば，天皇家について「今晩の夢見，皇太后陛下と皇后陛下の御出で出迎えをなす。御迎の御祝いするの喜ばしき夢を見た。吉日に叶い実に不思議な夢です」（7月5日）などといった部分があげられる。また，「国防献金」をなんの抵抗もなく支払っているときや，天長節や明治節に行われる日本人学校の運動会に家族揃って参加しているときなどに，「日本人である」という意識を自然と確認したであろうと思われる。

こうした点から，沖縄的な文化を郷友会的社会のなかで互いに確認し，継承しつつ，「日本人意識」もごく自然と保持していたものと解釈できる。したがって，「日記」のなかには「沖縄人としてのアイデンティティ」と「日本人意識」について，葛藤する場面や矛盾を感じたりする場面は出てこない。この時期のダバオの沖縄移民の意識としては，「沖縄人としてのアイデンティティ」と「日本人意識」は対立することなく，ごく調和的に並存していたものと考えられる。それはなぜだろうか。

　その理由として次の3点が考えられるのではないか。第1点として，この時期沖縄移民数はダバオの日本人社会のなかで，ほぼ半数近くを占めるようになってきており，数字的にはマジョリティとしての存在になってきていたということがあげられる。1936年の統計をみると，ダバオ日本人人口は1万4029人，そのうち沖縄人人口は6738人となっている［表・序-9］。つまり，沖縄移民の動向は，ダバオ移民社会全体に少なからず影響を与えるようになり，その存在は無視できない状態になっていた。第2点は，「日記」をみてもわかるように，沖縄移民同士の郷友会的社会のネットワークが非常に強いものになっており，沖縄移民相互の生活を支えていたということがあげられる。つまり，精神的にも経済的にも支援の体制が整えられていたといえる。そして，第3点は，とくに経済的な面として，この時期麻の相場が急落したとはいえ，「自営者」の生活はかなり豊かで安定したものになってきているということがあげられよう。

　このように生活上の状況からして，ごく自然に「日本人意識」と「沖縄人としてのアイデンティティ」を使い分け，両者のバランスを取りながら保持されていたものといえる。したがって，「日記」のなかではたしかに表面的には葛藤はみられない。しかし，さらに一歩深く意識状況を掘り下げてみるとき，「沖縄人としてのアイデンティティ」を意識した行動を見いだすことができるように思う。たとえば，移民体験者の証言のなかで言葉について，麻山で仕事をするとき沖縄人同士は方言で話していたが，周囲に日本人がいるときは家に入り「たいてい戸を閉め切って部屋の中で話す」[72]，というような行動がみられた。また，そのような意識は移民二世にも伝わっており，次のような証言も

ある。「私は身近な学校の先生にしても、社会の指導者層にしても、そのほとんどが他府県人であるのをいつの間にか意識するようになった。また現地人の子供たちからも口喧嘩する時に、オートロ・ハポン（特種な日本人）と言われたりしてくやしかったと同時に、やっぱり沖縄県人は多少劣るのかも、とさえ思うようになった」(73)。

こうした行動や意識は、自らのアイデンティティに対する葛藤やきしみといった強い自己意識の表明ではないが、「沖縄人としてのアイデンティティ」を守り差別に「対抗」しようとした、屈折した表現であるととらえることができよう。このように差別のなかでも沖縄移民は、「必要的同化」により「日本人意識」をもち、かつ郷友会的社会のなかで「沖縄人としてのアイデンティティ」を確認しながら、場に応じて意識的にそれらを選択しつつ、ダバオでの生活に適応していったものと考えられる。またそのことは、現地人との交わりにも影響を与え、かなりの人が友好的かつ安定的な関係を築くことができた。しかし、こうした生活はそう長くは続かず、やがてアジア・太平洋戦争の勃発によって、両者のバランスは崩れ、軍政期に入ると、沖縄移民の意識も生活自体にも大きな変化がでてくるのである。

注
(1) 宜野座村誌編集委員会『宜野座村誌』第2巻資料編Ⅰ（移民・開墾・戦争体験）、1987年
(2) 石川友紀「沖縄県からの東南アジアへの移民の歴史」比嘉良充・島袋邦編『地域からの国際交流 アジア太平洋時代と沖縄』啓文出版、1986年。同「移民と国際交流－東南アジアへの沖縄県出身移民を例として－」『新沖縄文学』72号、1987年6月。同「第二次世界大戦前における沖縄県からフィリピン群島への移民の歴史と実態」『神・村・人－琉球弧論叢－』第一書房、1991年
(3) Kaneshiro, Edith Mitsuko, 'Our home will be the five continents' : Okinawan migration to Hawaii, California, and the Philippines, 1899−1941, Ph. D. diss., University of California, Berkeley, 1999.
(4) 金武町史編纂委員会『金武町史』第1巻（移民・証言編）、1996年
(5) 北中城村史編集委員会『北中城村史』第3巻（移民・本編）、2001年

(6) 具志川市史編さん委員会『具志川市史』第4巻（移民出稼ぎ証言編），2002年
(7) 仲間裕子さんへの聴き取り調査（2003年10月24日）
(8) 1920年代，金武村にフィリッピンへの移民熱が醸成されていった様子については，第4章に述べたとおりである。
(9) 津波古勘栄さんの証言（前掲書『宜野座村誌』p.81）
(10) 1928年8月「比律賓ダバオ渡航案内」（外務省通商局）よれば，渡航費用は「一，旅券印刷代金　五円　二，米国領事査証料十弗（約二十二円）　三，入国税八弗（約十八円）　四，船賃　横浜から六十七円，神戸から六十五円，長崎から六十一円　五，見せ金六十七比（約七十円）　六，乗船手荷物運搬費七十銭　七，乗船地滞在費約拾円五拾銭（一日一円五拾銭七日間見積）　八，会社手数料三十五円（十二歳以上）（申込の際五円）　計金約二百二十八円二十銭　※以上のほか内地の小使支度料等約五十円かかるとしてダバオ直航の場合約二百七十八円二十銭要す」とある（外務省外交史料館＜移民情報雑纂　比島ノ部＞）。
(11) 漢那区誌編集委員会『漢那誌』1984年，p.303
(12) 津波古勘栄さんの証言（前掲書『宜野座村誌』p.81）
(13) 呉屋久治さんの証言（前掲書『北中城村史』p.487）
(14) 宜野座村誌編集委員会『宜野座村誌』別巻－村民アルバム，1992年，p.207
(15) この制度は，パキアオ・システムと呼ばれ，1906年に太田恭三郎によって創案された。「この制度は，初期において，会社，自営者双方に恩恵をもたらした。当時，会社は，資金繰りに苦慮しており，土地を獲得したものの開墾をするだけの余裕はなかった。一方，農民は，独力で土地を獲得するだけの外交能力もなければ，資本もなかったため，この制度の助けを借りなければ，アバカ栽培を始めることは出来なかった」（早瀬晋三「ダバオ・フロンティアにおけるバゴボ族の社会変容」『アジア・アフリカ言語文化研究』No.31，1986年，p.111）といわれている。
(16) 通商局第三課「極秘　ダバオニ於ケル排日問題」外務省外交史料館＜各国ニ於ケル排日関係雑件　比島ノ部＞，1931年7月，pp.20-21。具志川市史編さん委員会『具志川市史』第4巻（移民出稼ぎ論考編），2002年，pp.792-793
(17) 同上
(18) 前掲(16)資料，「極秘　ダバオニ於ケル排日問題」
(19) Shinzo Hayase, *Tribes, settlers, and administrators on a frontier : Economic development and social change in Davao, southeastern Mindanao, the Philippines, 1899−1941*, Ph.D.diss., Murdoch University, 1984, p.187.
(20) 「「ダヴァオ」ニ於ケル蛮人耕地入植邦人状況（高田書記生視察報告）」外務省外交史料館＜本邦移民関係雑件　比島ノ部＞ 1932年，p.18

(21) 蒲原廣二『ダバオ邦人開拓史』日比新聞社，1938年，p.491
(22) 同上書，pp.468-478
(23) 同上書，p.477
(24) 同上書，pp.485-486
(25) 新垣善永さんの証言（前掲（5）『北中城村史』p.470）
(26) いっぽうダバオに来たフィリピン労働者は，ハゴタン発明後，賃金が低くなり，頼れる同郷者や親戚もなく，「自営者」になることは多くの日本人よりはるかにむずかしいことだった（前掲(19)Hayase (1984), p.188）。
(27) 古川義三『ダバオ開拓記』（非売品），1956年，pp.417-418
(28) 津波古勘栄さんの証言（前掲（1）『宜野座村誌』（移民・開墾・戦争体験），p.83）
(29) 伊芸正勇さんへの聴き取り調査（2003年10月26日）
(30) 又吉マツさんの証言（前掲（6）『具志川市史』（移民出稼ぎ証言編），p.838）
(31) 1938年には麻相場がさらに暴落することになる。その引き金となったのは，日華事変後の1937年9月に成立した輸出入品等臨時措置法による貿易の統制によるものであった。この為替管理によるマニラ麻輸入制限が，ダバオの麻栽培事業者を直撃した。そのため，1938年4月には「ダバオ麻輸入に関する陳情書」を国に提出し，日本向け輸出の増額を嘆願している。中国大陸での戦争の影響が，ダバオの麻栽培事業者を巻き込んでいったといえる（前掲（6）『具志川市史』pp.516-517）。
(32) 前掲（4）『金武町史』第1巻（移民・本編），p.320
(33) 宜野座マサさんの証言（前掲（4）『金武町史』（移民・証言編），p.125）
(34) Cody, Cecil E., *The Japanese Way of Life In Prewar Davao*, Philippine studies, 7(2), 1959, p.174.
(35) 下嶋哲朗『豚と沖縄独立』未来社，1997年，p.48
(36) 前掲（4）『金武町史』（移民・証言編），1996年，p.179
(37) 宜野座マサさんの証言（前掲（4）『金武町史』（移民・証言編），p.126）
(38) 奥間利三郎さんの証言（同上書，p.160）
(39) 小橋川浩さんの証言（同上書，p.201）
(40) 喜屋武松さんの証言（前掲（5）『北中城村史』p.480）
(41) 比嘉静子さんの証言（前掲（6）『具志川市史』（移民出稼ぎ証言編），p.843）
(42) 島袋林喜さんの証言（同上書，p.835）
(43) 比嘉静子さんの証言（同上書，p.843）
(44) 比嘉吉繁さんの証言（前掲（5）『北中城村史』p.461）
(45) 稼いだお金を沖縄へ送金するのは，大変だった。普通の方法としては，「耕地には銀行や郵便局がないのでわざわざダバオまで泊りがけで出かけ，旅館の主人に頼んで銀行ま

で一緒に行ってもらわなければならなかった」(比嘉吉繁さんの証言：同上書，p.461) という。
(46) 前掲(21)『ダバオ邦人開拓史』p.495
(47) 吉川博也『那覇の空間構造』沖縄タイムス社，1989年，p.111
(48) 北川泰三「沖縄県の同郷者集団－横浜市鶴見区の調査から－」南島史学会『南島史学』第34号，1989年，p.30
(49) 佐藤嘉一「移住（海外・本土）と社会的ネットワーク－郷友会組織と呼寄－」『立命館大学人文科学研究所紀要』(移住と社会的ネットワーク－沖縄県今帰仁村を事例にして－) №68，立命館大学人文科学研究所，1997年，pp.110-111
(50) 前掲(1)『宜野座村誌』別巻－村民アルバム，p.80（章末の写真参照）
(51) 『比律賓情報』(㈶比律賓協会発行　早瀬晋三編『20世紀日本のアジア関係重要研究資料②　復刻版　定期刊行資料　第1期　比律賓情報』龍渓書舎，2003年)，第7号，1937年9月15日，p.38より引用。なお第二回国防献金についても「マニラ及ダバオ在留邦人第二回献金」の記事が見られる（第11号，1938年1月15日）。
(52) 同上書，29号（1939年10月30日）には、「昨年九月第一回国防献金を行つてから引続き献金運動に邁進してゐるダバオ婦人会では，本年八月迄に既に十二回に亘る献金を行つたが、其の総額は一千三百比に達した」との記事がある（「ダバオ婦人会献金一千三百比に達す」，p.153）。
(53) 仲間裕子さんへの聴き取り調査（2003年10月24日）
(54) 同上
(55) 仲本スミさんへの聴き取り調査（2003年10月25日）
(56) 前掲(3) Kaneshiro (1999), pp.204-211.
(57) 塚本美恵子「日系アメリカ人の家庭教育」小島勝編著『在外子弟教育の研究』玉川大学出版部，2003年，p.73
(58) 仲間裕子さんへの聴き取り調査（2003年10月24日）
(59) 仲間明正さんへの聴き取り調査（2003年10月23日）。しかし，次のような指摘もある。すなわち，「つひ二三年前まで日本人は殆んど全部邦人小学校へ通学し比律賓の学校に通学するものはホンノ数名に過ぎなかつたが、最近になつて著しくヒリツピン小学校へ通学するもの増加し，ダバオのセントラルスクール（比人小学校）丈でも二十名からの日本人が通学して居り，ダバオ・ハイスクール（中学校）にも現在二名通つてゐる」（『移民地事情』第46号，海外興業株式会社，1930年10月1日発行，p.301）。
(60) 前掲(19) Hayase (1984), p.224.
(61) 100人の移民体験者の証言のなかで，現地人との通婚について少しでもふれた者は2人だけだった。いずれもわずかな言及にとどまっていた。

第7章　沖縄移民の生活実態と郷友社会による「沖縄人としてのアイデンティティ」形成　267

(62)　安富 功さんの証言（前掲（4）『金武町史』（移民・証言編），p.115）
(63)　仲間エミさんの証言（同上書，p.131）
(64)　当山鎌正さんの証言（同上書，p.250）
(65)　村吉清子さんの証言（前掲（1）『宜野座村誌』（移民・開墾・戦争体験），p.118）
(66)　比嘉常正さんの証言（前掲（5）『北中城村史』p.458）
(67)　安次富タツさんの証言（前掲（4）『金武町史』（移民・証言編），p.241）
(68)　与儀実清さんの証言（前掲（1）『宜野座村誌』（移民・開墾・戦争体験），p.114）。
(69)　前掲(34) Cody (1959), p.184.
(70)　安富 濱さんの証言（前掲（4）『金武町史』（移民・証言編），p.156）
(71)　小橋川作吉さんの証言（同上書，p.248）
(72)　玉城峯子さんの証言（前掲（5）『北中城村史』p.510）
(73)　安次富時太郎さんの証言（前掲（4）『金武町史』（移民・証言編），p.270）

268　第二部　フィリピンにおける沖縄移民の自己意識の形成

写真・7－1　仲間喜太郎
出所）宜野座村誌編集委員会『宜野座村誌』
　　別冊（村民アルバム），1992年，p.207

写真・7－2　在ダバオ漢那字会創立10周年記念（1937年）
出所）同上，p.80

写真・7－3　在ダバオ金武村人会（1935年頃）
出所）同上，p.81

第 7 章　沖縄移民の生活実態と郷友社会による「沖縄人としてのアイデンティティ」形成　269

写真・7－4　ダバオでの麻山開墾　栽培・収穫・出荷まで
出所）『北中城村史』第三巻移民・本編、pp.472-473

① 木切り　大木は高所に足場（柵木）を組み切り倒す

② 開墾焼き　切り倒した大木を乾燥させ焼く

③ 植付け　麻の種株を"九尺離れ"で植え付け、その 3 か月後の状態

④ 5～6 か月後の麻　この頃は除草で忙しい

⑤ トンバ　麻は 2 か年近くで生育し、その麻を切り倒す作業をいう

⑥ タクシ　麻の皮剥ぎ作業のこと。剥いだ皮は牛車などで麻挽き小屋に運ぶ

⑦麻挽　麻挽き小屋（＝マキナ小屋）の動力ハゴタン（＝麻挽機）で麻を挽く

⑧乾燥　挽いた麻を天日に4〜5時間干す

⑨ボルト　乾燥させた麻を1ピクル（約63kg）ずつ束ね置き買受人を待つ

⑩プレス　プレス機で2ピクルス分を圧縮しボルト（麻俵）にする

⑪収積　圧縮梱包されたボルトを収積し船積みを待つ

⑫船積み　輸出先はアメリカ合衆国，イギリス，日本が主であった

第7章　沖縄移民の生活実態と郷友社会による「沖縄人としてのアイデンティティ」形成

表・7－3　金武村からフィリピンへの年次別字別海外旅券下付数

（単位：人）

年／字	明治36	37	38	39	40	41	42	43	44	45	大正2	3	4	5	6	7	8	9	10	11	12	13	14	15	昭和2	3	4	5	6	7	8	9	10	11	12	13	14	15	16	合計
金武	166										5	24	7	16	7	9	16	20	7	8	16	50	91	99	46	34	76	48	8	16	35	42	49	67	92	50	27	18	16	1,181
伊芸																2				1	1	4	7	1	2	1	5	2			1		1	4	3			1		36
屋嘉																									1	1	3													5
漢那	10													4	5	21	1	1	1	2		6	6	15	8	8	6	13			2	2	15	8	12	6		1		155
惣慶																2					3	1	9	6	11	1	2	13		1	1	1	5	6	2	3	2	1		62
宜野座	9											2				2	3	1					3	6	3	6	7	3	3		1	2	6	7	4	2	3			71
古知屋																	9			1				5	3	8	8	3			2	4	4	3	3				53
年計	185	－	－	－	－	－	－	－	－	－	9	24	9	16	7	14	43	33	9	8	18	57	61	116	127	76	54	107	87	11	17	39	49	80	96	116	64	29	19	17	1,597

出所：宜野座村誌編集委員会『宜野座村誌』第1巻通史編別冊、金武村人「海外旅券下付表（外務省）」名簿、1991年、p.12より

第 8 章
フィリピン・ダバオの日本人学校における沖縄移民二世の自己意識

はじめに

　本章では，フィリピン・ダバオの日本人学校について，日本人学校の設立状況や教員募集，現地での教育活動の様子，さらに軍政下での日本人学校の教育内容などの教育事情を明らかにしつつ，そこでの教育が沖縄移民二世の自己意識の形成にどのような影響を与えたのか。それらの点について考察を試みることを目的とする。

　ダバオ地域での日本人学校の特徴として，小島勝は，著書『日本人学校の研究』のなかで，16点をあげて解説している。これらは個々に独立した特徴というよりも，互いに関連しながら，ダバオでの日本人学校の特徴を表わしているといえるが，そのなかで沖縄移民に関する指摘は次の3点である。

　「(4)　麻栽培の肉体労働は，沖縄県や福島県，熊本・福岡・長崎の九州の県，それに長野県という経済的に貧困な県民のよく耐えうるところであり，各県人会のつながりが強かったが，とりわけ沖縄県人会は全体の七〜八割も占めていたこと

　(5)　沖縄県人は，この日本人社会では主流の勢力をもちえず，学校においても生徒は日本語のたどたどしさも手伝って，劣位の地位に甘んじなければならなかったこと

　(6)　沖縄県人は，他の邦人に比しても経済的に貧しかったが，これが生活ぶりにも反映し，バゴボ族やビサイヤ族等の現住民から「オートロ・ハポン」(特種日本人)と蔑称され，日本人社会にもこの傾向がみられたこと」[1]

また，Kaneshiro, Edith Mitsuko はダバオの日本人学校の役割について，「日本とのイデオロギー的な結びつきを維持し，育成する際のひとつの手段となった」といい，日本軍のフィリピン占領後，沖縄移民は天皇への忠誠と軍への協力をはっきりと表わした，と述べている(2)。

　これらの指摘は，たしかに沖縄移民の子どもや日本人学校についての「特徴」を言い表してはいるが，ある時期の一側面的な「特徴」を取り上げて述べているともいえる。つまり，第6章でも述べたように，ダバオ日本人社会は時代により政治・経済的にも社会的にも大きく変化しており，そうした影響を受けて，沖縄移民の生活実態や自己意識は変化している。日本人学校についてもダバオ日本人社会の変容のもとで，その影響，変化がみられる。したがって，ダバオ日本人社会の時代的な変容を背景として把握しつつ，日本人学校の性格や動向をとらえる必要があるのではないか。

　このような点に着目して，本章では特に軍政期以前と以後という政治的変化が，教育へも大きく影響したと考えられ，これら両時期の日本人学校における教育内容の変化をとらえつつ，沖縄移民二世の自己意識の形成過程や行動について考察を進めたいと思う。その際，第7章で述べたごとく，学校外の家庭教育の影響にも考慮する必要があろう。

第1節　ダバオの日本人学校の概要と教員募集の方法
　　　　－とくに長野県出身者の例を中心に

(1) ダバオの日本人学校の概要と長野県の海外発展教育

　まず，フィリピン・ダバオにおける日本人学校の全体状況からみていきたい。

　海外における日本人学校は法的には「外国人学校」であり，当地国の政府からなんらかの拘束をうけると思われるが，フィリピンの場合，「比律賓政府の日本人学校に対する態度は，大体に於いて自由且放任」(3)といわれていた。しかし，フィリピン政府に学校の登録をしなければならず，フィリピンの祝祭日には休校にし，アメリカ合衆国の植民地であったため，日本の祝祭日や運動会などには日章旗とともに星条旗とフィリピンの国旗を同じ高さに掲揚しなけ

ればならなかった。また、カリキュラムのなかには「英語」が課せられフィリピン人やアメリカ人の教員によって教えられた[4]。

フィリピンにおける日本人小学校の経営主体はいずれも日本人会である。ダバオ日本人会はさらに各小学校を中心とする支部に分立し、学校は各支部の経営となっている。ダバオにおける日本人小学校は、第二次世界大戦終戦までに計13校が設立された［表・8－1］。1939年6月1日現在、児童数は男子1009名、女子890名、合計1899名（このなかには208名の混血児が含まれている）、また、教員数78名（内、外国人教員12名）となっていた[5]。

海外の日本人学校は「在外指定学校」という学校制度（1905～1946年）の適用を受けることができた。これは、「『在外国本邦人ノ為ニ設置シタル学校』で、『政府ノ指定』を受けると、その学校の職員は、国内の公立学校の職員と同様に『退隠料及遺族扶助料』－1923年（大正12）以後は『恩給』として一本化－を受けられるという制度であった」[6]。この指定を受けると良質の教員が確保でき、外務省からの補助金も得られるという利点があり、日本人学校経営主体はこぞってこの認可を申請したという[7]。最終的に、フィリピン・ダバオでの日本人小学校11校がこの指定を受けた。

このような状況下において、海外の日本人学校で働く教員をどのように募集したのか。

先にあげた1939年6月1日現在の統計によると、フィリピン・ダバオの日本人小学校で働く日本人教員は66名いた。それらの教員の出身校を『比律賓年鑑』（昭和15年度版）で確認することができる。出身校による道府県別の内訳は次のようである［表・8－2］。

これをみると、大体ほぼ全国から教員が集められていることがわかる。上位の県の多くは、いわゆる西日本を中心とした「移民県」と呼ばれている移民送出者が多い県であるといえよう。そのなかで長野県の学校出身者が多いのが目につく。66名中12名、約19％が長野県の学校出身者の教員で占められていた。ここにはなんらかの特別な事情があったものと考えられる。

第8章 フィリピン・ダバオの日本人学校における沖縄移民二世の自己意識 275

表・8－1 ダバオ地域における日本人学校

名 称 （日本人尋常 小学校）	設立 年月日	在外指定 許可年月日	生徒数（人）			教員数 （人）
			男	女	計	
在外指定 ダバオ	1924. 1. 26	1926. 2. 26	154	121	275	10(1)
在外指定 ミンタル	1924. 4. 21	1927. 10. 21	158	138	296	9(2)
在外指定 ラサン	1933. 1. 26	1936. 6. 19	49	47	96	4(1)
在外指定 マナンブラン	1933. 2. 1	1936. 6. 19	63	68	131	5(1)
バンカス	1933. 4. 2 1939年末廃校	──	23	13	36	3(1)
在外指定 トンカラン	1933. 3. 13	1940. 5. 18	59	39	98	3(1)
在外指定 ディゴス	1934. 2. 5	1937. 12. 1	50	54	104	4(1)
在外指定 バヤバス	1935. 3. 15	1937. 12. 1	64	59	123	6(1)
在外指定 カリナン	1935. 2. 11	1936. 6. 19	184	166	350	9(1)
在外指定 カテガン	1936. 1. 15	1940. 5. 18	127	101	228	6(1)
在外指定 ダリアオン	1936. 6. 1	1937. 12. 1	127	101	228	6(1)
東ラサン	1937. 1. 1 ラサン校と合併 （1939年頃）	──	<24>	<22>	<46>	<2(0)>
在外指定 ワガン	1937. 8	1940. 5. 18	36	50	86	3(1)
合　計			1,009	890	1,899	66(12)

注） 生徒数，教員数は，1939年6月1日現在（東ラサン校は，1937年現在。合計数には含めていない）。
　　（　）は外国人教員内数。
出所）小島勝『日本人学校の研究』p.185。米田正武「在比島邦人子弟の学校教育に関する調査」『拓殖奨励
　　館季報』第一巻，pp.166-167。渡部宗助編『在外指定学校一覧』pp.43-44より作成

表・8-2　ダバオの日本人学校の教員出身校の道府県別内訳（1939年）

(単位：人)

長野県	12	和歌山県	4	鹿児島県	2	山口県	1	新潟県	1	京都府	1
沖縄県	9	長崎県	3	宮崎県	1	鳥取県	1	富山県	1	大阪府	1
熊本県	8	東京府	3	佐賀県	1	静岡県	1	石川県	1	ハワイ	1
広島県	5	福島県	2	福岡県	1	宮城県	1	埼玉県	1	不明	4
合計					66人						

出所）大谷純一編『比律賓年鑑』（昭和15年度版）pp.538-541より作成

　そもそも、「移民国、植民地・占領地などの『外地』への教員派遣は、1870年代（明治10年代）から当該地より本国へ寄せられた切実な要望の一つであった」[8]といわれている。初期の頃はまったく私的な関係で、国内の教員が退職して海外へ渡っていったが、そののち、「休職」という道が開かれたのが、1902年10月以降であり、さらに「出向」に近い形態の派遣を制度化したのが、上述した在外指定学校であった[9]。第一次世界大戦を境にして、教員の海外への関心も高まり、海外日本人（語）学校への就職希望が現われるようになると、広報媒体を使って人材を広く募る教員招聘の方式が採られるようになった。それが1926年以後には、教員招聘・募集に『官報』広告欄を使用することも始められた[10]。

　しかし、満洲事変以後、移住者が急増しそれに伴い募集教員数も増え、海外への教員派遣の要請・実施が個別学校単位の対応ではむずかしくなってきた。そのため、従来もあったルート〔在外日本人会－在外公館－外務省－文部省－府県知事－学校長〕のほか、実質的には個人や民間団体（府県教育会など）ルートが重用されていたという[11]。

　この民間団体のルートとして、長野県信濃海外協会にダバオの日本人小学校の教員推薦を依頼する例が見られる。たとえば1938年1月20日、外務省亜米利加局第一課長が、長野県信濃海外協会・幹事長宛に「『ダヴァオ』日本人学校へ教員推薦方ニ関スル件」について文書を送っている。

　　「本件ニ関シ曩ニ客年十二月二十四日附発第七四号貴信ヲ以テ男女教員各
　　一名御推薦ノ次第有之タル処右ノ中男教員ニ関シテハ目下採用方考慮中ニ
　　有之（以下略）」[12]

第8章　フィリピン・ダバオの日本人学校における沖縄移民二世の自己意識　277

　ダバオの日本人小学校の募集教員数は，朝鮮や満洲のように数百人という大人数ではなく，せいぜい数名の募集人数である。しかも採用された教員の任免年月日をみると，ダバオでの在職期間が短い者が多い。せっかく「出向」扱いで採用されても，すぐに「休職」して帰国してしまうケースが目立つ。したがって，1名ないし数名の欠員補充の教員募集を公式ルートを使って採用するより，信濃海外協会のような団体に依頼したほうが時間的にも手間がかからなかったものと推察できる。

　その後，海外の日本人学校の教員については，朝鮮，台湾，満洲等からの教員の需要が急増し，内地での教員不足が深刻化したため，1938年8月10日，「従来ノ通海外ヘノ出向ヲ無制限ニ認ムルニ於テハ勢代用教員ヲ以テ之ヲ補充セサルヘカラサル事ト成リ各府県教員ノ素質ヲ著シク低下セシムル虞アルニ鑑ミ既ニ海外又ハ外地ヘノ出向ヲ制限セル府県モ尠カラサル有様ナリ」[13]という事態が生じている。そのため「本省（注：外務省）ニ銓衡方を依頼セラルル向ニ在リテハ明年度新規採用見込人数及採用ノ予定条件等本年十月末迄ニ必ス御申越相成様致度」との通知を発している[14]。このように海外の日本人学校の教員確保が年々むずかしくなってくるなか，ダバオの日本人学校については，［外務省－信濃海外協会］あるいは，［外務省－長野県知事－信濃海外協会］のルートでの教員募集の手続きが頻繁に行われていたことが確認できる[15]。

　ではなぜ，外務省は長野県や信濃海外協会へ，ダバオの日本人学校の教員募集を依頼するようになったのか。次にこの点について検討してみたい。

　もともと長野県は移民鼓吹の教育がさかんであった。1902～1908年にかけて，ハワイに渡航した長野県民は264名，アメリカ合衆国への渡航者は772名，カナダへの渡航者が79名いた。そのほか韓国，清，ロシアなどへの移民を合計すると，1223名の海外移住者を数える[16]。その後も長野県から海外移住者が多く出た背景には，信濃教育会や各郡教育会（信濃教育会支部）の果した役割が大きかった[17]。明治期より信濃教育会は，海外発展に関心を示す講演などを行ってきたが，日本が第一次世界大戦に参戦すると，同会は海外発展，つまり長野県人の海外への送り出しに関する取り組みを積極的に推進していく。1914年，

信濃教育会は総会で，海外発展教育を含む5大教育方針を採択し，そのとき海外発展教育委員として，特にその方面に深い関心をもつ何人かが選任された。そのなかの1人に更級郡視学の中村国穂がいた。中村は最も熱心に任務の遂行を考え，「如何にして更級郡に於ける海外発展主義の教育を実施すべきか」という諮問案を各小学校長に与えて，その答申を得るために1915年1月，更級郡小学校長会を郡役所に開催した。永田稠はこの会議に顧問格で出席している。また，同年同月，更級教育会内に移植民研究会も設置され，県並びに信濃教育会が一体となってこの問題を追究するようになった[18]。

校長会では最終的に，「小学校を中心として海外発展思想の涵養に着手すること」という結論に達した。そこで中村は，力行会会長・永田を講師として，約一ヵ月間，更級郡を一巡するという海外発展キャンペーンを企画した[19]。この講演ではいつも幻燈を利用し，そのため岸本与という社会教育幻燈師も参加した。そして，午後あるいは夜には小学校だけでなく，青年会や婦人会など社会教育団体をとおして地域の人たちに対しても講演を行った。この巡回講演は1915年3月の1ヵ月間実施され，大きな成果をあげたといわれている。さらに中村は『植民読本』（信濃教育会更科教育部会）を編集して，小学校高学年，青年会，実業補習学校の教科書として活用し，海外発展思想の普及に努めた[20]。この取り組みはのちに全県運動へと広がり，小学校にとどまらず中学校，女学校，実業学校にまで及び，1915，16年に力行会会長・永田が試みた講演回数は250回，その聴衆は12万人を突破したという[21]。

こうした海外発展運動（つまり移民教育）が受け入れられた背景には，農村の将来的に発展の見込みのない閉塞状況があった。とくに更級郡は人口密度が高いほか，千曲川洪水のために堤防改修工事が行われ，全村移転話もあって移民熱が高まったという[22]。中村国穂はそうした農村の状態と海外移住を結びつけてこう説明する。「農村の救済は今の農民の五割も八割も海外に移住せしむるにある，一割二割の民が残れば十分である，（中略）海外へ盛んに飛び出す気風が起つて来ると悪習慣も自ら改まる，凡てか活発になつて来る，今や農村は全く前途の光明を認めない病院の様なものになつて居る」[23]。

そのため中村はまず、ダバオへ信州青年の視察団の送り出しを構想しており、そのなかでもとくに「教育者の南洋視察団」を成立させたいといっている。「先づ教育者が発展熱を鼓吹して青年の勇者先鋒隊を送り、視察団を作りて之を後援し、男女老幼を送りて家庭を作らしめ教育者が渡りて国民精神を伝へて汎日本主義汎信州主義を宣伝するが面白からうと思う」[24]とその展望を語っている。教育者の海外移住を重視する考えは、中村の次のようなことばによく表れている。すなわち、「青年教育家が自ら範を示すが為に、どしどし南洋、南米、中米、満州等に移植民子として出かけて行く態度は壮観を極むる」[25]と。しかし、こののち1919年以降、長野県全体の移民教育は急速に衰え、移民熱も下がり、海外渡航者数は減少傾向を示すようになる[26]。そうした海外渡航停滞状況を打開する目的で、1922年1月29日、信濃海外協会が設立された[27]。

以上述べてきたように、長野県にはもとから海外へ移民を出そうという風土があり、その風土を教育団体や教育関係者らが醸成し、積極的に支援するといった動きがみられた。とくにそれがさかんだったのは第一次世界大戦が始まった頃であり、それがちょうどダバオでの麻相場の第一次好況期とも重なり、南洋とくにフィリピン・ダバオへ渡る長野県出身者が急増した。1916年11月〜1917年5月までのわずか半年間に渡比した長野県出身者は214名に達した[28]。こうした1910年代半ばからの長野県における教育界の海外渡航奨励の教育が、昭和に入り再興すると、満洲への拓殖教育へと連動していくことになる。このように早い時期からの長野県の移民教育の取り組みと、南洋への教員派遣など海外移住の成果が外務省に実績として評価されたものと考えられる。

(2) 長野県出身教員・内山寛治郎の渡航動機

1910年代半ば、長野県の教員のなかからフィリピン・ダバオに渡り、日本人学校の設立にもっとも典型的に貢献した人物に内山寛治郎をあげることができる。

内山寛治郎は、ミンタル日本人尋常小学校、バンカス日本人尋常小学校、カリナン日本人尋常小学校のそれぞれ3校の初代校長となり、ダバオの日本人学校の草創期の学校設立に尽力した人物である。内山の渡比までの動機を追いつ

つ，上述した中村国穂らの海外発展思想がどのように青年教員に影響を与えたかをみていきたいと思う。

内山は，1890年長野県更級郡牧郷村に生れている。高等科を卒業後，教員になることを勧められ，1905年南佐久教員養成所に入学した。翌年3月，1年間の就学期間を修了し，6月に検定を受けて小学校准教員免許を取得した。翌1907年4月，上伊那郡南向小学校に就職した。さらに翌年，東筑摩坂井村小学校に転任。そのときは月給8円での奉職であった。その後何度か転任をし，月給は11円となり准教員としては最高のほうであったが，師範学校出は女子が14円，男子が18円であった。「先輩が師範学校への進学を勧めてくれたこともあったが，家の事情もあって困難なことであったので断念した」[29]という。ちょうどこのようなとき，郡視学の中村国穂と永田稠が海外渡航奨励の講演のために，幻燈機を携えて郡内県内を巡回していた。内山もこの講演をどこかで聴いたであろう。「資格のない教員に対する格差と差別から逃れ海外渡航を思いたった」[30]と動機について話す。そして，「この人々の海外事情を聞く度に海外に渡航することを決意し，海外事情の研究を始めた。直接海外協会に出向き話しを聞き，また海外に関する雑誌などで調べた結果，今の年齢において転換しなくては良い時期がないと判断して大岡小学校を6ヶ月で退職した」[31]。内山が23歳のときであった。しかし，渡航する手段も渡航先もわからないまま，家族からは反対されるなか，神戸の叔父や東京の恩師などに相談した結果，郷里に帰りもう一度教職に戻ることにした。しかし，海外渡航を断念したわけではなく，再び教壇に立ちながら，焦らず海外渡航の準備をしつつ時期を待つという，慎重な方針をとったのだ。

このように中村らの海外渡航奨励の講演は，とりわけ農家の二，三男や教職でも代用教員や准教員など，向上心はあるが貧しさのなか，将来を閉ざされた人たちに活路を与えるという意味で強い動機づけを形成する要因となった。その際，この動機を現実化するのに必要なのが，渡航のための資金づくりと不安を除去するだけの確かな情報であったろう。中村もこの点について，「資金に不足するものあらばそれこれ育英の目的を以て貸与する機関を町村毎に部落毎

に作り、どしどし送り出してやりたいものである」[32]といい、また、「とにかくフィリピンの様子ダバオの事情南洋全体の生活気候等広く本も雑誌も見話も聞きよく調査した上にて行かるべく…」[33]と、青年たちを海外に送り出すための細かな助言をしている。実際、渡航希望者へのめんどうもみてあげたようで、内山も渡航準備のとき「中村国穂先生に協会で渡航手続きをしてもらいダバオに渡航することに決心した」[34]といっている。そして、1917年3月末「いよいよ出港する日、県から中村国穂先生が見送りにきてくれた。…中村先生から船中や上陸した時の心得など注意された」[35]と、世話になった様子を述べている。

このようにみると、内山の海外渡航を決意した背景には、同郷の中村国穂による海外渡航奨励の思想が強く影響していたものと考えられる。また、内山が渡比した頃は更級郡では少壮教育家が海外発展運動を興し、たとえば小学校の教員がボルネオで椰子栽培の農場経営の事業をおこすなど、南洋での事業経営熱が盛んに起こっていた[36]。内山もそのことにふれ、「当時、英領ボルネオ、オタワに椰子園を、下水内の教員で坂本市の助先生が同郷の青年10名を引き連れて経営していた。大岡から久保田ウネメ先生も椰子園を経営する会社に勤務していた」[37]と記している。

ダバオでの内山の教育活動は、小島勝も書いているように、准教員の資格で、学校創立の縁の下の力持ち的存在に終始したものだった[38]。領事のはからいで「訓導」の資格を得ても、教員生活を長く続けようとはしなかったのは、渡比時の同郷に広がった事業経営への思いが強かったといえるのではないか。つまり、内山寛治郎にみられるように、1910年代半ばに長野県におこった海外発展思想の影響をうけた教員が、少なからずフィリピン・ダバオの日本人学校にも関係し、そうしたかかわりが外務省の教員募集ルートにも影響を与え、1930年代までダバオと長野県とのつながりがみられたということがいえるであろう。

第2節　ダバオの日本人学校の教育活動と沖縄移民二世の自己意識の形成

(1) フィリピンにおける移民二世教育への注目

　フィリピン・ダバオでは移民二世の教育について，どのように考えられていたのか。まず，この点からみていきたい。

　第1節で述べたように，1939年6月1日現在，ダバオの日本人学校の生徒数は1899名であった。その後の生徒数に関して，ダバオ日本人会では調査により1944年までの学齢児童予想数を次のように示している。すなわち1940年・508名，1941年・480名，1942年・512名，1943年・596名，1944年・726名となっており[39]，これによるとダバオの日本人小学校に通う児童は，今後着実に増加すると考えられた。また，生徒の卒業後の状況をみると，1938年度までのダバオ小学校尋常科卒業生は102名，そのなかで帰国したものは36名（そのうち帰国後，上級学校入学者は20名），また在比者66名中，高等科入学者30名，フィリピンの上級学校進学のため比島小学校入学者10名，残りのものは不明（家事手伝いか）となっており[40]，卒業生の3割近くが帰国している。

　このような状況下において，二世教育の重要性がますます指摘されるようになった。たとえば，1938年10月に行われた「ダバオ産業・教育座談会」では，第二世の教育問題として二世の教育方針の確立の必要性や，日本人学校の運営に関して授業料の滞納の問題[41]，あるいは教員の招聘や俸給の問題，また，急務なこととして中学校の設置[42]などが主としてミンタル小学校長や各新聞社社長などから出された[43]。こうした諸点はフィリピンの日本人学校全体に共通する問題でもあり，1935年5月13日にはマニラ総領事により「在比邦人小学校長会議」がマニラ日本人小学校で6日間にわたり開催されている。この会議ではマニラのほかバギオ，イロイロ，セブ，ミンタルの各日本人小学校長が参加して，第二世の教育問題の教育方針について研究討議が行われた。そこでは「一，国民性涵養の方法を如何にすべきや」「二，将来の比島市民としての教育方針を如何にすべきや」「三，日比親善の楔機たらしむ教育方針如何」「四，中等学校設立の要ありや」「五，日本語を解せざる児童の取扱を如何にすべき

や」の5項目の答申事項がまとめられている(44)。

これをみると，教育勅語を中心とした国民精神涵養の教育方針をいかに徹底させるかといった，いわゆる「臣民教育」の浸透を図りつつも，将来比島市民として永住することを前提に考えると日比親善も考慮しなければならず，両者の関係をどうとらえるかが考えられている。答申では，「在外指定学校の本質的使命に立脚し，児童をして他日比島人指導者たらしむの教育的信念を抱懐する」(45)と述べられているように，今後のフィリピンにおける二世教育のめざすべき目標が「比人の指導者たらしむ」と確認された。1930年代後半には，日本のアジア諸国に対する一等国意識や指導者意識が二世教育にも色濃く反映されていたといえる(46)。こうした基本方針は，ダバオの日本人学校にもあてはまるものであろう。このように1930年代，在外子弟教育に対する種々の問題が指摘され，またそれに対する教育方針が議論されつつあったが，実際の教育現場ではどのような教育活動が行われてきたのか。次に，教員らの具体的な実践やその考えについてみていきたいと思う。

(2) 日本人学校の教員らの教育活動

第1節で述べたように内山寛治郎は，長野県の差別ある教員生活に失望し，農場経営者をめざしてダバオにやって来た。そのため，ミンタル小学校の校長を依頼されたとき，「大きな希望を抱いてこの赤道直下まで，自由を求め，職を捨て，親の止めるのも聞かずやってきたので，今更，教員になってくれと云われても，余りにも重大なことで，ためらわずにはいられなかった」(47)と，そのときの心境を語っている。しかし，周囲からの強い懇願により就任を決意すると，「毎日，工事現場に出勤し，父兄の奉仕作業に加わり開校を急いだ」。そして，1924年「ミンタル小学校は3月末までに校舎もほぼ出来上がり，施設もほぼ整い，児童を持つ父兄は寄宿舎に入れず通学させることができる，と云うので喜んでいた。責任を持たされた私は教科書も教材もなく，4月20日には開校，入学式と忙しい日が続いた。生徒数18名，どこからも辞令1枚もらわず私は就任することになった」(48)，というように教育活動に再び邁進していく。

開校当初、教員1名に生徒18名で授業を始めた。18名の生徒の年齢は、学齢前の子から11歳位までと幅広く、生活環境もまったく異なり、話す言葉も各県の方言やダバオ独自の言葉など実にさまざまであった。そのため内山は言葉の指導から取り組んだ。「私は5ヶ年間、麻山経営をしたので現地の言葉を理解することができるようになっていたため指導することに役立った」[49]という利点もあった。内山学級には、当時混血児が男子2名、女子1名いたが、とくに混血児に対する言葉の指導は、どの教員も苦労したという。

混血児の数は、1939年のフィリピンの国勢調査によると、ダバオでは269名のフィリピン人女性が日本人男性と結婚し、754名の混血児をもうけていた（内、267名は日本国籍）[50]。上述の1939年6月1日現在の統計によると、208名の混血児が日本人学校に就学していた。その当時の学校別混血児童就学状況は、表・8－3のとおりである。

このように各学校では混血児が大体1割から2割、多いところで3、4割が在籍しており、フィリピンの日本人学校では混血児の問題は軽視できないものとなっていた。とくに低学年の混血児の指導は困難な面があったが、混血児の素質は意外に良好であり、成績が低学年において著しく悪化しても、上級に進むにつれ次第に補われていき、卒業期にはほとんど差がなくなったともいわれている[51]。

また内山は、ミンタル小学校創立初年度（1924年）の8月、父兄や各耕地の有志参加のもと運動会を開催している。これは学校が主体の行事であったが、児童が少ないため、各耕地の人々の盆休み大慰安会となり、耕地で働いているフィリピン人も含め家族全員で参加した。ちょうど皆が一同に会する絶好の機会となり、大いに盛り上がったという。この会について内山は次のように記している。「フィリピンの学校の職員や児童を招待して参加したことは、日比親善の役にたって各方面から好評だった。僅か半年間の内にこのような盛大な運動会をしたことは以後の運営上大成功であった。…参列者8百名　ローヤン比人小学校職員児童参列」[52]。

このように開校当初の学校運営は、何もないまったくの手探りのなか、すべ

表・8－3　ダバオにおける学校別混血児童就学状況
（1939年6月1日現在）

学 校 名	生徒総数(人)	混血児数(人)	比　率（％）
ダバオ小学校	275	30	10.9
ミンタル小学校	296	18	6.08
カリナン小学校	350	16	4.57
マナンプラン小学校	131	17	12.97
バヤバス小学校	123	11	8.27
ダリアオン小学校	228	14	6.13
トンカラン小学校	98	13	13.13
バンガス小学校	36	8	22.22
カテガン小学校	76	13	17.10
ディゴス小学校	104	42	40.38
ワガン小学校	86	26	30.23
ラサン小学校	96	0	——
合　　計	1,899	208	——

出所）米田正武「在比島邦人子弟の学校教育に関する調査」『拓殖奨励館季報』第一巻，1940年，p.174（一部加筆）より

て一人で行わなければならなかったが，親の協力や地元の人々，それに近隣のフィリピン人小学校との交流も得ながら，まさに手づくりの教育活動をつくり上げていった。こうしてミンタル校一年目は無事終了し，翌1925年度は新入生も30余名となり，英語の先生も赴任した。その後，校舎も増改築され，教育内容も徐々に充実していき，1927年には在外指定ミンタル日本人小学校となった。

ちょうどこの頃のミンタル校での学校生活について，当時生徒だった沖縄移民二世の安次富和雄は次のように証言する。

「フィリピンではあの当時から臨海学校があり，今考えるとだいぶ進んでいたのだろう。どこかの海岸で何日間か泊って，泳ぎを教えられた。」「夜間の課外授業もあり，暗い夜道はコウモリも飛びかい危険だったが，みんなで手をつなぎ「我は海の子」を歌いながら帰宅した。」[53]

ダバオの日本人小学校は，その後も少しずつ整備が進み，児童数，教員数とも増えていき，ダバオ校，ミンタル校のほか日本人小学校は一時13校にまで増加した［表・8－1］。

しかし，カリナン校の教員だった城田吉六は，「各耕地日本人会支部の学校

建設がすすみ教育内容が充実するにつれて日本精神鼓吹の教育に傾斜していったことはいなめない事実であった」[54]，といっている。在外指定学校の機能の1つに，「遠く海外にまで天皇制国家の権力が及ぶことを在留邦人に自覚させる」[55] ということがあった。具体的には日本の国定教科書を使い，「朝会には宮城遥拝・校長訓話・新年祝賀式・紀元節・天長節・明治説の四大節には，国旗掲揚・国家斉唱・御真影への最敬礼，教育勅語奉読が国内同様行なわれた」[56]。

　また，城田によれば，「小学四年生よりは『ホームステッド』といってフィリピンの歴史地理を更に週一時間課するようになった」という[57]。マニラ日本人学校では，フィリピン文部当局の要請により，1940年度から尋常科5年生以上の児童にフィリピンの歴史及び地理を学ばせるため，フィリピンの教科書を翻訳し『比律賓小学歴史』(1940年) と『比律賓小学地理』(1940年) を独自に発行した[58]。ダバオの日本人学校では教材がどのようなものであったのかは，今のところ明らかにできないが，フィリピン文部当局の要請により，やはり現地理解のための授業があったと考えられる。しかし，こうした授業がどれほど効果があったかは疑問である。初期の頃は，内山がしたようにフィリピン人小学校とも交流があったが，臣民教育が進むにつれ，教員自身フィリピン人を見下げる認識をもつようになったからである。たとえば，1939年，ダバオ日本人小学校長・服部龍造は，「従来兎角外人といふと高く雇ふ癖のある邦人であるが，此処では比人英語教員は手当を支給せずと決定され，日本人教員を優位に置かれたことは当然のこと乍ら誠に賢明なことであり，教員統制上からも実に結構な処置であつたと思ふ」[59] と述べている。また，開戦時，機関銃を奪うため敵に突撃し，銃弾をうけて殉職したバヤバス日本人小学校長・上野信重は，家族への書簡のなかで，フィリピンでの外人登録などの手続きを「時代遅れの，文化の低い当地の役人のする事ですから並大抵ではありません」[60] と表現している。これらは，教員のフィリピン観を垣間みることができる記述である。

　しかしながら，日本人学校の教員たちが教育活動に後向きだったわけではない。むしろ教育熱心に取り組んでいた教員たちが多かった。1939年頃，初めて

日本人小学校12校の連合運動会がダイアオンで開催されたが,上述の上野信重はその委員長となって大いに尽力し,行事成功を果たした(61)。また,1938年頃,運動会の練習のために,ミンタル校教員だった古川生年は,自費で毎週東京からレコードや台本を取り寄せ,自分で勉強して生徒に教えた。たまたま関西方面の大学生がミンタル校を視察したとき,「日の丸行進曲」が日本で始まったばかりなのに,一週間もしないうちにダバオで見られる,と驚いたという(62)。

このようにみると,ダバオの日本人小学校の教育内容も教員の考えも時代によって,少しずつ変化していったことがわかる。

(3) 沖縄移民二世の自己意識

こうした環境のもと,沖縄移民二世たちはどのような思いで教育を受けたのか。

第6章で取り上げた『金武町史』の証言や聴き取り調査を中心に移民体験者の声を取り上げてみていこう。

まず使われた言葉については,どの沖縄移民体験者も一様に,標準語を話したといっている。

- 「フィリピン帰りの子どもは,ちゃんと標準語が話せた。」(63)
- 「フィリピンでは,大人同士が方言を使い,子どもとの対話はもっぱら標準語だったので,方言は大人の言葉だと思っていた。フィリピンでは標準語が当たり前だった。」(64)

聴き取り調査でも,「家でも,両親とも共通語(標準語と同じ意味-引用者注)で話した。方言は耳からだけ」(65)と言っている。家庭では,親が意識的に沖縄方言を使うのを避け,標準語を使うようにしていたことがうかがわれる。また,学校では,教員の指導により標準語の指導が厳格に行なわれていた。それは,沖縄出身教員でも同じであった。

- 「新里先生という沖縄出身の先生が一人いましたが,ウチナーグチ(沖縄方言)は一切しゃべりませんでした。」(66)

- 「川上校長先生は正しい標準語の使い方を指導されていたが、なかでも助詞の「が」は鼻音で発音するよう教えられたのが、特に印象的である。」[67]

このように沖縄移民二世は標準語が話せたため、「学校では差別は感じなかった」「沖縄の子も混血児も学校ではみな同じだった」と移民体験者の多くは証言している。ただ、親が父兄会などで学校に来るときは恥ずかしくて、来てほしくはなかった、という体験者がいた。なぜなら、「先生と話しているのを聞いたりすると、親のアクセントはへんでしゃべるのが下手だったから。それに親の名前は、ウシとかナベとかカメとかへんな名前だったから」といっている[68]。学校では差別はなくても、ダバオ社会全体には沖縄移民に対する偏見的な見方があることを、暗に言い表しているように読み取れる証言である。

また、臣民教育については、次のようにいっている。

「学習内容は移民地といえども、皇国史観に基づく徹底した一等国民を誇示した教育内容だった。紀元節、天長節、明治節などの儀式や御真影もあって金武校と何ら変わることはなかった」[69]

この体験者は、1939年に3年生からダバオ日本人小学校に編入しているので、ちょうど戦争勃発直前の日本人学校の様子を述べたものであるとみなせよう。

このように学校では、沖縄移民二世の子どもらは標準語を話し、とくに強く差別されることなく、他府県の子どもらとまったく同じ教育を受けていたといえよう。フィリピンでの沖縄移民二世の自己意識は、「沖縄人としてのアイデンティティ」を家庭や郷友会的社会の交わりのなかで、沖縄文化に自然となじむかたちで醸成され、また学校では臣民教育に基づいた「日本人意識」を、必要性というよりはむしろ、すんなりと受け入れそれに同化していったものと考えられる。つまり、二世の子どもたちは家庭と学校でアイデンティティを使い分けていたといえるが、そこに矛盾がまったくないわけではなかった。たとえば、沖縄移民二世の証言のなかには「学校ではウチナンチュはヤマトンチュによくいじめられた。いじめる理由は、トイレがないとか、いつも裸足で歩いているとか、頭に物を乗せて歩くことなどだった」[70]というようなものもみられた。しかし、それは日本人学校における臣民教育の強力な推進のなかで一体

化され,また,標準語をうまく話せるなど,沖縄人と日本人の「違い」が日常生活のなかで見えなくなっていくと,差別されるという体験は,徐々に少なくなっていったのではないかと考えられる。そのため「日本人意識」を自然と受け入れられたであろうと思われる。そこには,また,永住を意識した親の願い(この地で生き残るための方策)も反映されていたといえよう。沖縄文化は伝承しても沖縄方言の伝承は,意識的に避けていた。それは沖縄方言が差別の対象になりやすく,また,日本人との生活では不利に作用することを知っていたからである。したがって,次のような証言がでてきても不思議ではないであろう。

- 「あまり沖縄人という意識もないし,また,ウチナー二世ということで,嫌な思いをうけた覚えもありませんでした。」[71]
- 「フィリピンでは差別はなかった。沖縄人という意識も強くなかった。沖縄人に対する差別を感じたのは,引き揚げのとき本土に帰ってからだ。」[72]

沖縄移民二世は,家庭教育と学校教育のそれぞれの場で異なった自己意識が形成されたが,学校生活のなかでの差別体験も少なく,一世ほどには屈折した思いもなく両者をうまく受け入れることができた。それは,また軍政期の教育をスムーズに受け入れる下地をつくったともいえるのであった。

第3節　軍政下におけるダバオの日本人学校の教育

(1) 外地・外国への教員派遣の一元化

教員不足と正教員の確保というのが,ダバオにおける日本人学校経営の最大の懸案事項であった。これらを解消する目的により,1941年7月20日,台湾総督府派遣の15人の訓導がダバオに到着した。そのときの様子が次のように報告されている。

> 「先頃決定を見たダバオに対する台湾よりの訓導派遣は…最初の予定とは甚だしく遅延し,…不自由をなめさせられたが,領事館及日本人会の熱心なる斡旋努力に依つて漸く目的を達することが出来て総督府派遣訓導団一行十五名は七月二十日朝入港の商船がんぢす丸で無事着任した。何れも二十歳乃至三十歳前後の青年教師であり,ダバオ教育界に清新の気を注入す

るものと期待される。」(73)

こうした台湾派遣の教員は，ダバオの自然環境，生活環境，それにダバオ教育界全体の雰囲気が台湾のそれらと大きく異なるため，なかなか現地の生活になじめなかった(74)。そうした「鬱屈した」気分も作用したのであろう，学校の現場では「台湾組」の教員らと元からいる「先任組」の教員らとの間の人間関係は，あまりうまくいってはいなかった(75)。

それは，「台湾組」教員が「正教員」資格者であり，それに対し「先任組」教員の多くが「代用教員」であるという，身分または地位からくる「負い目」による確執というものが大きかったと思われる。あるいはまた，戦争勃発直前の当時，教員のなかには軍から派遣されたスパイも入りこんでおり，たとえば，海兵出身の大友伝吾というミンタル校の代用教員がそうだったという証言もある。この人は厳しい軍隊式の教育を行っていたという(76)。このようにさまざまな教育経験をもつ教員がいたが，教員間の複雑な人間関係を改善する時間的猶予はなかった。まもなく戦争が勃発し，教員らも戦争態勢のなかへと巻き込まれていった。

さらに，日本の軍政が始まり，戦局が次第に深刻化しつつあった1943年5月29日，今度は内地から新任教員19人が派遣され，それとともに日本人会では国民学校教員異動が発表された。これによりダバオ，ミンタル，カリナン，カテガン，ワガンの各校には内地からの新任校長が着任した(77)。

こうした内地からの教員派遣という措置は，1941年4月に閣議決定された「朝鮮，台湾，樺太，南洋群島及関東州の外地並びに満洲国，中華民国及び外南洋の諸地域に対する教員の派遣，交流に関する基本方針」によるものであった(78)。

この方針の内容について概述すると，第1は派遣地域として，1つは朝鮮，台湾，樺太，南洋群島及び関東州の外地があり，他の1つは満洲国，中華民国及び外南洋があげられている。派遣される学校は，大別して日本人の学校と現地住民の学校の2種類である。第2は派遣資格であり，現職者で，教員免許状を有することが必要である。第3に派遣時期は，原則として3月の年1回，満

洲国と中華民国は気候風土の関係上，3月と8月の年2回となっている。そして第4が派遣方法についてである。関係各省は毎年所要の員数を文部省に要求し，文部省は内外全体の情況を考慮して関係省と協議のうえ，派遣員数を決定する。とくに中等学校以下の教員については，外地に対しては道府県より直接推薦し，そのほかの地域に対しては道府県が責任をもって銓衡した者を文部省から推薦することとなった。第5は交流，待遇についてであり，3年ないし5年現地に勤務した者は内地の相当校に帰還復職させ，新に後任者を派遣するということになった[79]。

こうした内容はもはや募集ではなく，動員による「派遣」ともいうべきものであり[80]，実際，これ以後「教職員が自由に自分の好きな外地又は外国へ転出することは認められなくなった」[81]と文部省側もいっている。この制度により，1942年度「第一期の派遣員数は各道府県平均国民学校教員30数名，青年学校3名，中等学校12，3名」であった[82]。ただし，この回にはまだ外南洋は含まれていないという。

このような基本方針と所定の手続きを経て，1943年5月，ダバオに教員が派遣されたのである。

(2) 戦時体制下の在外子弟教育構想

1942年2月12日，「大東亜教育体制確立に関する建議案」という要望書が衆議院に提出された。このなかには「内外地教育行政機構の一元化」「在外邦人子弟教育計画の樹立」「共栄圏進出者錬成計画の樹立」など13の要綱が例示されている[83]。この解説のなかで，帝国教育会会長・永井柳太郎は，とくに共栄圏への教員派遣について次のように言っている。すなわち，「大東亜教育の指導者たらしむる目的を以て，優秀なる教育家を養成し，之を大東亜の各地に派遣して，その原住民並に在外邦人の子弟の指導啓発に当らしめ」ることが，「大東亜共栄圏建設の根柢となるべき焦眉の急務であると信ずる」[84]。つまり，ここからは在外子弟のための外地・外国への教員派遣は，大東亜共栄圏建設のための一環として位置づけられ，構想されているととらえることができる。こ

の建議案について橋田文部大臣は,「政府としても其の趣旨の存する所は,其の達成に向つて十分の努力を致したいと存ずる」[85]と答えている。

またいっぽう,1942年7月13日帝国教育会も,独自に「在外邦人子弟問題に関する意見書」を文部,外務,拓務各大臣はじめ,関係当局に建議しており[86],その後,帝国教育会を母体とした「財団法人　在外邦人子弟教育協会」が1943年2月17日に設立された。

これは文部省の外郭団体として,政府関係各省の後援のもとに発足したもので,帝国教育会及び渋沢青淵記念館から資金提供があり,また文部省の補助金,大東亜省,外務省,陸海軍両省からの物心両面の助成を受けることができ,設立が可能となった。会長には,岡部長景子爵が就任し,理事長には「生みの親ともいうべき」大島正徳がなった。そのほか,教育界,財界,事業界,政界の先達が加わり,まさに官民一体による事業ともいうべき構成であった[87]。「大東亜共栄圏の建設」との関連で,在外子弟教育の重要性が広く認識された証左というべきであろう。

この「在外邦人子弟教育協会」の趣旨は,「在外邦人ノ子弟ニシテ内地ニ於テ修学スル者ノ補修教育及養護補導並ニ之ニ関連スル事業ヲ行フヲ以テ目的トス」とある[88]。この目的について,より具体的な諸点をあげながら,理事長の大島は次のように述べている。すなわち,海外発展の3つの根本条件は教育と衛生と宗教であるといい,そのなかでも最たる関心事は教育であった[89]。とくに教員の派遣については,より詳細な意見を提示している。「教員の人事交流を内外に亙って一元化し」,「教員の俸給は全額国庫負担にすべし」といい,また「海外に教員を送り出すについては師範教育を受けた後,四,五年の実際教育に当つたものから選択し」,「その土地に住む教育者をして斯る海外事情の詳細なる調査報告の任に当らしむること」[90]は,もっとも適切な方法であるといっている。そのほか,海外教育における督学制度の施策化や内地留学のための家庭寮の建設,あるいは中等教育以上の教育機関の設置なども提言している[91]。

こうした在外子弟教育に関する大島正徳の見解は,単に民間の教育団体の理

事長の考えというものにとどまらなかった。

　1942年12月フィリピンでは，比島派遣軍最高顧問・村田省蔵を委員長とする6名の委員及びこれを補佐する6名の補助委員からなる，比島調査委員会が設置された。同委員会は約10ヵ月にわたる現地調査を経て，日本軍政下の「フィリピン共和国」の独立（1943年10月）直前，1943年9月に『比島調査報告』を比島軍政監部に提出した(92)。この委員会の6名の委員の一人に大島正徳がはいっていた。この『比島調査報告』の大島の執筆担当は，「第三篇・教育及び宗教」の部分であった。第三篇は，「第一部　教育」と「第二部　宗教」から構成されており，とくに，第一部は「第一章　比島教育の沿革と特徴」「第二章　比島教育再建の基本方針」「第三章　新比島教育の構想」「第四章　在外邦人子弟の教育と国策」から成っており，もっともページ数がさかれ力を入れられているのは，第三章であった。フィリピンの教育に関して大島は，大東亜共栄圏の枠組みのなかで独立前にフィリピンの教育をどう統制し，軍政にどのように反映させていくか，その方向性と具体的施策が述べられている。そのなかに，在外子弟教育を含めて考察しているところが特徴的である。この第四章では，在外邦人子弟の教育について10の観点が指摘されているが，それらはすべて大島が以前に教育雑誌等で述べられてきたものばかりである。この現地調査を通して，自らの考えにより強い確信をもったものと推察できる。

　この『比島調査報告』が軍政監部によってどのように利用されたのかは不明である。しかし，少なくとも教育に関しては，大東亜共栄圏の建設には現地の教育政策だけでなく，共栄圏内に移住した日本人移民の子弟に対する教育施策も看過すべきではないことを，認識させる契機にはなったのではないかと思われる。

　このように，1943年5月に内地から19名の新任教員がダバオに派遣された背景には，大東亜教育体制の確立をめざす一環として，在外子弟教育の動きが政界にも民間にもあり，また，そうした動きがフィリピン軍政の教育政策へと連なる一端であったといえよう。

(3) 軍政下のダバオの日本人学校と沖縄移民二世

　こうした政治的な動きとは別に，現地では着任した教員とそれを迎えた教員は，それぞれの立場でこの動きを受けとめていた。19名の新任教員のうちダバオ校校長・徳森次生は，当地では訓育と体育に力を注ぎたいといい，「訓育については決戦体制下真に日本精神を錬成し，将来比島民を指導するに足る立派な国民を造るのが目的であり（以下略）」（『ダバオ新聞』1943年5月31日付）と，内地の臣民教育をダバオへ伝えるべくその決意を述べている。また，城重臣（ダバオ）教育会会長は，19名にのぼる新任教員が送られてきたことは，ダバオ教育界にとって画期的なことであり，これで複式教育は一掃され，また「手をつけてゐなかった社会教育にも大いに期待することが出来るようになつた。来学年度は青年学校も初めねばと考えてゐる」（同上新聞）といい，教員の増員によって社会教育分野の整備も構想していたことがうかがわれる。

　またいっぽう，実際の学校現場では，内地からの19名の教員の着任によってどのような変化があったのか。学校現場では1941年の台湾からの教員派遣によって，「台湾組」「先任組」の教員間にわだかまる人間関係の確執が解消されないまま，今度は「内地組」教員が加わることになった。より複雑な人間関係を呈するようになったことは想像に難くない。しかも上述したように，「内地組」の教員のうち5名は校長職につき，内地の臣民教育の伝達に強い決意をもって臨んでいた。それによって「『先任組』の多くは劣位の地位を余儀なくされ，それまで培われた現地に適した日本人教育の遺産は，制圧された」[93]という現象がみられるようになったのも当然の成り行きであった。

　こうした学校事情のなか，戦局はますます悪化の一途をたどり，1944年7月7日サイパン島が玉砕した翌日，7月8日付『ダバオ新聞』には，「学童疎開へ／夏休み繰上げ／あす，ダバオ国民学校」との記事が掲載された。例年7月20日から始まる夏休みを繰り上げ，9日から休業に入ることが記されており，休暇中に疎開転校のための準備をしてほしいと書かれている。ダバオ校校長・相澤伊佐男は「疎開と増産との夏季休業です」（同上新聞）といい，増産の手伝いをできる限りするようにと，談話のなかで呼びかけている。ダバオがアメリ

カ軍による初空襲を受けるのは、この約1ヵ月後、8月6日のことであった[94]。

9月以降、アメリカ軍機による空襲がますます激しくなると、やむを得ず各校それぞれ分散授業となり、教員の避難先でなんとか授業を続けた。そのときの様子をカリナン校教員の橋本伝は次のように語っている。

> 「…話は急速に進み分散場としてバギオの中心である比嘉氏宅の納屋を借りることになった。父兄が一戸一人出て来て作業場を清掃。日除けに椰子の葉を編んで下げた。バギオの比人小学校から机を借り、カリナンからは黒板やオルガンまで運んできた。生徒は他の支部からの疎開も混じって小学一年から高等二年まで百人を超し、一人で一回の授業にはできないので奇数学年は月水金、偶数学年は火木土とした。同じ曜日でも午前と午後に分け、一度に二つの学年を教えることにした。土間に机を置き先生も生徒も裸足で勉強する学校。頭の上から鶏虱(とりじらみ)が落ちてくる教室。」[95]

という状況のもとでの授業継続であった。それでも「昭和19年12月末、カリナン各分校場の職員、生徒一同はマラゴスの渡辺松治氏宅に集合しカリナン国民学校の卒業式を挙行した」[96]という。空襲の激しいところでは、分散授業も続けられない学校が多かったが、カリナン校のように、空襲下の苦しいなかでも、このように教員の努力で教育活動が続けられたところもあった。

いっぽう軍政下での教育は、沖縄移民二世にも大きな影響を与えた。ダバオ日本人小学校での様子を与那城茂は次のように述べている。

> 「戦時中のダバオの国民学校の教育は毎朝、東京の方向に向かって宮城遥拝にはじまり、ラジオ体操や防空壕掘りとか、避難訓練があった。六年生になった私たちは海洋少年団になり、手旗信号の練習とかをさせられ、高等科一年生を終了すると、各日本軍基地の部隊に軍属として徴用をうける。」[97]

また、第五期国定修身教科書・初等科修身四(昭和18年度使用開始)には、「ダバオ開拓の父」として太田恭三郎の功績を取り上げているが、そのなかで、「恭三郎の一生の望みは、どうしたら日本人が、海外でよくさかえることができるか、といふことであつた。この望みに向かつて、いつも全力をつくした」[98]と記されている。まさに海外での「日本民族の担うべき国家的使命」を伝えて

おり,こうした教材をとおして,ダバオの子どもたちの「日本人意識」が高揚されたことが容易に想像できる。

このような教育によって,ダバオの日本人小学校では臣民教育が浸透し,沖縄移民の子どもらもごく自然に「皇軍の兵士」に憧れた。また,映画の影響なども少なからずあったようで,「各日本人小学校の巡回映画や街の映画館で上映される海軍や陸軍の戦争映画をみて志願兵になる者も多かった」[99]という。また女子も同様で,「天皇陛下という言葉を聞くと,すぐ背筋が伸び,気をつけをした」[100]と,証言している。

このような日本人学校での臣民教育は,他府県の日本人移民の子ども同様,混血児や沖縄移民二世に対しても行われ,彼らはむしろ積極的に「日本人意識」を受け入れていった。とくに沖縄移民二世にとって「日本人であること」は,もはや当然のことであり,勤労奉仕の動員など戦争協力に進んで取り組んだ。家庭でも親たちが食糧増産や徴用あるいは徴兵へとかり出されるなか,沖縄移民同士の強いつながりによる郷友会的社会は崩壊し,沖縄文化を確認する基盤はなくなった。したがって,「沖縄人としてのアイデンティティ」はほとんど表明されず潜在化してしまったが,しかし,一世同様,沖縄移民二世の子どもにとっても,核の部分には「沖縄人としてのアイデンティティ」があったといわねばならない。二世の子どもらがそれを再び強く意識するようになったのは,仲本スミが証言しているように,強制送還により日本本土へ引き揚げたとき,日本人から受けた差別体験からであった[101]。

おわりに

以上,ダバオの日本人学校をめぐる教員募集状況の変化や学校での教育活動,そしてそこから受ける沖縄移民二世の自己意識の形成などについて,軍政期前・後の時代状況を背景に据えつつ考察した。

海外における日本人学校の教員募集には,在外指定学校制度とのかかわりからさまざまなルートがあったが,とくにフィリピン・ダバオの場合,1910年代後半長野県とのつながりが強くみられ,その後も長野県や信濃海外協会に依頼

する傾向が続いた。また，教員銓衡ルートは戦争勃発後，大東亜共栄圏構想とのかかわりから一元化されるようになったが，こうした海外教員派遣施策が現地での教育活動に少なからず摩擦を生む結果ともなった。

　ダバオ日本人社会における沖縄移民は，領事や企業家，また他府県の日本人移民から絶えず差別的なまなざしにさらされていたが，日本人小学校では沖縄移民二世は，とくに強い差別を体験することは少なかった。それは，二世たちが親の一世世代よりも日本語をよく話せるという状況があり，そのため「日本人意識」もすんなり受け入れることができた。いっぽう，戦争勃発前まで，各家庭や沖縄人同士の郷友会的社会のなかでは，沖縄文化が伝承され二世の子どもたちにも「沖縄人としてのアイデンティティ」が自然と伝えられていた。それは時にいじめの材料にされたり，「日本人意識」と矛盾することもあったが，臣民教育の推進のなかで一体化していき噴出することなく，「日本人意識」と「沖縄人としてのアイデンティティ」は共存されていったのではないか。しかし，軍政期にはいり戦争協力が進むと沖縄文化の伝承の基盤は崩れた。そして，二世たちも臣民教育の徹底により，一層「日本人意識」を強くもち，自ら進んで日本軍に協力し，あるいは志願兵の道を選択した。

　このように沖縄移民二世にとっても，「日本人意識」と「沖縄人としてのアイデンティティ」との関係は時期により異なる状況を示しながら，自己意識を規定していったといえる。そしてそのとき働いた，日本人学校の影響は二層の自己意識の発現に大きく作用するものであった。敗戦後，フィリピン移民は強制的に帰郷させられることになったが，沖縄移民はそれにより自己意識をまた大きく変化させざるを得なかった。とくに，二世たちにとって「沖縄人」を強く自覚する契機となったのが，強制送還により初めて踏んだ本土日本でうけた差別の体験であった。

　最後に，沖縄移民のフィリピン現地社会とのかかわりについて述べておきたい。

　小島勝は，戦前の在外子弟教育を分析する際の視点の1つに，「『文化程度』の高低観」をあげている[102]。戦前期海外に移住する場合，その移住先の「文化の程度」によって，一般的に現地社会への同化の程度が違ってくると考

えられていた。つまりそれは，前述した米田によれば，「合衆国或はカナダに於いては二世の同化問題が論議されてしかるべきであるが，比島に於いて，二世の比律賓化を承認することは許されない」[103] という認識である。もっと端的にいえば，住江金之がいうように「南方方面の如く，低級な民族の居る処に移民した日本人としては，その民族的プライドからしても，自分の子供が土着民族に同化して行くのを見るのは，耐へ難い苦痛である。それで，先方の政府の好むと好まざるとに拘らず，第二世は日本人として教育しなければならぬといふ事は，彼等居留民－移民－の論議を超越した確乎たる信念となつて居る」[104] ということである。本章のなかでも述べたように，フィリピンは「文化程度の低い国」であるという認識が日本人小学校の教員にもあり，それは生徒へも伝えられ，「家庭に於ても比人は皆一様に土人といつてゐる。それで日本人の子供には一種の誇りがあり，良いことではないが，英語教員は『土人の先生』と呼ばれるのである」[105] という状況があった。

　沖縄移民は現地人との交わりは友好的で，家族ぐるみで付き合いをしている人も多かった。子どもたちも自然とそうした関係のなかに巻き込まれ，フィリピン人の子どもと一緒に遊んだり，闘鶏を見に行ったりした。しかし，第7章で述べたように，そうした交流は麻農園での使用人としてのかかわりの範囲内のものであり，また日本人小学校においても「一等国民意識」を注入されたため，「文化の高低観」を払拭させることはなかった。ダバオの移民二世の子どもたちに異文化に対する理解の目を開かせる契機は，家庭にも学校の教員のなかにも見いだすことはできなかった。

　ミンタル校の教員だった城田吉六は，日本人移民の現地人とのかかわりについて，当時を振り返って次のように述べている。

　　「戦前，原住民との間のまさつは言葉がよく通じないので理解し合えなかったのは不幸であった。心が通い合うことは言葉の理解からである。何十年住んでいても簡単な会話で原住民を労働者として使用している日本人が多かった。」[106]

　また，現地の異文化理解について，「原住民の中に入って真の国民性や生活

の実態をほんとうに知ろうとしなかった」という。たとえば,次のようである。「手づかみで食事が食べられるようにならなければ真のつき合いはできない。手づかみ食事の作法は戦前も今も変わりない。手づかみで食べることは親愛の情を示すことになる。」「食習慣はなかなか馴れないものであるが,作法ひとつとっても心がとけ合うものである。」[107]

一等国民意識や指導国民意識が強力に進められるなかで,こうしたフィリピン理解については,当時のダバオの日本人小学校で教えることはむずかしかったであろう。

しかし,沖縄移民は奥地に入り,バゴボ族など現地人と接触する機会は多かった。そのため,他府県の日本人移民よりフィリピン人やその文化をもっと深く理解し,それを子どもにも伝えられる可能性があったといえる。しかし,軍政期に入り日本への「積極的同化」により,強い「日本人意識」をもつことによって,沖縄移民自身がもともともっていた異文化理解に対する可能性を自ら切り捨ててしまったともまたいえるのであった。

注
(1) 小島勝『日本人学校の研究 異文化間教育史的考察』,玉川大学出版,1999年,pp.181-182
(2) Kaneshiro, Edith Mitsuko, 'Our home will be the five continents' : Okinawan migration to Hawaii, California, and the Philippines, 1899−1941, Ph. D. diss., University of California, Berkeley, 1999, p.211.
(3) 米田正武「在比島邦人子弟の学校教育に関する調査」拓殖奨励館『拓殖奨励館季報』第一巻,1940年,p.180
(4) 前掲(1)『日本人学校の研究』p.49
(5) 前掲(3)論文「在比島邦人子弟の学校教育に関する調査」pp.166-167, p.174
(6) 渡部宗助編『在外指定学校関係資料1 在外指定学校一覧(1906〜1945)』昭和56年度文部省科学研究費 一般研究(C)「在外子弟学校に関する歴史的研究」1982年,はしがき(一)
(7) 前掲(1)『日本人学校の研究』p.39。 なお補助金については,1927年4月1日,ダバオ日本人会会長・井上直太郎が,外務大臣・幣原喜重郎宛に,「ダバオ日本人会教育施設資金補助願」を出しており,そのなかで5万8465円の補助金を請願している。当初ダバ

オ地域の日本人学校は，政府からの補助金は得難いとの見方もあったが，翌1928年5月15日，在ダバオ斎藤副領事宛に「昭和三年度補助金トシテ　邦貨　金五千五百円也」との回答があった（外務省外交史料館＜在外日本人各学校関係雑件　在亜南ノ部　「ダヴァオ」日本国民学校　第一巻＞）。その後，数度にわたりほぼ同額の補助金を受けていることが外交文書に残っている。

(8) 渡部宗助編著『教員の海外派遣・選奨政策に関する歴史的研究－1905年から1945年まで－』平成11年度　文部省科学研究費補助金　基盤研究(C)(2)報告書，2002年，p.16
(9) 同上，p.16
(10) 同上，pp.19-22
(11) 同上，p.27
(12) 外務省外交史料館＜在外日本人各学校関係雑件　在亜南ノ部　「ダヴァオ」日本国民学校　第二巻＞
(13) 「機密　在外学校教職員ノ内地ヨリノ出向ニ関スル件」外務省外交史料館＜在外日本人各学校関係雑件　在亜南ノ部　「ダヴァオ」日本国民学校　第二巻＞，1938年8月10日，pp.155-156
(14) 同上資料，p.16。なおこれに対しダバオ領事は，「男子独身教員七名（内訳　本科正教員六名　専科正教員一名）」を申請している（「小学校教員招聘ニ関スル件回答資料」同上資料，1938年11月25日）。
(15) 外務省外交史料館＜在外日本人各学校関係雑件　在亜南ノ部＞のなかに，「ダヴァオ」「ダリアオン」「ラサン」「ディゴス」「バヤバス」「ミンタル」「カリナン」の各学校のファイルがあり，そこで勤務した教員の採用状況が残されている。
(16) 長野県史刊行会『長野県史』通史編第八巻近代二，1989年，pp.374-375
(17) そのほか，1898年11月に南安曇郡穂高村に研成義塾が設立され，そこから多くの渡米者を出したことや，島貫兵太夫が創設した日本力行会に，諏訪郡出身の永田稠が入会し移民推進を図ったことなどの影響が大きかった。
(18) 永田稠『信濃海外移住史』信濃海外協会，1952年，p.50。また，信濃教育会は1913年度から1919年度まで県から通俗講演会開設費の補助をうけ，海外発展に関する通俗講演会を行った（『長野県史』通史編第8巻近代2，長野県史刊行会，1989年，p.379）。
(19) 同上，p.50
(20) 同上。なお，『植民読本』には南洋に関する記事として，「南洋信濃村の生活　倉石鶴治郎」「南へ南へ　柳澤重雄」「椰子の葉陰　坂本市之助」「ボルネオの椰子栽培組合」「香料島　吉井民三」「マニラより緑の島を数えて　草間為太」「大正六年中ヒリピンブラジル渡航者郡市別表」「南洋の奪ひ合ひ」などが掲載されている。
(21) 前掲（18）『信濃海外移住史』p.51

(22) 調査委員「移植民教育に関する調査研究」『信濃教育』586号，1935年10月，pp.74-75
(23) 中村国穂「大正維新と海外雄飛」『信濃教育』357号，1916年7月，p.39
(24) 同上「南洋視察団編成私義」『信濃教育』361号，1916年11月，p.36
(25) 同上「信州村を作りたいフィリピン群島へ」上伊那郡富縣植民研究会『南洋フイリッピンの信濃村』1917年，p.12
(26) その理由はいくつか考えられる。まず経済的理由としては，1919年以降，糸価高騰により県内の農村が裕福になり，また労働賃金も高くなった。他方，ダバオではマニラ麻の値下がりで不況期に入ったことがあげられる。さらに直接的には，海外発展思想のもとに渡航した者たちの事業経営がうまく進まず，海外投資に失敗する者が相次いだ。また，雄志を抱いて海外移住した者からもいろいろな不平や不満が噴出し，それらがデマとなって県内の隅々まで広まった。そのため，海外渡航を斡旋した小学校の教員に，「先生が行けと云わねば，子供は海外で死ななかったんだ，うちの子供を生で返せなどと云う者も出来，それから小学校長は，海外発展講演会の世話もしなくなつた」（前掲 (18) p.53）という状況が出てきた。そうした原因には，範を示した教員らに拓殖の経験技術が乏しかったうえに，政府や県などの助成もなく母校や郷里の後援連絡もなく孤軍奮闘の状態であったとの指摘がある（西澤太一郎「信州教育と海外発展」『信濃教育』662号，1941年12月，p.140）。またちょうどこの時期1920年に，海外発展推進の中心人物であった中村国穂が流行の感冒で突然死亡した。さらには，信濃教育界の方向が文芸の方面へと集注したせいもあり，海外発展思想の教育は衰退を余儀なくされた。
(27) 信濃海外協会は，海外移住の協会としては全国で7番目のもので，規約によると，県民の海外発展方法の立案，海外発展地の調査，在外県民への連絡と後援，海外投資の研究，海外発展に必要な人材の育成などが掲げられている。また，信濃海外協会の機関誌『海の外』は1924年4月に創刊され，月刊で発行された。さらに同協会は，ブラジルへの移住地建設を決議し，サンパウロ州に約一万町歩の土地を購入した。
(28) 「信濃村居住者氏名」，前掲 (25)，pp.34-38。このなかで，とくに人数の多い上位3地域は，小県郡（35人），上伊那郡（37人），南安曇郡（48人）となっている。
(29) 内山寛治郎「大正6年に移民して」ダバオ会編『戦渦に消えたダバオ開拓移民とマニラ麻』1993年，p.163
(30) 同上論文，pp.163-164
(31) 同上論文，p.164
(32) 前掲 (25)，p.12
(33) 同上，p.11
(34) 前掲 (29)，p.165
(35) 同上，p.166

(36) 「更級郡では大正五，六年頃少壮教育家が海外発展運動を興し其体験の一として又教育者の修養の一として農場経営の事業をボルネオに起し椰子栽培をする事にし，サンダカン郊外に七十エーカーを購入し，毎月三円から九円貯金した資金を凡七十名で投資して飯山小学校の坂本市之助を支配人としてその事に当つて貰った。その収益は教育者の視察調査費とする事とし，現地の調査を職員年々交代にする事とした」（西澤，前掲論文「信州教育と海外発展」, pp.139-140）という動きがあった。

(37) 前掲 (29), p.165

(38) 前掲 (1), pp.194-197

(39) 前掲 (3), pp.170-171

(40) 同上，p.173

(41) ダバオの日本人小学校の授業料は，「(イ)一家族ヨリ一人就学ノ場合 三ペソ，(ロ)一家族ヨリ二人就学ノ場合 五ペソ，(ハ)一家族ヨリ三人就学ノ場合 六ペソ」を毎月徴収することが規定されている（「在外日本人小学校ニ関スル件 報告書」外務省外交史料館＜在外日本人各学校関係雑件 在亜南ノ部 「ダヴァオ」日本国民学校 第一巻＞）。

(42) ダバオでは中等レベルの教育機関として，女子にはミンタル女学院（1938年5月設立），男子にはダバオ農民道場（1939年6月設立）がそれぞれつくられた。その設立経緯・内容については，小島，前掲書『日本人学校の研究』, pp.205-214，を参照。

(43) 「㊙ 附録 ダバオ産業・教育座談会」『比律賓情報』（㈶比律賓協会発行 早瀬晋三編『20世紀日本のアジア関係重要研究資料[2] 復刻版 定期刊行資料 第1期 比律賓情報 第3巻』龍渓書舎, 2003年），第25号，1939年3月20日，pp.26-33

(44) 大宜味朝徳『比律賓群島案内』海外研究所, 1935年, pp.208-211

(45) 同上，p.210

(46) こうした考えに対し日本力行会会長・永田稠は，在外子弟を国際的役割という点から考えており，「在外子弟は日本民族と諸他の民族との平和的結楔たる重大なる任務を負ふて居る。…（在外子弟は）全日本民族を世界的に評価つけるのみならず，日本民族と在留国の国民と，更に諸多の国民間の愛情の楔となり，世界の平和を永遠に保持するの大使命を果し得べき地位にあると云はねばならぬ」といい，そのために在外子弟教育が重要だと述べている（「在外子弟教育問題」『力行世界』第271号，1927年7月，p.3）。

(47) 前掲 (29), p.190

(48) 同上

(49) 同上，p.191

(50) 早瀬晋三「『ダバオ国』の在留邦人」池端雪浦編『日本占領下のフィリピン』岩波書店, 1996年, p.296

(51) 前掲 (3), p.175

(52) 前掲 (29), p.193
(53) 金武町史編纂委員会『金武町史』第1巻（移民・証言編），1996年，pp.261-262
(54) 城田吉六『ダバオ移民の栄光と挫折　一在留人の手記より』長崎出版文化協会，1980年，p.185
(55) 前掲 (1), p.40
(56) 同上，p.52。海外での臣民教育の実施は，いたずらに一等国意識や優越感を植えつけることになり，したがって現地人との友好的な関係を阻害する要因となる。こうした教育はフィリピン人からみても危険なものにうつったのであろう，これでは日比親善の教育は望めない，と批判したフィリピン人英語教員もいた。この人は開戦後，排日教師として日本軍に殺された。
(57) 前掲 (54), p.189
(58) マニラ日本人小学校編『比律賓小学歴史』及び『比律賓小学地理』1940年，各「例言」。また，マニラ日本人小学校では，高学年児童に「比律賓事情を理解させ，且つ比律賓に対する親しみを深めさせるために」『フィリッピン読本』(1938年)（後には『新フィリピン読本』(1943年)も）を独自に編さんし，「課外読本」として使わせた（マニラ日本人小学校編『フィリッピン読本』，1938年，p.1）。「南洋における日本人学校において，マニラ日本人小学校ほど現地理解教育に力を入れた学校はない」（前掲 (1), p.173）といわれており，この『フィリッピン読本』『新フィリピン読本』の作成を，小島も「特筆すべきこと」と称している。こうしたマニラ日本人学校の現地理解教育と，ダバオの日本人学校での「ホームステッド」の授業との関係は今のところ不明である。しかし，たとえば『フィリッピン読本』では，日本人によるダバオでの麻農業の開拓について，「我等は…祖国の南方発展のために築かれた大切なこの事業を一層拡張充実して，日比共存共栄の実を挙げる覚悟を持たねばならない」(p.119)と記されている。ダバオの日本人学校においても，日本の対外進出や指導者意識を背景にした現地理解や「日比共存」を説いたのではないか，と推測される。
(59) 服部龍造「ダバオに於ける第二世教育」拓殖奨励館『海を越えて』1939年，p.28
(60) 高幣常市『壮烈ダヴァオの人柱　肉弾校長上野信重先生伝』清新書房，1942年，p.69
(61) 同上，p.65
(62) 『ダバオ　懐かしの写真集』ダバオ会編集部，1988年，p.150
(63) 池原弘さんの証言（前掲 (53)『金武町史』（移民・証言編），p.112）
(64) 安次富時太郎さんの証言（同上，pp.271-272）
(65) 仲間明正さんへの聴き取り調査（2003年10月23日）
(66) 玉城峯子さんの証言（北中城村史編集委員会『北中城村史』第3巻（移民・本編），2001年，p.150）

(67) 安次富時太郎さんの証言（前掲 (53)『金武町史』（移民・証言編），p.268）
(68) 金武秀子さんへの聴き取り調査（2003年10月24日）
(69) 与那城茂さんの証言（前掲 (53)『金武町史』（移民・証言編），p.239）
(70) 小橋川貞夫さんの証言（前掲 (53)『金武町史』（移民・証言編），p.140）
(71) 前掲 (69)と同じ
(72) 仲本スミさんへの聴き取り調査（2003年10月25日）
(73) 「ダバオ各小学校新任訓導到着」，前掲書『比律賓情報』復刻版 第51号，1941年9月5日，pp.110-111。なお，着任した15名は次のとおりである。

（配属校名）	（氏　　名）	（前任州名）	（配属校名）	（氏　　名）	（前任州名）
ダバオ	江藤　一学	（台南）	同	富田　常	（台中）
同	本田　親男	（台北）	同	矢野　吉典	（台南）
同	相原　勇	（台中）	マナンプラン	串上　節郎	（台南）
ミンタル	松尾　甲	（台南）	ラサン	坂下　春雄	（台北）
同	福島　善熊	（台中）	ダリアオン	大潮　彦太	（台中）
同	井上　虎雄	（台北）	同	深見　正法	（高雄）
カリナン	内藤　健造	（新竹）	トンカラン	佐藤　信次郎	（高雄）

(74) 前掲（1），p.202。ここでは，上記の高雄州に勤務していた深見正法の談話を紹介している。
(75) 同上，p.203
(76) その後，大友は日本軍が上陸してくると同時に，海軍軍需部奏任官嘱託になった（田中義夫「インタビュー13　ダバオ生まれの軍国少年」日本のフィリピン占領期に関する史料調査フォーラム編『インタビュー記録　日本のフィリピン占領』南方軍政関係資料⑬，龍渓書舎，1994年，pp.442-444）。
(77) 「教員不足の一大緩和　内地より新人十九名を迎ふ」『ダバオ新聞』1943年5月31日付。これによると19名を含んだ国民学校教員異動の発表内容は次のとおりである。

（括弧内は前任地）

ダバオ	校長	徳森　次生	（広島市）	ダリアオン	教頭	城田　吉六	（ワガン校）
同	訓導	谷川　栄幸	（海外同胞協会）	マナンプラン	訓導	西尾　辰雄	（長野県福島校）
同	同	外山　寛	（東京市大東原校）	バヤバス	同	田嶋　隆貞	（和歌山県塩谷校）
同	同	谷川　タツノ	（香川県宇多津校）	ラサン	同	坂従　不二子	（台中州）
ミンタル	校長	北野　秀雄	（大阪市小野校）	ディゴス	同	石田　秀雄	（仙台長町校）
同	訓導	吉村　好伊	（栃木県日光校）	カテガン	校長	谷口　健二	（横浜市濱町校）
同	訓導	上野　寛	（三重県礫校）	カテガン	教頭	吉田　実	（海外同胞協会）

第8章　フィリピン・ダバオの日本人学校における沖縄移民二世の自己意識　305

カリナン	校長	塚本　好伊（栃木県日光校）	ワガン	校長	吉田　美明（大阪市第二西野田校）
同	教頭	前田照之助（カテガン校）	同	教頭	北風　虎雄（神戸市西兵庫校）
同	訓導	芦辺清之助（和歌山市雑賀校）	同	訓導	新國　貞也（東京市第六校）
			トンカラン	訓導	鎌倉　清逸（宮城県南郷校）

(78) この閣議決定は，1940年7月16日文部省訓令による，外地派遣教職員選考委員規程と，同年12月20日の全国学務課長視学官会議の協議内容を追認したかたちで決定されている。とくに後者により，教員派遣の方法を，毎年1月に文部省が派遣数を決定し各府県に割り当て，2月に各府県から推薦を受け，4月の新学期には赴任させるという段取りで行うことを決定した（前掲（8），pp.29-30）。

(79) 清水虎雄「大東亜建設と教育者の共栄圏派遣」『興亜教育』第一巻第四号，1942年4月，pp.32-35

(80) 前掲（8），p.30

(81) 清水虎雄「教職員の共栄圏派遣に就いて」『帝国教育』第761号，1942年3月号，p.25（なお，同様の内容のものが『文部時報』第753号，1942年3月11日付にも掲載されている）。

(82) 同上，p.27

(83) 永井柳太郎「大東亜教育体制確立に就て」『帝国教育』第777号，1943年7月号，p.1

(84) 「特輯　第七十九回帝国議会速記録　橋田文相を中心に展開された『大東亜建設の教育』に関する一問一答」『興亜教育』第一巻第三号，1942年3月，p.117

(85) 同上，p.118

(86) 帝国教育会「在外邦人子弟教育に関する意見書」『帝国教育』第766号，1942年8月号，pp.64-66。ここでは，要望事項として，「第一　在外邦人子弟の現地に於ける教育施設を充実整備せられんことを望む」「第二　在外邦人子弟の内地に於ける育英施設の拡大，充実をなす要ありと認む」「第三　在外邦人子弟教育振興に関する機関の設置を奨励助成せられんことを望む」「第四　以上の教育国策を具現し，併せて諸他の対外的文化工作を一元的に取扱ふ為め政府に強力なる機関を設置せられんことを望む」，の4点をあげている。

(87) 青木節一「在外邦人子弟の教育について－在外邦人子弟教育協会の目的及事業－」『帝国教育』第778号，1943年8月号，p.14

(88) 同上，p.14

(89) 大島正徳「在外邦人子弟教育協会の成立に際して」『教育』第11巻第1号，岩波書店，1943年1月号，p.35

(90) 同上，pp.36-38

(91) 大島正徳「海外教育振興の基本方策」『教育』第10巻第2号，岩波書店，1942年2月号，pp.64-65

(92) これまで『比島調査報告』の内容については，各委員・補助委員が帰国後，個人的に発表した幾つかの論文によって断片的にしか知られていなかった。それが，立命館大学図書館末川文庫に保管されていることが確認され，全篇復刻が可能となった。『比島調査報告』は，「第一篇　民族」「第二篇　統治」「第三篇　教育及宗教」「第四篇　経済」から構成されており，それぞれの委員が分担して執筆している。詳しくは，『南方軍政関係史料⑪　比島調査報告』第一巻および第二巻の各解説を参照（龍渓書舎，1993年4月復刻版）。

(93) 前掲（1），p.205

(94) これより約半年前，1944年1月17日，進学のためにフィリピンの日本人児童生徒102名が内地に「帰国」している。このうちダバオからは68名の進学希望者が含まれていた。沖縄出身者も5名いた（うち2名は陸軍航空学校志願者）。引率教員によれば，進学状況は陸海軍航空兵関係志願者10名，国民学校への転校者5名，その他ほとんど全部が男女中学校へ入学したと報告されている（『ダバオ新聞』1944年7月17日付）。しかし，本土も戦局が厳しくなる一方であり，終戦後学校を卒業できたものはほとんどいないといわれている。

(95) 橋元伝「あの日あの時」『ダバオ会報』60号，1997年，pp.20-21

(96) 同上，p.21

(97) 前掲（70）と同じ

(98) 海後宗臣編『日本教科書大系』近代編第三巻修身㈢，講談社，1962年，p.482

(99) 伊藝正勇さんへの聴き取り調査（2003年10月26日）

(100) 前掲（69）と同じ

(101) フィリピンの沖縄移民の引き揚げについて，「ダバオを出た引揚者たちは，南洋群島のように直接郷里沖縄へ引き揚げることはできなかった。浦賀や鹿児島などに上陸したものの，そこからすぐに沖縄へ向かうこともできなかった」という。これは「外地」からの引き揚げであったためと思われる。したがって，「仕事を求めて上陸地から遠い場所に移動した者もいれば，政府の命令で鹿児島から大分に移された者もいた」（『具志川市史』第4巻移民出稼ぎ論考編，2002年，p.813）。

(102) 小島勝編著『在外子弟教育の研究』，玉川大学出版部，2003年，pp.19-22

(103) 前掲（3），p.128

(104) 住江金之「南洋に於ける第二世の教育問題」『教育』第3巻第11号，岩波書店，1935年11月，p.96

(105) 前掲（59），p.28

(106) 城田吉六『ダバオ移民史をあるく　混血二世のその後』葦書房，1985年，p.95

(107) 同上，pp.96-97

終　章

第1節　本研究のまとめと論点の補足

　本研究の目的は,「風俗改良」の取り組みから「国策」移民のための教育へと変わっていく,沖縄における移民教育の実践状況と,フィリピン・ダバオにおける沖縄移民の自己意識の形成という2つの局面から,差別に対する沖縄移民の,生き抜くための適応と内面変化の過程を解明することであった。

　この2つの局面をとらえる視点として,次のような分析枠組みを設定した。すなわち,1つは戦前期沖縄における移民教育の特質を時期区分にそって明らかにしつつ,そこから「必要的同化」と「文化的異化」の側面を析出した。また,もう1つはフィリピン・ダバオにおける沖縄移民の自己意識を「日本人意識」と「沖縄人としてのアイデンティティ」という二層の意識構造としてとらえ,その関係性を追究した。以下では,こうした視点を織りまぜつつ,各章で論じてきた論点をまとめておきたい。

　まず,第一部において第1章では,1910年代までにおいて沖縄県では,移民のための教育がどのように行われてきたのか,青年会,夜学校（会）など主に地域での社会教育活動を中心に,そこでの具体的な言語風俗習慣の「改良」に対する取り組みを考察した。時期区分の第一期（1901～1919年）に相当するが,この時期はまだ,渡航先各地での沖縄移民の非難,排斥に対して,県としての実際的な対策は打ち出されておらず,移民の「風俗改良」は地域の教育活動の一環としてなされていた。

　次の第2章では,沖縄県海外協会（1924年設立）の活動を取り上げ,1920年代前半,どのような移民教育が取り組まれつつあったのか,主に社会教育活動

との関連に即して考察した。時期区分の第二期・前期（1920〜1925年）に該当する。まず，各国領事の沖縄移民についての報告書などから，海外で非難，排斥をうけた沖縄移民の実態について検討し，また，フィリピン・ダバオの副領事の報告内容をめぐって，沖縄移民が提示した他民族観にも注目し考察を加えた。さらに，沖縄県海外協会の活動として，渡航直前の予備教育のほか，同協会は青年団等の活動，実業補習学校，地域で開催された講習会や映画会などを利用し，移民教育を展開していった。その際，「海外へ行く人々の為に」（沖縄県庁）というパンフレットが活用された。また，とくに実業補習学校では「移民教育機関」としての役割が考えられていた。

こうして1910〜20年代と，主に社会教育活動を中心に移民に対する「必要的同化」をめざす教育が進められてきたが，第3章では学校教育における移民教育の取り組みについて，『島の教育』（1928年）の分析から検討を試みた。『島の教育』は沖縄初等教育研究会が編纂した研究案であり，実際に現場で実践される前の，いわば「実践思想」というべきものであるが，このなかには移民教育について多面的な志向性を読み取れる部分が含まれていた。多くの部分は言語や礼儀作法など沖縄独自の風俗習慣を「改め」，「立派な日本人移民」になるために，各教科において「必要的同化」をいかに進めるべきかが述べられているが，そのなかでとくに「国史」や「地理科」のなかに，沖縄移民の「長所」を喚起しようとする思想があり，「必要的同化」とは異なる部分として着目した。そこには沖縄移民としての誇りを形成しようとする志向性を読み取ることができ，その点の析出を試み，沖縄移民教育における「文化的異化」の存在を指摘した。そのほか「大正自由教育」の影響による「国際性」への契機や，近代化の側面などについても注目し，『島の教育』のもつ多面性を明らかにした。

つづく第4章では，沖縄県の海外移民のための渡航前訓練施設である開洋会館（1934年）を中心に，1930年代半ばまでの移民教育状況を扱った。時期区分の第二期・後期（1926〜1935年）にあたる。まず開洋会館の設立経緯とその活動内容について，神戸移民教養所の活動プログラムや沖縄県庁が出した「海外へ行く人々の為に」のパンフレットの内容と比較しつつ明らかにし，その後の

機能変化についても論及した。次に開洋会館設立とほぼ同時期に展開された国民更生運動の取り組み状況について考察した。この運動に着目したのは、移民教育の中心課題である言語風俗の「改良」を地域全体で取り組み、また、この運動の中心地域である「指導字」は人口流出の現象が顕著であるという事実からであった。ここでは官製運動である「生活改善」の取り組みが「必要的同化」として農民たちから受け入れられる実情を「指導字」の動向から追究した。さらに、フィリピン移民を数多く送出している金武村を取り上げ、フィリピン情報の伝達が村の農民層の分解過程とかかわりがあることを明らかにし、また、金武村での移民教育の実施状況を、主に新聞資料をもとに考察した。つまり、1930年代半ばまでにおいて、開洋会館にみられるように県レベルの移民教育の取り組みと、村レベルでの移民教育状況を考察し、移民教育に対する「必要的同化」の内実を明らかにした。

そうした移民教育が植民政策のなかに吸収され、変質していくのが1936年の「国策ノ基準」以降の動向である。時期区分の第三期（1936～1945年）にあたる第5章では、とくに「南進」政策により沖縄からの南方移民送出が推奨されると、一方では沖縄人としての海洋民としての資質を称揚するようになり、他方で「生活改善」による日本人への同化政策も同時に押し進められる、という社会的現象が現われた。この現象を手がかりに、沖縄の移民教育が植民教育へと変質する理由を探り、その具体的な態様を、漁業移民の実態や拓南訓練所での活動を通して明らかにした。つまり、「必要的同化」から「積極的同化」へと転換する過程を考察した。

このように第一部では、地域の社会教育活動にはじまり、沖縄移民への差別、非難を軽減するために実施された移民教育の取り組みが、戦時体制が進むにつれ、沖縄から南方への「国策」移民が奨励されるなか、移民教育から植民教育へと変質していく過程を明らかにした。こうした「必要的同化」を主とした移民教育のなかでも第3章で述べたように、沖縄人の進取性、あるいは独自性に気づかせ「沖縄人の長所」を喚起している思想を、わずかな記述ではあるが『島の教育』のなかから析出した。これは第5章で述べた、上からの意図的な

「誇り」の醸成などではなく，差別のなかで自らの「誇り」を肯定し承認することを促したものであり，沖縄移民教育にみるアイデンティティの基盤形成ともいうべき，いわば「文化的異化」の志向性といえるものであった。

次に第二部では，フィリピン・ダバオに渡った沖縄移民の自己意識を，「日本人意識」と「沖縄人としてのアイデンティティ」という二層の意識構造としてとらえた。この二層の意識の発現は，政治的経済的社会的状況によって大きく規定され，各時期によってその現われ方は異なるものとなった。

第6章では，ダバオに渡った沖縄移民の自己意識が，日本人が入耕した1904年から1945年に戦争に負け強制送還に至るまでの約40年間にどのように変わったのか。この40年間を出稼ぎ意識にとどまっていた段階から定住意識を強くもった段階へ，そして軍政期の三期に分けその変遷過程を扱い，各々の時期の沖縄移民の自己意識が社会的状況の変化にどのように対応し形成されたのかを明らかにした。すなわち，出稼ぎ意識のとき（1920年代前半ぐらいまで）はまだ，「日本人意識」も「沖縄人としてのアイデンティティ」もともにそれほど強いものではなかったが，女性人口が増え，定住意識をもつようになると，「必要的同化」による「日本人意識」と，差別のなかでも「沖縄人としてのアイデンティティ」をはっきりともつようになり，両者はともに調和的に並存するようになった。それはこの時期，沖縄移民同士の結びつきによる郷友会的社会の基盤が強固なものとなってきたからである。それが軍政期に入ると，「日本人意識」をはっきりともち，徴用や食糧供出あるいは徴兵というかたちで日本軍への協力を積極的に行っていった。そのため麻栽培農業はもはやできなくなり，また，郷友会的社会も崩壊したため，「沖縄人としてのアイデンティティ」はほとんど潜在化せざるを得ず，表にでることはなかった。

こうした沖縄移民の自己意識の変遷過程のうち，とくに永住意識をもち定住化が進んだ，1930年代後半の生活実態を扱ったのが第7章である。金武村漢那区出身の沖縄移民が記した「仲間喜太郎日記」（1937年）には，沖縄移民が従事した麻栽培農業の様子のほか，沖縄文化や習慣を取り入れたダバオでの日常生活が細かく綴られている。この「日記」からは沖縄移民同士の強い結びつきに

よる郷友会的社会の機能や，子どもの家庭教育の様子，麻農園の現地人労働者とのかかわりなどを読み取ることができた。そうした諸側面からダバオ沖縄移民にとって郷友会的社会が「沖縄人としてのアイデンティティ」を形成する際の重要な基盤をなしていった点を明らかにした。

そして第8章では，ダバオの日本人学校における教育と，差別に直接向き合う状況下での一世とは違った沖縄移民二世の自己意識の形成について考察した。戦前期ダバオでは日本人学校は13校設立されたが，教員採用の面では長野県とのつながりが強く，また，設立当初の手探りの時期から日本政府からの在外指定を受けるようになると，次第に臣民教育への傾斜を強めていった。そうしたなか沖縄移民二世たちは，親の一世世代よりも日本語がうまく話せたせいもあり，学校ではほとんど差別を受けることなくすごせた。つまり，家庭教育により「沖縄人としてのアイデンティティ」を自然と培い，学校では「日本人意識」を強調した臣民教育を受けたが，学校での差別体験が希薄だったため，二層の自己意識をある程度屈折なく身につけることができた。しかし，軍政期に入り親たちが戦争協力に積極的になるなか，もはや家庭教育で養成された「沖縄人としてのアイデンティティ」の契機は失われ，二世たちもはっきりした「日本人意識」をもって勤労奉仕や志願兵など戦争協力へと邁進した。二世たちが沖縄人を再び自覚化するのは，強制送還により本土に帰り，そこで受けた差別によってであった。また，移民二世と現地社会とのかかわりについても論及し，現地人との交流体験をもちながら，二世たちが十分な異文化理解をもつにいたらなかった点についても考察した。

このように第二部では，フィリピン・ダバオでの沖縄移民の二層の自己意識は，時代状況によりそれぞれ異なった様相を呈しながら形成されていった点を明らかにした。とくに字を中心とした郷友会的社会は，異郷での助け合いといったものとは異なる，沖縄特有の非常に強い結びつきのもとにつくられたものであったが，戦争協力という大きな強制力の前に抗うということはなかった。

また，言語についてみてみると，沖縄移民にとって渡航地ダバオで「立派な日本人」の証しとして，日本語を話せることは移民として生き抜くための重要

な要素であった。したがって，自ら積極的に日本語を話そうとしたことはまさに「必要的同化」であったといえる。しかし，移民たちは，同郷の仲間同士あるいは夫婦間ではほとんど沖縄方言を使っていた。ところが，二世である子どもたちには「沖縄の言葉は汚い言葉である」として積極的には伝えようとはしなかった。第8章で述べたようにこの点について二世の人たちは，親たちの話す沖縄方言をきいて理解することはできるが，自らはあまり話すことはできず，日本語のほうが得意だったと証言している。これには日本人学校での影響があるとしても，親である沖縄移民一世が沖縄方言を子どもに積極的に伝えようとしなかった態度は，ダバオでの「沖縄人としてのアイデンティティ」形成上どのような影響が考えられるのか。ここには言語とアイデンティティ形成とのかかわりといった視点が含まれており，ほかの地域の沖縄移民の実態とも比較しつつ，今後も注意深く考察する必要があると考える。

　さらに，本土の日本語に対する呼び方についても，「普通語」といったり，1930年代の標準語励行運動のごとく「標準語」と称したり，ウチナーグチ（沖縄方言）に対して「大和語」（ヤマトグチ）といったり，いくつかの名称がみられた。これらは資料により，使う立場や時期によってもさまざまに異なる。本文中ではとくに全体を統一することはしなかったが，沖縄側からみた本土の日本語に対する呼び方のなかにも，＜主－従＞といった「日本語」と沖縄方言の心理的位置関係が色濃く投影されているといえる。

　以上，第一部と第二部を通じて，沖縄移民が常に蒙る差別に対して，どのように対峙していたかが明らかになったと考える。つまり，沖縄での移民教育の実践においては，言語風俗習慣の「改良」による日本への「必要的同化」を施しつつ追従し，基層部分には「文化的異化」の部分を保持して対抗し，また，ダバオの沖縄移民の自己意識の形成過程では，適応のため「日本人意識」をもちつつ追従するが，基層部分では対抗として「沖縄人としてのアイデンティティ」を，郷友会的社会をとおして形成していた。しかし，基層部分に保持していた，教育実践にみられる「文化的異化」や自己意識のなかの「沖縄人としてのアイデンティティ」の部分は，戦争による国家の強力な日本人化＝同化政策の前に

対抗の姿勢はもはや見られず，むしろより明確な追従の姿勢を示し自ら進んで，「積極的同化」を顕在化させた。つまり，戦争遂行の前には，沖縄の移民教育は容易に植民教育にすりかわり，移民たちの意識は積極的に日本人化し戦争協力の姿勢を示したのだった。それは，差別された者が生き抜くための現実的な場面での，1つの選択であったといえる。結局，沖縄の移民教育は，実践においても自己意識形成においても，差別に対し現地にうまく適応し移民を成功させるという実利的側面が強かったため，日本への強力な同化の前には，抵抗の立場を築くなどということはなかった。

　このような沖縄移民教育の全体的な動向のなかで，本研究ではとくに『島の教育』に読み取れる「沖縄人の長所」を喚起している部分や，「仲間喜太郎日記」に描かれた沖縄人相互の強い結びつきに注目した。それはこのような部分に，差別のなかでの移民という立場における沖縄人特有の独自性，あるいは存在性の1つの表明の仕方が認められると思ったからである。しかし，沖縄での移民教育の実践における「文化的異化」の存在と，現地での沖縄移民の自己意識における「沖縄人としてのアイデンティティ」の形成が，実際どのようなかたちで関係しあい，影響したのかという連動性の点については，本研究では十分な解明にいたらなかったことを認めなければならない。その点をより明確にするためには，本来なら沖縄での移民教育を受けた特定のある人物を抽出し，その人物が渡航先での生活体験のなかで自己意識をどう変化させ，そこに沖縄での移民教育がどのように影響したか，その直接的な関係性を検証すべきところである。しかしながら，資料的にみてそうした研究方法は難しい問題であり，現在のところきわめて困難であるといわざるを得ない。本研究では，できる範囲で資料を収集し，沖縄の移民教育の実践とフィリピン・ダバオでの沖縄移民の自己意識の形成という点について，可能な限り追究を試みた。不十分な点については今後の課題として残されることになるが，全体をとおして，沖縄人の独自性を基盤にした「沖縄人としてのアイデンティティ」の形成は，状況により潜在化せざるを得なかったとしても消滅するものではけっしてないといえる。そうした意味において，沖縄移民教育の実践と移民の自己意識の形成は，いわ

ば「内在的連動性」ともいうべきものが基層部分にあったともいえるのではなかろうか。

戦前の沖縄移民は，こうした基層部分を自由に表出することは許されなかった。さらに軍政期には積極的に「日本人化」の道を選択したのである。しかし，もしそこに基層部分に対する保障（＝承認）が十分であれば，そこからまた新たなアイデンティティを認めることもできるといえるのではないか。マイケル・ウォルツァー（Michael Walzer）は，移民のもつアイデンティティの新たなあり方について，次のような考えを述べている。「移民社会における多くの人が，文化や政治の境界にそって分化された，ハイフンつきのアイデンティティもしくは二重のアイデンティティを選び好んでいる。たとえば，イタリアン‐アメリカン〔＝イタリア系アメリカ人〕についているハイフンは，ほかのアメリカ人による「イタリア人であること」の受容を象徴し，それと同時に，「アメリカ人」ということは強い文化的な主張あるいは特有の文化的な主張をもたない政治的アイデンティティであるということの承認を象徴している[1]。

このように考えると，沖縄移民のもつ「文化的異化」に基づく「沖縄人としてのアイデンティティ」は，その基層部分の重要性において，「沖縄系移民」として移民社会での新たなアイデンティティを生み出す可能性を示唆しているとも考えられるのである。しかしながら，戦前のフィリピン・ダバオ社会では，そうした可能性は「日本人意識」へと包摂され，潰されていったといえるのではないか。数的にはマジョリティであっても沖縄移民に対する承認を得ることはついにできなかったからである。

さて，このように簡単に各章での論点をまとめてみたが，ここでは本章のなかで十分言及できなかった，沖縄移民のフィリピンでの体験の意味について補足的に述べておきたい。

フィリピン・ダバオの沖縄移民は「2度の戦争」によって3度の非日常の体験を余儀なくされたといわれている。つまり，最初は戦争開始直後のフィリピン軍による強制収容，監禁であり，2度目は終戦末期の日本軍とともに行動し

た過酷な逃避行と捕虜になった収容所での生活，そして，3度目は本土に引き揚げてきてから，マラリア等の病気や食糧不足などの不安をかかえ，沖縄に戻るまでの慣れない土地での生活を強いられたことである(2)。こうした事実はフィリピンでの沖縄移民が戦争とのかかわりで，いかに悲惨な状況に巻き込まれていったかを物語っている。

　山室信一は川村湊との対談のなかで，敗戦後多くの日本人が満洲から日本へ引き揚げてきた体験について次のように述べている。すなわち「敗戦とともにいっせいに引き揚げてしまった結果，日本人の植民者が過去にどのように世界を発見し参加していったかという自画像が描けなくなってしまった。敗戦で断絶してしまって，それまでの歴史は全部なくなり，戦前の話とまた違う戦後の新しい物語が始まる」(3)。

　このような見方はフィリピンから引き揚げてきた沖縄移民にもあてはまるのではないか。「モウキテクーヨー」(稼いで来てね)の声に送られてフィリピンへ渡った者が，苦労のはてに築いたものすべてを戦争によって失い，さらに過酷な体験を何度も蒙り無一文で沖縄に帰ってきたのだから，やはり圧倒的な被害的立場にあることは確かである。しかし，それだけでは移民した者が現地の人たちとの間で，どのような体験をしたかというフィリピンでの「自画像」は，どうしても被害者としての立場からのものになりがちである。

　この点について又吉盛清は，「およそ沖縄人に対する差別や偏見に起因する様々な『沖縄人被害』は数限りないわけですが，やっぱりアジア民衆に向かう時は，加害者としての立場を明確にしなければいけないでしょうね」(4)と，沖縄人のもつ加害的行為についての再認識を促す。

　フィリピン現地での沖縄移民は，被害，加害，あるいはそのどちらにも分けられないような行為も含めて，もっとさまざまな体験があったはずである。沖縄移民のフィリピン社会での「自画像」を単色ではなく，多彩に描き出すことは「沖縄人としてのアイデンティティ」をさらに豊かなものへと導く契機につながると考えている。

　またその際，忘れてはならない問題として，日系混血児の問題があげられる

のではないか。1939年のフィリピンの国勢調査では，874人のフィリピン女性が日本人男性と結婚し，2358人の日系混血児がいたことが記録されている。さらにこれを上回る内縁関係があり，混血児はさらに多くいたといわれている[5]。戦争中，日本軍に協力した混血児は多く，彼らは戦後フィリピン社会の激しい反日感情のなか，避難生活を余儀なくされた。1980年代に入りこうした混血児の社会復帰と自立を目的に，フィリピン日系人会が結成される動きがでてきた。これに対して日本政府もようやく，「フィリピン残留孤児及び日系二世（日系日本人）に関する実態調査」を始めた。1988年3月，厚生省（当時）の調査の結果，該当者はほとんどいなかったが，1995年6月，フィリピン全土を対象に外務省が実施した調査では，2125人の在比日系人の存在が確認された[6]。さらに，1999年までの調査で確認された二世は2615人にのぼる[7]。

またいっぽう，ジャングルでの逃避行の際，日本軍と行動をともにしたフィリピン人妻のなかには，終戦の混乱期家族と会えないまま，夫とともに日本に渡ってきた者がいた。神奈川県逗子市には南方引き揚げの沖縄県人たちが多く住む「沖縄寮」と呼ばれている地区があり，その一角にフィリピン国籍をもつ日比混血二世の人たちが暮らしている。横浜や逗子にはこうした二世たちが十数人いるという[8]。

このように戦争という悲惨な体験をとおして，フィリピンと沖縄との間にはさまざまな人間関係が生まれ，それが戦後にまでつながっていることがわかる。こうした事実を含めて「沖縄人としてのアイデンティティ」を考えるとき，アジアの民衆に対してより開かれたアイデンティティが形成されるのではなかろうか。そして，沖縄移民のもつこれらの体験に目を向けることは，沖縄の人たちばかりではなく，日本人全体のアジア認識をもより豊かなものにしていく貴重な契機が含まれていると考えられる。

第2節　移民研究の教育学における意義と今後の課題

本研究をしめくくるにあたり，今まで述べてきた移民に関する諸点について，それを教育実践（活動）のなかにどう取り入れ，どう生かすべきかという観点

から，移民研究の教育学上の意義を考えてみたい。またさらに，そこから今後の課題についても探ってみたいと思う。

　現代はボーダーレス時代といわれて久しい。今やヒト，モノ，カネ，情報などが簡単に国境を越え，地球規模で移動する時代である。いわゆるグローバリゼーションという動きのなかで，世界経済は「大競争の時代」を迎えており，そうした競争に打ち勝つために，経済，政治，そして教育を大きく変える必要があるのだと考えられてきている。とくに教育については，グローバル時代を担う能力・資質をいかに開発するかが必要だとされている。しかしいっぽう，こうしたグローバルな時代はまた，多文化・多民族との接触の機会を増加させ，自分とは異なる他者を理解し，ともに生きるための相互理解が不可欠なものとなってきている。グローバル時代においては，競争に打ち勝つための能力・資質よりはむしろ，多文化・多民族を理解し，他者と共生できる能力をどう育成するかが教育のより重要な課題となるのではないか。こうした時代にふさわしい「国際人的資質」の形成について，江淵一公は「文化的背景を異にする人々との間の相互理解を深め，共通のルールを模索しつつ共同の活動に従事しうる」[9]ような"地球人"としての意識を発達させることが重要だと説明する。

　「文化的背景を異にする」他者を理解するためには，まず自己を知る必要があろう。その際，自民族中心主義的な理解では他者を真に理解することはできない。自己（自民族・自文化）のなかにある多元，多様な状況に気づき，その発見をとおして他者（他民族・他文化）の理解ができるようになるとき，相互理解が可能となり，そこから共生や連帯も生れてくるのではないか。ユネスコ第44回国際教育会議宣言（1994年10月）においては，国際理解のための教育に関して，「教育の場が寛容の実習と人権の尊重，民主主義の実践さらに文化的アイデンティティの多様さと豊かさの学習のための理解の場となるように，適切な段階措置を講ずること」[10]が必要であるとしている。この会議に参加した堀尾輝久はこうした国際教育を身近なところから深める機会は，「実は日本にいる在日韓国・朝鮮人の問題，外国人労働者とその子弟の教育の問題や帰国子女の問題，さらには中国残留孤児の問題を通して数多くある」[11]と述べている。

つまり，国際教育を深める契機を地域の多文化状況の理解に求めているといえる。

地域の多文化理解への意見は，学校教育だけではなく社会教育からもまたみられる。野元弘幸は，多文化・多民族共生の原理を「川崎市在住外国人教育－主として在日韓国・朝鮮人教育－」(1986年)，「川崎市外国人教育基本方針－多文化共生の社会をめざして－」(1998年) などを例にあげながら，これらは「民族共生の視点の重要性と，多文化・多民族共生の教育において権利論をしっかりと展開する必要性を自覚させる」[12] と述べている。社会教育における権利認識は，島田修一もいうように「『共生』の社会づくりの力としての『学び』の創造につながるものである」[13] といえよう。

鈴木亮は，このような他民族の歴史，他民族の創造した文化を認め尊重する態度を生み出すためには，「世界を，それぞれ主体性のある諸民族の多元的な存在から成り立っているものとみる。すべての民族が対等に世界をつくっている。それぞれの民族が，自分たちを自民族として意識する。自己をまぎれもないその民族の一員として実感せずに，他民族を理解することはむずかしいのではないか」[14] といっている。

こうした自己（自民族・自文化）との関係において，他者（他民族・他文化）の認識を深めるという理解のすじみちに対して，それを具体的に実感できる格好の教材の1つとして「移民学習」があげられるように思う。

これについて森茂岳雄は，国際化（グローバル化）志向の教育と，地域の多文化理解を志向する教育に連動性を認め，その結合点（インターフェイス）を見いだすことの重要性を主張している。森茂はこの2方向の教育のインターフェイスに移民学習を位置づけ，次のように説明する。「過去における日系移民の歴史的な苦悩と闘争の歴史を理解することは，日本の中で歴史的に差別を受け，自由や平等や公正といった人間の権利の獲得のために闘ってきた移民（在日外国人）への共感的理解と共生に向けての価値や行動の形成にとって意義があると考える」[15]。

このような移民に着目した教育実践は，たとえば先の森茂らの海外移住資料

館や国立民族博物館などの博物館を活用した実践例[16]や,近現代史学習のなかにブラジル移民・移住史を取り入れた中学校の歴史的分野や地理的分野の実践例[17]などがあげられる。また,社会教育でも,たとえば新宿区新大久保では,多くの在住する外国籍住民との「共生の街づくり」のための活動が取り組まれ,地域住民や地元の小・中学校などにも参加を呼びかけて進められている[18]。しかし,こうした移住者や移民を視点にすえた教育実践・活動はまだ少ないといえる。それは,教育における移民学習や移民教育史の研究がまだまだこれからであり,日系移民の研究に関しても地域的な偏りがあるなど,研究成果がまだ十分でないことも関係があるように思う。森茂の提唱するグローバル教育と多文化教育のインターフェイスに移民学習を据えた実践をさらに進めるためには,日系移民に関する豊かな事実の掘りおこしや世界史からみた移民史の把握,またそれらを教育や地域の場に生かす教材の開発や取り上げ方の視点,学習支援方法など実践との緊密な連携がより重要になってくると考えている。

　そうした方向性のなかで,本研究については次のような課題があると考える。

　第1は,戦前と戦後における沖縄県の移民教育についての連続面,断続面を明らかにする必要がある。戦後も沖縄からは多数の移民が送出されており,そうした状況のなかで移民教育はどのように実施されたのか,それは移民自身の自己意識にどのような影響を与えたのか。アメリカ占領期の教育改革とのかかわりから本土復帰後の学校教育,社会教育両面において,解明する必要があるだろう。

　第2は,沖縄県のほかにも「移民県」と称されていた広島県,長野県,和歌山県など,移民を多く送出した地域で実践された移民教育史を掘り下げ,それらと沖縄県との比較・検討が重要な課題となる。とくに移民の送り出しには地域史とのかかわりが大きいが,移民＝棄民の考えがあり,これまで地域史あるいは地域の教育史のなかに移民はほとんど登場しなかった。本章では広島県,長野県の移民教育について一部取り上げたが,わずかな点しか言及できなかった。

　第3に,フィリピンへの沖縄移民をさらに太平洋諸島に渡った移民と比較検

討する視点も重要であると考える。太平洋諸島への移民は，日本やアメリカ，イギリス，フランスなど欧米諸国とのかかわりが大きい。フィリピンも含めこれらの地域への移民の実態を広く世界史的視野からとらえる必要がある。それは移民に関する教育についても同様であり，フィリピンや太平洋諸島の移民教育史を植民地教育史との連関も視野にいれて，よりグローバルな視点から把握する取り組みが重要になってくると考える。

　最後に，フィリピンへの沖縄移民も含めたアジア諸国への日本人移民についての教材化を進めることも，必要な課題となろう。それは上述のごとく移民研究と移民を取り上げた教育実践との連携をより進めるという点でも重要であるが，今後経済協力協定（EPA）に基づいて，日本へインドネシアやフィリピンなどアジアの労働者が増加する可能性があるという，国際的な状況もある。そうした人たちをどう受け入れ，相互理解を図り共生していくのかという，現実的な教育実践課題としても深めるべき必要性があると考えている。

注
（1）　マイケル・ウォルツァー（大川正彦訳）『寛容について』みすず書房，2003年，p.59
（2）　具志川市史編さん委員会編『具志川市史』第四巻，移民・出稼ぎ論考編，2002年，p.814
（3）　対談（山室信一・川村湊）「＜アジア＞の自画像をいかに描くか」『世界』614号，1995年10月，p.139
（4）　座談会（山城達雄・又吉盛清・新垣安子　司会：我部政明）「戦時下における民衆－台湾・フィリピン・南洋群島－」『新沖縄文学』84号，1990年6月，p.39
（5）　早瀬晋三「フィリピンに夢を求めた日本人「移民」」宮本勝・寺田勇文編『暮らしがわかるアジア読本　フィリピン』河出書房新社，1994年，p.292
（6）　新倉須賀子・新倉喜作「コラム6　フィリピン残留邦人と日系人」移民研究会編『戦争と日本人移民』東洋書林，1997年，p.322
（7）　「ダバオの日系人　介護士めざし「祖国」へ」（『朝日新聞』2004年12月24日付夕刊）。なお，日本のNPO「フィリピン日系人リーガルサポートセンター」によると，約3000人の2世のうち約800人の身元がわかってない。これまで27人が日本国籍を取得した一方で，3月には6人の申し立てが却下された（『朝日新聞』2009年6月18日付）。
（8）　新垣安子「フィリピンと日本のはざまに生きる人たち」『新沖縄文学』84号，1990年

6月，pp.136-138
(9) 江淵一公「異文化間教育と日本の教育の国際化」『異文化間教育』1号，アカデミア出版，1987年4月，p.6
(10) 田中圭治郎『教育における文化的多元主義の研究』ナカニシア出版，2000年，はじめに（p.iv）
(11) 堀尾輝久「21世紀に向かう教育」季刊『人間と教育』第5号，1995年5月，p.16
(12) 野元弘幸「多文化・多民族共生の原理と教育の課題「多文化共生」を超える視点と原理を求めて」『月刊社会教育〔特集〕多民族社会を生きる』2005年6月，p.14
(13) 島田修一編著『知を拓く学びを創る 新・社会教育入門』つなん出版，2004年，p.70
(14) 鈴木亮『日本からの世界史』大月書店，1994年，p.125
(15) 森茂岳雄「グローバル教育と多文化教育のインターフェイス－移民史学習の可能性－」中央大学教育学研究会『教育学論集』第44号，2002年2月，p.62。また，この論文のなかで森茂は，柳田国男編集の小学校社会科教科書『日本の社会（五年下）』（実業之日本社，1953年，1954年）に注目し，早い時期に「移民」を扱った数少ない例として紹介している（同上論文，p.64）。この教科書では「日本に移ってきた人たち」「外国に出ていった人たち」「これからの移民」についての簡単な歴史と昭和15年頃の海外在留日本人数をあげて説明がなされている。
(16) 中牧弘允編『国立民俗学博物館調査報告26 日米共催の展示における学習プログラムとボランティア活動』2002年2月。グローバル教育・多文化共生教育インターフェイス研究会編集『グローバル時代の国際理解教育にむけて～グローバル教育と多文化教育のインターフェイス～』2004年3月など
(17) 『歴史地理教育 特集近現代史のなかのブラジル移民・移住』№674，2004年9月
(18) 堀込真里「アジアのなかの日本，日本のなかの外国」『月刊社会教育〔特集〕多民族社会を生きる』2005年6月，pp.34-40

あとがき ―― 謝辞にかえて

　本書は、中央大学に提出した博士論文「戦前期における沖縄移民に関する教育学的研究－沖縄での移民教育の実践とフィリピン・ダバオにおける沖縄移民の自己意識の形成を通して－」(2006年3月)に基づいて編んだものである。
　フィリピンへの沖縄移民を扱うというこのテーマは十分な下調べも思慮もせず、いわば偶発的に選んだテーマだった。
　社会科教育におけるアジア認識に関する修士論文を書き終えたあと、林博史の論文「日本人の戦前戦後の東南アジア観」(『歴史地理教育』No.511)を読んで、次に取り組むテーマは、民衆レベルの日本人の東南アジア観についてやりたいと思っていた。教員時代、実際の教育現場のなかで、生徒たちのアジアへの見方が欧米への見方と明らかに異なっていることがいつも気になっていた。異文化の理解を、「近代の初めに国家から見捨てられて東南アジア各地に裸一貫で渡り、東南アジアの人々のなかで生活を築いていった無名の人々」(同上論文, p.37)の目線でみてみたかった。
　当初、からゆきさんの動きを中心にそれができないものかと、文献をいくつかあたってみたが、調べてみるとからゆきさんは東南アジアばかりでなくアジアの広い地域にわたって渡航していたことがわかり、その実態をうまくつかみきれず、さてどうしようかと考えあぐねているうちに、博士後期課程の1年がまたたく間にすぎてしまった。そして博士論文構想の発表を控え、早くテーマを固め発表準備に取りかからねばと、焦りの気持ちがだんだんと強まってきた。そうしたとき、からゆきさん関係の文献を調べていたときに、ふと読んだ、「戦前のフィリピン・ダバオには多くの日本人がおり、その約半数以上は沖縄県出身者であった」という一文を思い出した。実際は半数までは達してなかったが、そのときは移民人口の半分が同じ県の出身者が占めていた地域なら、何か因果関係があるかもしれないと思い、ただそれだけで、沖縄についてもフィ

リピンについてもよく調べもせず，無謀にもこのテーマをやることにしてしまったのである。

　こんな選び方をしたために，すぐに壁にぶつかった。資料が十分見つけられず，数少ない先行研究以上の論点を設定できず，何よりこのテーマを教育学研究の俎上にのせるには，資料が少なすぎた。どうしようか。一歩も前に進めず悩んだが，次の替わりのテーマが見つけられないという理由だけで，このテーマにしがみついていた。

　そんななか，ゼミなどで何人かの先生方から，外務省外交史料館や法政大学にある沖縄文化研究所の存在を伺い，早速行ってみることにした。それらにある史料のいくつかを読み進むうちに，今までなんとなく漠然としていたことが，ほんの少しはっきりとした輪郭をもってわかるようになってきた。今まで知りえた歴史的事実がつながっていき，「ああ，そういうことだったのか」，と納得することがいくつかあった。そんなかすかな手ごたえのなかで，半歩の半分の半々歩くらいは前に進めたような気がした。結局，私の研究は最後までこのくり返しだったように思う。つまり，適切な史料を見つけて，読んで，今までの認識をより明確にする。こんな研究としての基本形をただひたすらやり続けたといえる。誠に拙い研究手法であり，ときおり『謝花昇集』（みすず書房，1998年）を編んだ伊佐眞一の言葉，「たしかに資料的制約はあって難渋したが，停滞した研究状況を突破できるのはどんな小さな事実の断片や関連資料でも，根気よくかつ執念ぶかく収集するのだという決意と実行をおいてほかにはない」（p.400），といったものを思い出しては自分自身を納得させていた。

　このように歩みの遅い，手探りのなかで取り組んだ研究だったが，なんとかここまでまとめられたのは，ひとえにゼミの仲間や先生方の大きな支えがあったからこそである。一人では到底できるものではなかった。

　この紙面をかりて感謝の気持ちを申し述べたいと思う（肩書，所属は提出当時）。中央大学大学院文学研究科教育学専攻所属（在学当時）の，堀尾輝久先生，島田修一先生，森茂岳雄先生，故・奥田泰弘先生，金子茂先生，森田尚人先生，また，授業に参加させていただいた小林文人先生，斉藤利彦先生，などの諸先

いっぽう生方にはつねに丁寧なご指導とあたたかい励ましをいただき，論文の方向性を適切に導いていただいた。心から感謝を申し上げたい。

また，他大学・他機関の隣接領域の先生方に手紙，メール等でご助言を仰いだことがあった。こうしたぶしつけなやり方にも快く応じてくださり，ご返事をいただいたり，おめにかかる機会をつくっていただいた。渡部宗助先生（元国立教育政策研究所），石川友紀先生（元琉球大学），小島勝先生（龍谷大学），早瀬晋三先生（大阪市立大学），中村誠司先生（名桜大学），入院先からお電話をいただいた田港朝昭先生（元琉球大学），の各先生方に感謝の意を述べさせていただく。

主査の島田修一先生はじめ，森茂岳雄先生，故・奥田泰弘先生，渡部宗助先生には，論文審査の労をとっていただくことになった。

さらに，この研究を進めるにあたり，多くの方々のご好意を受けた。嘉数義光さんはじめ並里公民館の職員の皆様，宜野座村文化センター事務局長（当時）の新里民夫さん，宮城満さんはじめ名護市立中央図書館の職員の皆様，金武町の金武区，並里区，宜野座村の元フィリピン移民体験者の皆様，秋田市在住の宜野座道男さん，ダバオ会事務局の田中義夫さんなどから多大なる助力を得，大変お世話になった。御礼を申し述べさせていただきたい。

研究期間中には，多くの機関を利用させていただいた。東京では，外務省外交史料館，国立国会図書館，都立中央図書館，国際協力事業団図書館，沖縄文化研究所，沖縄協会，日本力行会，アジア経済研究所，防衛庁防衛研究所，国立教育政策研究所，中央大学図書館，東京大学図書館，早稲田大学図書館，立教大学図書館，沖縄では，沖縄県立図書館，沖縄県公文書館，沖縄県文化振興会公文書館管理部史料編集室，那覇市歴史資料室，名護市立中央図書館，金武町立図書館，宜野座村立図書館，並里公民館編集室，琉球大学図書館，沖縄国際大学図書館，海外では，ミシガン大学ベントレー歴史図書館，アメリカ国立公文書館などの協力をえて，貴重な資料を収集できた。

また，中央大学図書館のレファレンス・ルームの職員の方々には，資料の相談のほか，国内海外の大学図書館等への照会を何度もしていただいた。そして，

友人の近藤恵美子さんには，面倒なグラフ・表の作成を引き受けていただいた。厚く御礼を申し上げたい。

2009年3月

小林 茂子

参 考 文 献

I 未刊行史料
(1) Collection of Hayden, Joseph Ralston : Bentley Historical Library, University of Michigan
Box No.28-2 (Material Concerning Japanese in Davao).
Box No.28-4 (Concerning Japanese in Davao, 1934-1935).
Box No.12-17 (Papers regarding Japanese in Davao).

(2) NARA (U.S. National Archives and Records Administration) : Washington, D.C.
Record Group 59 : General Records of the Department of State, States Decimal File, 1910-1929.
894. 5611B (Emigration from Japan to the Philippine Islands).
Record Group 59 : General Records of the Department of State, States Decimal File, 1930-1939.
811B. 5294 (Japanese Holdings in the Province of Davao)/1,4,11.

(3) 外交史料：外務省外交史料館所蔵（東京）
［戦前期　第1巻（明治大正篇）］
3.8.1.11: 帝国移民政策及法規関係雑件（1巻）
3.8.1.11-1: 在外本邦人ノ教育金融衛生等ノ状況調査之件（1巻）
3.8.2.213: 在外各地日本人会関係雑件（2巻）
3.8.2.285-12: 本邦移民関係雑件－比律賓之部（1巻）
3.8.2.310: 海外渡航移民検査所及講習所関係雑件（1巻）
3.8.2.366-1: 帝国移民政策関係雑件－地方庁（移民講習所ソノ他ノ保護施設ニ関スル件）（1巻）
3.8.2.366-2: 帝国移民政策関係雑件－帝国経済会議移植民奨励会議（1巻）
3.10.2.10: 在外本邦学校関係雑件（2巻）
3.10.2.10-23: 在外本邦学校関係雑件－「ダヴァオ」小学校（別冊）（1巻）
［戦前期　第2巻（昭和戦前篇）］
I.1.5.2-7: 在外日本人各学校関係雑件－在亜南ノ部（1巻）
I.1.5.2-7-1: 在外日本人各学校関係雑件－在亜南ノ部－「ダヴァオ」日本国民学校（2巻）
I.1.5.2-7-21: 在外日本人各学校関係雑件－在亜南ノ部－「タリアオン」日本国民学校（1巻）
I.1.5.2-7-22: 在外日本人各学校関係雑件－在亜南ノ部－「ミルタン」女学院（1巻）
I.1.5.2-7-23: 在外日本人各学校関係雑件－在亜南ノ部－「ラサン」日本国民学校（1巻）
I.1.5.2-7-24: 在外日本人各学校関係雑件－在亜南ノ部－「テイコス」日本国民学校（1巻）
I.1.5.2-7-25: 在外日本人各学校関係雑件－在亜南ノ部－「バギバス」日本国民学校（1巻）
I.1.5.2-7-33: 在外日本人各学校関係雑件－在亜南ノ部－「ミンタル」日本国民学校（1巻）
I.1.5.2-7-34: 在外日本人各学校関係雑件－在亜南ノ部－「カリナン」日本国民学校（1巻）

J.1.1.J1: 本邦移民法規並政策関係雑件（3巻）。
J.1.1.J/X1-U2: 外国ニ於ケル排日関係雑件－比島ノ部（2巻）
J.1.1.J/X1-U2-1: 外国ニ於ケル排日関係雑件－比島ノ部－「ダヴァオ」土地問題（2巻）
J.1.2.J2: 本邦移民関係雑件（2巻）
J.1.2.J2-1: 本邦移民関係雑件－伯国ノ部（15巻）
J.1.2.J2-5: 本邦移民関係雑件－比島ノ部（2巻）
J.1.2.J2-14: 本邦移民関係雑件－比島ノ部－無学移民ノ渡航取締並各国ノ入国試験関係（1巻）
J.1.2.J6-7: 移民情報雑纂－比島ノ部（1巻）
J.1.2.J7: 本邦移民保護，奨励並救済関係雑件（6巻）
J.1.2.J12-2: 海外移植民団体関係雑件－各地海外協会（1巻）
［茗荷谷記録］
外務省.I.: 本邦ニ於ケル教育制度並状況関係雑件
拓務省.I.: 本邦ニ於ケル教育制度並状況関係雑件

(4) 軍政関係史料：防衛庁防衛研究所（東京）
比島全般77：1942年1月3日～1943年10月（1971年8月製本），第一復員局史実部「比島軍政ノ概要」
比島全般210：1945年8月（1984年3月製本），第一復員局「比島軍政ノ概要（素案）別冊其の一」

(5) 博士論文
Shinzo Hayase, *Tribes, Settlers, and Administrators on a Frontier : Economic Development and Social Change in Davao, Southeastern Mindanao, the Philippines, 1899-1941*, 1984, Ph. D. Dissertation, Murdoch University, Australia.
Kaneshiro Edith Mitsuko, *'Our Home Will Be the Five Continents'* : *Okinawan Migration to Hawaii, California, and the Philippines, 1899－1941*, 1999, Ph.D. Dissertation, University of California, Berkeley.

II　オーラル・ヒストリー・インタヴュー（敬称略）
(1) 沖縄県，市町村史
宜野座村誌編集委員会『宜野座村誌』第2巻資料編I（移民・開墾・戦争体験），1987年
金武町史編纂委員会『金武町史』第1巻（移民・証言編），1996年
北中城村史編集委員会『北中城村史』第3巻（移民・本編），2001年
具志川市史編さん委員会『具志川市史』第4巻（移民出稼ぎ証言編），2002年
　　　　　　　　　　各フィリピン移民体験者の証言

(2) その他
森山半七，2002年3月18日
仲間明正，2003年10月23日
仲間喜太郎の長女・裕子，ほか姉妹2名（昌子，栄子），2003年10月24日

金武秀子，2003年10月24日
仲本スミ夫妻，2003年10月25日
伊藝正勇，2003年10月26日
宜野座道男（秋田市在住，書簡），2004年4月3日受

Ⅲ　新聞・雑誌(会報)・写真集・目録及び年表
(1)　新聞
　　『琉球新報』
　　　　1995年4月24日〜11月14日：「世界のウチナーンチュ人国記」1-30
　　『沖縄毎日新聞』
　　『大阪朝日新聞』（鹿児島・沖縄版）
　　『大阪毎日新聞』（鹿児島・沖縄版）
　　『マニラ新聞』（復刻版）
　　『ダバオ新聞』

(2)　雑誌（会報）
　　『琉球教育』沖縄県私立教育会
　　『沖縄教育』沖縄県教育会
　　『信濃教育』信濃教育会
　　『地理教育』地理教育研究会
　　『教育時論』開発社
　　『教育学術界』教育学会，教育学術研究会，大日本学術協会
　　『帝国教育』帝国教育会
　　『興亜教育』東亜教育協会
　　『教育』岩波書店
　　『異文化間教育』異文化間教育学会
　　『海を越えて』拓殖奨励館
　　『力行世界』日本力行会
　　『比律賓情報』（復刻版）比律賓協会
　　『移民地事情』海外興業株式会社（1927年1月〜1939年12月）
　　『拓務時報』（復刻版），拓務省拓務局
　　『海外金儲読本』（『植民』第10巻第1号，附録），日本植民通信社
　　『南鵬』創刊号（1925年）〜第3号（1927年)/『雄飛』（戦後），沖縄県海外協会
　　『月刊文化沖縄』月刊文化沖縄社
　　『おきなわ』おきなわ社
　　『ダバオ会々報』ダバオ会（2001年に解散）
　　『南洋協会々報』『南洋協会雑誌』南洋協会
　　『南支那及南洋調査』台湾総督府官房調査課
　　　　108号：「㊙比律賓ダバオの邦人事業」1926年
　　　　118号：「南洋に於ける邦人の事業」1926年7月
　　　　121号：「南洋各地邦人栽培企業地図」1926年

159号：「国策としての南洋移民問題」1929年1月
　　　160号：「比律賓ダバオ州に於ける邦人産業調査報告」1929年1月
　　　161号：「南洋に於ける養蚕業」1929年1月
　　　189号：「㊙ダバオ事情」1930年9月
　　　199号：「比律賓の現状」1931年3月
　　　238号：「南洋各地邦人企業要覧」1937年12月
『南支那及南洋情報』台湾総督府官房調査課
『通商彙報』(復刻版) 外務省通商局
　　　第35号 (移民)：1905年6月23日「比律賓島ベンゲット州本邦移民就業地巡回復命書」
『新沖縄文学』沖縄タイムス
　　　84号：座談会 (山城達雄・又吉盛清・新垣安子)「戦時下における民衆－台湾・フィリピン・南洋群島－」1990年6月
『世界』岩波書店
　　　614号：対談 (川村湊・山室信一)「＜アジア＞の自画像をいかに描くか」1995年10月
『月刊民藝』日本民藝協会
　　　11・12月合併号：日本民藝協会「沖縄言語問題に対する意見書」1940年
　　　　　　　　　　柳宗悦「琉球文化の再認識に就て　沖縄県知事に呈するの書」1940年

(3)　写真集 (五十音順)

『太田興業株式会社事業写真帖』太田興業株式会社，発行年不明
我部政男・宮城保編『明治・大正・昭和　沖縄県学校写真帖』那覇出版社，1987年
宜野座村誌編集委員会『宜野座村誌』別巻－村民アルバム，1992年
久志良美館編纂『ダバオ開拓三十五周年　記念写真帖』1940年
鈴木賢士『母と子でみる　フィリピン残留日系人』草の根出版会，1997年
ダバオ会編集部『ダバオ　懐かしの写真集』1988年
並里区写真集編纂委員会『歴史写真集　並里　世紀を越え未来へ』2001年
早瀬晋三・鈴木亮『写真記録　東南アジア　歴史・戦争・日本』(1 フィリピン・太平洋諸国) ほるぷ出版，1997年

(4)　目録及び年表 (五十音順)

阿波根直誠・川井勇・佐久川紀成「「沖縄県教員養成史関係資料文庫」所蔵目録と解題」『琉球大学教育学部紀要』第24集第一部，1980年12月
石川友紀「沖縄県移民に関する文献紹介」(付・沖縄移民関係資料)『新沖縄文学』第45号，1980年6月
　　──「移民関係文献資料目録」沖縄県沖縄史料編集所『沖縄史料編集所紀要』創刊号，1976年3月
　　──「沖縄県移民の父・當山久三に関する文献目録」『琉球大学法文学部人間科学科紀要人間科学』第5号，2003年3月
移民研究会編『日本の移民研究　動向と目録』日外アソシエーツ，1994年
　　──『日本の移民研究　動向と文献目録Ⅰ　明治初期－1992年9月』明石書店，2008年

──『日本の移民研究　動向と文献目録Ⅱ　1992年10月－2005年9月』明石書店，
　　　2008年
　「沖縄県移民百年史年表」「沖縄移民関係書誌一覧」『日系移民１世紀展』沖縄県立博物館，２
　　000年10月
　押本直正「海外移住年表」『歴史公論』第５巻１号，1978年１月
　　　──「移住関係文献解題目録」海外移住事業団『移住研究』No.5，1969年８月
　川島緑『防衛研究所所蔵　日本のフィリピン占領関係史料目録』ＡＡ研東南アジア研究第４
　　巻，東京外国語大学アジア・アフリカ言語文化研究所，1994年
　田港朝和「沖縄移民年表」『新沖縄文学』第45号，1980年６月
　早瀬晋三『「領事報告」掲載　フィリピン関係記事目録，1881-1943年』龍渓書舎，2003年
　吉久明宏「国立国会図書館所蔵邦文フィリピン関係図書目録」国立国会図書館『アジア資料
　　通報』第28巻第11号，1991年２月
　　　──「日本におけるフィリピン研究文献目録　その２」国立国会図書館『アジア資料
　　通報』第30巻第4号，1992年７月
　　　──「南洋関係諸団体刊行物目録(6)比律賓協会」国立国会図書館『アジア資料通報』
　　第26巻第３号，1988年６月
　琉球政府立沖縄史料編集所（現在，㈶沖縄県文化振興会公文書館管理部史料編集室）『沖縄
　　関係文献目録』1972年１月

Ⅳ　著書・論文・その他（五十音順）　　（英文資料も含む）
[沖縄，日本関連]
　相庭和彦，大森直樹，陳錦，中島純，宮田幸枝，渡辺洋子『満州「大陸の花嫁」はどうつく
　　られたか』明石書店，1996年
　芦田完「移民教育論－移民教育の緊要性」『学習研究』第14巻第３号，1935年３月
　　　──「移民教育論（完）」『学習研究』第14巻第４号，1935年４月
　　　──「移民教育論より見たる小学校教科書」『学習研究』第14巻第５号，1935年５月
　　　──「移民教育（三）」『学習研究』第14巻第6号，1935年６月
　　　──「移民教育（完）」『学習研究』第14巻第7号，1935年７月
　　　──「移植民教育機関の展望」『学習研究』第14巻第８号，1935年８月
　　　──「移民教育の実際－我が国移民不振の原因」『学習研究』第14巻第10号，1935年
　　　10月
　　　──「移民観念の更生と人種平等教育」『学習研究』第15巻第１号，1936年１月
　　　──「海外発展と国民性の革新」『学習研究』第15巻第３号，1936年３月
　　　──『大和民族の使命　海外発展教育の要諦』明治図書，1937年
　安里延『沖縄海洋発展史－日本南方発展史序説－』沖縄県海外協会，1941年
　安里彦紀『近代沖縄の教育』三一書房，1983年
　　　──『沖縄の近代教育』亜紀書房，1973年
　　　──『沖縄教育講話』沖縄時事出版，1978年
　宇宜野湾誌編集委員会『ぎのわん』（宇宜野湾郷友会誌），1988年
　浅田喬二「戦前日本における植民政策研究の二大潮流について－矢内原忠雄と細川嘉六の植
　　民理論－」『歴史評論　特集近代日本の「移民」を問いなおす』No.513，校倉書房，1993年

1月
浅野誠・佐久川紀成「沖縄における置県直後の小学校設立普及に関する研究－地方役人層の動向を中心にして－」『琉球大学教育学部紀要』第20集第一部，1976年12月
―――「明治中期における小学校の就学実態の一例の検討－沖縄県西表校にみる－」『琉球大学教育学部紀要』第26集第一部，1983年1月
―――「沖縄教育史研究の視野」『琉球大学法文学部紀要』社会学篇第31号，1989年3月
―――『沖縄県の教育史』，思文閣出版，1991年
安達義弘『沖縄の祖先崇拝と自己アイデンティティ』九州大学出版会，2001年
安仁屋政昭「移民と出稼ぎ－その背景」沖縄歴史研究会編『近代沖縄の歴史と民衆』(増補改訂版)至信社，1977年
―――「沖縄における皇民化政策」藤原彰・新井信一編『現代史における戦争責任』青木書店，1990年
―――「移民政策」沖縄県文化振興会公文書管理部史料編集室『沖縄戦研究Ⅰ』沖縄県教育委員会，1998年
阿波根直誠「初等教育」琉球政府『沖縄県史』第4巻教育，1966年
―――「沖縄県小学校教育の変遷(Ⅱ)－大正期を中心とする「新教育運動」の動向－」『琉球大学教育学部紀要』第15集第一部，1972年3月
―――「沖縄における教育意識の変遷についての試論的研究－1870年代から1890年代における教育意識の史的分析－」『琉球大学教育学部紀要』第23集第一部，1979年12月
―――編『沖縄県の戦前における師範学校を中心とする教員養成についての実証的研究』昭和54年度科学研究費補助金(一般研究B)研究成果報告書，1980年3月
―――「沖縄の師範学校における「郷土室」について(Ⅰ)－沖縄県師範学校(男子)の「郷土資料目録」に関連して－」『琉球大学教育学部紀要』第28集第一部，1985年2月
―――「沖縄の師範学校における「郷土室」について(Ⅱ)－沖縄県女子師範学校の「郷土資料目録」に関連して－」『琉球大学教育学部紀要』第30集第一部，1987年2月
安富祖博著『村の記録』(金武町伊芸区)，1983年
天沼香「移民史への視座－近代日本における移民の位相の認識のために－」『東海女子大学紀要』第4号，1985年3月
―――『故国を忘れず新天地を拓く　移民から見る近代日本』(新潮選書)，新潮社，2008年
新垣金造『移民之友』移民之友社，1926年
新垣安子「フィリピンレポート　移民の妻たちを訪ねて」『地域と文化』沖縄をみなおすために第24号，1984年4月
―――「フィリピンレポート　戦後の課題」『地域と文化』沖縄をみなおすために第25号，1984年6月
―――「内なるフィリピン」『新沖縄文学』72号，1987年6月
―――「フィリピンと日本のはざまに生きる人たち」『新沖縄文学』84号，1990年6月
安良城盛昭「沖縄の地域的特質－日本相対化の歴史的必然性を中心に－」『現代と思想』33号，1978年9月

―――「日本史像形成に占める琉球・沖縄史の地位」地方史研究連絡協議会『地方史研究』197号第35巻第5号, 1985年10月
―――『天皇・天皇制・百姓・沖縄－社会構成史研究よりみた社会史研究批判－』吉川弘文館, 1989年
石川朋子「沖縄南洋移民に関する一考察」沖縄国際大学大学院地域文化研究科『地域文化論叢』第3号, 2000年
蘭信三編著『日本帝国をめぐる人口移動の国際社会学』不二出版, 2008年
石川友紀「沖縄出移民の歴史とその要因の考察」広島史学研究会『史学研究』第103号, 1968年5月
―――「フィリピン移民」沖縄県『沖縄県史』第7巻・移民, 1974年
―――「第二次世界大戦前の県海外協会機関誌「南鵬」について」『雄飛』第33号, 1976年11月
―――「第二次世界大戦前の沖縄県における海外移民教育について」沖縄県高等学校海外教育研究協議会会誌『海外教育』第6号, 1977年6月
―――「沖縄県移民の特色」『歴史公論』第5巻1号, 雄山閣出版, 1978年1月
―――「沖縄県における出移民の特色－第2次世界大戦前を中心として－」『琉球大学法文学部紀要』第21号, 1978年
―――「報告 海外移住の歴史的要因」外務省国際協力事業団『海外移住の意義を求めて《ブラジル移住70周年記念》－日本人の海外移住に関するシンポジウム－』1979年
―――「沖縄と移民」『新沖縄文学』第45号, 1980年6月
―――「移民を通してみた近代沖縄研究」地方史研究連絡協議会『地方史研究』196号第35巻4号, 1985年8月
―――「沖縄県から東南アジアへの移民の歴史」島袋邦・比嘉良充編著『地域からの国際交流 アジア太平洋時代と沖縄』啓文出版, 1986年
―――「日本移民研究のための基礎試論」『汎』1, ＰＭＣ出版, 1986年6月
―――「移民と国際交流－東南アジアへの沖縄県出身移民を例として－」『新沖縄文学』第72号, 1987年6月
―――「海外沖縄移民社会の歴史と実態－概説をかねて－」『海外おきなわ最新情報』沖縄タイムス社, 1987年10月
―――「第二次世界大戦前における沖縄県からフィリピン群島への移民の歴史と実態」仲松弥秀先生傘寿記念論文集刊行委員会『神・村・人－琉球弧論叢－』第一書房, 1991年
―――「海洋民・移民としての沖縄県人」『熱い心の島－サンゴ礁の風土誌』古今書院, 1992年
―――『日本移民の地理学的研究－沖縄・広島・山口－』榕樹書林, 1997年
―――「移民研究の現状と課題－移民送出側の視点から－」『移民研究年報』第5号, 1998年12月
石川市役所『石川市史』1976年
石島庸男・梅村佳代編『日本民衆教育史』梓出版社, 1996年
石田郁夫「沖縄の断層－ルポルタージュ・被支配のなかの差別－」武田清子『戦後日本思想大系2 人権の思想』筑摩書房, 1970年

石田麿柱（宜野座道男）『ダバオ開拓の祖　大城孝蔵』自費出版，1991年
石田雄「「同化」政策と創られた観念としての「日本」（上）」『思想』No.892，1998年10月
── 「「同化」政策と創られた観念としての「日本」（下）」『思想』No.893，1998年11月
石附実「大正期における自由教育と国際教育」池田進・本山幸彦編『大正の教育』第一法規出版，1978年
石原昌家「移民の生活歴と送出地との関係－予備調査報告－」沖縄国際大学『文学部紀要』社会学科篇，第5巻第2号，1977年3月
── 「擬似共同体社会としての郷友会組織」沖縄国際大学『文学部紀要』社会学科篇，第8巻第1号，1980年3月
── 『郷友会社会－都市のなかのムラ－』ひるぎ社，1986年
『移住あっせん所案内』（附：沖縄県人の海外移住発展史）琉球政府移住あっせん所，1966年5月
伊高浩昭『沖縄アイデンティティー』マルジュ社，1986年
糸満小学校創立百周年記念事業実行委員会『糸満小学校創立百周年記念誌』1983年
糸満小学校創立八十周年記念事業期成会『糸満小学校創立八十周年記念誌』1964年
伊波普猷『伊波普猷全集』第七巻，平凡社，1975年
── 『伊波普猷全集』第十一巻，平凡社，1976年
移民研究会編『戦争と日本人移民』東洋書林，1997年
『岩波講座　現代教育学5』日本近代教育史，1962年
上野英信『眉屋私記』潮出版社，1984年
浦添市教育委員会『浦添市史』第5巻資料編4（戦争体験記録），1984年
栄沢幸二『大正デモクラシー期の教員の思想』研文出版，1990年
Ethnic Studies Oral History Project, United Okinawan Association of Hawaii, *Uchinanchu: a history of Okinawan in Hawaii*, Honolulu: Ethnic Studies Program, University of Hawaii at Manoa, 1981.
江淵一公『異文化間教育学序説－移民・居留民の比較教育民族誌的分析』九州大学出版会，1994年
大久保孝治「生活史分析の方法論的基礎」『社会科学討究』第34巻第1号，早稲田大学社会科学研究所，1988年8月
大久保達正等編著『昭和社会経済史料集成』第14巻海軍省資料14，大東文化大学東洋研究所，1989年
大門正克「日本近代史研究における1990年代」『歴史評論』No.618，校倉書房，2001年10月
大城将保「戦時下の沖縄県政－昭和十八年知事事務引継書の周辺－」沖縄県沖縄史料編集所『沖縄史料編集所紀要』第2号，1977年3月
── 「翼賛体制下の沖縄社会」㈶沖縄県文化振興会公文書管理部史料編集室『沖縄戦研究Ⅰ』沖縄県教育委員会，1998年
大宜味村史編集委員会『大宜味村史』資料編，1978年
大宜味村立喜如嘉小学校創立百周年記念事業期成会『喜如嘉小学校創立百周年記念誌』1988年

大宜味村根路銘区『根路銘誌』1985年
太田朝敷『沖縄県政五十年』国民教育社，1932年
大田昌秀『沖縄の民衆意識』弘文堂新社，1967年
　　　───『近代沖縄の政治構造』勁草書房，1972年
　　　───『沖縄人とは何か』グリーンライフ，1980年
沖田行司『ハワイ日系移民の教育史－日米文化，その出会いと相剋－』ミネルヴァ書房，1997年
　　　───編『ハワイ日系社会の文化とその変容－一九二〇年代のマウイ島の事例－』ナカニシヤ出版，1998年
　　　───「移民教育と異文化理解」辻本雅史・沖田行司編『教育社会史』新体系日本史16，山川出版社，2002年
沖縄県『社会教育概要』1926年
　　　───『沖縄県社会事業要覧』1934年4月
　　　───『知事事務引継書』1935年7月
　　　───『沖縄県統計書』1926年，1930年，1935年，1938年
　　　───「昭和十八年　知事事務引継書」沖縄県沖縄史料編集所『沖縄県史料』近代1，沖縄県教育委員会，1978年
沖縄県学務課『社会教育概要』1936年7月
沖縄県議会事務局『沖縄県議会史』第四巻資料編1，沖縄県議会，1984年
　　　───『沖縄県議会史』第五巻資料編2，沖縄県議会，1984年
　　　───『沖縄県議会史』第六巻資料編3，沖縄県議会，1985年
　　　───『沖縄県議会史』第七巻資料編4，沖縄県議会，1985年
　　　───『沖縄県議会史』第八巻資料編5，沖縄県議会，1986年
　　　───『沖縄県議会史』第九巻資料編6，沖縄県議会，1987年
　　　───『沖縄県議会史』第十巻資料編7，沖縄県議会，1988年
沖縄県教育委員会『沖縄県史』第1巻通史，1977年
　　　───『沖縄県史』第5巻文化上　各論編4，1975年
　　　───『沖縄県史』第6巻文化下　各論編5，1975年
　　　───『沖縄県史』第7巻移民，1974年
　　　───『沖縄県史』別巻・沖縄近代史辞典，1977年
沖縄県社会課『国民更生運動の概況　前篇』1933年4月
　　　───『国民更生運動の概況　後篇』1935年4月
沖縄県師範学校附属小学校同窓会『沖縄県師範学校附属小学校創立百年の記念誌』1982年
沖縄県初等教育研究会編『島の教育』1928年
沖縄県総務部国際交流課『海外移住事務概要』1983年2月
沖縄県知事公室国際交流課『国際交流関連業務概要』1997年9月。
沖縄市学校教育百年誌編纂委員会『沖縄市学校教育百年誌』沖縄市教育委員会，1990年
沖縄女性史を考える会『沖縄県の「満州開拓民」の研究－その入植まで－』1999年
沖縄連隊区司令部『部外秘　沖縄県の歴史的関係及人情風俗』1923年
小熊英二『＜日本人＞の境界　沖縄・アイヌ・台湾・朝鮮　植民地支配から復帰運動まで』新曜社，1998年

小沢有作『民族教育論』明治図書，1967年
海後宗臣編『日本教科書大系』近代編第三巻　修身㈢，講談社，1962年
─────『日本教科書大系』近代編16　地理㈡，講談社，1965年
─────『日本教科書大系』近代編17　地理㈢，講談社，1966年
梶田孝道編『国際社会学－国家を超える現象をどうとらえるか－』名古屋大学出版会，1996年［第2版］
─────『エスニシティと社会変動』有信堂高文社，1998年
片岡千賀之「糸満漁民の海外出漁」中楯興編著『日本における海洋民の総合研究－糸満系漁民を中心として－』上巻，九州大学出版会，1987年
勝山誌編纂委員会『勝山誌』1978年
我部政男『沖縄史料学の方法　近代日本の指標と周辺』新泉社，1988年
鎌田とし子「「郷友共同体」と社会運動－沖縄郷友会の分析－」『東京女子大学社会学会紀要　経済と社会』第14号，1986年2月
上伊那郡富県植民研究会『南洋フィリピンの信濃村』1917年
上沼八郎「沖縄教育史の研究（その1）－教育「近代化」の遅滞現象－」『東京女子体育大学紀要』第2号，1967年3月
─────「沖縄教育史の研究（その2）－垣花恵辰の「辞令」資料をめぐって－」『東京女子体育大学紀要』第6号，1971年3月
─────「沖縄教育史－独自性の確認過程－」梅根悟監修・世界教育史研究会編『世界教育史大系3』日本教育史Ⅲ，講談社，1976年。
神田精輝『沖縄郷土歴史読本』琉球文教図書，1968年
漢那区誌編集委員会『漢那誌』1984年
企画展『公文書館資料にみる海外移民の軌跡』沖縄県公文書館，1999年8月3日
北川泰三「沖縄県出身の同郷者集団－横浜市鶴見区の調査から－」南島史学会『南島史学』第34号，1989年9月
北中城村史編纂委員会『北中城村史』第3巻（移民・本編），2001年
木田融男「沖縄人移住者における生活価値の変容－分析視点への予備的考察－」『言語文化研究』5巻3号，立命館大学国際言語文化研究所，1994年1月
宜野座村誌編集委員会『宜野座村誌』第1巻通史編（別冊金武村人名簿），1991年
─────『宜野座村誌』第2巻資料編Ⅰ（移民・開墾・戦争体験），1987年
─────『宜野座村誌』第3巻資料編Ⅲ（民俗・自然・考古），1989年
─────『宜野座村誌』第4巻資料編Ⅱ（文献資料上・下），1988年
─────『宜野座村誌』別冊（村民アルバム），1992年
宜野座村物慶区『物慶誌』1978年
宜野座嗣剛『沖縄近代教育史－栄光と悲惨への道』沖縄時事出版，1983年
宜野湾市編集委員会『宜野湾市史』第1巻通史編，1994年
宜野湾小学校創立百周年記念事業期成会『宜野湾小学校創立百周年記念誌』1983年
儀間（玉木）園子「明治中期の沖縄教育界－本土出身教師と沖縄出身教師－」『史海』No.1，1984年1月
─────「明治中期の沖縄歴史観についての一考察（下）－『琉球教育』を中心に－」地域と文化編集委員会『地域と文化』第24号，1984年4月

───「明治三〇年代の風俗改良運動について」『史海』No.2，1985年12月
───「沖縄の地方改良運動　研究ノート①」『史海』No.7，1989年8月
───「沖縄の青年会－夜学会から沖縄県青年会まで－」㈶沖縄県文化振興会公文書管理部史料編集室『史料編集室紀要』第26号，2001年
木村健二「明治期日本人の海外進出と移民・居留民政策⑴」『商経論集』No.35，早稲田大学大学院商学研究院生自治会，1978年
───「明治期日本人の海外進出と移民・居留民政策⑵・完」『商経論集』No.36，早稲田大学大学院商学研究院生自治会，1979年
───「戦前期日本移民学の軌跡」国際協力事業団『移住研究』No.26，1989年3月
───「近代日本の移民・植民活動と中間層」『歴史学研究（近代世界における移植民と国民統合）』No.613，青木書店，1990年11月（増刊号）
───「戦前期「移民収容所」政策と異文化教育」『社会科学討究』124，第42巻第3号，早稲田大学社会科学研究所，1997年3月
───「近代日本の移植民研究における諸論点」『歴史評論　特集近代日本の「移民」を問いなおす』No.513，校倉書房，1993年1月
金武区誌編集室『金武区誌』資料編（戦前新聞集成），1989年
───『金武区誌』上巻，1994年
───『金武区誌』下巻，1994年
金城功「沖縄移民の社会経済的背景」『新沖縄文学』第45号，1980年6月
───「金城次郎氏の日記にみる移民の転耕などについて」沖縄史料編集所『沖縄史料編集所紀要』第10号，1985年3月
───「金城次郎氏の日記に見るペルー移民の生活の断面について」沖縄史料編集所『沖縄史料編集所紀要』第11号，1986年3月
───「金城次郎氏と日記」沖縄県立図書館史料編集室『沖縄史料編集室紀要』第14号，1989年3月
金城宗和「エスニック・グループとしての「沖縄人」－大阪市大正区における沖縄人アイデンティティの聞き取り調査から－」関西大学大学院『人間科学－社会学・心理学研究－』第37号，1992年3月
───「本土沖縄人社会の生活世界－大阪市大正区を事例に－」立命館大学人文科学研究所紀要『移住と社会的ネットワーク－沖縄県今帰仁村を事例にして－』No.68，立命館大学人文科学研究所，1997年3月
金武小学校創立百周年記念事業期成会『金武小学校創立百周年記念誌』，1982年。
金武町誌編纂委員会『金武町誌』1983年
金武町教育委員会『金武町移民企画展報告書』1994年
金武町史編さん委員会『金武町史』第1巻（移民・本編），1996年
───『金武町史』第1巻（移民・資料編）1996年
───『金武町史』第1巻（移民・証言編）1996年
───『金武町史』第2巻（戦争・本編）2002年
───『金武町史』第2巻（戦争・資料編）2002年
───『金武町史』第2巻（戦争・証言編）2002年
金武町立金武小学校『金武小学校創立八十五周年記念誌』1967年

金武町立金武小学校『学校要覧』1996年
具志川市史編さん室『具志川市史』第2巻新聞集成(大正・昭和戦前編) 1993年
―――『証言記録集《大正・昭和戦前編》大正・昭和戦前の具志川を語る』1993年
―――『具志川市史編集資料6　防衛庁防衛研修所図書館蔵「防衛庁資料目録」』1995年
具志川市史編さん委員会『具志川市史』第4巻移民・出稼ぎ資料編，2002年
―――『具志川市史』第4巻移民・出稼ぎ論考編，2002年
―――『具志川市史』第4巻移民・出稼ぎ証言編，2002年
具志川市史編さん室『具志川市史だより』創刊号，1991年3月30日
―――『具志川市史だより』第2号，1991年10月15日
―――『具志川市史だより』第3号，1992年3月31日
―――『具志川市史だより』第4・5合併号，1993年3月31日
―――『具志川市史だより』第6・7合併号，1994年3月31日
―――『具志川市史だより』第8・9合併号，1995年3月31日
―――『具志川市史だより』第10・11合併号，1996年3月29日
具志川市編纂委員会『具志川市誌』1970年
具志川村史編集委員会『久米島具志川村史』1976年
国頭郡教育部会『沖縄県国頭郡志』沖縄出版会，1967年
国頭村海外移民史編さん委員会『国頭海外移民史』資料編，国頭村役場，1992年
―――『国頭海外移民史』本編，国頭村役場，1992年
国頭村役場『国頭村史』1967年
熊本史雄「外交史料館所蔵『茗荷谷研修所旧蔵記録』の構造とその史料的位置－拓務省関係文書を中心に－」外務省外交史料館『外交史料館報』第16号，2002年6月
倉沢剛『総力戦の理論』目黒書店，1944年
黒田公男「神戸移民収容所ノート」国際協力事業団『移住研究』No.21，1984年3月
黒柳俊之「フィリピンにおける邦人」国際協力事業団『移住研究』No.18，1981年3月
『現代史資料(日中戦争三)』第10，みすず書房，1964年。
「講座日本教育史」編集委員会編『講座日本教育史』第3巻近代Ⅱ／近代Ⅲ，第一法規出版，1984年
神戸移住教養所『神戸移住教養所概要』1934年
国際教育協会編『国際教育の理論及実際』文化書房，1923年
国際協力事業団沖縄支部『沖縄県と海外移住』1982年3月
国立教育研究所『日本近代教育百年史』第七巻社会教育(1) 1974年
―――『日本近代教育百年史』第八巻社会教育(2) 1974年
小島憲「在外邦人第二世問題の展望」『在外邦人第二世問題』第一集，移民問題研究会，1940年3月
小林活版所編集部編『植民読本』小林活版所出版部(長野県篠ノ井町)，1915年
小林多寿子「ライフヒストリーのなかの地域－移民送出の地方文化－」間場寿一編『地方文化の社会学』世界思想社，1998年
小林文人「教育基本法と沖縄－社会教育との関連をふくめて－」『教育学研究』第65巻第4号，1998年4月

駒込武「植民地教育史研究の課題と展望」日本教育史研究会『日本教育史研究』No.10，1991年
　　　──『植民地帝国日本の文化統合』岩波書店，1996年
近藤健一郎「学校が「大和屋」と呼ばれた頃－琉球処分直後の沖縄における学校－」『北海道大学教育学部紀要』第61号，1993年
　　　──「沖縄における徴兵令施行と教育」『北海道大学教育学部紀要』第64号，1994年
　　　──「日清戦争後の沖縄における「風俗改良」運動の実態－「父兄懇談会」の開始を中心に－」南島史学会『南島史学』第44号，1994年11月
　　　──「沖縄における移民・出稼ぎ者教育－沖縄県初等教育研究会「島の教育」（1928年）を中心に－」『教育学研究』第62巻第2号，1995年6月
　　　──「国定教科書の沖縄像－歴史，地理を中心に－」『北海道大学教育学部紀要』第68号，1995年
　　　──「日清戦争前の沖縄教育政策－「一木書記官取調書」（1894年）を中心に－」南島史学会『南島史学』第48号，1996年10月
　　　──「国家総動員体制下の沖縄における標準語励行運動」南島史学会『南島史学』第49号，1997年5月
今野敏彦・藤崎康夫編著『移民史』Ⅱ　アジア・オセアニア編，新泉社，1996年
桜井厚・中野卓編『ライフヒストリーの社会学』弘文堂，1995年
栄田剛「海外移住者のアイデンティティ考－主として，前山隆「非相続者の精神史」をめぐって－」国際協力事業団『移住研究』No.19，1982年3月
笹尾省二「1920年代実業補習教育の動向」『京都大学教育学部紀要』32，1986年
佐々木嬉代三「移住民問題を通して見た沖縄と日本」『言語文化研究』5巻3号，立命館大学国際言語文化研究所，1994年1月
佐敷小学校創立百周年記念事業期成会『佐敷小学校百周年記念誌』1983年
佐敷町字新里　字誌・編集委員会『字誌新里』1990年
佐竹道盛「明治期の県政と教育」沖縄文化協会『沖縄文化』第11巻1号42，1974年10月
　　　──「沖縄近代教育の特質」『北海道教育大学紀要』第一部C　教育科学部編第29巻第1号，1978年9月
佐藤嘉一「移住（海外・本土）と社会的ネットワーク－郷友会組織と呼寄－」立命館大学人文科学研究所紀要『移住と社会的ネットワーク－沖縄県今帰仁村を事例にして－』No.68，立命館大学人文科学研究所，1997年3月
座間味村史編集委員会『座間味村史』中巻，1989年
島尻郡教育部会『島尻郡誌』島尻郡教育部会，1937年
島田修一編著『知を拓く学びを創る　新・社会教育入門』つ␣なん出版，2004年
島袋源一郎『沖縄県国頭郡志』沖縄県国頭郡教育部会，1918年
島袋勉「近代沖縄教育における同化政策の展開」東洋大学アジア・アフリカ文化研究所『アジア・アフリカ文化研究所研究年報』第22号，1987年
下嶋哲朗『豚と沖縄独立』未来社，1997年
下中弘『日本史大事典』第一巻（全七巻）平凡社，1992年
全国移殖民協議会『全国移殖民協議会報告』1918年
大東亜省連絡委員会第一部会『南方経済対策』（改訂版）1943年7月31日現在

大本営陸軍部研究班「海外地邦人の言動より観たる国民教育資料（案）」（1940年5月）高崎
　隆治編『十五年戦争極秘資料集』第１集，不二出版，1987年
鷹野良弘『青年学校史』三一書房，1992年
高良倉吉「琉球・沖縄の歴史と日本社会」『日本の社会史　第１巻　列島内外の交通と国家』
　岩波書店，1987年
高良隣徳「琉球教育に就いて」大日本教育会『大日本教育会雑誌』第180号〜第182号，1896
　年８月〜10月
拓務省拓務局『移植民講習会講演集』1932年
　　　　『拓務要覧』（昭和十年度版）日本拓殖協会，1936年
　　　　『拓務要覧』（昭和十五年度版）日本拓殖協会，1941年
　　　　『㊙海南島農業試験移民要綱』1941年９月
田島康弘「奄美とブラジル移民」『鹿児島大学教育学部研究紀要』人文・社会科学編，第48
　巻，1996年度
田中圭治郎『教育における文化的同化－日系アメリカ人の場合－』本邦書籍，1986年
　　　　『教育における文化的多元主義の研究』ナカニシヤ出版，2000年
棚原健次「南米ブラジルの沖縄系一世移民」沖縄心理学会編『沖縄の人と心』九州大学出版
　会，1994年
　　　　『アジアのなかの琉球王国』吉川弘文館，1998年
谷富夫編『ライフ・ヒストリーを学ぶ人のために』世界思想社，1996年
玉城美五郎「沖縄海外移住関係記録」国際協力事業団『移住研究』No.16，1979年３月
田港朝昭「明治十二年前後の教育政策」沖縄歴史研究会『沖縄歴史研究』創刊号，1965年10
　月
　　　　「社会教育」琉球政府『沖縄県史』第４巻教育，1966年
　　　　「「沖縄県日誌」にみる学務委員について」沖縄歴史研究会『沖縄歴史研究』第
　　２号，1966年６月
　　　　「沖縄県社会教育上の２・３の問題－県政の推移と徴兵適齢者教育－」『琉球大
　　学教育学部紀要』第９集第一部，1966年６月
　　　　「沖縄地域史研究における時代区分」新里恵二編『沖縄文化論叢』第一巻歴史編，
　　平凡社，1972年
地域教育史資料３『沖縄県用尋常小学校読本』文部省刊第一〜第八，文化評論社，1982年
知念善栄編集『東風平村史』1976年
北谷小学校創立百周年記念事業期成会『北谷小学校創立百周年記念誌』1984年
チャールズ・テイラー（田中智彦訳）『＜ほんもの＞という倫理－近代とその不安』産業図
　書，2004年
照屋忠英先生遺徳顕彰碑期成会『鎮魂譜　照屋忠英先生回想録』青い海出版社，1978年
特別展『日系移民１世紀展　From Bentō to Mixed Plate』沖縄県立博物館，2000年10月
　31日
冨山一郎「「沖縄差別」と「同郷人的結合」－戦前期大阪における沖縄出稼民の定着過程の
　分析－」社会学研究会『ソシオロジ』第30巻２号，1985年９月
　　　　「戦前期，沖縄出稼民の結社と「沖縄差別」－関西沖縄県人会の分析を中心に－」
　　『歴史学研究』第570号，青木書店，1987年８月

―――『近代日本社会と「沖縄人」－「日本人」になるということ』日本経済評論社，1990年
―――『戦場の記憶』日本経済評論社，1995年
―――「ナショナリズム・モダニズム・コロニアリズム　沖縄からの視点」駒井洋監修・講座外国人定住問題　伊豫谷登士翁・杉原達編著『日本社会と移民』第一巻，明石書店，1996年
―――「ユートピアの海」春田直樹編『オセアニア・オリエンタリズム』世界思想社，1999年
―――「世界市場に夢想される帝国「ソテツ地獄」の痕跡」豊見山和行編『日本の時代史18 琉球・沖縄史の世界』吉川弘文館，2003年
豊見城村史編纂委員会『豊見城村史』1964年
戸谷修「心のふるさととしての郷友会　その構造的特質と機能」『青い海』118号，青い海出版社，1982年12月号
鳥海靖・松尾正人・小風秀雅編『日本近現代研究事典』東京堂出版，1999年
内閣情報部編纂『国民精神総動員実施概要』1939年6月
仲新・稲垣忠彦・佐藤秀夫編『近代日本　教科書教授法資料集成』第11巻　編纂趣意書Ⅰ，東京書籍，1982年
永丘智太郎「我国に於ける拓殖奨励の緊要性」海外移住組合聯合會『海聯會報』10巻8号，1941年1月
―――「南方大調査機関設置の緊急性」『南洋』27巻6号，1941年6月
―――『比律賓に於ける政策の変遷』㈶日本拓殖協会，1941年7月
長尾武雄「昭和初期の海外植民事業」海外移住事業団『移住研究』No.6，1970年3月
中城村史編集委員会『中城村史』第1巻通史編，1994年
長崎市役所『我国移植民の現況と長崎移民収容所の将来』1932年
中島智子「日本の学校における在日朝鮮人教育」江淵一公・小林哲也編『多文化教育の比較研究　教育における文化的同化と多様化』九州大学出版会，1985年
―――「在日韓国・朝鮮人のエスニシティと教育－「文化的志向性」と「社会的志向性」の視点から－」『教育学研究』第61巻第3号，1994年9月
永田稠『海外発展と我国の教育』同文舘，1917年
―――『在外子弟教育論』日本力行会，1932年
―――『海外移住講義録』第二編，日本力行会，発行年不詳
―――『信濃海外移住史』信濃海外協会，1952年
仲地哲夫「沖縄における天皇制イデオロギーの形成（上）」沖縄国際大学南島文化研究所紀要『南島文化』第8号，1986年3月
―――「沖縄における天皇制イデオロギーの形成（中）」沖縄国際大学南島文化研究所紀要『南島文化』第9号，1987年3月
―――「沖縄における天皇制イデオロギーの形成（下）」沖縄国際大学南島文化研究所紀要『南島文化』第10号，1988年3月
―――「「沖縄」はどのような日本認識を育てたか」歴史教育者協議会編『あたらしい歴史教育』第2巻・日本史研究に学ぶ，大月書店，1993年
中野光『大正デモクラシーと教育　1920年代の教育』（改訂増補）新評論，1990年

中野秀一郎・今津孝次郎編『エスニシティの社会学－日本社会の民族的構成－』世界思想社，1993年
長野県『長野県史』長野県史刊行会，1989年
長浜功「戦争と教育－戦時下沖縄の社会教育」小林文人・平良研一編著『民衆と社会教育－戦後沖縄社会教育史研究－』エイデル研究所，1988年
─── 編『国民精神総動員運動 民衆教化動員史料集成』明石書店，1988年
仲松弥秀『神と村－沖縄の村落』伝統と現代社，1975年
今帰仁村史編纂委員会『今帰仁村史』1975年
名護市史編さん室『名護・山原の移民および出稼ぎ関係資料』1989年7月
名護市立名護小学校創立百周年記念事業期成会記念誌編集部『名護小学校創立百周年記念誌』1983年
那覇市企画部市史編集室『那覇市史』資料篇第2巻中の2（新聞集成），那覇市役所，1969年
─── 『那覇市史』資料篇第2巻中の3（教育関係資料，文化問題資料沖縄言語問題資料），那覇市役所，1970年
─── 『那覇市史』通史篇第2巻（近代史），那覇市役所，1974年
那覇市教育委員会『那覇市教育史』資料編，2000年
那覇市総務部女性室・那覇女性史編集委員会『なは・女のあしあと 那覇女性史（近代編）』ドメス出版，1998年
並里区誌編纂委員会『並里区誌』戦前編，1998年
並里区誌編纂室『並里区誌』資料編（戦前新聞集成），1995年
西里喜行「近代沖縄の歴史と『差別問題』」歴史教育者協議会『歴史地理教育』No.196，1972年5月号
─── 『論集・沖縄近代史－沖縄差別とは何か－』沖縄時事出版，1981年
西原町史編集委員会『西原町史』第6巻資料編五（西原の移民記録），2001年
西原文雄「国策としての拓殖移住」沖縄県教育委員会『沖縄県史』第7巻移民，1974年
─── 「昭和十年代の沖縄における文化統制」沖縄県沖縄史料編集所『沖縄史料編集所紀要』創刊号，1976年3月
西平直『エリクソンの人間学』東京大学出版会，1993年
西平秀毅『戦時下の沖縄教育』沖縄時事出版，1980年
日本移民協会『海外発展指針』東洋社，1918年
日本移民協会編纂『海外移住』1923年
野間海造『人口問題と南進論』慶應出版社，1944年
野村浩也「ある沖縄人の生活史におけるアイデンティティーの変容」『上智大学社会学論集』15，1990年
─── 「国民形成と沖縄人の変容」『山陽学園短期大学紀要』第26巻，1995年
─── 「差異の感覚と沖縄人」『山陽学園短期大学紀要』第27巻，1996年
長谷川曾乃江「「ウチナーンチュ」とは誰か」『民族問題とアイデンティティ』中央大学出版部，2001年
原口邦紘「沖縄県における内務省社会局補助移民と移民奨励施策の展開」南島史学会『南島史学』第14号，1979年9月

―――「第一次大戦後の移民政策－移植民保護奨励施策の立案過程－」外務省外交史料館『外交史料館報』第2号，1989年3月
比嘉春潮・霜多正次・新里恵二『沖縄』岩波新書，1963年
比嘉太郎『移民は生きる』日米時報社，1974年
比屋根照夫『近代沖縄の精神史』社会評論社，1996年
兵庫県海外発展史編集委員会『兵庫県海外発展史』兵庫県，1970年
広島県師範学校代用附属小学校大河尋常高等小学校編『移民と教育』1918年
広瀬玲子「国粋主義者の移民論・植民論覚え書き」『歴史評論　特集近代日本の「移民」を問いなおす』№513，校倉書房，1993年1月
ひろたまさき『差別の視線－近代日本の意識構造』吉川弘文館，1998年
福田恒禎編『勝連村誌』1966年
藤崎康夫編著『日本人移民』4　アジア・オセアニア，日本図書センター，1997年
藤澤健一『近代沖縄教育史の視角－問題史的再構成の試み』社会評論社，2000年
藤原彰・功刀俊洋編集『資料日本現代史8　満洲事変と国民動員』大月書店，1983年
藤原正人［日本郡誌史料集成］（九州地方）『中頭郡誌』明治文献，1973年
古川博也『那覇の空間構造　沖縄らしさを求めて』沖縄タイムス社，1989年
辺野古区編纂委員会『辺野古誌』1998年
辺土名朝有「明治中期における沖縄教育政策（試論）」沖縄歴史研究会『沖縄歴史研究』9号，1971年3月
逸見勝亮『師範学校制度史研究　15年戦争下の教師教育』北海道大学図書刊行会，1991年3月
堀尾輝久『天皇制国家と教育－近代日本教育思想史研究－』青木書店，1987年
堀場清子『イナグヤ　ナナバチ－沖縄女性史を探る』ドメス出版，1990年
マイケル・ウォルツァー（大川正彦訳）『寛容について』みすず書房，2003年
真栄平房昭「人類館事件－近代日本の民族問題と沖縄」国際交流基金『国際交流』第63号，1994年3月
前山隆『非相続者の精神史－或る日系ブラジル人の遍歴』御茶の水書房，1981年
―――『移民の日本回帰運動』NHKブックス，1982年
―――「ブラジルの日系人におけるアイデンティティーの変遷－特にストラテジーとの関連において－」筑波大学ラテンアメリカ特別プロジェクト研究組織『ラテンアメリカ研究』4，1982年7月.
―――『異文化接触とアイデンティティ　ブラジル社会と日本人』御茶の水書房，2001年
真壁小学校創立100周年記念事業期成会記念誌編集委員会『真壁小学校創立百年の歩み』1981年
真境名安興『沖縄教育史要』沖縄書籍販売社，1930年（復刻版：1965年）
又吉盛清「歴史の痛みを忘れえぬ台湾」『新沖縄文学』72号，1987年6月
―――『日本植民地下の台湾と沖縄』沖縄あき書房，1990年
―――『台湾支配と日本人』同時代社，1994年
―――「沖縄と台湾領有」『アジアから見た日本』河出書房新社，1994年
―――「沖縄教育と台湾教育」日本植民地教育史研究会『植民地教育史研究年報』Vol.

2,1999年
間宮國夫「「対米啓発運動」と日本移民協会の設立」『黎明期アジア太平洋地域の国際関係：太平洋問題調査会（I.P.R.）の研究』早稲田大学社会科学研究所（日米関係部会），1994年3月
丸山眞男『忠誠と反逆　転形期日本の精神史的位相』筑摩書房，1992年
三羽光彦「実業補習学校史の諸相」『実業補習学校制度に関する歴史的研究』1997年度科学研究費基礎研究C-2，1998年3月
宮原誠一『日本現代史大系　教育史』東洋経済新報社，1963年
Milton M. Gordon, *Assimilation in American Life: the Role of Race, Religion, and National, Origins*, New York: Oxford University Press, 1964.
向井清史『沖縄近代経済史』日本経済評論社，1988年
村井孝夫「沖縄移民史研究ノート第一部　沖縄移民をめぐる差別の底流」海外日系人新聞協会『季刊海外日系人』第5号，海外日系人協会，1979年5月
─────「沖縄移民史研究ノート第二部　沖縄移民をめぐる差別の底流」海外日系人新聞協会『季刊海外日系人』第6号，海外日系人協会，1979年10月
─────「沖縄移民史研究ノート第三部　沖縄移民をめぐる差別の底流」海外日系人新聞協会『季刊海外日系人』第7号，海外日系人協会，1980年5月
本部町史編集委員会『本部町史』資料編3　新聞集成（大正～昭和戦前・戦中期の本部），2001年
森田浩平「沖縄の「移民・移住」について－沖縄予備調査報告－」『立命館産業社会論集』第28巻第4号，1993年3号
─────「移住とアイデンティティー」立命館大学人文科学研究所紀要『移住と社会的ネットワーク－沖縄県今帰仁村を事例にして－』No.68，立命館大学人文科学研究所，1997年3月
森田俊男『沖縄問題と国民教育の創造』明治図書，1967年
森茂岳雄「グローバル教育と多文化教育のインターフェイス－移民史学習の可能性－」中央大学教育学研究会『教育学論集』第44集，2002年2月
─────・中山京子編著『日系移民学習の理論と実践　グローバル教育と多文化教育をつなぐ』明石書店，2008年
文部省『自昭和十二年九月至同十三年九月　道府県国民精神総動員実施状況』1939年3月
文部省学務局『実業教育五十年史』1934年10月
文部省実業学務局『移植民教育』実業補習教育研究会，1929年6月
文部省社会教育局『実業補習教育の沿革と現況』青年教育普及会，1934年12月25日
─────『教育映画研究資料第十六号　道府県及び都市に於ける教育映画利用状況（昭和十年度）』1935年
屋嘉比収「基礎資料整備と方法的模索－近代沖縄思想史研究の現状と課題－」㈶沖縄県文化振興会公文書管理部『史料編集室紀要』第25号，沖縄県教育委員会，2000年
柳沢遊・岡部牧夫編『展望日本歴史20　帝国主義と植民地』東京堂出版，2001年
柳田國男編『沖縄文化叢説』中央公論社，1947年（初版）
─────編集『小学校社会科用　日本の社会　五年下』実業之日本社，1953年／1954年
─────「移民政策と生活安定」『定本柳田國男集』第29巻，筑摩書房，1970年

山田有慶編『記念誌』開校四十年那覇尋常高等小学校，1928年
山田宙子「わが国海外移住の足跡－「移住教養所」設立までの経緯－」外務省領事移住部『移住情報』（通巻第97号）No.86-3，1986年9月
屋部小学校創立百周年記念事業期成会記念誌編集委員会『屋部小学校創立百周年記念誌』1990年
山下靖子「ハワイの「沖縄系移民」と沖縄返還」津田塾大学『国際関係学研究』No.28，2001年
─── 「ハワイの「沖縄系移民」と沖縄帰属問題（1945‐1952）」津田塾大学『国際関係学研究』No.29，2003年
山下幸雄「移民村の教育について」『立命館人文科学研究所紀要』第14号，1964年3月
山本悠三「近代日本と移民問題」『社会科学討究』124，第42巻第3号，早稲田大学社会科学研究所，1997年3月
尹健次「植民地日本人の精神構造－「帝国意識」とは何か－」『思想』No.778，1989年4月
吉田嗣延追悼文集刊行委員会『回想　吉田嗣延』1990年
与世田兼秀「沖縄県議会史編さんについて」国立国会図書館連絡部編集『びぶろす』10，1984年，Vol.35 No.10
琉球政府『沖縄県史』第4巻教育，1966年
琉球政府『沖縄県史』第18巻新聞集成（教育），1966年
琉球政府『沖縄県史』第19巻新聞集成（社会文化），1969年
Ronald Y. Nakasone, *Okinawan Diaspora*, the United States of America: University of Hawaii Press, 2002.
湧上聾人『沖縄救済論』琉球史料復刻頒布会，1969年（初版，1929年）
湧川清栄『沖縄民権の挫折と展開－当山久三の思想と行動』太平出版社，1972年
渡部宗助「在外指定学校40年の歴史について」国立教育研究所『国立教育研究所研究集録』第4号，1982年3月
─── 編『在外指定学校一覧（一九〇六～一九四十五）』昭和56年度文部省科学研究費一般研究(c)，「在外指定学校に関する歴史的研究」1982年3月
─── 編『在外指定学校に関する法制度と諸調査』昭和57年度文部省科学研究費　一般研究(c)，「在外本邦人教育に関する歴史的研究」1983年3月。
─── 編『府県教育会に関する歴史的研究』平成2年度文部省科学研究費補助金　一般研究(c)，「府県教育会とその機関誌が果した教育文化的機能に関する歴史的研究」，1991年3月
─── ・竹中憲一編『教育における民族的相克』日本植民地教育史論Ⅰ，東方書店，2000年
─── 「教員の海外派遣・選奨の政策史と態様」小島勝編著『在外子弟教育の研究』玉川大学出版部，2003年

[フィリピン，その他海外関連]
赤木妙子『海外移民ネットワークの研究－ペルー移住者の意識と生活』芙蓉書房，2000年
赤塚正助「比律賓群島移民調査報告」外務省通商局『移民調査報告　第一』1908年（復刻版：『移民調査報告』第一回，雄松堂出版，1986年）

天野洋一『ダバオ国の末裔たち　フィリピン日系棄民』風媒社，1990年
石井均「太平洋戦争下日本の対南方政策－大東亜建設審議会の答申とその実践をめぐって－」阿部洋『戦前日本のアジアへの教育関与に関する総合的研究』平成2，3年度科学研究費補助金（総合A）研究成果報告書，1992年3月
石井米雄・高谷好一・前田成文・土屋健治・池端雪浦『東南アジアを知る事典』（新訂増補）平凡社，1999年
池端雪浦他編集『岩波講座　東南アジア史』別巻・東南アジア史研究案内，2003年
　　　　／リディア・Ｎ・ユー・ホセ編『近現代日本・フィリピン関係史』岩波書店，2004年
石原喜与治『黒いアバカ　フィリピンダバオ元日本人小学校一教師の手記』1983年
井上直太郎『比律賓群島と太田恭三郎君』川瀬俊継（非売品），1927年
今泉裕美子「日本軍による支配の実態と民衆の抵抗　ミクロネシア」『歴史評論　特集アジア・太平洋占領50年』No.508，校倉書房，1992年8月
　　　　「南洋庁の公学校教育方針と教育の実態－1930年代初頭を中心に－」法政大学沖縄文化研究所紀要『沖縄文化研究』22，1996年1月
　　　　「多様化する日本植民地研究」『別冊歴史読本』46，第25巻10号，新人物往来社，2000年
　　　　「日本統治下ミクロネシアへの移民研究－近年の研究動向から－」㈶沖縄県文化振興会公文書管理部『史料編集室紀要』第27号，沖縄県教育委員会，2002年
入江寅次『邦人海外発展史』下巻，移民問題研究会，1938年
　　　　『邦人海外発展史』上巻，移民問題研究会，1942年
　　　　『明治南進史稿』井田書店，1943年
岩谷譲吉「比律賓群島移民事情」外務省通商局『移民調査報告　第六』1911年（復刻版：『移民調査報告』第六回，雄松堂出版，1986年）
上田敏明『聞き書き　フィリピン占領』勁草書房，1990年
上原仁太郎「比律賓の動向とダヴァオ」『ダヴァオ開拓の回顧と展望』南洋資料第5号，南洋経済研究所，1941年11月
内山寛治郎「大正6年に移民して」ダバオ会編『戦渦に消えたダバオ開拓移民とマニラ麻』1993年
内海愛子・田辺寿夫編著『教科書に書かれなかった戦争Part2　アジアからみた「大東亜共栄圏」』（増補版），梨の木舎，1995年
榎本栄七「ダヴァオ開拓の回顧」『ダヴァオ開拓の回顧と展望』南洋資料第5号，南洋経済研究所，1941年11月
大宜味朝徳『比律賓群島案内』海外研究所，1935年
　　　　『南方開拓年鑑』海外研究所，1943年
大蔵省管理局「南方編第五分冊　各論　比島篇」『極秘　日本人の海外活動に関する歴史的調査』第二十一巻〔南方篇2〕通巻第三十四冊，高麗書林，1985年
　　　　「南方編第一分冊　第一～五章」『極秘　日本人の海外活動に関する歴史的調査』第二十巻〔南方篇1〕通巻第三十冊，ゆまに書房，2001年
太田弘毅「太平洋戦争下フィリピンの教育」阿部洋『戦前日本のアジアへの教育関与に関する総合的研究』平成2，3年度科学研究費補助金（総合A）研究成果報告書，1992年3月

大谷純一編『比律賓年鑑』(昭和十二年度版) 比律賓協会, 1936年
────『比律賓年鑑』(昭和十三年度版) 比律賓協会, 1937年
────『比律賓年鑑』(昭和十四年度版) 比律賓協会, 1938年
────『比律賓年鑑』(昭和十五年度版) 比律賓協会, 1939年
────『比律賓年鑑』(昭和十六年度版) 比律賓協会, 1940年
大野俊『ハポン―フィリピン日系人の長い戦後』第三書館, 1991年
────『観光コースでないフィリピン 歴史と現在・日本との関係史』高文研, 1997年
────「「ダバオ国」の沖縄人社会再考―本土日本人, フィリピン人との関係を中心に―」『移民研究』第2号, 琉球大学移民研究センター, 2006年3月
────「フィリピン日系人の市民権とアイデンティティの変遷―戦前期の二世誕生から近年の日本国籍「回復」運動まで―」日本移民学会『移民研究年報』第13号, 2007年3月
大畑篤四郎「「南進」の思想と政策の系譜」正田健一郎編『近代日本の東南アジア観』アジア経済研究所, 1978年
押本直正「移民会社と船会社―移民輸送に関する契約などの資料―」国際協力事業団『移住研究』No.18, 1981年3月
海外興業株式会社『南洋比律賓群島ダバオ附近邦人発展最近事情』1920年 (推定)
────『日本移民概史』1937年
外務省通商局『㊙移民政策ノ合理化』1931年5月
外務省通商局第三課『移民地事情』第25巻 (比律賓「ダバオ」事情) 1930年10月 (復刻版:『移民地事情』第10巻, 不二出版, 2000年5月)
外務省領事移住部『わが国民の海外発展 移住百年の歩み』(本編) 1971年
────『わが国民の海外発展 移住百年の歩み』(資料編) 1971年
加藤一夫「日本の旧海外植民地と図書館―東南アジアの図書館接収問題を中心に (未定稿)―」国立国会図書館専門資料部『参考書誌研究』第49号, 1998年3月
金ヶ江清太郎『歩いて来た道―ヒリッピン物語―』国政社, 1968年
Kerby A. Miller, *Emigrants and Exiles: Ireland and the Irish Exodus to North America*, New York, Oxford: Oxford University Press, 1985.
蒲原廣二『ダバオ邦人開拓史』日比新聞社, 1938年
川上武雄「補習教育に関する私見」蒲原廣二『ダバオ邦人開拓史』日比新聞社, 1938年
北正一郎『比律賓資料集』, 比律賓協会 (非売品) 1936年
倉沢愛子「東南アジア史の中の日本占領―評価と位置づけ―」『アジア研究』第37巻第7・8合併号, アジア経済研究所, 1996年7・8月
────編『東南アジア史のなかの日本占領』早稲田大学出版部, 1997年
Grant K. Goodman, 'Davaokuo? Japan in Philippine politics, 1931-1941', *Studies on Asia*, University of Nebraska, 1963.
────'"A flood of immigration" ―patterns and problems of Japanese migration to the Philippines during the first four decades of the twentieth century', *Philippinehistorical review*, Vol.1, 1965.
────*Four aspects of Philippine―Japanese relations, 1930-1940*, the United States of America: Yale University Southeast Asia Studies, 1967.

――――*Davao: A case study in Japanese-Philippine Relations*, the United States of America: Center for East Asian Studies, The University of Kansas, 1967.
黒岩千恵「アイルランド系米国移民研究史」日本アイルランド協会『エール』第16号，1996年12月号
高吉嬉『＜在朝日本人二世＞のアイデンティティ形成－旗田巍と朝鮮・日本』桐書房，2001年
小島勝「南洋における日本人学校の動態」『東南アジア研究』18巻3号，1980年12月
――――『第二次世界大戦前の在外子弟教育論の系譜』龍谷学会，1993年
――――『日本人学校の研究－異文化間教育史的考察』玉川大学出版部，1999年
――――編著『在外子弟教育の研究』玉川大学出版部，2003年
後藤乾一「近代日本・東南アジア関係史論序説」『講座現代アジア1　ナショナリズムと国民国家』東京大学出版会，1994年
――――『近代日本と東南アジア－南進の「衝撃」と「遺産」－』岩波書店，1995年
――――『国際主義の系譜－大島正徳と日本の近代』早稲田大学出版部，2005年
疋田康行『「南方共栄圏」－戦時日本の東南アジア経済支配』多賀出版，1995年
斉藤英里「19世紀のアイルランドにおける貧困と移民－研究史的考察－」『三田学舎雑誌』78巻3号，1985年3月
坂口満宏「移民のナショナリズムと生活世界－シアトル日本人社会形成小史－」『立命館言語文化研究』5巻5・6合併号，立命館大学国際言語文化研究所，1994年2月
――――「移民のアイデンティティと二つの国家－北米における日本人移民史研究序説」日本史研究会『日本史研究』No.428，1998年4月
Serafin D. Quiason, 'The Japanese colony in Davao, 1904-1941', *Philippine social sciences and humanities review*, Vol.23, No.2-4, University of the Philippines, 1958.
重松伸司『現代アジア移民－その共生原理をもとめて－』名古屋大学出版会，1986年
清水元「大正期における「南進論」の一考察－そのアジア主義的変容をめぐって－」『アジア研究』第30巻第1号，1983年4月
――――「近代日本における「東南アジヤ」地域概念の成立（Ⅰ）－小・中学校地理教科書にみる－」『アジア経済』第28巻第6号，アジア経済研究所，1987年6月
――――「近代日本における「東南アジヤ」地域概念の成立（Ⅱ）－小・中学校地理教科書にみる－」『アジア経済』第28巻第7号，アジア経済研究所，1987年7月
――――「戦間期日本・経済的「南進」の思想的背景－大正期「南進論」の形成」杉山伸也・イアン．ブラウン編著『戦間期東南アジアの経済摩擦　日本の南進とアジア・欧米』同文舘，1990年
――――「南方関与」矢野暢編『講座東南アジア学　東南アジア学入門』別巻，弘文堂，1992年
――――「アジア主義と南進」岩波講座　近代日本と植民地4『統合と支配の論理』1993年
――――『アジア海人の思想と行動　松浦党・からゆきさん・南進論者』NTT出版，1997年
清水洋・平川均『からゆきさんと経済進出－世界経済のなかのシンガポール-日本関係史』コモンズ，1998年

柴田賢一『日本民族海外発展史』興亜日本社，1941年
────『ダバオ戦記』大陸書房，1979年
柴田善雅「ダヴァオにおける日系マニラ麻栽培業の勃興と1920年代の再編」「東洋研究」編集委員会『東洋研究』第151号，大東文化大学東洋研究所，2004年1月
城田吉六『ダバオ移民の栄光と挫折 一在留邦人の手記より』長崎出版文化協会，1980年
────『ダバオ 移民史をあるく－混血二世のその後－』葦書房，1985年
菅野秀雄『農業労働者の楽園 南洋ダバオ案内』実業之日本社，1931年
杉野宗太郎「フィリピン群島探検実況」東京地学協会『東京地学協会報告』第17巻第1号，1895年6月
────「ダヴァオ問題に就て」『東亜』第9巻第6号，東亜経済調査局，1936年6月
鈴木静夫・横山真佳編著『神聖国家日本とアジアー占領下の反日の原像』勁草書房，1984年
────・早瀬晋三『東南アジアを知るシリーズ フィリピンの事典』同朋舎出版，1992年
鈴木忠和「フィリピン・ダバオにおける日本人の発展㈠」東洋学会『東洋文化研究』第5号，1947年8月
────「フィリピン・ダバオにおける日本人の発展㈡」東洋学会『東洋文化研究』第6号，1948年8月
Cecil E. Cody, 'The Japanese Way of Life in prewar Davao', *Philippine studies*, Vol. 7, No.2, April 1959.
──── 'The Consolidation of the Japanese in Davao, *Comment*, vol.12, No.3, 1958.
台湾総督府外事部『比律賓事情概要』1933年（非売品）
台湾南方協会『南方読本』三省堂，1941年（復刻版：20世紀日本のアジア関係重要研究資料③ 単行図書資料第12巻，龍渓書舎，2000年）
高橋裕之「1840年代におけるアイルランドの移民問題とナショナリズム」『国際商科大学論叢』創刊号，1967年
────「アイルランド系移民の手紙」『国際商科大学論叢』第3号，1969年
高幣常市『壮烈ダヴァオの人柱 肉弾校長・上野信重先生伝』清新書房，1942年
武田尚子『マニラへ渡った瀬戸内漁民－移民送出母村の変容』御茶の水書房，2002年
田中義夫『異国のふるさと ダバオ』1990年
ダバオ日本人会『比律賓群島ダバオ事情』1929年5月（非売品）
茶園義男編『ＢＣ級戦犯米軍マニラ裁判資料』不二出版，1986年
────『ＢＣ級戦犯フィリピン裁判資料』不二出版，1987年
塚田粂治「南洋比律賓の新天地 ダバオの近況」『力行世界』第300号，1929年12月
土屋元作『比律賓跋渉』同文館，1916年
土屋健治「外務省外交史料館の東南アジア関係史料」『東南アジア研究』16巻1号，1978年6月
────「ナショナリズムと国民国家の時代」『講座現代アジア1 ナショナリズムと国民国家』東京大学出版会，1994年
鶴見良行『バナナと日本人』岩波新書，1982年
────『アジアはなぜ貧しいのか』朝日新聞社，1982年
────『海道の社会史 東南アジア多島海の人びと』朝日新聞社，1987年

──『マングローブの沼地で　東南アジア島嶼文化論への誘い』朝日新聞社，1994年
寺田勇樹・中野聡・早瀬晋三（解説）『南方軍政関係史料⑪　比島調査報告』第1巻，龍渓書舎，1993年
寺見元恵「マニラの初期日本人社会とからゆきさん」『世紀転換期における日本・フィリピン関係』東京外国語大学アジア・アフリカ言語研究所，1989年
中川聡史「フィリピン・ダバオ日系人の近況」アジア人口・開発協会編『人口と開発』No.68，1999年7月（夏季号）
永野善子（解説）『南方軍政関係史料⑪　比島調査報告』第2巻，龍渓書舎，1993年
仲原善徳『比律賓紀行』河出書房，1941年
　　　──『ミンダナオ島物語』興亜書房，1942年
　　　──『比律賓群島の民族と生活』南方出版社，1942年
　　　──『日本人ミンダナオ島開拓略史』南洋資料第185号，南洋経済研究所，1943年2月
南條岳彦『一九四五年マニラ新聞　ある毎日新聞記者の終章』草思社，1995年
南洋協会調査編纂部『南洋事情講演集』南洋協会，1926年
南洋団体連合会編纂『大南洋年鑑』（昭和十七年度版）（上），1942年6月（復刻版：20世紀日本のアジア関係重要研究資料③　単行図書資料第29巻，龍渓書舎，2000年）
　　　──『大南洋年鑑』（昭和十七年度版）（下），1942年6月（復刻版：20世紀日本のアジア関係重要研究資料③　単行図書資料第30巻，龍渓書舎，2000年）
日本のフィリピン占領期に関する史料調査フォーラム編『南方軍政関係史料⑮　インタヴュー記録日本のフィリピン占領』龍渓書舎，1994年
萩原宣之「近代日本と東南アジア－何故，日本は東南アジアが見えないのか－」内山秀夫編『政治的なものの今』三嶺書房，1991年
橋谷弘「戦前期フィリピンにおける邦人経済進出の形態－職業別人口調査を中心として－」『アジア経済』第26巻第3号，アジア経済研究所，1985年3月
　　　──「戦前期東南アジア在留邦人人口の動向－他地域との比較－」『アジア経済』第26巻第3号，アジア経済研究所，1985年3月
　　　──「1930年代前半期フィリピンに対する日本の経済的進出－アメリカ・フィリピンの対日政策との関連において－」清水元編『日本・東南アジア関係史Ⅰ　両大戦間期日本・東南アジア関係の諸相』アジア経済研究所，1986年
　　　──「日本・東南アジア関係史研究の成果と現代的意義－日本における研究を中心として－」『アジア経済』第34巻第9号，アジア経済研究所，1993年9月
波多野澄雄「日本海軍と「南進」－その政策と理論の史的展開－」清水元編『日本・東南アジア関係史Ⅰ　両大戦間期日本・東南アジア関係の諸相』アジア経済研究所，1986年
　　　──「日本海軍と南進政策の展開」杉山伸也，イアン・ブラウン編著『戦間期東南アジアの経済摩擦　日本の南進とアジア・欧米』同文舘，1990年
服部龍造「教育の問題」蒲原廣二『ダバオ邦人開拓史』日比新聞社，1938年
　　　──「ダバオに於ける第二世教育」拓殖奨励館『海を越えて』11月号，1939年11月
服部俊一・垣原誠也「南方発展と沖縄」台北高等商業学校・南支南洋経済研究会『南支南洋研究』第35号，1941年3月
濱野末太郎『最近の比律賓』東亜経済調査局，1936年6月

―――南洋叢書第五巻経済資料別冊『比律賓篇』東亜経済調査局，1939年3月
早瀬晋三「ダバオ・フロンティアにおけるバゴボ族の社会変容」『アジア・アフリカ言語文化研究』No.31，東京外国語大学アジア・アフリカ言語文化研究所，1986年
―――「植民統治下のフィリピンにおけるマニラ麻産業」東南アジア史学会『東南アジア―歴史と文化』15，1986年5月
―――「アメリカ植民地統治下初期（明治期）フィリピンの日本人労働者」『世紀転換期における日本・フィリピン関係』東京外国語大学アジア・アフリカ言語文化研究所，1989年
―――『「ベンゲット移民」の虚像と実像―近代日本・東南アジア関係史の一考察』同文舘，1989年
―――「フィリピン」吉川利治編著『近現代史のなかの日本と東南アジア』東京書籍，1991年
―――「日本におけるフィリピン歴史学研究―回顧と展望―」『歴史学研究』No.635，1992年8月
―――「南方「移民」と「南進」―フィリピンにおける「移民」，外交官，軍事工作―」岩波講座　近代日本と植民地5『膨張する帝国の人流』1993年
―――「フィリピンに夢を求めた日本人「移民」」宮本勝・寺田勇文編『暮らしがわかるアジア読本　フィリピン』河出書房新社，1994年
―――「フィリピンをめぐる明治期「南進論」と「大東亜共栄圏」」小島勝『南方関与の論理』「総合的地域研究」成果報告書シリーズ：No.27，文部省科学研究費補助金重点領域研究「総合的地域研究」総括班，1996年11月
―――「「ダバオ国」の在留邦人」池端雪浦編『日本占領下のフィリピン』岩波書店，1996年
―――「明治期マニラ湾の日本人漁民」秋道智彌編著『海人の世界』同文舘，1998年
―――「フィリピン元在留邦人の戦後の慰霊」江川温・中村生雄編『死の文化誌―心性・習俗・社会―』昭和堂，2002年
―――『歴史研究と地域研究のはざまで』法政大学出版局，2004年
比島軍政監部『軍政公報』第七号，1942年12月15日
―――『軍政公報』第八号，1943年2月24日
―――『軍政公報』第十一号，1943年7月28日
Victorio Estuar, 'Davao is a bustling city of the south', *The Philippine Journal of Commerce*, March 1937.
福島愼太郎編『明治百年史叢書　村田省蔵遺稿「比島日記」』原書房，1969年
古川義三『ダバオ開拓記』古川拓殖株式会社，1956年（非売品）
―――『マニラ麻栽培と日本人』拓殖奨励館，1939年12月
防衛庁防衛研修所戦史室『戦史叢書2　比島攻略作戦』朝雲新聞社，1966年
―――『戦史叢書24　比島マレー方面海軍進攻作戦』朝雲新聞社，1969年
―――『戦史叢書34　南方進攻陸軍航空作戦』朝雲新聞社，1970年
―――戦史部編『史料集　南方の軍政』朝雲新聞社，1985年
法貴三郎・鈴木修二・神宮司瑞郎共編『比律賓統計書』国際日本協会，1942年
Macario D.Tiu, Davao Reconstructing History from Text and Memory, Davao City：

Ateneo de Davao Univarsity, Research and Publication Office for the Mindanao Coalition of Development NGOs, 2005.
松本逸也『「脱亜」の群像－大日本帝国漂流』人間と歴史社，2004年
松本勝司『ダバオ土地問題と邦人事情』(南方国策叢書第11集)，南方経済調査会，1936年8月
マニラ日本人小学校編（代表者・河野辰二）『フィリッピン読本』1938年（再版，1941年）
── 『新フィリピン読本』1943年
── 『比律賓小学地理』1940年
── 『比律賓小学歴史』1940年
三神敬長『比律賓事情』拓殖新報社，1922年
Milagros C. Guerrero, *A survey of Japanese trade and investments in the Philippines, with special references to Philippine-American reactions, 1900-1941*, Quezon City: University of the Philippines, 1967.
村山明徳『比律賓概要と沖縄県人』文明社，1929年
森久男「書評・矢野暢「日本の南洋史観」」『アジア経済』第20巻第11号，アジア経済研究所，1979年11月
谷田部梅吉「馬尼剌形勢之一斑」東京地学協会『東京地学協会報告』12巻第3・4号，1890年6・7月
── 「馬尼剌形勢之一斑」東京地学協会『東京地学協会報告』12巻第5号，1890年8月
── 「馬尼剌形勢之一斑」東京地学協会『東京地学協会報告』12巻第6号，1890年9月
── 「馬尼剌形勢之一斑」東京地学協会『東京地学協会報告』12巻第7号，1890年10月
矢野暢『『南進』の系譜』中公新書，1975年
── 「南洋移民の結末」『歴史公論』第5巻1号，雄山閣出版，1978年1月
── 「大正期「南進論」の特質」『東南アジア研究』16巻1号，1978年6月
── 『日本の南洋史観』中公新書，1979年
── 「近代日本における「南進」政策と民衆」『新沖縄文学』84号，沖縄タイムス，1990年6月
── 「近代日本の南方関与」矢野暢編『講座東南アジア学　東南アジアと日本』第10巻，弘文堂，1991年
── 「東南アジア学とはなにか」矢野暢編『講座東南アジア学　東南アジア学入門』別巻，弘文堂，1992年
横田睦子『渡米移民の教育　栞で読む日本人移民社会』大阪大学出版会，2003年
吉川洋子「米領下マニラの初期日本人商業，1898 - 1920－田川森太郎の南方関与－」『東南アジア研究』18巻3号，1980年12月
── 「フィリピンへの日本人進出の歴史的検討」後藤濬吉編『日本をめぐる文化摩擦』弘文堂，1980年
── 「戦前期フィリピンにおける邦人の「官民接近」の構造」矢野暢編『講座東南アジア学　東南アジアと日本』第10巻，弘文堂，1991年
吉田実『比島引揚邦人の手記　ダバオの最後』高松書房，1946年
吉田亮編著『アメリカ日本人移民の越境教育史』日本図書センター，2005年
米田正武「在比島邦人子弟の学校教育に関する調査」拓殖奨励館『拓殖奨励館季報』第一巻，

1940年

Lydia N. Yu-Jose, *Japan views the Philippines*, 1900-1944, Manila: Ateneo de Manila University Press, Rev. ed. 1999.

――― 'World War II and the Japanese in the prewar Philippines', *Journal of Southeast Asian Studies*, Vol.27, No.1, National University of Singapore, March 1996.

――― 'Filipinos in Japan and Okinawa, 1880s-1972', *Research Institute for the Languages and Cultures of Asia and Africa*, Tokyo University of Foreign Studies, 2002.

レナト・コンスタンティーノ（池端雪浦ほか訳）『フィリピン民衆の歴史』全4巻，井村文化事業社，1978-80年

渡辺薫『比律賓在留邦人商業発達史』南洋協会，1935年

――― 『比律賓の現状を語る』（南方国策叢書第9集），南方経済調査会，1936年6月

索　引

■あ行

アイデンティティ概念　17
アイルランド系移民　18
麻栽培　242, 246
　──請負契約　240
　──契約　240
　──の労働の様子　243
字人会　197, 245, 252
麻生産　194
安里延　170
麻農園　189, 207, 239
麻（の）相場　187, 196, 245
麻挽　242
　──機械ハゴタンの発明　193
「字」レベルのネットワーク　252
アジア・太平洋戦争　iii, 23, 263
畦払い（アブシバレー）　15, 248
新垣金造編『移民之友』　89
「移植民教育」の講習会　90
移植民事業に関する重要事項　174
一等国民意識　258, 283, 298
糸満拓南訓練所　169
移民会社（海外興業株式会社）　52
移民学習　318
「移民科」の設置　93
移民教育機関　123
移民教育論　90
移民県　5, 319
移民講習会　92
移民情報　140
移民制限法（二分制限法）　53
移民成功者　141, 239
　──による可視化の現象　148
移民政策ノ合理化　116

移民精神　146
移民出稼ぎ人送出状況　136
移民と教育　117
移民二世の就学者　146
移民熱　139
移民の「素質改善」　49, 95
移民保護規則　28
移民母村　50, 179
上野英信著『眉屋私記』　4
上原仁太郎　196, 252
内原訓練所　175
内山寛治郎　279
永住意識　23, 221
大河尋常高等小学校　117
大島正徳　292
大城孝蔵　2, 68, 139, 146, 188
太田恭三郎　6, 189, 295
太田興業（株式会社）　189, 194, 201, 245
オートロ・ハポン（特種な日本人）
　16, 187, 263, 272
沖縄移民（史）研究　7
沖縄移民どうしのつながり　251
沖縄移民としての「誇り」　170
沖縄移民二世　282, 287, 288
沖縄移民の原住民との結婚観　259
沖縄移民の戦争協力　215, 217, 221, 311
沖縄移民の他民族観　77
沖縄移民の逃亡数　52
『沖縄海洋発展史－日本南方発展史序説－』
　170
『沖縄教育』　25, 91, 163
沖縄漁民　169
沖縄系移民　314
沖縄警備隊徴募状況　213

沖縄県移植民事業基本方針 171
沖縄県移民素質向上ノ必要ト其方策 214
沖縄県移民の短所欠点 15
沖縄県海外協会 22, 308
　──規則 86
『沖縄県議会史』 26
沖縄県漁業報国隊 173
沖縄県社会事業要覧 132
沖縄県出身教師 64
沖縄県初等教育研究会 22, 76, 95
沖縄県青少年団 164
沖縄県南方出漁団 173
沖縄県の海外移民数 1
沖縄県の歴史的関係及人情風俗 213
沖縄県立沖縄拓南訓練所 158, 169, 175, 309
「沖縄人としてのアイデンティティ」 15, 19, 23, 89, 104, 118, 196, 208, 219, 220, 253, 258, 261, 262, 297, 307
沖縄人の海洋民気質 191
沖縄人の進取性 14
沖縄人の「素質向上」 56
沖縄角力 195
沖縄の年中行事 248
沖縄文化の伝承 10, 247
沖縄方言 256
沖縄防備対策 214
沖縄料理 245
大宜味朝徳 177

■か行
海外移民一般心得 88
海外移民の寄付金 144
海外在留者の送金額 136
海外渡航奨励の講演 280
「海外へ行く人々の為に」 12, 307
海外発展思想 278
海外発展の気象養成 114

外交官の沖縄移民観 79
外人耕地への入耕 198
開南中学校 153
海南島 172
外務省 5
　──外交史料館 27
開洋会館 24, 123, 173, 308
可視化した現象 146
学校衛生 108
学校別混血児童就学状況 284
家庭教育 273
金の貸し借り 251
カリナン耕地 237
冠婚葬祭 250
神田精輝（沖縄県女子師範学校附属小学校主事） 76, 81, 95
聴方教授 107
寄付 254
救貧夜学校 68
教育鈴衡ルート 297
強制送還 222, 234
郷土教育 112
郷友会的社会 23, 197, 262, 297, 311
キリスト教徒フィリピン人の移住 207
記録資料 235
金武音頭 165
金武開墾 139
金武小学校 67
金武青年団 164
　──歌 165
金武村 67, 139, 164, 235
　──の農民階層の変動 142
近代沖縄教育史研究 7
近代化への志向性 111
勤労奉仕 215
契約移民 1
国頭郡教育部会 60
国頭郡青年会会則 62

軍政期　187, 299
現地社会への同化の程度　297
現地召集　218
現地の異文化理解　298
神戸移住収容所　126, 308
「国際性」への志向性　115
「国策」移民　148, 158, 170, 179, 307
国策映画「海の民」169
国策ノ基準　147
国民学校教員異動　290
国民更生運動　123
　　――計画要綱　132
　　――の概況後編　123
　　――の概況前編　132
国民精神総動員運動　157
国民精神総動員沖縄県実行委員会　159
国民精神総動員実施要綱　159
小橋川朝蔵（金武村青年分団長）　164, 175
『神戸移住教養所概要』　126
混血児　20, 284

■さ行
在外指定学校　274, 296
在外子弟教育　8, 291
在外邦人師弟教育協会　292
在外邦人師弟問題に関する意見書　292
差意識　4
斎藤彬（ダバオ副領事）　15, 81, 84, 214, 225
在留邦人の徴兵検査　216
在留民大会　210
差別感　16
作法教育　105
三線　249
三竈島　172
在留日系フィリピン人　20
「自営者」　24, 203, 207, 246
時期区分　21, 307

市町村（字）史　9, 25, 234
実業教育　61
実業補習学校　24, 92
　　――施設要項　93
指導者意識　161
信濃教育会　277
『島の教育』　14, 26, 102, 308
『社会教育概要』　26, 91
社会教育活動　77
社会教育　49, 309
　　――主事　63, 129
写真結婚　202
就学督励　93
出移民ニ関スル諸調査　87
小学校補習教育　60
承認　314
情報交換の場　245
『昭和十八年　知事事務引継書類』　171
植民教育　171
植民地教育史研究　7
植民読本　278, 309
食糧供出　221
食糧増産　215
女子教育　110
女子実習補修学校　67
女子青年団植民講演協議会　148
女子拓殖訓練　148
女性沖縄移民　198, 201, 204
新公有地法　192, 241
人口流出　124
親睦　253
臣民教育　10, 283, 288, 311
生活改善　124, 157, 178
　　――指導字　134, 301
　　――指導奨励規程　134
青年会，婦人会設置標準　62
青年学校　163
　　――令　162

青年団　61, 63, 164
　　　——ニ関スル調査　91
清明祭　15, 248
精霊信仰　226
「積極的同化」　23, 299
先入観　83
相互扶助　253
　　　——関係　208
壮丁検査　55
ソテツ地獄　5
ソンケ　242
村内法　63, 161
村人会　195, 197, 252

■た行
「対抗」　4, 19, 312
大正自由教育　102
「大東亜共栄圏」構想　167
南洋方策研究委員会　166
対米啓発運動　50
太平水産株式会社　173
第4次土地問題　206, 208, 209
大陸の花嫁講習会　148
台湾派遣の教員　290
タクシ　242
拓務省　26, 175
ダバオ沖縄県人会　195, 253
ダバオ会　26, 217
ダバオ国　209, 221
ダバオ港　198, 238
ダバオ産業・教育座談会　282
ダバオ社会の五大勢力　196
ダバオ州のマニラ麻の耕作面積　198
ダバオ新聞　27, 294
ダバオにおける邦人女性人口の増加　199
ダバオに入るルート　237
ダバオ日本人会　192
断髪　56

地球市民　v
借地契約　241
朝鮮，台湾，樺太，南洋群島及関東州の外地並びに満洲国，中華民国及び外南洋の諸地域に対する教員の派遣，交流に関する基本方針　290
徴兵教育　58
徴兵令　55
「追従」　4, 19, 312
帝国外交方針　166
帝国教育会　292
帝国経済会議　51
出稼ぎ意識　23, 197, 310
天皇制イデオロギー　111
「同化」教育　66, 124
糖価の暴落　5
同祖論　112
當山久三　i, 2, 68, 146, 188
東洋丸事件　191
渡航経路　237
渡航動機　201
渡航費用　200
トシビーの祝　15
ドムイ耕地　237
トンバ　242

■な行
内地からの教員派遣　290
内務省社会局補助移民　21, 52
長崎（移住）教養所　131, 237
永田稠（日本力行会会長）　90, 278
長野県信濃海外協会　276
仲間喜太郎　234
　　　——日記　234, 310
中村国穂　278, 280
「南進」政策　148, 167, 174, 309
南進熱　169
『南鵬』　76

索引　359

南方移民　159
南方諸地域における徴兵延期の撤廃　215
南方総督府　167
南洋群島　6, 157, 159
南洋興発株式会社　167
二層の自己意識　212
日米紳士協約　2
日露戦争　50
日華事変　146
日系マニラ麻栽培事業者　192
日本移民協会　50
「日本人意識」　15, 23, 111, 212, 220, 222, 261, 262, 297, 307
日本人の殺害事件　193
日本人の東南アジア観　v

■は行

排日移民法　2, 51
排日問題　70, 210
バゴボ族　193, 272, 299
　　　──との結婚　193
ハゴタン　242
針突　57
裸足や裸体の慣習　81
発展的気象　112
話方教授　107
ハワイ移民　2
反日感情　20
「必要的同化」　11, 19, 263, 307, 312
比島軍政監部　293
比島新国家建設　212
比島調査委員会　293
比島調査報告　293
標準語　19, 28, 288
　　　──教育　176
　　　──励行委員　160
　　　──励行運動　161
　　　──励行県民運動三ヶ年計画　160
　　　──励行県民運動要項　160
『フィリッピン読本』　303
フィリピン残留孤児及び日系二世（日系日本人）に関する実態調査　316
『比律賓小学地理』　286
『比律賓小学歴史』　286
フィリピン人労働者　207
フィリピン・ダバオの日本人小学校　272, 274, 281
フィリピンにおけるマニラ，ダバオでの在留日本人人口数　3
フィリピン日系人　316
『比律賓年鑑』　274
フィリピンの入国試験　130
フィリピンの世論　209
「風俗改良」　50, 54, 66, 91, 138, 307
豚　249
普通語　28, 57, 66, 91, 106
　　　──励行　68, 131, 147
部落会町内会等整備要項　161
部落会・町内会－隣組　162
ブラジル　2
　　　──移民渡航施策　21
武力南進論　167
古川義三　196
古川拓殖会社　210
ふるさと意識　208
「文化的異化」　11, 18, 307, 313
ペルー　2, 78, 145
勉強所　68
勉強堂　69
ベンゲット道路工事　3, 6, 187
偏見的見方　83
方言札　57, 120
本土出身教師　64

■ま行

マニラ　2, 4, 237

――新聞　3, 27, 216
満州事変　53
満蒙開拓青少年義勇軍　176
密航者　190, 197
密航ルート　225
ミンナダオ（島）　3, 222
ミンタル病院　250
無学移民　197
無尽　251
村田省蔵（比島派遣軍最高顧問）　293
村山明徳『比律賓概要と沖縄県人』　246
模合　251

■や行
夜学用の独自の教科書　65
夜学校（会）　59

山羊料理　249
大和民族　112

■ら行
「立派な日本人移民」　5, 103, 219
琉球外交史　14
『琉球教育』　25
琉球史　112
琉球新報　55, 65, 70, 190
琉装　57
旅券下付数　191
『黎明期の海外交通史』　170
劣等国民視　213

■わ行
湧上聾人編『沖縄救済論集』　79

執筆者紹介

小 林　茂 子（こばやし　しげこ）

　　2006年　中央大学大学院文学研究科（教育学専攻）博士後期課程修了。
　　現在，中央大学兼任講師。

主要論文

- 「1920年代の沖縄における移民教育の考察－移民教育論の検討と社会教育活動の実態を通して－（『日本社会教育学会紀要』第38号，2002年）
- 「1930年代後半におこえる『移民教育論』の検討－芦田完『大和民族の使命海外発展教育の要諦』を中心に－」（中央大学教育研究会『教育学論集』50号，2008年）等

「国民国家」日本と移民の軌跡
────沖縄・フィリピン移民教育史────

2010年3月5日　第一版第一刷発行

　　　　　　　　　　　　　　　　　　　　小林　茂子　著

発行者　田中　千津子　　〒153-0064　東京都目黒区下目黒3-6-1
　　　　　　　　　　　　電話　03（3715）1501 ㈹
発行所　株式会社　学文社　FAX　03（3715）2012
　　　　　　　　　　　　http://www.gakubunsha.com

　© KOBAYASHI Shigeko 2010　　　組版　サンライズ
　乱丁・落丁の場合は本社でお取替します。　印刷　平河工業社
　定価は売上カード，カバーに表示。　　　　製本　小泉企画

ISBN 978-4-7620-1985-2